FLORENCE GIVEN
GIRLCRUSH

FLORENCE GIVEN

GIRL-CRUSH

Roman

Aus dem Englischen
von Pauline Kurbasik

Kiepenheuer & Witsch

Kleine weiße Rechtecke spiegeln sich in ihren Augen. Die Leute sind alle tief im Internet versunken. Sie nehmen nicht wahr, was um sie herum oder vor ihnen passiert, alle stillen ihre Sehnsucht nach Anerkennung mit ihren Handys.

Für alle Frauen,
die Teil von uns sind.

September 2030

Hi, Wonderland.

Eartha hier, von einem Fake-Account.

Die »echte« Eartha.

Ich will euch mitteilen, dass ich nicht verrückt bin. Dass ich keine Lügnerin bin. Sondern dass ich von den Mächtigen missbraucht wurde. Und dass ich Wonderland dem Erdboden gleichmachen will.

Wie ich das anstellen will?, fragt ihr euch bestimmt. Mit dem letzten bisschen Macht, das mir noch bleibt: der Wahrheit.

Kapitel 1

PROPHYLAKTISCH EINEN RUNTERHOLEN

Wonderland-Follower*innen: 1303

Ich bin mir einfach total sicher, dass ich für etwas Größeres als mein jetziges Leben bestimmt bin. Was macht man als Frau, wenn man Sex haben will – aber nicht mit dem eigenen Freund? Ist das normal? Geil sein, aber nicht auf *ihn*. Sich nach mehr sehnen, aber nicht von *ihm*. Ich bin mir sicher, dass die Beziehung mit Matt nicht nur meine Energie frisst, sondern auch die Klimakrise krass verschlimmert: Um ihm aus dem Weg zu gehen, bringe ich halb volle Müllbeutel runter. Und ich kann nur eine gewisse Anzahl an Zigarettenpausen machen, bis sogar dem naivsten Mann auffällt, dass ich ihm aus dem Weg gehe. Mein Vibrator hängt *immer* am Ladegerät und ich mache mir Sorgen, weil ich so viel Strom verbrauche. Auch beim Gedanken an meinen Wasserverbrauch bekomme ich ein schlechtes Gewissen, weil ich vor dem Schlafengehen besonders ausgiebig dusche, um keinen Sex mit ihm zu haben. Wenn ich Glück habe, schläft er tief und fest, wenn ich ins Bett komme. Falls er doch noch wach ist, erkläre ich ihm, ich sei zu müde. Ein einfaches »Nein« bringe ich nicht über die Lippen, vor allem dann nicht, wenn er getrunken hat – also fast jeden Tag.

Ich habe angefangen, die Alkflaschen in der Wohnung zu verstecken. Ich stelle sie in den Schrank mit den Putzsachen. Den hat Matt noch nie aufgemacht – kein Wunder. Wenn er nach den Flaschen fragt, sage ich, er hätte sie schon ausgetrunken. Wenn wir keinen Sex haben, ignoriert er mich am nächsten Morgen oder stürmt aus der Tür, ohne sich zu verabschieden. Manchmal hole ich ihm prophylaktisch einen runter, damit es keinen Streit gibt. Ich frage mich, wie viele Frauen ihren Freunden vorsorglich einen runterholen, um »ihn zufriedenzustellen«?

Meine Grandma hat damals genau diese Worte gewählt und dabei gezwungen gelächelt. Dabei hat sie uns immer wieder Bratkartoffeln auf die Teller geladen, als ich bei einem Sonntagsessen gefragt habe, wo Grandpa sei. Er war später bestimmt so wie immer rotzevoll aus dem Pub nach Hause gestolpert und sie hatte ihm dann direkt sein Abendessen aufgewärmt. Die Worte *»Ich Dummerchen!«* haben ihr immer auf der Zungenspitze gelegen, sie war allzeit bereit, sich zu entschuldigen oder die Schuld für Dinge auf sich zu nehmen, die ihn ärgerten. Das Wort »Entschuldigung« ist dieser Frau häufiger über die Lippen gekommen als ein Lachen. Die Frauen in meiner Familie machten und machen exzellente Öffentlichkeitsarbeit für die Männer in unseren Leben, die uns im Stich gelassen haben. Wir lügen für sie, wir verraten nicht, wo sie sich wirklich aufhalten, belügen uns selbst und sogar die Menschen, die uns am wichtigsten sind, um unseren Ruf zu schützen. Um *den Mann* zu schützen.

Heute Nachmittag habe ich mich in der Wohnung meines*r besten Freund*in Rose eingeigelt, damit ich nicht zu Hause sein muss. Es handelt sich um eine ehemalige Sozialwohnung, die die vielen Pflanzen in einen gemütlichen Dschungel verwandelt haben – mit weiß getünchtem Boden und Möbeln, die Rose selbst aufgearbeitet hat. In letzter Zeit habe ich mich gar nicht mehr wie ich selbst gefühlt. Habe angefangen, mich wie auf Autopilot zu betrachten, habe beobachtet, dass sich mein Körper gar nicht mehr im Einklang mit meinen Gedanken, Gefühlen und Wünschen befindet. Ich lebe stattdessen, um *ihm* zu gefallen – um sämtliche unangenehmen Gefühle zu absorbieren, damit er sie nicht fühlen oder sich gar einer schmerzhaften Selbstreflexion unterziehen muss. Ich erledige sämtliche Beziehungsarbeit sowie alles logische Denken für ihn, wie eine Vogelmutter, die Nahrung für ihr Junges hochwürgt. *Matt hat seit ein paar Tagen nichts im Haushalt gemacht?* Na, er ist halt beschäftigt und ich habe ja gerade eine halbe Stunde Zeit. *Er hat mich betrunken angebrüllt?* Na, er war wohl müde und ich überempfindlich. Ich trage sein Leben und meine Beziehung wie einen schlecht sitzenden Pullover, der mal mein Lieblingspulli war, dann aber in der Wäsche eingelaufen ist. Er passt nicht mehr und kratzt, aber ich kann ihn einfach nicht wegwerfen. Ich hänge irgendwie fast schon an diesem unbequemen Leben. Ich habe Angst, dass ich allergisch auf etwas oder jemand Neuen reagieren würde.

Obwohl sich seine Berührungen inzwischen fremd anfühlen. Wenn ich mich nachts umdrehe und seine Hand auf meiner Schulter oder seinen Schwanz spüre, der sich in meinen Rücken bohrt, verschließt sich alles in mir, als wäre ich eine Anemone. Ich habe das Gefühl, ich führe ein Doppelleben: eins als selbstbewusste Feministin und ein anderes als leere Hülle einer Frau, die sowohl Mutter als auch Freundin eines erfolglosen DJs ist, der es mit der Körperhygiene nicht so genau nimmt und sich selbstbewusst als »Tracey Emin of Techno« bezeichnet. Er wackelt bei seinen Sets so wild mit dem Kopf, dass ich befürchte, dieser könnte eines Tages abfallen. Gerne würde ich romantische Filme dafür verantwortlich machen, dass ich bei dieser peinlichen Kreatur bleibe – aber die Frauen in meiner Familie sind daran schuld – sie haben mir vorgelebt, wie und wen ich zu lieben habe.

Ich habe das Gefühl, ein Teil von mir spaltet sich ab, wenn ich mit ihm zusammen bin, während ich schrumpfe und mich selbst kleinmache. Nur mit Freund*innen wie Rose fühle ich mich wie die echte *Eartha*. Vielleicht sind meine Freund*innen gerade die einzigen Personen, bei denen ich wirklich ich sein kann. Rose reißt mich aus meinen Gedanken, um mich zu fragen, ob wir das, was wir gerade schauen, wirklich weiterschauen sollen. Ich nicke bloß. *Bitte,* lass es die ganze Nacht lang so weitergehen, damit ich nicht zu dem Mann zurückmuss, mit dem ich freiwillig zusammengezogen bin. Ich frage mich, wie lange ich meine Wirklichkeit noch verdrängen kann.

»Diese Frauen sollten einfach alle miteinander ficken!«, sagt Rose mit dem charmanten irischen Akzent, schüttelt their Kopf und streicht sich ein paar schwarze Strähnen aus den Augen, während they auf dem riesigen Sofa in dem winzigen Wohnzimmer fernsieht.

»Ist das so?«, frage ich. Ich habe Rose nicht zugehört, weiß aber, dass they eine Antwort erwartet.

»Was meinst du mit *ist das so?* Hast du denn gar nicht zugeschaut?«

They grinst höhnisch und pausiert die Sendung.

»Genau, diese Mädels ...« Rose zeigt mit einer Bierflasche auf den Bildschirm. Their Finger sind voller Silberringe, die meisten von Frauen, mit denen they geschlafen hat, auf einem steht nur *Dad.* Eine einzelne silberne Kreole steckt in Roses linkem Ohr und ein weißes Feinripphemd umschmeichelt sanft die perfekten Brüste. Seitdem ich Rose kenne, trägt they keinen BH und rasiert sich auch nicht, weil they »der Natur ihren Lauf« lassen will. Von Zeit zu Zeit muss ich Rose dran erinnern, dass ein Deo nach wie vor eine Daseinsberechtigung hat. Alles, was Rose macht, macht they hundertprozentig; selbst jetzt erklärt they mir wütend haarklein die Sendung, während Bier über their Kinn rinnt ...

»Sie konkurrieren alle miteinander um ein Date mit diesem ...« They zeigt auf den Mann im Anzug. »Diesem hässlichen Langweiler. Das macht mich so krass traurig. Die Frauen sind so gemein zueinander, während sie nach seiner Aufmerksamkeit gieren. Wie wilde Tiere. Gemeinsam erschnüffeln sie die eine Frau, die eine Bedrohung darstellt, und machen sie langsam mürbe, um deren Chancen zu verringern.«

Es kommt selten vor, dass Rose – die alte Seele – sich so über etwas aufregt, das they normalerweise als »grässlich modern« und »erschreckend heterosexuell« beschreiben würde. Ich würde Rose gern erklären, wie ironisch ich das finde, aber dann würde they nur mit einem Witz über meine Beziehung kontern. Deswegen halte ich den Mund.

»Die ist so hinterhältig. Für wen hält sie sich? Für was Besseres?«, sagt Rose und äfft die Mädels auf dem Bildschirm nach. »Was bedeutet ›was Besseres‹ überhaupt? Und dann BÄM«, they schlägt mit der Hand auf den Paletten-Couchtisch, die Ringe klimpern, »versuchen die anderen Frauen, sie loszuwerden, reden schlecht über sie, lassen sie nicht mehr mitmachen. Das erinnert mich an die Schulzeit.« Rose schwenkt den Bierrest im Glas; they schaut traurig und nimmt einen Schluck.

Rose und ich haben uns in der Schule kennengelernt, als they als neue*r Schüler*in hinzugestoßen ist; they war von Irland nach England zum Vater gezogen, der »in Sünde lebte«. Ich war damals mit den Mädels befreundet, die Personen wie Rose auslachten. Neben diesen Mädchen im Unterricht zu sitzen, bot mir den Schutz, der mir zu Hause fehlte. Bis zu dem Tag, an dem ich – ohne triftigen Grund – ebenfalls von ihnen als Opfer auserkoren wurde. Daraufhin taten Rose und ich uns zusammen. They ist einer der stärksten Menschen, die ich kenne. They musste sich nie als homosexuell oder non-binär outen – das erledigten Körpersprache und Auftreten für them. Rose interessierte sich einen Dreck dafür, was andere Menschen von they hielten. Die Mädels an unserer Schule mieden Rose wie die Pest, als wäre queer zu sein ansteckend, aber Rose war das völlig egal. Bald schon übte they eine nahezu unwiderstehliche Anziehung auf mich aus. Alles an Rose faszinierte mich. Ich könnte mir heute immer noch in den Hintern treten, wenn ich an all die verschwendeten Jahre denke, in denen ich versuchte, in der grauen Masse unterzutauchen, wo ich doch das einzig Wahre direkt vor mir hatte. Oder besser gesagt hinter mir; ein non-binäres, sonderbares Wesen aus der letzten Reihe, dem völlig egal war, was die anderen von der Blazer-und-Krawatte-Kombination der Jungs anstatt Strickjacke und Rock als Uniform hielten. Ich war – und bin bis heute – fasziniert von Rose. Und ich habe them – oder irgendwem sonst – nie den *anderen* Grund für unsere verspätete Freundschaft verraten: Ich hatte mich auch deshalb von Rose distanziert, weil ich nicht zugeben konnte, dass ich heimlich in them verliebt war. Ich weiß immer noch nicht so genau, was das bedeutet hatte, ich habe nie lange darüber nachgedacht. Ich bin seit meinem neunzehnten Lebensjahr mit Matt zusammen, er ist mein erster Freund.

Rose drückt wieder auf Play und fährt mit dem Vortrag fort: »Warum sind die so gemein zueinander? Das verstehe ich einfach nicht!«, sagt they, während zwei Mädels auf dem Bildschirm bei einer Party über eine Konkurrentin lästern. Ich sehe, wie noch mehr Frauen dazukommen, und meine Augen werden glasig. Ich wende den Blick ab und schaue auf die zersprungene Glaskonsole, auf der der Fernseher steht, und dann auf die weißen Wände.

»Was würde denn passieren, wenn die Mädels von den Produzent*innen ermuntert würden, gemeinsame Sache zu machen? Sie würden schnell alles durchschauen, oder nicht? Aber es geht doch *genau* darum: Frauen sollen miteinander rivalisieren, weil sie sich schlechter ausnutzen lassen, wenn sie sich zusammenschließen. Sie würden dann bemerken, dass männliche Aufmerksamkeit nicht nur wertlos, sondern im Überfluss vorhanden ist. Die Mädchen würden verstehen, dass der Mann eigentlich gar nicht *so* toll ist, dass Frauen gar nicht so schlimm sind und dass sie sich besser gegenseitig anmachen sollten, als aufeinander rumzuhacken ...«, antworte ich und überrasche mich damit selbst.

»Wir sprechen immer noch über die Sendung, oder?«, fragt Rose und zieht vielsagend die Augenbrauen hoch. Ich wechsele das Thema.

»Meinst du das ernst? Du weißt wirklich nicht, warum Frauen miteinander konkurrieren? Und du willst mir ernsthaft weismachen, du hattest *nie* das Gefühl, mit einem anderen Menschen in Konkurrenz zu stehen?«, frage ich.

»*Ehrlich* gesagt ... nein.«

Rose fährt sich mit den Fingern durchs kurze dunkle Haar, legt den Arm auf den Kopf und dreht sich zu mir. Ich habe das »Roses-Pose« getauft, weil es so gefährlich heiß aussieht. Damit strahlt Rose so mächtiges Charisma aus, dass selbst die toughsten Frauen dahinschmelzen wie warme Butter.

»Ich glaub, ich bin zu lesbisch für Konkurrenzgehabe. Warum sollte ich mich auf passiv-aggressive Streitereien mit einer Frau einlassen, wenn ich sie ebenso gut küssen könnte?« Rose zuckt mit der moralischen Autorität einer Person die Schultern, die noch nie einen Mann gedatet hat. Ich schaue auf den Hals meiner Bierflasche und fahre sanft mit den Fingern über den Rand.

»Ich glaube, du hast nur noch nie mit einer anderen Person konkurriert, weil sich die anderen Leute immer um *dich* reißen. Du bist dieser Typ«, sage ich, greife über Rose hinweg, schnappe mir die Fernbedienung und schalte den Fernseher aus. »Du kannst dir die Rosinen aus dem Kuchen picken, deswegen kannst du dich einfach immer entspannen. Die Frauen kommen zu dir, weil du ... weil du einfach Rose bist!«

Rose grinst, nimmt das Kompliment an und legt es neben den Tausenden anderen ab, die they im Jahr bekommt, schnappt sich anschließend die Fernbedienung und drückt auf Play.

»Also dann!«, rufe ich, während ich aufstehe und mich innerlich auf meinen Aufbruch vorbereite, als ich von einem tiefen, lang gezogenen Heulen unterbrochen werde, das aus dem Zimmer von Roses Mitbewohnerin kommt.

»Was ist das denn?«

Ich drehe mich um und blicke argwöhnisch in den Flur, von dem beide Zimmer abgehen.

»Pscht!«, sagt Rose, bringt mich mit einem auf die Lippen gelegten Finger zum Schweigen und stellt den Fernseher lauter. Das Geräusch wird kräftiger, tiefer und gleichmäßiger. Als mir klar wird, dass das Geheule Ausdruck sexueller Lust ist, setze ich mich höflich wieder.

»Hat Billy Besuch? Ich habe niemanden gesehen.«

Ich verziehe das Gesicht. Rose antwortet nicht und konzentriert sich voll und ganz auf das doch derart verhasste TV-Format. Ich drehe mich wieder um, um in den Flur zu schauen, und Rose neigt den Kopf in meine Richtung, hebt die Augenbrauen.

»Oh«, sage ich, als es endlich klick macht. »Das erinnert mich daran, dass ich meinen Vibrator aufladen muss, wenn ich nach Hause komme.«

Ich taste auf dem cremefarbenen Baumwollsofa nach meinem Handy, um eine neue Notiz zu erstellen.

»Wieso das denn? Was ist denn mit diesem Penis an einem Körper, den du zu Hause hast? Erledigt der das nicht für dich?«, fragt Rose grinsend.

»Mein ›Penis‹ spielt später ein Set«, sage ich und nehme einen Schluck von meinem warmen, bitteren Bierrest.

»Wie ... läuft's denn so? Ich wollte schon eher fragen, aber ... du weißt schon«, sagt Rose, wie Freunde das eben machen, wenn sie wissen, dass man nicht über etwas reden möchte. *Halbherzig. Äußerst halbherzig.*

»Gut. Läuft gut. Hat sich alles ein bisschen verändert, seitdem wir zusammengezogen sind, aber es ist schon in Ordnung«, sage ich und nicke so schnell, als müsste ich mich selbst von meiner Antwort überzeugen.

Rose lächelt verhalten und blickt wieder auf den Fernseher. Ich spüre das Schweigen zwischen uns, als Billys Gestöhne irgendwann aufhört. Hinter uns öffnet sich die Schlafzimmertür. Billy kommt raus, eingewickelt in die Bettdecke, die hinter ihr über den Boden schleift, als wäre sie eine lesbische Königin aus der Vergangenheit. Sie kommt auf uns zu.

»Hey, Earthy-Wurthy!« Die Hand, mit der sie es sich gerade in ihrem Zimmer besorgt hat, fährt mir durchs Haar und strubbelt es in mein Gesicht.

»Rooooose, hast du Batterien für mich?«, fragt Billy weinerlich.

Rose dreht sich um und antwortet: »Nein, und ich schaue gerade diese Sendung, also Ruhe bitte!« Dann dreht they sich wieder um und guckt weiter.

»Verstehe, sehr freundlich«, murmelt Billy und dann flüstert sie mir augenzwinkernd zu: »Eartha, gib mir mal die Fernbedienung, o.k., Liebes?«

Billy hält immer noch die Bettdecke um sich gewickelt fest, damit sie nicht nackt vor uns steht.

»Na sicher«, sage ich und greife über Roses Schoß, um mir die Fernbedienung zu schnappen. Rose reißt sie mir aus der Hand.

»Sie nimmt die Batterien raus«, sagt Rose und dreht sich um, um Billy einen bösen Blick zuzuwerfen.

»BILLY!«, sage ich und blicke sie missbilligend an.

»Ich muss jetzt einfach kommen!«, antwortet sie und zuckt die Schultern.

»Was? Du bist nicht gekommen? Warum kaufst du dir nicht so einen wiederaufladbaren Dildo, so wie Eartha?«, fragt Rose schnippisch.

»Egal, dann mache ich es mir eben analog«, murmelt Billy. Sie dreht sich um und schirmt sich mit der Bettdecke ab, die wie ein riesiger weißer Verkehrskegel auf ihrem Kopf thront, aus dem oben ihre festen Afrolocken herausspringen, während sie sich wieder in ihre schwitzige Lusthöhle zurückzieht und dabei melodramatische Schmolllippen macht.

»Warte«, sagt Rose genervt.

Der Pylon bleibt stehen.

»Du kannst sie haben. Aber du MUSST sie mir zurückgeben.« Rose fummelt die Batterien aus der Fernbedienung. Billy dreht sich um und nimmt sie.

»Ja, mach ich, keine Sorge.« Sie nickt folgsam.

»Und denk ja nicht, ich hätte nicht bemerkt, dass du auch Batterien aus den Uhren klaust.« Rose zeigt auf einen orangefarbenen Wecker, der auf der Seite liegt, auf dem Palettentisch, das Batteriefach ist geöffnet.

»Ich weiß nicht, wie ihr beiden das macht«, sage ich, während Billy weggeht, sich dabei erst mit der Decke in der Tür verheddert, bevor sie sie schließt.

Mich erstaunt der unbefangene und lockere Umgang zwischen zwei Personen, die ich einmal dabei beobachtet habe, wie sie sich auf einem Pooltisch fast ins Nirvana gefingert haben.

»Wie wir was machen? So etwas nennt sich Kompromiss, Eartha.« Aus Roses Stimme lässt sich heraushören, dass they mich für recht unbedarft hält.

»Nein, ich meine, dass du mit deiner Ex zusammenwohnst! Bei dir wirkt das unkomplizierter als bei mir – und ich wohne mit meinem richtigen Freund zusammen.«

»Das liegt daran, dass du mit einem Mann zusammenlebst, Eartha. EINEM MANN. Einem fucking Mann! Du hast mit einem Mann nichts gemeinsam.«

»Habe ich wohl, wir hören dieselbe Musik«, sage ich, blicke zu Boden und vergrabe das Gesicht in den Händen.

»Nein, so was meine ich nicht. Ich wollte sagen, dass Männer einfach ganz anders sind. Sie kommunizieren anders, haben andere Vorstellungen von ihren Pflichten im Haushalt, andere …«

»Okay, verstehe! Wo wir gerade bei Männern sind: Ich sollte mich auf den Weg machen.«

»Warum? Ich dachte, dein ›Penis‹ würde heute irgendwo auflegen.«

Aus Roses Mund hört sich das Wort Penis so komisch an, vielleicht, weil they noch nie einen im Mund hatte.

»Ja, macht er später auch, aber er hat den ganzen Tag lang bei seinem Kumpel im Studio gearbeitet, deswegen wird er beim Nachhausekommen Hunger haben.« Zum zweiten Mal erhebe ich mich zum Gehen, sammele meine Taschen ein.

»Beim Nachhausekommen Hunger haben … Sorry, *seit wann* hast du ein Kind?« Ich zucke die Schultern und gehe durch den Flur zur Wohnungstür. »Viel Spaß mit deinem Männerbaby!«, ruft mir Rose hinterher.

Billys gedämpftes Stöhnen dringt nun wieder aus ihrem Zimmer. »Wo wir gerade bei seltsamen Wohnarrangements sind: Viel Spaß, deiner Ex beim Solosex zuzuhören«, antworte ich.

Ich gehe zurück zu meiner Wohnung, um mich um meinen »Penis« zu kümmern.

Kapitel 2

SCHIEFE FRAUEN

Wonderland-Follower*innen: 1302

Ich atme tief ein, dann stecke ich den Schlüssel ins Schloss und setze ein Lächeln auf, bevor ich die Tür öffne.

»Hallo«, sage ich beim Eintreten.

Keine Antwort. Ich bin erleichtert. Ich schaue auf die Digitaluhr am Backofen: 19:38 Uhr. Ich bin ein bisschen spät dran. Er sollte inzwischen von der Arbeit zu Hause sein. Ich schmeiße meinen Einkaufsbeutel auf einen der beiden Stühle am Küchentisch und gehe zur Spüle, um mir ein Glas Wasser einzuschenken. Ich entdecke eine Flasche Rotwein ohne Verschluss auf der Arbeitsplatte und halte sie gegen das Licht. Leer. Ich schmeiße sie in den Mülleimer. *Wie hat er die denn gefunden?*

Unsere Wohnung ist winzig. Er ist vor ein paar Monaten eingezogen, weil Mr Dahku meine Miete erhöht hat und Matt meinte, es wäre preiswerter und einfacher, wenn wir zusammenwohnen. Allerdings hat die ganze Aktion unsere Probleme eher in einen Schnellkochtopf gesteckt. Der Preis für meine günstigere Miete ist ein verstopfter Kopf.

Wir leben zusammen in einer 1,5-Zimmer-Wohnung, aber die Wand zwischen Küche und Schlafzimmer ist ein Witz, deswegen handelt es sich eigentlich nur um einen Raum. Ich mache die Wohnung in meinen Erzählungen gern etwas größer, damit alle Leute denken, dass es bei mir besonders gut läuft. *Mein Freund und ich leben gemeinsam in einer Wohnung mit Balkon in Central Olympia! Er ist DJ, ich bin Künstlerin!* Unser echtes Leben lasse ich bei diesem Marketing-Pitch außen vor – Matt hat noch nie Geld für ein Set bekommen. Ebenso verschweige ich die Tatsache, dass unsere Zentralheizung derart unzuverlässig ist, dass wir nur mit voll aufgedrehtem, geöffnetem Backofen heizen können und dass es sich bei unserem »Balkon« eigentlich um das Dach des Gebäudes unter uns handelt, das wir uns außerdem noch mit dem Paar von nebenan teilen – zwei Streithähnen, die sich anschließend mit aggressivem Sex zu »Tainted Love« von Soft Cell wieder versöhnen.

Ich gehe ins Schlafzimmer und schalte meine Nachttischlampe mit den Fransen ein. Feng-Shui ist in diesem Schuhkarton schwierig, aber ich habe es trotzdem geschafft, eine Nachttischlampe an jede Bettseite zu quetschen, um die negative Energie auszugleichen, weil wir quasi im selben Zimmer kochen und vögeln. Oder zumindest mal gevögelt haben. Unser Bett ist überladen mit Kunstpelz, Kissen mit Windmühlenmuster und Krümeln, weil ich oft im Bett arbeite und esse. Am Fuße des Bettes steht ein bodentiefer Spiegel, er lehnt an der Wand und im Rahmen steckt ein neonpinker Flyer, den ich mal für eins von Matts unbezahlten Sets entworfen habe. Ich ziehe den pinken Samtstuhl unter meinem Schreibtisch hervor, der neben dem Bett steht, und starre meine Collagen an, die alle mit Tesa ganz vorsichtig an die Wand geklebt sind, damit ich keinen Stress mit meinem Vermieter bekomme. Einige Collagen sind fertig, andere halb fertig, aber auf allen sind Frauen abgebildet. Ich habe meine Einrichtung nach seinem Einzug nicht großartig verändert, aber er hat sich nicht weiter beschwert. Doch ab und zu lässt er »zufällig« seinen Laptop aufgeklappt stehen, wenn er zuvor an seiner Pinterest-Pinnwand mit dem Titel »Futuristic Berlin Interiors« gearbeitet hat.

Ich zeichne mit dem Bleistift eine Linie aufs Papier und verbinde die Rundung einer Frauenhüfte und ihren Oberschenkel;

eine Multimedia-Arbeit, die ich heute früh begonnen habe. Ich blicke auf die Farben, die Schnipsel aus Zeitschriften, den Glitzer, Stoffproben und Schriften auf meinem Schreibtisch. Ich will eine Bewegtbildsequenz erschaffen, die aus einem mehrschichtigen Materialmix besteht, aber erst einmal muss ich diese Frau malen, bevor ich sie zum Leben erwecke. Ich höre Schlüsselgeklimper an der Wohnungstür und die Linie, die ich gerade zeichne, verrutscht. Rasch radiere ich meinen Fehler vom Blatt und wische die Gummikrümelchen weg. Die Wohnungstür fällt ins Schloss und ich erbebe. Er ist zu Hause. Shit. Ich habe völlig vergessen, die Nudeln und die Sauce zu kochen, die ich auf dem Heimweg gekauft habe.

»Hey, Babe, du bist aber spät zu Hause«, rufe ich in den Flur.

»Hey«, sagt er.

Dann folgt ein dumpfes Geräusch – seine Tasche landet auf dem Boden. Ich verdrehe die Augen. Noch etwas, das ich später wegräumen muss. *Wir haben die Garderobe nicht nur zur Deko.*

»Ich bin hier …«, rufe ich aus dem Schlafzimmer.

Ich setze erneut an, will die Linie zwischen Hüfte und Oberschenkel zeichnen. Keine Antwort. Ich höre, wie Schränke zugeschlagen und geöffnet werden, darauf folgt passiv-aggressives Grunzen und Stöhnen, als er Zutaten erblickt, die er sich selbst zubereiten muss. Ich kralle die Zehen in den Schuhen zusammen. *Ganz ruhig, Eartha,* beschwöre ich mich. Ich verkneife mir die Frage »Was ist denn los?« und zeichne weiter. Wenn er mir etwas sagen will, kann er zu mir kommen.

Brrr

Brrr

Mein Telefon vibriert, ich ziehe es aus der Hosentasche. Mein Gesicht wird vom Bildschirm erhellt.

Textnachricht von Rose an Eartha

20:01

Hey Love, tut mir leid, dass ich heute so fies über Matt gesprochen habe. Ich weiß, dass er ein echt toller Typ ist. Ich will einfach nur das Beste für dich, deswegen rede ich immer ganz offen mit dir. Hab dich lieb.

20:01

Und: Zwei Frauen von The Bachelor haben sich geküsst!!

Ich lächele und schreibe:

Textnachricht von Eartha an Rose

20:02

Süße, mach dir keine Sorgen. Matt behandelt mich super, nur ...

Ich werde von etwas unterbrochen, das an mir vorbeifliegt und neben meinen Füßen auf dem Boden landet. Ich betrachte das Wurfgeschoss und sehe ein Paar ausgeblichene schwarze löchrige Boxershorts. Ich höre das Kreischen des Duschkopfes, dann das zischende Wasser, das lauter wird, während sich langsam Druck aufbaut. Auch in mir wächst der Druck, und zwar schneller als beim Wasser, während er seine ganzen Klamotten wie Kanonenkugeln durch die Tür pfeffert.

Gürtel.

Klong.

Jeans.

Plumps.

Schuhe.

Plumps. Plumps.

Kleingeld.

Klirr.

Ich lösche den letzten Satz an Rose.

Textnachricht von Eartha an Rose

20:02

Hey Süße*r, mach dir keinen Kopf. Ich weiß, dass du immer für mich da bist. Und schick mal ein Bild von den Frauen ...

20:04

... damit ich es für meine Collagen benutzen kann!

Ich zeichne weiter, während er duscht, und freue mich über das Ergebnis. Ich halte es vor mir in die Höhe und kneife die Augen zusammen, um herauszufinden, wo das Bild zwischen den ganzen Collagen und buntem Papier hängen soll, auf die ich Wörter und Gesichter gekritzelt habe. Dieses Werk hier verdient einen Platz vorn und in der Mitte. Gerade, als ich es an die Wand kleben will, reißt es mir eine nasse Hand aus den Fingern. Ich drehe mich um.

»Entschuldige bitte?«, sage ich sarkastisch.

Er lehnt im Türrahmen, den sein Kopf fast berührt, hat ein weißes Handtuch um die Hüften gewickelt, sein Haar ist klitschnass und rabenschwarz von der Dusche. Er fährt sich mit der freien Hand hindurch und entblößt einen kleinen, baumelnden Kreuzohrring. Er blickt auf das Bild. Ich warte auf sein Feedback.

»Sie sieht ein bisschen schief aus, oder?«, sagt er und gibt mir das Bild zurück, ohne mich anzuschauen.

Das Papier ist jetzt gewellt und nass. An den Seiten prangen große, feuchte Fingerabdrücke. Ich schüttele den Kopf über seinen übergriffigen Ratschlag und frage mich, ob es nicht effektiver wäre, meine Wut in meiner nächsten Collage zu verarbeiten.

»Das ist genau so gewollt, sonst hätte ich sie anders gezeichnet. Frauen haben das Recht, durch eine schiefe Brille gesehen zu werden – und zwar ohne sexuellen Hintergedanken!«, erkläre ich ein wenig zu defensiv.

Er soll nicht merken, dass er dich verletzt hat, Eartha.

»Auf mich wirkt sie aber schon sehr sexy«, entgegnet er.

Ich will ihn daran erinnern, dass Brüste nicht nur sexy sind. Dass sie andere, lebenswichtige Aufgaben erfüllen und nicht nur für Tittenficks gut sind. Aber ich schlucke meine Gedanken runter, wieder einmal.

»Wie war es bei der Arbeit?«, frage ich, als er mit dem Rücken zu mir dasteht und den Kleiderschrank öffnet. Ich erschaudere. Was für eine Ironie, dieses Yin-und-Yang-Symbol, das auf der Schulter eines Mannes verewigt wurde, der noch nie im Leben Ausgeglichenheit bewiesen – aber einmal ein fürchterliches Gedicht darüber geschrieben hat.

»Gut ... was hast du so getrieben?«, fragt er desinteressiert.

»Hab ein paar Geburtstagscollagen angefertigt, Auftragsarbeiten, und bin gerade erst von Rose zurückgekommen.«

»Cool, cool ...«, sagt er und nickt. »Also, gibt's nichts zum Abendessen?«

»Nein. Ich bin selbst gerade erst zurückgekommen, keine fünf Minuten vor dir.«

Ich verschränke die Arme.

»Aber ich habe den ganzen Tag gearbeitet.«

»Ich auch«, sage ich und starre an die Wand.

»Ja, geeeeenau.« Er dreht sich um und betrachtet die Wand über meinem Schreibtisch. »Du hast deine tollen Collagen oder so zusammengeklebt.« Er verdreht die Augen und zeigt damit deutlich, dass *seine* Kunst wichtiger ist als meine.

Er dreht sich wieder um, um den Inhalt des Kleiderschranks zu inspizieren, den wir uns auf einer Stange teilen. Meine Klamotten hängen links, seine rechts.

»Genau ... und du hast wahrscheinlich deine dämlichen Remixe *oder so* zusammengemischt«, sage ich, während ich aufstehe, um mich auf den Schreibtisch zu setzen – meine Beine baumeln runter.

Er ignoriert mich, schiebt die Kleidung aber aggressiver auf der Stange umher. Ich ertrage die schlechte Stimmung nicht, die sich zwischen uns zusammenbraut, deswegen gehe ich zu Matt und stelle mich hinter ihn.

»Zumindest habe ich echte Kunden«, witzele ich und versuche, mit witzigem Sarkasmus die Stimmung aufzulockern.

Ich lege ihm die Hände auf die Hüften und küsse seinen Rücken flüchtig. Er dreht sich um, um mir ins Gesicht zu schauen, nimmt meinen Kopf zwischen die Hände und küsst mein Haar.

»Heute muss ich mich tatsächlich für ein Set fertig machen, also bist du nicht meine einzige Kundschaft.«

»Das war ein Witz. Wo legst du noch mal auf?«, frage ich. Vom Fußende meines Bettes aus sehe ich, wie er seine Klamotten nach rechts schiebt und meiner Schrankseite gefährlich nahe kommt.

»Sam hat mir den Gig besorgt, weil er einfach eine Barfrau angequatscht hat. Glaube, sie würde ihn gern ficken, deswegen hat sie mir ein Set in ihrem Pub in South Olympia klargemacht, um ihn zu beeindrucken.«

»Oh, daten sich die beiden?«

Er schüttelt den Kopf und grinst.

»Nee, Sam hält sie hin ...«

»Hm, findest du das nicht irgendwie fies?« Ich lache ungläubig.

»Nee, eigentlich nicht.«

Er entspannt sich, atmet tief aus und beugt sich zu mir runter.

»Schau mal, Schätzchen, ich weiß, ›It's a man's world‹ und so, dies, das. Und ich bin doch Feminist! Aber die Alte ist Barfrau und verdient mehr Geld als ich, von wegen Machtgefälle.«

Interessanter Gedanke von einem Mann, der es »seltsam« findet, dass meine Mum lieber einen besser bezahlten Job als Geld von meinem Dad will. Er blickt mich wütend an und zieht dann eine Augenbraue hoch. In diesem Moment bin ich mir sicher, dass mich noch nie jemand dermaßen angewidert hat.

»Matt, ihr arbeitet beide in der Gastronomie. Wahrscheinlich verdienst du genauso viel wie sie; das hat rein gar nichts mit Machtdynamik zu tun. Halt einfach den Mund.«

»Du verstehst es einfach nicht. Du bist ja nicht in der Musikbranche, da muss man so etwas von Zeit zu Zeit machen ...«, erklärt er gepresst, während er aufsteht, die Arme zur Decke streckt und wieder zur Garderobe stampft.

Ich mache mich hinter seinem Rücken über ihn lustig, wiederhole lautlos »du bist ja nicht in der Musikbranche«, während ich Grimassen schneide. Er schaut inzwischen meine Klamotten durch. Meine Tops und Kleider interessieren ihn nicht, doch dann hat er etwas gefunden, das ihm gefällt: Er nimmt ein T-Shirt vom Bügel.

»Boah, kann ich mir das ausleihen?« Er schreit fast, obwohl ich direkt hinter ihm sitze. Er stellt sich vor unseren Spiegel und zieht es sich über. Seine Tattoos lugen aus den schwarzen Ärmeln heraus.

»Moment, welches Shirt ist das? Ich seh es nicht richtig.«

»Das von Fleetwood Mac«, sagt er und dreht den Kopf von links nach rechts, während er sich von allen Seiten darin betrachtet. Er dreht sich um, um mich anzublicken, und ich erkenne das T-Shirt.

»Hm, das ist eins meiner Lieblingsshirts!«, seufze ich und kräusele die Nase.

Ich habe dieses Shirt im College im Kunstunterricht mit Siebdruck hergestellt. Den Veranstaltungsort habe ich mir ausgedacht: *Fleetwood Mac, live at The Titty Twister.* Ich mag es so gerne, weil es mich an Mum erinnert. Sie hat in meiner Kindheit immer Stevie Nicks nachgemacht. Vor dem Spiegel, singend im Auto, beim Essenkochen und mit einem Schal umherwirbelnd, wenn sie Gäste zum Abendessen eingeladen hatte. Sie war immer stolz darauf, die perfekte Gastgeberin zu sein. Nur bei Partys erlaubte Dad ihr zu glänzen. Sein Chronisches Fatigue-Syndrom zwang ihn oft in die Knie, dann trank er noch mehr als sonst, eine Abwärtsspirale. Mum liebt es, die schicken Gläser rauszuholen, auf die sie monatelang gespart hat, legt die von ihrer Großmutter geerbten Fransentücher auf die Tische und zündet in jeder Ecke eine nach

Patschuli duftende Kerze an. *Nicht dieses billige Vanillezeugs, was du so magst, davon wird einem ja schlecht,* ruft sie immer. Genau wie ich besteht der Lebenssinn meiner Mum darin, anderen zu gefallen. Wenn alle anderen glücklich sind, kann sie auch glücklich sein. Sie kann sich nicht entspannen, wenn die Energie in einem Zimmer auch nur ein winziges bisschen komisch ist. Als ich noch jünger war, hat mich das wütend gemacht, aber als ich älter wurde und mich ausführlich mit Psychologie beschäftigt hatte, habe ich erkannt, dass sie wahrscheinlich gelernt hatte, auch die zartesten Schwingungen wahrzunehmen, weil sie es musste. Grandpa war Alkoholiker und seine Stimmungsschwankungen unberechenbar. Und auch Mum heiratete so einen Mann, ließ sich scheiden und versöhnte sich (zumindest halbwegs) wieder mit ihm.

Matt streicht mir die losen Haarsträhnen hinter die Ohren. Er findet das romantisch. Ich schüttele den Kopf, damit seine Hand verschwindet.

»Bitteee, leih es mir. Ich verspreche dir, dass ich gut drauf aufpasse.«

Ich betrachte seinen dämlichen kleinen Ohrring, der beim Reden hin- und herbaumelt, als würde er sich – genauso wie ich – danach sehnen, Matt loszuwerden, und nur noch widerstrebend an einer Kette hängen.

»Na gut. Aber das T-Shirt ist ein Unikat. Pass gut darauf auf.«

Er lehnt sich fester an mich und lächelt.

»Ich verspreche es«, sagt er, küsst mich auf den Kopf und ich schließe die Augen.

Hoffentlich habe ich wegen meiner Großzügigkeit etwas gut bei ihm … obwohl ich nicht genau weiß, was ich von einem Mann mit Löchern in den Boxershorts erwarten kann, der sechzig Pfund in den Miesen ist und einmal pro Woche ein Set im Pub spielt – weil jemand der Barfrau romantische Versprechen gemacht hat.

Ich setze mich wieder an meinen Schreibtisch, während er vor der Garderobe steht und sich eine Hose aussucht, und lade meine letzte Collage bei Wonderland hoch. Ich mache ein Bild davon – die nassen Fingerabdrücke an den Rändern sind zu erkennen – und verfasse eine von Matt inspirierte Bildunterschrift:

Die Fingerabdrücke sind eine Metapher für Männer, deren UnAcHtSaMen WoRtE Spuren bei Frauen und deren Kunst hinterlassen, ihre Selbstwahrnehmung für immer zerstören. *Warum müssen Männer überall ihre Spuren hinterlassen?*

Ich spiele ein bisschen mit dem Bild und den Hashtags. Ich bin mir ziemlich sicher, dass er meine Wonderland-Seite nicht checken wird – es interessiert ihn einfach nicht. Auf der Plattform habe ich schon einen Kommentar von einer Followerin.

@*VeronicaEscher* so cool! 🙂

Ich habe mein Profil bei Wonderland vor etwa einem Jahr angelegt und es als Portfolio für meine Collagen verwendet, mit denen ich in Läden abgewiesen wurde. Dort sagte man mir, diese Collagen wären »zu feministisch«, um sie bei ihnen zu verkaufen. Seitdem ist einiges passiert – ich habe um die 1300 Follower*innen und wenn ich mir all diese Menschen in einem Zimmer vorstelle, macht mir das ziemlich Angst. Ich bin auf Wonderland aber nicht ganz so aktiv wie alle anderen. Rose flirtet dort mit Frauen und speichert vegane Rezepte, weil they eines Tages ein eigenes Café eröffnen möchte; Matt macht auf Wonderland Werbung für seine Remixe auf Noisecloud und lädt dort Selfies von sich hoch, blinzelnd samt Baumelohrring; Mum entflieht auf der Plattform ihrem wahren Leben und tut so, als wären Dad und sie glücklich und zufrieden – trotz der Scheidung. Sie lädt Bilder hoch, wo sie neben ihm lächelt, obwohl er betrunken und grantig auf seinem Stuhl sitzt. Ich weiß nicht, wie die großen Influencer*innen Wonderland nutzen, wie sie mit ihren Follower*innen sprechen und ihre Informationen mit Millionen Menschen teilen. So nutze ich Wonderland nicht. Ich habe dort *ein* Selfie hochgeladen, damit es – nun ja – ein bisschen persönlicher wirkt. Aber keine Bilder von Matt. Ich glaube, mein Freund würde meiner feministischen »Marke« nicht guttun.

»Ooo OOoooo, Girlpower!«, ruft Matt herablassend, macht eine Faust, die er auf und ab bewegt, während er über meine Schulter auf mein Telefon schaut. Ich gehe auf die Toilette und will dortbleiben, bis er abhaut. Als ich am Bett vorbeigehe, gibt er mir einen Klaps auf den Hintern. Mein Poloch zieht sich zusammen.

»Bis später.«

Ich will ihn anklagend anschauen, doch er sieht wirklich sehr gut aus. Er ist vielleicht der schrecklichste Mann, dem ich je begegnet bin, aber auch der erste, den ich jemals geliebt habe. Wir haben uns kennengelernt, als ich nach einem Collegetag in der Innenstadt rumgehangen habe. An einem Sommerabend, an dem Rose und ich uns mit einer riesigen Flasche Cider vom Kiosk abgeschossen haben. Matt hat ein Portishead-T-Shirt getragen, deswegen war er *der Richtige*, klar, und ich musste ihn einfach küssen. Wir sind seit sechs Jahren zusammen. Das muss doch *irgendwas* bedeuten. *Irgendwas* muss ich doch an ihm finden, oder?

»Wann bist du heute Abend zu Hause?«, frage ich.

»Gegen Mitternacht, vermute ich.«

»Okay, liebe dich!«, sage ich aus Gewohnheit. Nicht, weil ich es fühle.

»Liebe dich auch!«, antwortet er, schließt die Tür und ich nehme mein Handy, um Rose zu schreiben.

Textnachricht von Eartha an Rose

21:53

Mein Penis ist endlich weg.

21:53

Hat Billy denn die Batterien zurückgegeben?

Textnachricht von Rose an Eartha

21:55

Nein. Die Kleine hat jedes Gerät auseinandergenommen, das sie finden konnte.

21:55

(Bild von Billy, die auf die Arbeitsplatte klettert, um Batterien aus dem Rauchmelder zu nehmen)

21:56

Wenn ich bei einem Brand sterbe, weißt du jetzt, wer schuld ist ...

Ich lache und denke daran, wie Billy in ihrem Deckenumhang ins Schlafzimmer gewatschelt ist.

Ping.

Jemand hat mir auf Wonderland geschrieben. Ich lächele und mein Herz klopft schneller.

@sallylovesthesea Hi Eartha, hatte heute die Geburtstagskarte für meine Freundin in der Post. SO TOLL! Sie wird den Delfin grandios finden, der aus der Vagina kommt! (Danke, dass du keine Fragen gestellt hast, das ist ein Insider ...) Ich bitte sie, dich zu verlinken, wenn sie es postet. Deine Sachen verdienen einfach ein RIESIGES Publikum.

Ich antworte mit ganz vielen Kuss-Emojis, bedanke mich bei ihr und schließe mein Telefon an das Ladekabel auf dem Nachttisch an. Ich bemerke, dass mein Nagellack etwas abgeblättert aussieht, und greife in die Schublade meines Nachttischs, wühle mich durch Zopfgummis, olle Vibratoren und Nagellacke, um eine Farbe zu finden, die mir gefällt. Ich nehme zwei kleine Flaschen raus. »Liquorice Black« und »Bubblegum Pink«. Ich weiß einfach nicht, was ich schöner finde. Ich halte mir eine Hand vors Gesicht und stelle mir die verschiedenen Farben auf den Nägeln vor.

Warum sollte ich einen Kompromiss eingehen, wenn mir beide gefallen? Ich entscheide mich, jede Hand in einer anderen Farbe zu lackieren.

Kapitel 3

PHAEDRA

Wonderland-Follower*innen: 1298

Mein Gehirn ist erschöpft von meinem Körper und mein Körper von meinem Gehirn. Beide wollen dieses Bett nie wieder verlassen. Ich kann mich einfach nicht bewegen – er ist gestern Nacht nicht nach Hause gekommen. Sollte sich Wachsein so schwer anfühlen? Würden mir Eisentabletten helfen? Oder vielleicht sollte ich mal echte Orangen essen, anstatt mir einmal die Woche verkatert eine Brausetablette aufzulösen?

Ich drehe mich um, blicke auf das perfekt aufgeschüttelte Kissen neben mir, auf dem niemand geschlafen hat, und verspüre einen Schmerz in meinem Inneren. Wo ist er? Im Spiegel erhasche ich einen Blick auf mich, zusammengesackt am Bettrand. Ab welchem Punkt bin ich selbst daran schuld? Ab wann muss *ich* Verantwortung dafür übernehmen, dass ich diesem Mann ermöglicht habe, mich fertigzumachen? Ich habe mir diesen Mann ausgesucht. Was sagt das über mich aus? Ich schaue auf mein Telefon, keine Antwort von ihm.

Textnachricht von Eartha an Matt

23:29

Hey, soll ich noch auf dich warten?

00:02

Wollte nur fragen, ob bei dir alles in Ordnung ist.

02:07

Matt, lebst du noch?

Ich drehe mich um, um mein Gesicht in seinem Kissen zu vergraben; sämtliche Schreckensszenarien zu seinem Verbleib und warum er nicht antwortet, schießen mir durch den Kopf. Vielleicht hat er die Barfrau gevögelt, von der er erzählt hat, vielleicht ist er bei einer Orgie gelandet und irgendein Groupie kam vorbei, um ihm einen zu blasen. Aber so berühmt ist er doch gar nicht. Wahrscheinlich hat er nur eine Line zu viel gezogen und ist nach dem Set bei Sam gelandet. Sam wohnt in South Olympia und dort hat er auch das Set gespielt. Das klingt plausibel. »So wird es wohl gewesen sein«, höre ich mich laut sagen.

Mit dieser Erklärung im Kopf kann ich mich aufraffen, in die Küche zu gehen und mir Vitamin C in Wasser aufzulösen. Meine Tätigkeit als Hausmädchen erschöpft mich. Nichts von alldem passt zu meiner Idee, mich als »Feministin« zu bezeichnen. *Wie lautet noch gleich dieses Zitat?* Ich denke darüber nach, während ich eine staubige Tablette in ein Glas Wasser drücke. *Das Zitat, wonach moderner Feminismus eine Falle ist, weil Frauen den Speck nicht nur herbeischaffen, sondern ihn auch noch braten müssen?* Ich habe es so satt, immer Mädchen für alles zu spielen und andere Menschen deswegen anlügen zu müssen. Wie sähe denn die Wahrheit überhaupt aus?

Hi Leute, voll nett, dass ihr euch nach Matt und mir erkundigt, ja, ich teile mir jetzt einen Schuhkarton mit einem mittellosen Männerkind, das ich bekoche und hinter dem ich herräume. Aber ist schon o.k.! Ich liebe es ... äh ihn! Ich bin total glücklich mit ihm, habe mein Leben im Griff und bin eine echt gute Feministin – wirklich! Möchtet ihr eine Orange?

Ich merke, dass mir so viel fehlt im Leben. Irgendwas stimmt einfach nicht. Es ist, als wäre mir mein eigenes Leben entglitten. Wo ist mein Feuer hin?

Während sich die Tablette auflöst, drehe ich mich um und betrachte meinen kleinen Raum auf dieser Erde. Ich kneife die Augen zusammen und schätze den Abstand zwischen Bett und Küche. Wenn ich es wirklich wollen und häufig üben würde, könnte ich mir wohl im Bett die Zähne putzen und von da aus im Waschbecken ausspucken. Ich nehme mein Handy. Immer noch keine Nachricht von ihm. Ich checke sein Wonderland und es ist ungewöhnlich still dort. Keine Interaktionen. Und niemand hat ihn auf irgendwelchen Posts markiert. Keine Spur von ihm ...

Irgendwo verspüre ich neben meiner Enttäuschung auch Erleichterung, weil ich mich ab heute nicht mehr schuldig fühlen oder fragen muss, ob ich mich in dieser Beziehung wirklich wohlfühle. Heute habe ich einen triftigen Grund, wütend auf ihn zu sein. Es ist schön, wenn man eine Sache oder Person hat, auf die man zeigen und die man beschuldigen kann. Den Freund, die Regierung, irgendeinen Planeten – Pluto von mir aus. Das entbindet einen von der Verantwortung für das eigene Leben. Ich bin nicht schuld, *er* ist schuld.

Ich muss mich konzentrieren, um mich von Matts Funkstille abzulenken. Das fühlt sich so tragisch an. Ich warte auf eine Antwort von meinem Freund, den ich als *Mensch* nicht mal mag. Ich muss ihn einige Stunden lang aus meinem Kopf verbannen. Deswegen fange ich an, an einem Auftrag für ein neues veganes, nachhaltiges Deodorant zu arbeiten – den Kontakt hatte mir Billy besorgt. Das Paar, das es auf den Markt gebracht hatte, war sich in Sachen Grafikdesign für Social Media gar nicht einig und anstatt ganz offen zu sagen, dass sie zwei verschiedene Videos bräuchten, um beide zufriedenzustellen, habe ich versucht, etwas Verbindendes in ihrer Doppelvision zu finden – typisch Scheidungskind. Die Frau will etwas Sinnliches und Botanisches, der Kerl hingegen etwas Postmodernes und Verspieltes. Beide haben genickt, als der jeweils andere Part die »gemeinsame Vision« beschrieben hat, um dann mit der eigenen, völlig entgegengesetzten Vision zu kontern. Ich glaube, das ist eine besondere Art der Konfliktlösung: gegenseitige Verleugnung.

Mein Schreibtisch steht neben dem Bett, aber das Sonnenlicht scheint auf die Wand, an die ich meine Collagen klebe, deswegen bleichen sie mit der Zeit etwas aus. Langsam sieht das Ganze aus wie zusammenkopierte Speisekarten, die man im Schaufenster eines Dönerladens sieht: sonnengebleichte Döner und Falafel.

Ich hatte mich einige Stunden lang in die Welt der Orchideen und deren weibliche Pendants vertieft, weil ich das sowohl sinnlich als auch postmodern fand, als mein Handydisplay aufleuchtet.

Mum ruft an.

Immer noch nichts von Matt.

Niedergeschlagen gehe ich dran. »Hi, Mum.«

»Hi, Liebes, alles gut bei dir? Wie geht es Matt?«, fragt sie und hat schon an meiner Stimme gehört, dass etwas nicht stimmt.

In meinem Kopf führe ich eine kurze Kosten-Nutzen-Analyse durch, ob ich ihr erzählen soll, wie ich mich wirklich fühle. Dass Matt heute Nacht nicht nach Hause gekommen ist. Dass er als Freund eine riesige Enttäuschung ist. Dass ich keine Ahnung habe, wo er ist, und ich nicht weiß, ob ich ihn noch liebe – nach all den Scheißjahren, die er mir beschert hat. Aber ich will das Fass nicht aufmachen. Und außerdem kenne ich Mum: Wenn ich ihr nur die kleinste Kleinigkeit erzähle, wird sie alles wissen wollen.

»Dem geht es gut! Er hat sein erstes Set in diesem Pub gespielt ...«

Sie fällt mir direkt ins Wort.

»Jaaa, genau, das habe ich gestern Abend auf Sams Wonderland-Seite gesehen! Ich habe mir das ganze Set angeschaut. Sah toll aus. Nur der Veranstaltungsort wirkte ein wenig runtergekommen, oder?«

Ich habe keine Ahnung, wovon sie spricht. Ich habe Sams Wonderland-Seite gestern Abend nicht gecheckt und dieses Video meines eigenen Freundes nicht gesehen, warum habe ich mir die Seite nicht angeschaut, obwohl ich wusste, dass Matt mit ihm unterwegs war? Oder hat Sam sie vor mir versteckt? Ich widerstehe dem Drang, aufzulegen und nach Updates zu suchen.

»Matt sagt, dass der Barbesitzer ihm einige regelmäßige Slots angeboten hat; ich glaube, das wird was.«

Ich denke mir das alles gerade aus. *Wie erbärmlich von mir.*

»Habe ich richtig gesehen, dass er eins deiner selbst gestalteten T-Shirts getragen hat, Liebes? Toll, dass er dich so unterstützt. Ganz ehrlich, ich bin so neidisch auf euch zwei.«

Ich gehe lachend darüber hinweg.

»Ich finde es wirklich großartig, dass er immer interessante Artikel teilt, bei denen Frauen im Vordergrund stehen – das kannst du bei Männern in meinem Alter vergessen. Bei deinem Dad kann ich mich auf den Kopf stellen, er liest einfach nichts von dem, was ich ihm zuschicke …«, spricht sie weiter. Ich verschweige ihr, dass sie von genau *den* Artikeln spricht, die ich ihm regelrecht aufgezwungen habe, nachdem er mich Bitch genannt hatte, weil ich wollte, dass er den Toilettensitz runterklappt.

Etwas Klebriges hängt zwischen uns in der Luft, nachdem sie ihr armseliges Liebesleben erwähnt hat. Das hat sie, weil sie meinen Vater einfach nicht verlässt. Wir wechseln das Thema und ich frage nach ihren Bewerbungen bei lokalen Geschäften. Anschließend ist es schwer, noch Gesprächsthemen zu finden, die uns nicht unangenehm sind, also nichts mit ihrem Ex-Mann – meinem Dad – zu tun haben. Bevor sie auflegt, bittet sie mich, Matt von ihr zu grüßen. Ich stimme durch zusammengebissene Zähne zu und mache mich wieder an die Arbeit.

Gerade, als die Sonne hinter einer Wolke verschwindet und sich das Zimmer verdunkelt, schwindet meine Konzentration und ich blicke auf die Uhr oben rechts auf meinem Laptop: 13:14 Uhr. Die vegane Deomarke hat mir heute früh bereits drei E-Mails geschickt und mich gebeten, die Collage für ihre Social-

Media-Kanäle zu optimieren – auf völlig unterschiedliche Arten. Ich schicke ihnen einfach die PDF, die ich zum dritten Mal optimiert hatte, und tue so, als hätte ich die Änderungen schon eingepflegt, um die sie mich gebeten haben.

Wir finden es beide toll, aber wir glauben, wir müssen uns heute zusammensetzen.

Reicht es, wenn wir dir bis morgen, EOD, Bescheid geben?

Ich klappe den Laptop zu und ziehe einen Beutel unterm Schreibtisch hervor. Heute früh habe ich Rose eine Matt-SOS-Nachricht geschickt und Rose meinte, ich solle in den Café-Co-Working-Space kommen, in dem they sich hochgearbeitet hat. Neulich wurde they in einem Bericht einer Lokalzeitung sogar »Rosey« genannt und als gute Seele des Ladens bezeichnet. Ich nehme mir vor, Rose häufiger damit aufzuziehen.

Ich gehe die Treppe am Kanal hoch und sehe, als ich beim Café ankomme, dass ein paar Tech-Typen zu dem Tisch schlurfen, an dem ich immer sitze. Sie wollen gerade ihre Laptops abstellen, als Rose wie aus dem Nichts aus dem Café gerannt kommt, ein Handtuch aus der Schürzentasche zieht und es auf den Tisch schmeißt, ehe sich die Männer setzen können.

Die Sonne scheint Rose ins Gesicht und they schirmt sie mit der Hand ab, dreht sich dann zu mir um. Als ich they dabei beobachte, wird mir klar, dass ich von Rose einfach nie genug bekomme. Wie kann man diese Liebe beschreiben? Irgendwo zwischen romantisch und platonisch, eine geschwisterliche, liebevolle, ganzheitliche, undurchdringliche Beziehung, die uns verbindet und schützt. Ich renne grinsend zu Rose, they umarmt mich fest und hebt mich dabei hoch.

»Babe, was ist los? Ich geb dir einen aus, was möchtest du?«, fragt they mich und legt den Arm um mich.

»Wie immer«, antworte ich. Rose flitzt ins Café und bewegt sich dabei schneller als jeder andere Mensch auf diesem Planeten.

Ich setze mich hin und betrachte die bunten Buchläden, Cafés und kleinen Geschäfte mir gegenüber. Ich drehe mich um und schaue, ob Rose drinnen Hilfe benötigt, aber they hat meine Bestellung an ein neues Mädel weitergegeben, das an der Espressomaschine steht – Rose lehnt nun am Tresen, streicht sich mit den Fingern das Haar zurück und lässt dann den Arm auf dem Kopf liegen. Rose ist so schlank und irgendwie flüchtig. Verführung gelingt Rose so mühelos wie Atmen. They stellt einen Fuß auf einen Stuhl ... Oh no, Rose macht *die Pose.* Irgendwer wird ein Aneurysma bekommen.

Rose kommt mit einem Klappstuhl unterm Arm und einem Tabakbeutel in der Hand wieder nach draußen und setzt sich zu mir in die Sonne. »Wenn du hier bist, bist du auch Teil der Freakshow. Ich finde es super, wenn nicht nur *ich* angestarrt werde«, murmelt Rose und eine nicht angezündete Selbstgedrehte wackelt zwischen their Lippen.

»Rose, hör mal auf mit dem Selbstmitleid, von wegen Freakshow. Die Leute starren dich an, weil sie denken, sie hätten gerade Leonardo DiCaprio aus seiner Zeit als Teenieschwarm gesehen. Außerdem fickst du einfach alle mit deinen Blicken«, seufze ich.

Rose zündet sich die Kippe an und nimmt einen Zug, lehnt sich mit dem Kopf an das sonnige Fenster des Cafés. They blickt mich von der Seite an und will mir einen Arm um die Schulter legen. Aber dann wird they abgelenkt: Zwei Mädchen gehen vorbei und werden von Rose abgecheckt. Beide Mädels drehen sich nach Rose um.

»Okay ... ja, vielleicht liegt es daran«, sagt Rose, bläst Rauch aus dem Mund und lacht. »Egal, Schluss jetzt mit mir und meiner Flirterei, bitte, danke. Was hat der ›Penis‹ jetzt schon wieder gemacht? Wie war es gestern Abend? Du bist heute eine wahre Meisterin im Fragenausweichen, kann das sein?«

»Er ist gestern Abend nicht nach Hause gekommen«, erkläre ich sachlich.

»Scheiße. Das tut mir leid«, sagt Rose und reißt sich zusammen.

»Schau mich nicht so an. Sag bloß nicht ›das habe ich dir doch gesagt‹. Bitte nicht!« Ich fuchtele mit einem Finger vor Roses Gesicht rum.

»Wann hab ich das denn gesagt? Du weißt doch, dass ich Männern im Allgemeinen misstraue – das muss erst mal einer widerlegen. Ich kann nichts dafür, dass ich eine weise alte Seele bin!«, beteuert Rose, um die Anspannung zu lindern.

Ich habe das Gefühl, alle starren mich an: der Typ dahinten, der seinen riesigen Hund spazieren führt, die Frau, die ihr Klapprad aufschließt, der Mann, der das Fenster seines Buchladens mit einem Putztuch reinigt. Sogar der Hund des Kerls fixiert mich. Ich habe das Gefühl, die ganze Straße weiß, wie schlecht es mir geht. Dass ich eine Möchtegernfeministin mit einem kack Freund bin, die sich von ihm scheiße behandeln lässt.

»Also, ich bin mir sicher, dass er dir schreibt, sobald er kann. Vielleicht hat er sein Telefon verloren!« Rose erfindet Ausreden für einen *Mann?* Das ist krass. Ich muss Rose ganz schön leidtun.

»Du musst mich nicht verarschen. Meinst du das ernst? *Sein Telefon verloren?*«, sage ich und male beim letzten Satz Anführungszeichen in die Luft.

Ich nehme mein Handy raus und gehe auf Wonderland. Der Pub hat den Abend noch einmal gepostet und Matt hat den Post vor einer Stunde mit einem Feuerlöscher-Emoji kommentiert. Soso! Er hat sein Handy also nicht verloren. Ich schüttele den Kopf und starre auf mein Display – immer noch besser als Roses besorgte Blicke.

Während ein Tablett und die Getränke auf unseren Metalltisch poltern, sehe ich weiter hinten auf der Straße etwas Fuchsiafarbenes aufblitzen und erblicke eine Frau mit pinkem Haar. Sie bleibt vor der Apotheke stehen, einen Steinwurf von unserem Tisch entfernt. Ich hatte immer gedacht, dass Leute mit bunten Haaren nach Aufmerksamkeit gieren, wie ein menschlicher Textmarker, der stärker auffallen will als alle anderen. Aber diese Frau hat etwas Magnetisches an sich. Sie trägt ein oversized T-Shirt mit Kniestrümpfen und hohen, klobigen Plateauschuhen aus Lackleder. Ihr Look ist ganz schön extravagant für einen Apothekenbesuch; es sieht so aus, als hätte sie die Schuhe gestern Abend für eine Party angezogen. Vielleicht stimmt das auch? *Schön für sie.* Ich glaube, dass ich noch nie jemanden gesehen habe, der ...

»Eartha!«, brüllt Rose.

Ich werde aus meinen Gedanken gerissen. Rose schaut zur Apotheke, sieht, was mich ablenkt, und grinst.

»Was denn?«, blaffe ich abwehrend.

»Sieht gut aus, oder?«, erwidert Rose.

»Mir gefällt ihre Frisur«, antworte ich und blicke auf meinen Schoß.

Rose zuckt die Schultern und schiebt meinen Iced Latte auf dem Unterteller zu mir.

»Maisie hat das hier für dich nach draußen gebracht, aber du hast es gar nicht bemerkt, weil du dieses Mädchen angestarrt hast.«

Wir sitzen da, trinken unseren Kaffee und genießen die Aussicht, bis ich wieder diese Frau mit den pinken Haaren entdecke – sie verlässt gerade die Apotheke, rückt ihre Kopfhörer zurecht, wiegt den Kopf zur Musik, als würde die Welt ihr gehören. Sie dreht sich um und läuft in unsere Richtung, während sie mit einer Hand eine Papiertüte festhält und mit der anderen mit den Fingern schnipst.

Moment ...   Ist das ...?

Trägt sie da ...

Das kann doch nicht sein?

AufgarkeinenFall.

Wie zum Teufel ...?

»Eartha, was ist los?« Rose legt mir eine Hand auf die Schulter.

»Das Mädel trägt das T-Shirt, das ich entworfen habe; Matt hatte es gestern Abend an«, antworte ich.

Ich habe es Matt gestern Abend gegeben ...

Und es gibt nur ein einziges davon.

»FUUUUCK«, kreische ich.

Rose legt mir eine Hand auf den Oberschenkel und drückt mich, um mich zu beruhigen.

Fuck it.

Nicht mit mir.

Ich schlage die Hand weg. Es kann einfach nicht sein. Jemand muss das T-Shirt nachgedruckt oder das Design geklaut haben. Ich springe auf. Mein Körper ist überwältigt von einer verwirrenden Mischung aus Faszination, Verlangen und Wut über den ekelhaften Charakter dieses ... Energiebündels. Gott! Ich renne zu ihr, um sie mit meinem Verdacht zu konfrontieren. Sie will gerade die Straße überqueren, ich laufe hinter ihr her.

»ENTSCHULDIGUNG!«, rufe ich.

Sie dreht sich um und blickt mich ängstlich an. Ihre Haut schimmert oliv und ihre Augen sind tiefbraun. Sie trägt noch den Eyeliner von gestern Abend, der inzwischen verschmiert ist. Wie schafft sie es, auch mit einem Kater so gut auszusehen? Sie nimmt die Kopfhörer ab und stoppt die Musik auf ihrem Telefon.

»Hi, ich wollte dich nicht erschrecken. Mein*e Freund*in und ich fanden nur dein T-Shirt so toll. Woher hast du das?«, frage ich, um Zeit zu schinden.

»Oh, ähm ...«, sagt sie, mustert mich dabei von Kopf bis Fuß, taxiert die Verrückte, die gerade über die Straße gehetzt ist, um sie anzusprechen.

»Das gehört mir eigentlich gar nicht. Das ist von einem Typen, mit dem ich heute Nacht Sex hatte.« Sie lacht. »Er hat mir seine Nummer nicht gegeben, weil ich aus dem Haus seines Kumpels abgehauen bin. So eine Nacht war das ... Aber er meinte, ich könnte es behalten. Cool, oder?«

Ich bemerke diesen postkoitalen Glow, den ihre perlmuttschimmernden Poren ausstrahlen.

»Hatte er ...«

Mir bleiben die Worte im Hals stecken. Ich kann sie nicht aussprechen.

»Hatte er ... zufällig so einen kleinen baumelnden Ohrring?«, bringe ich heraus und schirme die Augen vor der Sonne ab.

»Da muss ich kurz überlegen ...«, sagt sie, blickt in die Ferne und versucht wahrscheinlich, sich meinen Freund Matt vorzustellen. »Ich glaube schon! Ein kleines Kreuz oder so? Oder vielleicht einen Spatzen? Ich weiß nicht. Er hat gestern aufgelegt! Ich bin mit paar Freund*innen zu seinem Gig gefahren. Kennst du ihn?«, antwortet sie neugierig.

Eartha.

Jetzt nicht weinen.

Auf keinen Fall jetzt weinen.

»Ich kenn den tatsächlich. Der Typ, mit dem du gefickt hast, ist mein Freund und das ist mein T-Shirt«, sage ich und verzichte aufs Lufthole, damit ich nicht in Tränen ausbreche.

Sie sieht völlig entgeistert aus. Sie öffnet den Mund, dann schließt sie ihn wieder. Sie wird blass.

»Ich ... ich bin total geschockt ... Ich wusste nicht, dass er eine Freundin hat. Es tut mir so leid«, sagt sie leise.

Erleichterung.

»Wenn du es nicht wusstest, musst du dich auch nicht schuldig fühlen. Wir sind seit sechs Jahren zusammen, also hat er nicht einfach *vergessen*, es zu erzählen. *Mir* tut es leid, dass du Sex mit einem verlogenen Betrüger hattest!«

»Es tut mir leid, dass dein *Freund* ein verlogener Betrüger ist!«

Sogar ihr Fluchen klingt wie ein Gedicht, wie kleine Vögel, die vor dem Fenster erwachen. Die Frau ist eine lebendige Sirene. Vielleicht hat sie Matt so aus der Monogamie gelockt? Wem will ich da eigentlich was vormachen? *Natürlich war das nicht das erste Mal.* Dann frage ich mich, warum ich nicht verletzt bin. Das alles sollte mich komplett umhauen. Ich sollte mich nach vorn beugen, mich mit den Händen auf die Knie stützen und heulen und schluchzen. *Oder?* Vielleicht gipfelt einfach jede einzelne Enttäuschung der letzten sechs Jahre in diesem Moment. Er hat mich mit einer unglaublich faszinierenden Frau betrogen, deren Schönheit sogar mich aus dem Konzept bringt. Ich fühle mich überhaupt nicht schlecht. Die Angst, die ich hatte, weil er nicht nach Hause gekommen ist, ist wie weggeblasen. Weil ich jetzt weiß, wo er gestern Abend war. Ich fühle mich *frei*. Ich schaue mir die Tüte aus der Apotheke an, die sie in der Hand hält. Ich vermute, dass es sich um eine Pille danach handeln könnte.

»Ist das ...?« Ich zeige auf die Tüte.

Verschämt versteckt sie sie.

»Nur, um auf Nummer sicher zu gehen.«

»Er kann mich nicht mal respektvoll betrügen, er hätte mich auch mit etwas anstecken können?«

»Oh, er hat schon ein Kondom benutzt! Aber ... ich traue diesen Typen nicht. Einige streifen sie heimlich ab, bevor sie kommen.«

Kurz sieht sie panisch aus, als ihr klar wird, dass sie ja über meinen Freund spricht.

»Es tut mir so leid. Ich hätte merken müssen, dass mit ihm etwas nicht stimmt. Er meinte, Thema seiner Kunst sei, dass Frauen das Recht haben, ›durch eine nicht sexuelle Brille betrachtet zu werden‹.«

»ARGHHHHFFFFUCCCCCKKKAAAA.«

Schockiert presse ich mir die Hand auf den Mund. Macht er mich nach ... um flachgelegt zu werden?

Sie spricht weiter. »Anfangs fand ich es noch glaubwürdig. Die meisten Künstlertypen labern gerade so etwas. Aber ich hätte merken müssen, dass er Märchen erzählt, als er meinte, er würde eine Art Selbsthilfegruppe für Kerle ausrichten, die bessere Männer werden wollen und dort Frauenthemen besprechen, ›ohne dass Frauen sich dabei unwohl fühlen‹ ...«

Matt benutzt feministischen Clickbait, um flachgelegt zu werden?

»Stell dir das mal vor! Ein Mann macht etwas Selbstloses ... zusammen mit ANDEREN Männern?«, sage ich.

Wir starren in die Ferne und stellen uns vor, wie Matts Feministenzirkel wohl aussehen würde.

Ich lache, anfangs verhalten und dann wie verrückt. Die ganze Spannung der vergangenen vierundzwanzig Stunden entlädt sich aus meinem Körper. Ich stelle mir vor, wie mein Freund in einem Zimmer voller Männer rumheult, man müsse Sexismus endlich stoppen, während sie sich einen drauf runterholen, was sie für gute Feministen sind. Vielleicht werde ich später traurig werden oder vielleicht ist es mir auch ganz recht, so wie es ist. Habe ich die Situation dadurch irgendwie provoziert? Ich frage mich, wie viele bemitleidenswerte Frauen sich sonst noch seine feministische Pornopropaganda anhören mussten.

»Ich hätte auf mein Bauchgefühl hören sollen«, sagt sie und reißt mich damit aus meiner Hysterie. »Ganz ehrlich, es hört sich lächerlich an, wenn ich es jetzt laut ausspreche. Aber ich war betrunken und horny und das Mädel, das ich gut fand, fand jemand anderen gut ...«

Alles um uns herum verschwimmt. Plötzlich hat sich die

Atmosphäre zwischen ihr und mir komplett verändert, jedes Fitzelchen Wut, das ich wegen ihr verspürt hatte, ist zu Asche verbrannt und zu Verlangen transmutiert. *Sie mag Frauen.*

»Vielleicht können wir uns an ihm rächen«, sage ich.

»Ach ... ich will niemanden verletzen«, sagt sie und schüttelt den Kopf.

»Nein, natürlich nicht. Aber ich habe eine Idee«, erkläre ich und zeige auf das T-Shirt, das ich trage.

»Dieses Shirt habe ich auch entworfen«, sage ich und ziehe es auseinander, um ihr die Worte »Venus in Furs« in roten Buchstaben und das zweifarbige Siebdruckbild von High Heels und einer Peitsche zu zeigen.

»Verstehe, aber was soll uns das bringen?«, fragt sie, runzelt die Stirn und versucht herauszufinden, was ich da gerade vorgeschlagen habe. Dann macht es klick. »OHHHH. Das ist brillant.«

Sadistische Schadenfreude durchströmt mich beim Gedanken an Matts Gesichtsausdruck, wenn ich später nach Hause komme. Sie zieht ihr Shirt aus. Als sie es über den Kopf streift, schaue ich mich um, ob uns jemand beobachtet. Durch den roten Mesh-BH sehe ich ihre Nippel. Sie sind gepierct. Sie sind perfekt. Sie sind unvergesslich. Als sie ihr Shirt weiter über den Kopf zieht, schlüpfe ich auch schnell aus meinem, damit es nicht so aussieht, als würde ich ihr auf die Titten starren. Ich lege mir die Hände auf die Brüste, während ich auf sie warte. Schließlich hat sie das Shirt ausgezogen und öffnet den Mund. Sie ist überrascht, dass ich keinen BH trage.

»Deine Titten sind zu sehen«, ruft sie und blickt sich verlegen um.

»Ich trage nie einen BH, ich hab gar keinen, also, manchmal, aber nur, wenn es ...«

»Neeeein, komm wieder her! Die Männer da starren dich an«, sagt sie und zeigt auf die Tech-Typen, die sich inzwischen mit ihren Laptops in einem ranzigen Laden niedergelassen haben.

Sie packt mich an der Taille und zieht mich außer Sichtweite, schirmt mich von den neugierigen Gaffern ab. Wir befinden uns in der Gasse neben der Apotheke.

»Oh, Scheiße, da kommt gleich jemand.«

Sie sagt es und zieht mich noch weiter außer Sichtweite, bis wir am Mitarbeiter*inneneingang des Gebäudes angekommen sind und sie mit dem Rücken an der Wand lehnt. Unsere Oberkörper sind immer noch nackt in der sonnigen Gasse, die zerknüllten T-Shirts halten wir in den Händen, es gibt nur uns. Ihre Hand liegt noch auf meinem Körper und wir blicken uns beide nach anderen Menschen um und schauen, ob die Tech-Boys mit ihrem unverhohlenen Starren aufgehört haben. Ich lache und drehe mich zu ihr um. Wir blicken uns in die Augen. Unsere Gesichter sind nur Zentimeter voneinander entfernt und auch sie fängt an zu lachen. Von Angesicht zu Angesicht mit der Frau, die ich mehr als jede andere Person hassen sollte, entdecke ich stattdessen, dass ihr Lachen über meinen Körper streicht. Ich entdecke nun unter ihrer Foundation von gestern Abend ein paar Sommersprossen. Ich will wissen, wie viele Sommersprossen sie auf ihrem Gesicht hat. Ich will wissen, welche Haarfarbe sich unter dem Pink versteckt. Ich will wissen, wer ihre Freunde sind, welche Songs ihr das Leben gerettet haben, warum sie jeden Morgen aufsteht, ich will ihr stundenlang Abendessen kochen. Ich will Bücher zu Themen kaufen, die sie interessieren, damit wir darüber reden können. Ich will ihr ganz nah sein und ewig über unsere Leben reden, bis wir einschlafen. Ich will ihre Fingerspitzen berühren. Ich will die Wärme ihres Atems spüren. Ich will ihren Atem einatmen.

Sie hypnotisiert mich.

Ich erinnere mich daran: Sie hat gerade erst mit meinem Freund gevögelt. Egal wie herrlich warm ihr Atem ist, es sind *noch Partikel von ihm in ihrem Mund*. Ich schaue weg.

»Komm, wir tauschen die Shirts dann«, sage ich schnell.

Habe ich gerade einen sehr schönen Moment zerstört? Wollte ich sie küssen oder war es nur Adrenalin? Vielleicht will ich mich auf diese Weise nur an Matt rächen? Vielleicht will ich einfach nur ihre Freundin sein? Sie reicht mir das Fleetwood-Mac-Shirt und ich gebe ihr meins.

»Bitte schön.«

Wir ziehen sie uns beide über den Kopf, aber ich brauche etwas länger, schinde etwas Zeit, während ich mir etwas überlege, damit sie nicht einfach so aus meinem Leben verschwindet.

»Okay, ich muss schnell nach Hause, mich drauf vorbereiten, dieses Arschloch rauszuwerfen.« Ich verziehe das Gesicht.

»Scheiße, ihr wohnt zusammen ...«, antwortet sie beunruhigt.

»Leider. Wer weiß, vielleicht komm ich nach Hause und er richtet dort gerade seinen süßen *Männerzirkel* aus.«

Wir lachen beide, diesmal aber leise.

Eine Pause entsteht.

Das ist es.

Diese Energie.

Sie hält uns gefangen.

Sie sorgt dafür, dass ich jeden Körperteil von ihr wahrnehme.

Wie nah wir beieinander sind.

Wie weit entfernt wir voneinander sind.

Ich habe das Gefühl, das alles rinnt mir wie Sand durch die Finger.

Ich muss etwas unternehmen.

Etwas sagen.

»Also, ich geh hier lang ...«

Ich zeige nach rechts und gehe langsam los. *Herzlichen Glückwunsch, Eartha. Du hast einen Rückzieher gemacht. War ja klar.*

Sie muss es auch gespürt haben. Muss sie einfach. Es gab diesen einen Moment.

Das wirst du bis an dein Lebensende bereuen, nicht wahr? Nun ist es zu spät. Jetzt gehst du also weg und nur deine schwache innere Stimme schreit dich an, dass du etwas machen musst. Dein Gehirn und dein Körper arbeiten wieder mal gegeneinander.

»Warte mal! Ich geb dir meine Nummer, o.k.?«, ruft sie hinter mir. »Ich würde so gern wissen, wie die Sache mit deinem Freund weitergeht.«

»Meinem *Ex*«, korrigiere ich sie.

»Ha, genau, *deinem Ex.*« Sie blinzelt.

Ich nehme das Telefon aus meiner Tasche, öffne »Kontakte« und reiche es ihr.

»Kannste hier reinspeichern.«

Sie tippt die Zahlen ein. »Bitte sehr.«

Sie gibt es mir zurück und ich schaue auf den Kontakt auf meinem Bildschirm, weil ich bemerke, dass ich gar nicht weiß, wie sie heißt.

»*Ph-deree.*«

»Das spricht sich *Faye-drah* aus«, berichtigt sie mich. »Und du bist?«

»Eartha.«

»*Eartha* ... ich finde, unsere Namen passen ziemlich gut zueinander, meinst du nicht?«, sagt sie, tritt einen Schritt zurück und geht weg.

Ich warte, bis sie außer Sichtweite ist, dann renne ich zu unserem Tisch, wo Rose immer noch sitzt.

»Matt hat heute Nacht mit ihr geschlafen!«, rufe ich und halte mich mit beiden Händen am Cafétisch fest.

Ich atme aus. Daraus wird ein sechs Jahre lang herausgezögerter, schmerzhafter Seufzer.

»Er ist ein Drecksstück«, sage ich und hebe die Hände hoch. »Du wusstest es, ich wusste es. Alle wussten es.«

»Ich war mir nicht sicher, dass es dir tatsächlich ... *klar war?*«

»Oh, natürlich war es mir klar, ich musste es mir nur eingestehen.«

»Und was machst du jetzt?«, fragt Rose.

»Jetzt gehe ich nach Hause. Und ich werde mich von ihm trennen.« Ich merke, dass ich zittere.

»Fucking hell, du machst es echt!«, sagt Rose und packt mich an den Schultern, damit ich them anschaue.

»Genau …« Ich schnappe mir meinen Beutel, der unterm Tisch liegt. »Ich bin weg.«

Rose küsst mich auf die Stirn. »Ich bin stolz auf dich und ich bin für dich da. Immer.«

Ich eile nach Hause, ich kann die süße Rache fast schon schmecken. Ich habe das Gefühl, dass leichte Stromstöße in meinem Körper zucken und mich mit jedem Schritt in Richtung unserer Wohnung aufladen. *Unserer Wohnung.*

Aber nicht mehr lange.

Kapitel 4

DER TRACEY EMIN DES TECHNO

Wonderland-Follower*innen: 1297

Ich höre Schlüsselgeklimper vor der Tür, gefolgt von lautem Abhusten, das mich komplett ekelt und sich zu *einer* Wahrheit manifestiert – Matt werden Drogen und Alk immer wichtiger sein als ich.

Ich höre auf zu kochen und laufe zum Lautsprecher. Mir hört er nicht zu, aber vielleicht Robert Plant.

Ich flüstere, »Hey, Athena ...«

Das Licht geht an, ich kann meinen Musikwunsch abgeben.

»Spiel ›Babe I'm Gonna Leave You‹ von Led Zeppelin.«

Mit Konfrontation hab ich's nicht so, dafür hatte ich immer schon einen Hang zur Dramatik. Ich versuche, meine Fessel an einen 1,85 Meter großen Mann zu zerschneiden, der mich von allem abhält, das ich auf dieser Welt sein und werden will – *leicht* wird das nicht. Was in den nächsten Minuten passiert, kann mich entweder in einen neuen Lebensabschnitt katapultieren oder mir einen Rückstoß direkt ins Herz versetzen. Aber ich bin endlich bereit für eine Veränderung, weil das Leben einfach mehr zu bieten haben *muss*. Es muss einfach mehr geben im Leben als eine Beziehung zu einem Mann, den man beknien muss, seinen eigenen Schwanz sauber zu halten, damit man sich seinetwegen keine Geschlechtskrankheit einfängt. Ich frage mich, ob er wirklich nicht allein auf sich aufpassen kann oder ob er einen auf inkompetent macht, weil er weiß, dass ich immer da sein und hinter ihm aufräumen werde. Er will eine Mutter als Freundin.

Und eine Sexpuppe. Und ein Kindermädchen. Wie das wohl sein Idol – *Freud* – interpretieren würde?

Ich frage mich, ob er mir schon einmal fremdgegangen ist. Ich frage mich, ob er sich beim Ficken mit ihr mehr Mühe gegeben hat als bei mir. Ich muss mich testen lassen. Vielleicht habe ich deswegen ständig Pilzinfektionen? Ich schnappe mir mein Handy, öffne die Notiz-App und tippe »TERMIN GYNÄKOLOFIN«. Kurz starre ich auf den Tippfehler und denke darüber nach, ob ich »Gynäkologin« korrigieren soll oder nicht. Keine Zeit.

Ich denke an alles, was er belächelt: den Frauen-Rap, den ich liebe, die Räucherstäbchen, die ich abbrenne. Ich denke an Teile meiner Persönlichkeit, die ich wieder zum Leben erwecken werde, wenn er weg ist. Er hasst es, wenn ich *glücklich* bin. Er hat alles, was ich liebe, durch den Dreck gezogen, kleingemacht, wertlos erscheinen lassen – und zwar grundlos; er hat es nur deswegen getan, weil ich, Eartha, Freude daran hatte. Über diese Freude wollte er die Oberhand gewinnen, damit nur noch *er* für mich wichtig ist.

Ich versuche, mich auf die Mantras »Die Zukunft ist vielversprechend« und »Alles wird gut, wenn ich mich für mich selbst entscheide« zu fokussieren, so wie es in sämtlichen Selbsthilfebüchern für Frauen steht. Was ich in solchen Ratgebern aber noch nie gelesen habe: Es ist die eigene Angst, die als gravierendes Hindernis zwischen einem selbst und dem Leben steht, das man sich wünscht. Und wie sicher sich der Raum, in dem man sich gerade befindet, im Vergleich dazu anfühlt; selbst wenn man dort Schmerzen erleidet, selbst wenn der Mensch, mit dem man sich den Raum teilt, einen anwidert. Der neue Ort, an den ich gehen werde, macht mir Angst. Er ist leer. Er ist dunkel. Ich habe in meinem Leben noch nie so eine weitreichende Entscheidung getroffen. Ich glaube, das hat noch keine Frau in meiner Familie getan.

Die nicht geölte Tür sagt mir, dass Matt jetzt angekommen ist, in meiner Wohnung, und dieser aufrichtige Ekel kommt wieder hoch, strömt durch meinen Körper, erreicht meine Speiseröhre.

Veränderung steht bevor.

Ich halte den Pfannenwender in der Hand.

Alles wird sich ändern.

Oder bist du, meine liebe Eartha, gerade dabei, die Welt zu zerstören, die du dir aufgebaut hast?

Stehst du in Wahrheit vorm Abgrund?

Maul Maul Maul!

Er kommt in die Küche, legt die Schlüssel, die er bald abgeben muss, auf den Küchentresen und atmet tief ein.

»*Endlich* mal was zu essen, wenn ich von der Arbeit nach Hause komme.«

Und so wird die Übelkeit der letzten Minuten von der unerschütterlichen Überzeugung abgelöst, dass ich zweifelsohne eine völlig richtige Entscheidung treffe. *Was für ein überheblicher, verlogener Arsch.*

»Was kochst du denn da? Riecht lecker.«

»Genau, riecht lecker, oder?«, sage ich, stelle die Herdplatte aus und konzentriere mich auf den nächsten Schritt.

Ich bewege mich zur Musik. Ich denke an Phaedra, die mit Kopfhörern tanzt.

Er räuspert sich schon wieder und rotzt seine Koksspucke in die Spüle. Die Dreistigkeit dieses Mannes erstaunt mich. Wie kann er es wagen, hier einfach reinzuspazieren ... wie kann er sich einfach neben mich stellen – nach allem, was er gemacht hat? Wie kann er dieselbe fucking Luft atmen wie ich?

»Du bist ekelhaft«, sage ich und blicke auf den schleimigen Klumpen, den er nicht einmal runtergespült hat.

»Du liebst mich wirklich.«

Nein, eigentlich nicht. Ich stelle das Wasser an, um einen Teil von ihm in den Abfluss zu spülen. Er steht hinter mir und ich weiß instinktiv, dass er mir die Hände auf die Hüften legen wird, mich von hinten umarmen wird. Seinen Schwanz an meinem Rücken zu spüren hat mich früher einmal heiß gemacht. *Ziemlich heiß sogar.* Ich habe mich auf und ab bewegt, auf die Zehenspitzen gestellt und mich an ihm gerieben. Ich habe den Reißverschluss meiner Hose geöffnet, sie runtergezogen, mich unterwürfig nach vorne gelehnt und mich beim Kochen auf der Arbeitsplatte nehmen lassen. Seine Freundin: das Dienstmädchen zum Schnell-mal-einen-Wegstecken.

Aber nun reicht der Gedanke an intimen Körperkontakt mit ihm und mir wird wieder übel. Wenn meine Klitoris wie ein Penis erschlaffen könnte, würde sie es tun. Ich bin dermaßen angewidert, mein Magen fühlt sich wie ein Betonmischer an, dessen Inhalt mit jeder Runde dickflüssiger wird – vor lauter Ekel.

Ich hoffe, er spürt, wie die Stimmung in der Wohnung kippt. Ich glaube, mein fehlendes Arschreiben und Nachvornebeugen haben ihm gezeigt, wie gereizt ich bin. Die Freundin, die sich normalerweise so sexuell unterwürfig verhält, ist plötzlich bockig. Er setzt sich an den Tisch, knöpft sich das Hemd auf und seufzt tief. Ich blicke mir über die Schulter, um ihn zu betrachten, und spüre Männerhass durch meine Adern fließen.

Led Zeppelin spielt im Hintergrund und ich weiß, dass gleich das heftige Gitarrensolo einsetzt. Genau. So soll es sein. Carpe fucking diem. Ich werde diesen Moment nutzen.

Ich drehe mich um und blicke ihn mit meinem vollen Teller in den Händen an. Er schaut zu Boden, zieht sich die spitzen Stiefel aus und wirft sie hinter sich ins Schlafzimmer. Sie landen auf dem Bett, das ich gemacht habe. Arschloch. Unglaublich, dass er überhaupt in meiner Wohnung ist und auf meinem Stuhl sitzt. Und dann, plötzlich, macht es klick: Diese gegenseitige

Respektlosigkeit und diese Anspruchshaltung kenne ich nur zu gut: Dieser Mann ist mein Vater. Ich will nicht noch länger alkoholkranke Verlierer daten, nur, weil erst Grandma und dann Mum mir das vorgelebt haben. Ich will diesen Teufelskreis meiner Ahninnen durchbrechen, der sonst immer so weitergeht. Wir müssen nicht alle dieselbe Geschichte wieder und wieder durchleben. Ich spüre, dass sie gerade bei mir im Zimmer sind und mich anfeuern, einen Schritt in eine neue Richtung zu wagen.

Ich sitze am Tisch und er dreht sich endlich um, um mich anzuschauen. Sein Gesichtsausdruck versteinert. Er blickt auf meine Brust und liest die Worte »Fleetwood Mac« auf meinem T-Shirt. Ich schaue von meinem Teller hoch, auf dem ein goldenes Stück Halloumi auf meiner Gabel aufgespießt liegt.

»Ich verlasse dich.«

Ich esse einen Bissen. Robert Plant beschreibt meine Gefühle im Hintergrund.

»Mmh, salzig und köstlich!«, sage ich. »*So* sollte Sperma schmecken!« Innerlich bebe ich, aber an seinem Gesichtsausdruck erkenne ich, dass er nichts schnallt. Ich weiß nicht, was passieren wird. Strom schießt mir durch die Handgelenke. Er hat kein Wort gesagt.

»Wo hast du ...? Wie ...?«, stammelt er. »Woher hast du dieses T-Shirt? Was ist hier los, verdammt noch mal?«

Er klingt panisch und seine Stimme wird am Ende des Satzes lauter. Beim Anblick seiner Unbeholfenheit empfinde ich sadistische Freude. Hektisch schaut er nach links und rechts, vermeidet zwanghaft den Blick auf mich und mein T-Shirt, während er fieberhaft nach einer Ausrede sucht.

»Du weißt schon, die Frau, mit der du heute Nacht gefickt hast? Sie ist übrigens sehr sexy. Hat grandiose Titten.«

Grandiose Titten?!

»MOMENT! Welche Frau? Wovon redest du? Vielleicht hast

du einfach einem armen Mädchen das Shirt geklaut, Eartha? Sie hatte vielleicht einfach nur dasselbe Shirt! Läufst du jetzt rum und klaust? Du bist so gestört, Alte.«

Er hat mir immer noch nicht in die Augen geschaut. Stattdessen huscht sein Blick im Raum umher, verzweifelt auf der Suche nach einem Fixpunkt. Er interessiert sich kein bisschen für das, was ich mache – er hat keine Ahnung, dass ich es entworfen habe und es deswegen ein Unikat ist. Ich ziehe den Teil des T-Shirts glatt, auf dem der ausgedachte Veranstaltungsort steht.

»Das Konzert gab es gar nicht. Ich habe es mir ausgedacht.«

Er blickt auf meinen Finger, der auf folgenden Text zeigt: *Live at the Titty Twister.*

»Ich ... ich ...«, sagt er und schüttelt den Kopf. Und dieser dämliche Ohrring kommt aus dem Baumeln gar nicht mehr raus.

»Warum schüttelst du den Kopf?« Ich äffe ihn nach und bewege den Kopf heftig hin und her – wie ein Wackeldackel auf einer Schlaglochpiste.

»Kommst du so auf deine Ausreden? Schüttelst du sie durch und schaust dann, welche du nehmen willst?«

Schweigen.

»Dann lass mal hören«, sage ich noch.

»Okay, ja, ich hab sie gestern beim Gig kennengelernt, aber sie hat sich mein Shirt geliehen ...«

»*Mein* Shirt.«

»Okay, sie hat sich *dein* Shirt geliehen ... weil sie mit einem anderen Typen da war! Sie ist ein Groupie, mehr nicht, und sie war noch mit bei Sam, unsere Klamotten waren da irgendwie durcheinander. *Deswegen* trage ich das Shirt! Warum denkst du immer direkt das Schlimmste? Ich liebe dich doch bloß und versuche, genug Geld für die Miete zusammenzubekommen, damit wir hier zusammenwohnen können, und es reicht dir einfach nie ... Das ist so unfair. Ich arbeite so krass viel, weil ich dich liebe, Eartha.«

Er will mir die Schuld in die Schuhe schieben – vergeblich.

»Matt, das hat rein gar nichts mit unserer Unterhaltung zu tun, oder? Widerrede zwecklos, mein Freund. Gib's auf. Es ist vorbei.«

»EARTHA! Glaub mir doch bitte. Sie hatte was mit Sam. Ruf ihn doch an, wenn du mir nicht vertraust«, redet er weiter.

Selbst jetzt würde ein Teil meines Herzens ihm gerne noch glauben.

»Ach, deine Jungs decken dich? Weißt du was …«

Ich schnappe mir mein Telefon von der Arbeitsplatte.

»Phaedra und ich haben sogar Nummern ausgetauscht. Ich schreib ihr mal!«

»*Wer?*«, fragt er und verzieht das Gesicht – er ist komplett lost.

»Du kannst dich nicht mal mehr an ihren Namen …«

Ich unterbreche mich, halte die Hand hoch, damit er nichts sagt, und schüttele den Kopf. Ich habe für so etwas jetzt keine Zeit. Ich schreibe ihr.

Textnachricht von Eartha an Phaedra

18:30

Hi, Gorgeous. Hier schreibt Eartha, die von eben. Du weißt schon, die mit dem betrügerischen Arsch als Freund … Er streitet alles ab. Ich will nicht nerven, aber hast du irgendeine Info für mich, damit er sein Maul hält?

Ich drücke auf Senden, sperre mein Handy und lege es mit dem Bildschirm nach unten hin. Es herrscht Stille.

»Du bist verrückt. Du bist komplett durchgedreht, Eartha«, sagt er.

Ping

Die ist aber schnell! Ich fühle mich überraschend taumelig, als ich ihren Namen auf meinem Handy erblicke. Ich lese die Nachricht.

Oh, fuck.

Textnachricht von Phaedra an Eartha

18:31

Hi du von eben 😉 Alles gut! Wo wir gerade bei Ärschen sind (… sorry), er wollte, dass ich ihm den kleinen Finger reinstecke! Ich weiß nicht, ob das hilft.

»Was hat sie geschrieben? Eartha? Was hat sie geschrieben?«

Phaedra. *Phaaaaaedra.* Im Kopf sage ich den Namen immer wieder und versuche, nicht zu lächeln, Ich weiß nicht, ob ich mich über diese Nachricht freuen *sollte,* aber ich drehe das Telefon rum und zeige sie ihm mit einem schiefen Grinsen.

»HAT SAM VOR DEM SCHLAFENGEHEN AUCH GERN EINEN KLEINEN FINGER IM PO?«

Er ist in die Ecke getrieben, steht mit dem Rücken zur Wand und *ich* habe seine Eier in der Hand. Welch Hochgefühl. Er sieht wütend aus. Er sagt nichts und schiebt den Tisch nach vorn.

»Ich mache dieses Spiel nicht mit, Eartha.«

»Wolltest du, dass sie dir ein *Fingerchen* ins Popöchen steckt? Einen kleinen Finger vor dem Schlafengehen – genau das, worum du mich auch immer bittest?«

Mir macht es erschreckend viel Spaß, ihn damit zu quälen.

»HÖR MIT DEM KINK-SHAMING AUF!«

»ORRRRRRR! NICHT DIE KINK-SHAMING-KARTE!«

»Sam muss sie darum gebeten haben. Eartha, du kannst dir diesen Quatsch weiterhin einreden, dass ich ›dich betrogen‹ habe, aber das stimmt nicht.«

Er zuckt mit dem Kopf.

»Du drehst und wendest das alles so, wie es dir passt, damit du dir nicht eingestehen musst, dass *du* lesbisch bist.«

Na, das kommt aber überraschend.

»Du bist ja plötzlich ganz still. Vielleicht hast du Petra nach ihrer Nummer gefragt, weil *du* gern mit ihr zusammen wärst.«

»PHAEDRA!«

»Siehst du.«

»Matt, du solltest dir wenigstens die Namen von den Menschen merken, mit denen du geschlafen hast, sonst ist es respektlos.«

Er denkt, er hat etwas gegen mich in der Hand.

»Stimmt's oder hab ich recht?« Bei dem doofen Spruch grinst er auch noch. Je weiter sich sein Mund verzieht, desto schlechter wird mir. Da ist es wieder, dieses wirbelnde Gefühl in meinem Inneren.

»Wenn du die ›grandiosen‹ Titten dieser Frau so toll findest, warum fickst du sie dann nicht?«

»Matt – hör auf. Du hast doch keinen blassen Schimmer, wovon du sprichst. Ich bin nicht lesbisch.«

»Das würde eine Lesbe doch auch behaupten, wenn du mich fragst.«

»ICH BIN NICHT LESBISCH, ALTER!«

»Wooooow, du bist ja komplett hysterisch! Du drehst mal wieder völlig ab.«

Er hebt die Hände in die Höhe, als wollte er sich ergeben, die Diskussion beenden. Der Baumelohrring baumelt schon wieder und ich raste aus.

»Mach dieses SCHEISS Kreuz ab. DU BIST DOCH NICHT MAL RELIGIÖSSSSSSS!«

Verlegen greift er sich ans Ohr.

»Kink-Shaming. Von wegen. Hör du damit auf, *mich* zu beleidigen. DU. HAST. MICH. BETROGEN. DU. HAST. LETZTE. NACHT. MIT. JEMAND. ANDEREM. GESCHLAFEN. WIE. KONNTEST. DU. NUR?«

Endlich explodiere ich. Er sagt nichts mehr und atmet tief ein. Er legt den Kopf in die Hände und schüttelt ihn wieder.

Sein Schädeldach ist so hässlich.

Moment.

Was passiert hier gerade?

Scheiße, wird er es tun?

Oh Gott.

»Es tut mir so leid, Eartha.«

Er weint. Verfickte Scheiße.

»Bitte, du kannst mich nicht verlassen.« Er wimmert. Und heult weiter rum, will mich emotional erpressen.

»Komm schon, wir sind doch so ein gutes Team. Es tut mir so leid, ich habe einen einzigen Fehler gemacht. Bitte. Sie war ein blöder Groupie und hat es drauf angelegt, sie bedeutet mir nichts ... Ich – ich weiß nicht, was ich ohne dich mache. Ich weiß nicht, was ohne dich noch Sinn ergeben würde. Wenn ich mal erfolgreich bin, wenn andere Menschen mich *endlich* als den Tracey Emin des Techno erkennen –«

»WIRKLICH REIN GAR NIEMAND HÄLT DICH FÜR DEN ›TRACEY EMIN DES TECHNO‹. WAS SOLL DAS ÜBERHAUPT BEDEUTEN?!«, brülle ich.

»Das sagst du nur, weil du sauer bist. Wenn ich es geschafft habe, wird ohne dich alles bedeutungslos sein. Wirf nicht alles weg, was wir uns aufgebaut haben.«

Er blickt mich aus feuchten Augen an – der erste Blickkontakt heute Abend.

»Du bist die Einzige, mit der ich jemals zusammen sein wollte. Nur du. Das war immer schon so ...«

Das hat er wirklich noch nie zu mir gesagt.

Ich habe ihn noch nie zuvor weinen sehen. Er hat mir gerade zum ersten Mal einen Hauch echter Gefühle gezeigt. Vielleicht bedauert er, was er getan hat. Er greift mit der Hand über den Tisch und ich erinnere mich an all die tollen Zeiten, die wir zusammen hatten. Es ist so, als würde er ein Reel aus unseren besten Momenten direkt in mein Gehirn streamen. Er ist doch mein Zuhause. Wenn ich ihm verzeihe, *würde* der bohrende Schmerz in meinem Magen aufhören.

»Matt ...«

Ich schiebe meine Hand bis zur Tischmitte.

»Aus Versehen stülpt sich das eigene Arschloch bestimmt nicht über den Finger einer Frau.«

Ich drücke seine Hand weg.

»Du musst mir vergeben.«

Er ist so sehr im Schmollmodus, ich erwarte fast ein »Mummy« am Satzende.

»Ich habe dir deine Aussetzer oft genug verziehen.«

Er blickt sich im Zimmer um, als hätte er gerade etwas Fieses gerochen und versucht nun herauszufinden, woher es kommt.

»Machst du ... machst du jetzt Led Zeppelin an? Das ist so *typisch* für dich, mir das anzutun. Du DRAMAQUEEN. Mache ich einmal einen richtigen Fehler und schon wirfst du alles hin.«

Er weint wieder, verzieht das Gesicht und wirkt auf mich jetzt von außen genauso hässlich wie von innen. Trotzdem meldet sich mein Pflegetrieb und ich will ihn trösten. Ich will ihn festhalten und ihm sagen, dass alles okay sein wird. Aber das mache ich nicht, selbst wenn ich mich physisch davon abhalten muss, klammere ich mich an das letzte Bröckchen Selbstwertgefühl, das ich noch habe. Plötzlich sieht er kalt und berechnend aus, als würde er versuchen, irgendwie an meine Gutherzigkeit zu appellieren – aber davon ist nichts mehr übrig. Er wischt sich die Tränen mit dem Shirt ab und rückt mit seinem Stuhl vom Tisch ab. Er steht auf und fährt sich mit dem Handgelenk übers Gesicht.

»Wenn ich nicht mit dir zusammen sein kann, was soll ich dann noch hier? Ich könnte genauso gut einfach verschwinden.«

»Genau *so* habe ich es gemeint, Matt. Es ist vorbei. Du musst ausziehen.«

Er blickt in die Ferne.

»Nein, du hast mich nicht richtig verstanden. Ich will nicht mehr hier sein, hier auf dieser *Erde* ohne meine *Eartha*.«

»Mein Gott, bitte nicht diese Schiene. Für wen hältst du dich? Du bist nicht Kurt Cobain. Und auch nicht Ian Curtis.«

Ich bin mir sicher, dass das alles theatralisches Getue ist, ein verzweifelter Versuch, mich aus der Reserve zu locken. Beim Gedanken daran, dass ich diese Masche schon kenne, zucke ich zusammen – ich hatte es völlig verdrängt. Er hat schon einmal damit gedroht, sich umzubringen. Einmal, als er gesehen hat, dass ich mit einem Fotografen aus meinem alten Atelier nach Hause gegangen bin. Wir haben stundenlang darüber gesprochen und als ich meinte, ich hätte genug von seinen Bevormundungen, drohte er damit, sich das Leben zu nehmen, wenn ich ihn verlasse. Er meinte, ich wäre dafür verantwortlich und müsste dann mit dieser Schuld leben. Er redete mir ein, dass es romantisch sei, ein Zeichen dafür, wie unerträglich ein Leben ohne mich doch sei. Deswegen habe ich das Atelier gekündigt und nie wieder ein Wort mit dem Freund gewechselt. Er hat die gleiche Show sogar noch mal abgezogen, als ich mich für einen Ausgehabend mit Rose fertig gemacht habe. Wir haben uns wegen meines Outfits gestritten; er wollte, dass ich mich umziehe. Die ganze Beziehung über hing seine fragile psychische Gesundheit – für die natürlich ich verantwortlich war – wie eine dunkle Wolke über mir und das fesselte mich an ihn.

»Matt, Schluss jetzt, sei nicht albern. Du versuchst, mir ein schlechtes Gewissen zu machen. Das wird dieses Mal nicht klappen«, erkläre ich nachdrücklich und weiß, dass ich mich vor lauter Schuldgefühlen übergeben werde, wenn er mich noch einmal um Vergebung bittet.

Er geht zum Kochfeld, stützt sich mit den Händen an beiden Seiten ab und starrt auf die kleinen Korianderstückchen in der Pfanne. Er seufzt laut. Er lässt die Schultern hängen und sein ganzer Körper fällt in sich zusammen. Er verhält sich so theatralisch, auf diese übergriffige männliche Art, die verlangt, dass alle Blicke auf ihn gerichtet sind.

Klick klick klick klick klick.

Ich höre, wie er das Gas auf dem Herd hinter mir anstellt. Will er den Herd anmachen oder was?

»Matt, mach ihn an oder lass es.«

Klick klick klick klick klick.

»Ich will ohne dich nicht mehr hier sein, Eartha. *Am besten, ich verschwinde einfach …*«

Ich drehe mich um und sehe, dass er den Kopf über das Kochfeld hält und den Mund weit geöffnet hat. Ganz ruhig gehe ich zu ihm und schalte das Gas aus.

»Matt«, sage ich, während er den Mund immer noch über die Düse hält, »dein Mund ist weder *nah genug* am Gas, um dich umzubringen, noch kommt da eine tödliche Dosis raus.«

Wütend nimmt er den Kopf weg.

»Du weißt das. Ich weiß das. Also lass es bitte.«

Sein Blick huscht auf die Schublade links neben dem Herd. Er zieht sie auf und betrachtet den Inhalt. Ich spüre, wie er verzweifelt, weil seine alten Verhaltensweisen keine Wirkung mehr auf mein neues Ich haben.

»Wonach suchst du, mein Lieber? Willst du ein Buttermesser in den Toaster stecken?«, frage ich bissig.

Den Schubladeninhalt sieht er wahrscheinlich gerade zum ersten Mal. Sein Blick huscht zwischen allen anderen Sachen in meiner »Kramschublade« umher. Paracetamol. Teelichter. Zopfgummis. Kleingeld. Küchengummis. Geburtstagskerzen. Pflasterboxen. Multivitamintabletten. Er nimmt den ersten Gegenstand mit einem Zerstäuber heraus, den er findet, reißt den Mund weiter auf als beim Oralsex und sprüht sich das Spray verzweifelt in den Rachen.

Psst

psst

psst

psst

psst

Ich starre ihm in die Augen, verschränke die Arme und lasse ihn weitermachen.

Er spritzt immer noch.

Psst

psst

psst

psst

psst

»EARTHA, IST DIR DAS DENN TOTAL EGAL?! ICH WERDE ES TUN!«

»Matt«, sage ich so ruhig wie möglich. »Weißt du eigentlich, dass du gerade versuchst, dich mit einem Rachenspray ›umzubringen‹.«

Er betrachtet die Flasche, die ich ihm aus der Hand reiße, um ihm den Aufdruck zu zeigen. Ich donnere sie auf die Arbeitsplatte. Im Zimmer stinkt es nun nach Methan. Ich ertrage es nicht, ihm weiter dabei zuzuschauen, wie er sich an die Fragmente unserer Beziehung klammert. Ich habe das Gefühl, das Schlimmste ist geschafft. Ich habe es fast hinter mir. Ich habe ihn fast rausgeworfen.

»Vielen Dank für die Show, Matt. Abendessen *plus* Kino. Das beste Date seit Jahren.«

Daraufhin brüllt er:

»ICH WUSSTE SCHON IMMER, DASS DU UNS SO ETWAS ANTUN WIRST!«

Und dann geht er von der Küche ins Schlafzimmer. Ich antworte nicht, ich folge ihm nicht. Er will mich verletzen.

Er soll deinen Schmerz nicht sehen, Eartha.

»Ich kenne keine miesere Künstlerin als dich!«, ruft er aus dem Schlafzimmer. Ich beiße mir auf die Zunge, ich werde mich nicht auf das Niveau seines finalen Schlagabtauschs herablassen. Es sind nur die Todeszuckungen unserer Beziehung.

»Du wirst bis zum Lebensende diese LÄCHERLICHEN Collagen auf Wonderland posten und wenn ich den Durchbruch schaffe ... wirst du bedauern, dass du mich jemals verlassen hast. Das ganze Merch und die Poster, die du hättest gestalten können ...«

Er tigert nun im Zimmer auf und ab, als würde er ein shakespearisches Rachedrama aufführen.

»... das wäre das Beste, was dir bei deinem ›Talent‹ hätte passieren können! Ich freue mich darauf, eines Tages von dir Fanpost zu bekommen, in der du mich anflehst, dich zurückzunehmen, und mir versicherst, den schlimmsten Fehler deines Lebens gemacht zu haben. Ich werde einen Song über dich schreiben, mit dem Titel: *Die Olle, im Bett nicht so dolle, bekommt sich mit mir immer in die Wolle.*«

»Ganz schön frech zu denken, ich wollte für jemanden Kunst machen, der wie ein mangelernährter und weinerlicher Morrissey aussieht und sich auch so anhört«, sage ich, während ich den Kopf durch den Türrahmen stecke und ins Zimmer schaue.

»Wag es nicht, seinen Namen in den Mund zu nehmen. Du weißt, wie wichtig mir The Smiths sind«, sagt er, hat wieder so eine komische Kopfzuckung und schmollt, hebt einen Seidenschal auf und ich hoffe, dass er ihn in eine Tasche packt.

Mir wird klar, dass alles, was ich an Matt geliebt und fast schon vergöttert hatte – sein Gespür für Mode, seine Fähigkeit, sich fließend zwischen Genderrollen zu bewegen –, inzwischen das ist, was ich am meisten hasse. Weil es die Dinge waren, die ich an ihm anziehend fand, die mir ein falsches Sicherheitsgefühl wegen seiner Femininität vorgegaukelt haben – diese Energie, in der ich mich sicher und wohlfühlte. Eine einzige Illusion. Diese »Symbole der Sicherheit«, mit denen sich ein Mann wie er schmückt, um Frauen wie mich zu verführen. Wie leicht es doch fällt, den Mann mit den lackierten Fingernägeln für einen Seelenverwandten zu halten.

Ich versuche, weiter beherrscht und langsam zu sprechen.

»Bitte geh.«

»In Ordnung, ich verlasse *dich*. Du hast es ja drauf angelegt!«

Er reißt T-Shirts von Kleiderbügeln, Socken aus der Schublade und Platten aus dem Regal.

DAS WAR ES.

ES PASSIERT TATSÄCHLICH.

Ich höre meinen Herzschlag in den Schläfen.

Ich stehe im Türrahmen, um ihn zu beobachten, damit er mir nichts klaut. Er blickt mich vom Boden an, wo er seine Sachen in eine IKEA-Tasche stopft. Es tut weh, dass *ich* stundenlang umsonst gebügelt habe.

»Du wirst das bereuen«, sagt er und versucht, eine signierte Ausgabe von *Fleetwood Mac – Future Games* auf Platte in seine Tasche zu stopfen.

»Gib mir die Schlüssel«, sage ich, strecke ihm die Hand entgegen und versuche, Furcht einflößend auszusehen.

Je länger er mir in die Augen blickt, desto attraktiver wird er wieder. Mein Entschluss, nicht einzubrechen und ihm zu vergeben, gerät ins Wanken. Meine Sehnsüchte machen mir langsam Angst. Das ist der Mann, der mein Leben auf so viele Arten beeinflusst hat.

Ich darf keine Schwäche zeigen.

»Geh«, rufe ich.

»Nach sechs Jahren Beziehung? Kein Abschiedskuss? Einfach so?« Er sagt »einfach so«, als hätte ich nicht schon mehrmals versucht, ihn zu verlassen, und ihm dann vergeben.

Er fährt sich mit den Fingern durchs Haar, stemmt seine rechte Hand über meinem Kopf in den Türrahmen. Er bewegt seinen

Körper näher zu meinem. Er lässt die IKEA-Tasche fallen und will mir mit der linken Hand den Pony aus den Augen hinters Ohr streichen. Ich schüttele ihn wieder nach vorn.

»*Einfach so*«, sage ich und schaue ihn nicht an.

Seine Hand befindet sich immer noch über meinem Kopf. Ich weiß nicht, ob er mich verletzen oder mit mir ficken will. Unsere Gesichter trennen nur wenige Zentimeter.

»Komm schon, Baby, noch ein Abschiedsfick, dann gehe ich?«, fragt er und streift mir übers Gesicht.

»Ich weiß, dass du es willst«, sagt er, während er mir mit dem Finger den Bauch hinabfährt.

Ich schnappe mir seine Hand so energisch, dass ein klatschendes Geräusch entsteht.

Ich öffne die Tür und schiebe ihn raus.

»Du wirst mich nicht mehr anfassen, du wirst nicht mehr an mich DENKEN und du wirst auch *meinen* Namen nicht mehr aussprechen. Viel Glück da draußen. Ich bin mir sicher, dass du auch das nächste Mädchen UNGLAUBLICH unglücklich machen wirst.«

Ich schmeiße die IKEA-Tüte mit seinen Sachen zur Tür raus und er sagt: »Du bist frigide. So frigide wie ein verdammter Kühlschrank! Meine nächste Freundin wird erfolgreicher, heißer und besser im Bett sein als du.«

»Toll. Same here.«

Kapitel 5

ERDRUTSCH

Wonderland-Follower*innen: 1298

Ich renne auf dem schmalen Stück Teppich zwischen Bett und Schreibtisch hin und her, kralle mich beim Warten mit den Zehen in den Flor. Meine Hand, die das Handy fest umschlossen hält, zittert unkontrollierbar. Ich kaue an den Fingernägeln der anderen Hand, Blut quillt durch die Nagelhaut. Tränen sickern mir aus den Augen.

Brr-brr

Wenn sie nicht drangeht, laufe ich zur Vordertür raus, renne ihm auf der Straße hinterher und sage ihm, er soll zurückkommen. Wenn sie nicht drangeht, werde ich meine Entscheidung über den Haufen werfen und ihm erklären, dass wir an unserer Beziehung arbeiten können, dass wir füreinander bestimmt sind. Ich spüre plötzlich, dass ich ihn brauche, versuche, mich bei der wilden Verfolgungsjagd meines eigenen Selbstwertgefühls ans Lenkrad zu klammern.

Ping

Ich nehme das Telefon von der Wange und blicke auf den Bildschirm.

Textnachricht von Matt an Eartha

19:45

Ich weiß nicht, wer ich ohne dich bin.

Diese Trennung ist nicht in Stein gemeißelt. Ich kann diesen Schmerz rückgängig machen. Ich muss mich nicht so fühlen, ich muss nicht stark sein, ich darf schwach sein. Ich habe es in der Hand. *Ich könnte ihn zurücknehmen.* Bis eben war mir nicht klar, wie sehr meine eigene Nachgiebigkeit und mein Verlangen, Menschen zu vergeben, mir selbst schaden.

»Geh-dran-geh-dran-geh-dran-geh-dran«, murmele ich durch zusammengebissene Zähne.

Bei jedem Klingeln verstärkt sich die Spannung zwischen dem, was ich will, und dem, was gut für mich ist.

»EARTHAAA? Bist du's?«

»Mum, natürlich bin ich das, das siehst du doch auf dem Display.«

»Ach so, natürlich, was ist …«

»Mum …«

Ich spanne den Kiefer an, will meine Tränen zurückhalten.

»Eartha«, sagt sie und klingt ernst, »was ist los?«

»Ich habe mich von Matt getrennt.«

Als ich die Worte ausgesprochen habe, bricht der Damm und meine Trauer bahnt sich ihren Weg. Ich kann nichts dagegen tun, es hat eine Eigendynamik entwickelt.

»Oh, Süße! Nein! Nein-nein-nein-nein!«

»J-ja, d-doch, aber jetzt, jetzt gerade, habe i-ich …«

»Eartha, tieeeef durchatmen, alles ist okay.«

»Puhhhhhh.«

»Genau so. Hör mir jetzt bitte zu …«

Mein Gesicht ist vom Weinen aufgequollen und meine Lippen sind klebrig von der getrockneten Spucke in den Mundwinkeln.

»Bist du in Sicherheit?«

Ich schluchze, bis mir die Luft wegbleibt.

»Eartha, Liebes, ich weiß nicht, was passiert ist, aber …«

»ER HAT MICH BETROGEN, MUM. ER HAT MIT EINER ANDEREN FRAU GESCHLAFEN UND IST NICHT NACH HAUSE GEKOMMEN!«

Ich schreie und heule und meine Unterlippe und die Hände

zittern nun vor Wut und nicht mehr vor Panik. Mir dämmert: Sechs Jahre lang wurde ich betrogen. Ich erkenne mich kaum im Spiegel: eine unscharfe, halb fertige Frau, die ihre alte Haut abstreift.

»Hast du dich mal hingelegt?«

Ich lege mich aufs Bett, blicke an die Decke, von der die Farbe abblättert.

»Also, was ich eigentlich sagen wollte, war: Ich weiß nicht, was passiert ist ...«

Sie hält kurz inne.

»Aber ... ich bin stolz auf dich.«

»W-was bist du?«

»Ich bin stolz auf dich. Du kommst auch allein zurecht, aber ... Moment ... warte, ich suche mir einen ruhigen Ort.«

Ich atme noch einige Male tief ein und warte drauf, dass sie weiterredet. Ich höre, wie sie eine Tür schließt.

»Ich bin auf der Terrasse. Hör zu ... Ich habe mich so etwas nie getraut. Ihn *tatsächlich* ein für alle Male zu verlassen.«

Sie seufzt tief und traurig. Denkt wahrscheinlich an die vielen Leben, die sie gelebt haben könnte, wenn sie Dad verlassen hätte.

»Oh, Mum, das stimmt ni...«

»Pscht, lassen wir das Thema. Es stimmt sehr wohl. Ich wusste schon, dass dein Kerl nichts taugt. Aber ich wusste auch, dass du nicht auf mich hören würdest. Weil ich – nun ja – deinen Vater geheiratet habe!«

»Ja, aber du *hast* dich von ihm scheiden lassen, Mum ...«

»Schon, aber das hat mich nicht davon abgehalten, direkt wieder zu ihm zurückzugehen, oder?«, spricht sie weiter. »Mit welchem Recht könnte ich dir also in deine Partnerwahl reinreden ...?« Sie flüstert nun: *»Weil ich mich von ihm jahrelang wie Dreck habe behandeln lassen.«*

Mum und ich haben uns jahrelang flüsternd auf der Terrasse

unterhalten. Ich erinnere mich an eine solche Unterhaltung, da war ich gerade einmal fünf Jahre alt. Dad hatte einen Porzellanteller an die Wand geworfen, meine Mum damit ganz knapp verfehlt. Er war sauer, weil meine Mutter zuerst mir das Abendessen serviert hatte. Dann wurde er noch wütender, weil er nicht getroffen hatte. Anstatt sich umzudrehen und in Sicherheit zu bringen, brachte sie mich ruhig zur Haustür, steckte mich in eine Fleecejacke, schloss die Knöpfe und erzählte mir, welches Spiel wir draußen spielen würden, während er weiterschrie. Seitdem war die Terrasse unser Rückzugsort – dorthin folgte er uns nie, weil wir uns den Vorgarten mit den Nachbarn teilten. Dad hatte seine Launen nicht im Griff, ihm war aber bewusst, dass ein einziger Fehltritt vor dem falschen Menschen die Fassade einreißen könnte, die er jahrelang so sorgfältig errichtet hatte – und die meine Mutter für ihn aufrechterhalten hatte. Meine arme, wundervolle Mutter, ein Vogel, der mit dem Käfig Frieden geschlossen hatte.

»Mum, wenn du doch gewusst hast, dass … dass Matt kein guter Typ war, genau wie Dad, warum hast du es nicht einfach gesagt?«

»Du hast nie auf mich gehört und du hättest garantiert nicht damit angefangen, wenn ich dir geraten hätte, deinen *Freund* in den Wind zu schießen, oder?«

Ich schürze die Lippen. Sie hat recht.

»Warum hast du ihn denn verlassen?«

»WIE MEINST DU DAS?! Ich habe dir doch gerade gesagt, dass er mich betrogen hat.«

»Ich meinte damit: Warum gerade jetzt? Du hast es doch bestimmt nicht zum ersten Mal versucht …«

»Ich-ich-ich, ich weiß es nicht.«

Ich beruhige mich mit einigen tiefen Atemzügen, dann rede ich weiter.

»Ich war komplett durch den Wind. Ich – ich kann das nicht erklären. Er war echt fies zu mir, Mum. Ich habe es die ganze Zeit lang *niemandem* erzählt. Ich hatte das Gefühl, ich müsste ... als müsste ich ...«

»Ihn beschützen.«

»Ja, woher weißt du das?«

»Pffffffff«, seufzt sie.

»Ich weiß, dass wir uns nicht immer in allem einig sind, du hast deine Ansichten – mit diesem Feminismus und was weiß ich. Ehrlich gesagt habe ich mir immer etwas Sorgen gemacht, du könntest auf mich als Frau herabschauen, wegen deinem Vater ... weil ich mir so viel habe gefallen lassen. Du hast mich gerade gefragt, woher ich das ›weiß‹; nun, Liebes, ich beschütze ihn schon seit Jahren. Ich weiß, was das bedeutet ... zumindest hat er seine AA-Meetings, damit ich ein paarmal pro Woche meine Ruhe habe ...«

»Mum, du weißt aber, dass er dann wahrscheinlich in den *Pub* geht, oder?«, frage ich und lache unter Tränen, während ich das Gesicht übers Kissen reibe, um sie wegzuwischen. Dad beim AA-Meeting ...? Wer's glaubt ...

»Solange er an den Abenden nicht zu Hause ist, ist es mir egal.«

Aber ich weiß, dass das nicht stimmt, weil ich auch weiß, dass sie ihn immer noch liebt. Ich weiß, wie sehr sie sich wünscht, er würde *tatsächlich* zu diesen Meetings gehen. Ebenso wie ich weiß, dass Mum sich wahrscheinlich ziemlich überflüssig fühlt, wenn sie nicht auf ihn aufpassen kann. Sie haben sich schon während meiner Schulzeit scheiden lassen, leben aber immer noch zusammen. Mum ist im Grunde seine Betreuerin. Süchtiger und Enablerin. Beiden gibt diese Beziehung etwas, aber sie gehen auch beide daran zugrunde. Aber ich bin mir sicher, dass Mum auch auf ihre Art von ihm abhängig ist, weil sie immer wieder zu ihm zurückkehrt. Ich habe sie auf etliche Programme und Hilfsangebote aufmerksam gemacht und bin dabei zu einer bitteren Einsicht gekommen: Man kann seine Mum nicht vor sich selbst schützen.

»Mum, das, was du eben gesagt hast, ich habe ... ich habe ...«

Ich bekomme die Worte einfach nicht raus.

»Ich habe nie weniger von dir gehalten.«

»Eartha, ich will einfach nicht, dass du so ein Leben führst wie ich. Ich habe mit der Scheidung dasselbe gemacht wie du, es aber nicht vernünftig durchgezogen. Ich bin zu ihm zurückgekehrt. Das muss bei dir nicht passieren. Ich will nur, dass du Folgendes weißt: Du kannst immer zu deiner Mum kommen, wenn du sie brauchst. Auch wenn du dir weit weg von zu Hause dein Leben aufgebaut hast. Es tut mir leid, dass du keine Geschwister hast, aber du hast mich.«

»War es richtig, dass ich Matt verlassen habe?«

»Ich glaube, wenn du das nicht nur heute Abend gewollt hast, dann auf jeden Fall. Es wird wehtun. Es wird höllisch wehtun. Bitte, bleib stark ... Aber jetzt will ich nicht, dass du dich noch schlechter fühlst, ich will, dass du dir klarmachst, wie viel Stärke du heute Abend bewiesen hast, aber wir müssen auch praktisch denken. Kannst du dir die Miete noch leisten, ohne seinen Anteil? Und was ist mit den anderen Ausgaben? Kann ich dir helfen?«

»Ich komm schon zurecht, ich glaube, die Aufträge für die Geburtstagskarten helfen mir mit der Miete, aber dann bleibt wahrschcinlich nicht mehr viel übrig. Ich esse einfach immer bei Rose! Ich fahr überall mit dem Rad hin. Ich bring Klamotten in den Secondhandladen. Ich habe nur ... Ich habe nur das Gefühl, dass mir das Leben mehr zu bieten hat, Mum ...«

Ich blicke auf die abgeblätterte Farbe in der Ecke an der Decke.

»Und zwar etwas Besseres als das, was ich hatte. Ich will etwas Sinnvolles machen. Ich will herausfinden, wer ich bin. Es muss einfach besser sein als dieses Leben ... Und Mum ... er hatte Sex mit einer anderen, während ich in unserem Bett auf ihn gewartet habe, und zwar ... mit einer wirklich schönen Frau. Das verwirrt mich total.«

»Ach Eartha, das tut mir so leid. Das werde ich ihm nie verzeihen. Ist wirklich alles in Ordnung mit dir, Liebes?«

»Weißt du, seitdem ich weiß, was passiert ist, scrolle ich mich nonstop durch *ihr* Leben und muss es mit meinem vergleichen, ihren Körper mit meinem vergleichen und jetzt frage ich mich, *warum* ich nahezu manisch-besessen von dieser Frau bin. Sie kann nichts dafür, sie wusste nicht, dass er eine Freundin hat. Aber ich fühle mich auf seltsame Weise mit ihr verbunden; ich muss einfach die ganze Zeit an die beiden denken. Ich werde Single sein, allein in einer feuchten Bude hocken, verwirrt sein und meine Freunde um Lebensmittel anbetteln …«

»Eartha, komm schon, Liebes, so schlimm wird es nicht und du wirst garantiert nicht die nächsten zehn Jahre so leben. Aber weißt du was?«

»Was denn?«

»Es ist immer noch besser, als mit *ihm* zusammen zu sein, oder?«

Ich atme tief ein und kneife mir in die Nasenspitze. Ich nicke.

»Ja.«

»Selbst, wenn es erst mal schwer wird – Single zu sein ist besser, als mit ihm zusammen zu sein, *oder?* Du, das Universum, Gott, Göttin oder wie du es nennen magst … es belohnt Frauen wie dich. Frauen, die ins Ungewisse aufbrechen.«

»Mum …«

»Tut mir leid. Aber … du bist mutig, das wollte ich damit sagen!«

»Ich weiß, dass ein anderes Leben auf mich wartet. Mit Matt hätte ich es nicht ausleben können. Ich habe meine ganze Existenz nach ihm ausgerichtet und war damit überhaupt nicht glücklich.«

»Weißt du, Süße, dafür gibt es das perfekte Lied …«

»Wirklich? Welches denn?«

Gespielt genervt verdrehe ich die Augen und forme lautlos die Worte *Fleetwood Mac.*

»Fleetwood Mac!«

Ich lächele, höre plötzlich ihr Summen am anderen Ende der Leitung und schließe die Augen.

»Hörst du das? Eartha?«

»Ja.«

»Hör auf den Text ...«

Sie singt:

»Well I've been afraaaaid of chaaaaaanging cause I've built my liiife around youuuuu ...«

Wir singen gemeinsam. Ab und zu setze ich aus, weil die Schluchzer rausmüssen.

Beim Singen denke ich darüber nach, wie schwer es ist, jemanden zu verlassen, den man zur eigenen Existenzgrundlage gemacht hat. Einfach aufstehen und gehen ist nicht. Es ist erschreckend, weil es sich so anfühlt, als würde der andere Mensch einen Teil von einem behalten und man bleibt nur noch als Hülle der Person zurück, die man einst war, weil man sich dem*r anderen komplett verschrieben hat. Aber die Tatsache, dass ich ihn rausgeworfen habe, muss bedeuten: Ich habe noch einen Funken Selbstliebe oder zumindest Selbsterhaltungstrieb in mir – gerade sehe ich ihn zwar nicht, aber er ist trotzdem vorhanden.

Mein Handy klemmt immer noch zwischen meinem Ohr und der Bettdecke und ich höre meine Mum immer noch singen, die viele Meilen entfernt auf der Terrasse vor unserem Haus sitzt.

Gehorsam rolle ich mich rechts auf der Matratze zusammen und bemerke, dass die sonst warme Seite links neben mir nun völlig kalt ist.

Kapitel 6

FUCKBOYS HABEN KEIN GENDER

Wonderland-Follower*innen: 1324

Acht Tage später.

Matt aus meinem System zu eliminieren war und ist ein andauernder Prozess aus hyperrealen Visualisierungen, verwirrenden Albträumen und zerfleischender Reue. Am ersten Morgen, als ich ohne ihn aufwache, fühle ich mich wie entzweit. Mir war nicht klar gewesen, wie viel Lebensinhalt er mir beschert hatte, selbst wenn dieser Inhalt nur daraus bestand, einen Mann ständig um Liebe anzuflehen. Ihn loszuwerden gleicht einem kontinuierlichen Exorzismus der Macht, die er über mein Leben hatte. Alles, was er hiergelassen hat, quält mich: Ich öffne den Kühlschrank und entdecke Bierflaschen, die er in der Wohnung trinken wollte, und mich überflutet Leere, weil ich sie nicht mehr verstecken muss. Als ich zum ersten Mal duschen gehe, sehe ich sein *»Bodygel FOR MEN«* in der hypermaskulinen schwarzen Verpackung. Ich öffne die Flasche, schäume mich damit ein und muss beim Geruch weinen. Ich finde Haarsträhnen im Bett und lasse sie neben mir liegen. Ich entdecke ein Geheimversteck mit Gedichten, die er für mich geschrieben hat, zusammengeknüllt, ganz hinten in meinem Nachttisch; eins heißt »Das Yin zu meinem Yang«. Das hat er mal als Entschuldigung verfasst, weil er mir eine Woche lang nicht zurückgeschrieben hat. Mir wird klar, dass unser Streit – wenn ich mich nicht von ihm getrennt hätte – nur noch ein weiteres schreckliches Gedicht provoziert hätte, das jetzt ganz hinten in meiner Nachttischschublade liegen würde –

eine Sammlung sämtlicher Versuche, ihn zu verlassen, die in einem Rückzieher geendet sind. Ich entscheide mich dafür, sie alle zu zerreißen. (Und sie dann natürlich zu recyclen. Ich muss *irgendetwas* tun, um mein ewiges Duschen auszugleichen.)

Ohne ihn wirkt meine Zukunft irgendwie verschwommen. Ich sehe immer nur kurz aufblitzen, was ich machen oder wer ich sein könnte. Phaedras Nachrichten sind für mich winzige Ausblicke auf mein neues Leben. Phaedra – die die Weichen auf meinem Lebensweg neu gestellt hat, indem sie es mit meinem Freund getrieben hat – fragt, wie es mir geht. Anfangs dachte ich, sie verspürt Schuldgefühle, dann denke ich langsam, sie will mit mir in Kontakt bleiben, weil auch sie merkt, dass da etwas zwischen uns ist. Ich warte jeden Tag auf ihre Nachrichten, sie erhellen mein düsteres Gemüt mit rosafarbenen Blitzen.

Textnachricht von Phaedra an Eartha

00:16

Oh-oh, Matt fängt mit progressiver Frauenumgarnung an ...

Ich frage mich, ob er einen Männerzirkel gegründet hat ...

(Wonderland-Link hängt an)

@MattSounds Hi, ich wollte hier nur mal kurz auf etwas hinweisen, das mich zutiefst schockiert hat. Ich fass es einfach nicht, dass Frauen fast überall weniger Gehalt bekommen als Männer. Wir müssen was dagegen unternehmen, Jungs. Kommt am Freitag alle zu meinem Set bei The Shipley Arms, wo alle Frauen gratis reinkommen, den ganzen Abend lang. Ihr müsst nichts ZAHLEN! Ich übernehme die Kosten für euch, Mädels. Das ist das Mindeste, was ich tun kann. Mein kleiner Anteil #AllyToWomen #VerbündeterDerFrauen

Wenn ich nicht an Matt denke, denke ich an sie. Ich sehe ihre Haarfarbe auf der Straße aufblitzen. Ich schaue auf meinem Handy nach neuen Nachrichten von ihr oder ob sie auf ihrer

Wonderland-Seite ein neues Selfie hochgeladen hat. Ich kämme mir das Haar und denke an ihres. Ich erinnere mich an ihr Brustwarzen-Piercing, wenn ich aus meinen Zeitschriften nackte Frauen für meine Collagen ausschneide. Im Kopf wiederhole ich die Worte, die wir miteinander gesprochen haben. Mein Körper erinnert sich an die Spannung zwischen uns und versucht, dieses Gefühl wieder aufleben zu lassen, indem ich auf meinem Bildschirm ihr Gesicht anstarre.

Erst glaube ich, dass meine Obsession mit Phaedra daher rührt, dass sie mit Matt gevögelt hat; weil sie die Frau ist, »die meine Beziehung zerstört hat«. Aber ich habe versucht, sie zu hassen, und schaffe es nicht. Ich bin kein bisschen sauer auf sie. Diese Gefühle kommen aus meinem tiefsten Inneren. Phaedra war die Auslöserin, aber ich habe es immer schon gewusst. Eine Wahrheit, die so lange in mir geschlummert hat und die – als ich sie mir endlich eingestehe – unaufgeregt und selbstverständlich vor mir liegt. Eine Wahrheit, von der ich immer schon wusste, dass sie zum Vorschein kommen würde.

Ich mag Frauen.

Vielleicht ebenso sehr, wie ich Männer mag.

Vielleicht sogar mehr.

Diese Gefühle trage ich schon seit Jahren in mir und als sie stärker wurden, wurde es für mich auch schwerer, sie zu unterdrücken. Seitdem ich allein und nicht mehr an Matt gefesselt bin, ist so viel wieder hochgekommen. Weil ich mich nicht mehr um ihn kümmern muss, gibt es keine Ablenkung für die Leere in mir, die nackte, ungeschminkte Wahrheit darüber, wer ich wirklich bin und was ich verdrängt habe. Und damit meine ich nicht bloß die Erkenntnis, dass ich Gefühle für Frauen habe, sondern den Schmerz, den ich von Männern erfahren habe, die mich lieben und beschützen sollten – viele Dinge, die ich all die Jahre ertragen habe, kann ich nun nicht mehr beiseiteschieben. Sie kommen an die Oberfläche und sprudeln aus mir heraus: Schmerzen und Scham, die Frauen in meiner Familie seit mehreren Generationen erlitten und an mich weitergegeben haben – dadurch wurde ich sehr lange zu einer Gefangenen ihrer Lebensweise und ihrer Art, Beziehungen zu führen. Es fühlt sich so an, als wäre ich die Erste nach etlichen Generationen von Frauen, die sich aus einem unerfüllten, fremdbestimmten Leben befreit hat.

Diese seltsame Selbsterkenntnis hat mich derart beschäftigt, dass ich alle lieben Menschen diese Woche geghostet habe – gleichzeitig habe ich versucht, die ganzen Informationen einzuordnen. Ich glaube, ich bin bisexuell. Ich mag Männer nach wie vor, aber ... ein anderer Teil von mir liebt Frauen genauso sehr. Diesem Teil muss ich mich widmen. Er braucht Luft. Er braucht Wasser und Dünger, muss gehegt und gepflegt werden, damit dort der schönste Garten erblühen kann, den ich so nötig brauche. Bei der Vorstellung, die Gedanken und Fantasien, die ich all die Jahre über hatte, in die Tat umzusetzen, verspüre ich zugleich Angst und Erregung. Ich glaube, ich habe mich noch nie *so* befreit gefühlt.

Nachdem ich mir meine Gefühle für Frauen eingestanden habe, kann ich kaum noch an etwas anderes denken. Girls girls girls. Überall. Frauen, die Arm in Arm auf den Straßen herumlaufen, sind für mich keine Freundinnen mehr, sondern potenzielle Liebhaberinnen. Ich sehe Frauen, auch wenn sie gar nicht da sind. Ich betrachte die Welt nun durch eine bunte Brille. Frauen lächeln mich nicht mehr bloß höflich an, sie könnten meine Liebhaberinnen sein. Ich fühle mich weniger dazu berufen, andere Frauen zu bewerten – ich will sie lieber küssen. In all der Verwirrung und dem Schmerz über meine Trennung geistert mir eine Fantasie durch den Kopf, die mich hoffen lässt, dass bald wieder bessere Zeiten kommen: Phaedra.

Während dieser Phase der Neuorientierung habe ich Rose eine Sprachnachricht geschickt.

Sprachnachricht von Eartha an Rose (23 Sekunden)

22:09

Rose, ich hab's echt gemacht. Ich habe Matt abserviert, Babe. Hätte mir echt mal eine*r SAGEN können, was er all die Jahre für ein Arsch war! Ich bin aber total durch den Wind ... Die Frau, also diese schöne mit den pinken Haaren, die du sexy fandest ... sie heißt Phaedra und wegen ihr fühle ich mich ... ein wenig seltsam. Ich bin bisschen von ihr besessen, Babe, ich checke die ganze Zeit ihr Profil. Was ich eigentlich sagen wollte: Sie war der Tropfen, der das Fass mit Matt zum Überlaufen gebracht hat. Du hättest sein Gesicht sehen sollen ...

Ich hatte gehofft, Rose würde mein wirres Gerede über Phaedra für mich auseinanderdröseln, mich fragen, was mich denn so durcheinanderbringt, mir ein Geständnis abringen, damit ich mir die Mühe nicht selbst machen muss. Aber den Gefallen tut Rose mir nicht. They erklärt mir, they würde mir einen riesigen veganen Brownie backen, um zu feiern, dass ich »diesen Dulli« endlich los bin.

Ich habe mit Mum gesprochen und sie hat wirklich sehr verständnisvoll reagiert, nachdem sie sich am Telefon mein seltsames Geständnis angehört hat. Ich habe mich noch nicht richtig bei ihr »geoutet«, aber ich hatte gestern einen Slip mit Regenbogenmuster in der Post. Ich glaube, so zeigt Mum mir, dass sie Bescheid weiß. Aber ich habe beschlossen, dass ich es Rose als Erstes erzählen will, weil mich niemand auf der ganzen Welt besser kennt. Rose bringt heute Abend den riesigen Brownie vorbei und ich renne wie eine panische Verrückte durch meine Wohnung und versprühe einen Febreze-Verschnitt, den ich mal im Laden um die Ecke gekauft habe, reinige die Spiegel und sammele die vertrockneten Blätter auf, die ein Zimmerefeu fallen gelassen hat, den ich – wie so viele andere Pflanzen – habe vertrocknen lassen. Ich habe eine Kerze angezündet und die richtige Platte rausgesucht; ich fühle mich wie eine billige Kopie meiner perfekten Gastgeber-Mutter. Normalerweise räume ich nicht auf, wenn Besuch kommt, vor allem nicht für Rose, weil Rose manchmal einfach so hereinspaziert kommt – aber heute ist alles anders. Außerdem bestehe ich nur noch aus Angst und Aufräumen hilft mir ein bisschen beim Runterkommen.

Ich stehe vor meinem Spiegel, habe die Hände in die Gesäßtasche gesteckt und versuche, so eine Energie auszustrahlen wie Rose.

Sag Rose einfach, dass du Mädchen magst, sei locker, sei COOL!

Es klopft an meiner Tür.

Shit, Shit, Shit.

»Es ist offen, Babe, komm rein!«

Rose drückt langsam die Tür auf, als wäre ungewiss, was they in der Wohnung erwartet. Meine Einladung war ziemlich rätselhaft, wenn ich jetzt drüber nachdenke; ich habe nur gesagt, dass ich etwas Interessantes zu erzählen habe und dass ich mich über Drinks freuen würde. Rose denkt wahrscheinlich, es handelt sich um eine Mitleidsparty wegen der Trennung.

»Halloooo …« Ich sehe, dass Rose in der rechten Hand – wie bestellt – eine Flasche Wein hält – außerdem hat they noch eine weiße Schachtel dabei. »My Love, komm her und umarm mich mal ganz fest! Hier, ich habe zu deinen Ehren höchstpersönlich einen veganen Brownie gebacken.« Rose stellt Schachtel und Flasche auf den Küchentisch, breitet die Arme aus und kommt auf mich zu. Ich umarme Rose. Der typische Geruch: Ein ledriger Duft unter einer Amber-Note steigt mir in die Nase. Ich atme tief ein und mir wird klar, dass ich acht lange Tage genau *das* gebraucht habe. Die grobe Struktur von Roses schwarzer Bikerjacke fühlt sich nach zu Hause an.

»Wie geht es dir, Kleine?«, fragt Rose liebevoll.

Rose tritt einen Schritt zurück, um mir ins Gesicht zu schauen, und streicht mir mit geschwisterlicher Besorgnis den Pony aus der Stirn. Dann verzieht they das Gesicht, runzelt die Nase.

»Hast du Febreze versprüht?«

»Nein, das war *Befreze!*«

Ich plappere drauflos und schnappe mir die Weinflasche vom Tisch, will sie in der Küche auf die Arbeitsplatte stellen. Aber als Rose ins Zimmer geht, sehe ich, dass they auf meinen Laptop-Bildschirm schaut: »Mit Körpersprache die eigene Queerness zeigen« läuft immer noch ohne Ton. Ich renne aus der Küche zum Laptop und klappe ihn schwungvoll zu. Ich sitze am Fußende des Bettes in dem Zimmer, wo ich so ziemlich alles mache – essen, schlafen, vögeln, arbeiten, weinen, masturbieren. Rose folgt mir und steht vor mir vor dem Spiegel.

»Es tut mir leid, dass ich mich nicht mehr gemeldet habe. Ich war total beschäftigt. Ich musste mir über ganz viel klar werden.«

»Ich kann mir schlecht vorstellen, wie du dich gefühlt hast. Aber beim nächsten Mal bin ich für dich da, weißt du? Ich habe mich nur ein bisschen gewundert, dass du dich dieses Mal nicht bei mir gemeldet hast. Was ist los? Wie ist es hier ohne Matt, wie ist es, wieder allein zu wohnen? Geht es dir wirklich gut?«

»Ich muss echt viel weniger spülen …«

»Ach, komm schon, was ist denn mit der Arbeit? Hast du neue Aufträge? An welchen Collagen hast du gearbeitet?«

»Also, ich habe gestern mit meiner Mum gesprochen und …«

»SUSE! Die Liebe! Grüß sie ganz lieb von mir, ja?«

»Mach ich. Sie hat sich wirklich Sorgen um mich gemacht … Ich habe ihr erzählt, dass es mich so nervt, Sachen für andere Leute zu machen, weißt du? Ich will eine echte Künstlerin sein, die nur sich selbst verpflichtet ist. Ich glaube, ich muss noch mehr Sachen bei Wonderland hochladen, auch wenn es sich komisch anfühlt. Ich will es so weit bringen, dass Unternehmen mit mir zusammenarbeiten wollen, ich will diesen Status ...«

Während ich rede, holt Rose den Rotwein und einen Holzlöffel und bringt beides ins Schlafzimmer, im anderen Arm trägt they einen Küchenstuhl. Ich erzähle Rose immer noch, was mir durch den Kopf geht, als they den Stuhl abstellt und sich setzt, die Beine weit spreizt, sodass man die Boxershorts sieht. Rose hält weiterhin Augenkontakt und schiebt wortlos den Korken mit dem Holzgriff in die Flasche. They hört mir aufmerksam zu und reicht mir dabei ein sehr gut gefülltes Weinglas. *Wie kann ein menschliches Wesen sich nur so geschmeidig bewegen?*

Ich will mit Rose anstoßen.

»MOMENT! Worauf stoßen wir denn an? Warum bin ich eigentlich hier? Das hast du mir immer noch nicht erklärt. Stoßen wir auf deine Trennung mit dem an, dessen Name nicht mehr genannt werden darf?«, fragt Rose und schenkt sich noch ein Schlückchen nach.

Ich räuspere mich. »Ähm, deswegen habe ich dich eingeladen. Ich habe mir diese Woche so meine Gedanken gemacht und ich wollte dir erzählen, dass ...« Ich huste und räuspere mich. »Dass ich Jungs mag ... und Mädchen auch.«

Rose verschluckt sich und spuckt etwas Wein durchs Zimmer.

»Rose, bitte!«

»EARTHA! Ich wusste ja schon immer, dass du ein bisschen lesbisch bist, aber ich wusste nicht, dass es *so weit* geht. Und jetzt hast du es auf die Frau abgesehen, die mit Matt gevögelt hat? Ich bin beeindruckt ... DARAUF stoßen wir an!«

»Moment, nein! Was? Was meinst du damit? *Wusstest* du das schon?« Ich schüttele den Kopf, die Enttäuschung verwirrt mich.

Ich fühle mich dumm, weil Rose vor mir selbst erkannt hat, dass ich queer bin. Obwohl die Aussage von Rose kommt, fühlt sie sich trotzdem wie eine Grenzüberschreitung an.

»Ich wusste es immer schon.« They verschränkt die Arme, als wäre es eine Tatsache.

»*Woher* das denn?«, frage ich verwirrt.

Ich puste mir den Pony aus den Augen. Rose blickt über mir an die Wand und bricht in Gelächter aus.

»Was ist denn so lustig?«, frage ich gereizt.

Rose stellt den Wein ab, streicht mir den Pony aus der Stirn, dreht mich auf meinem Schreibtischstuhl um, damit ich an meine Wand blicke.

»Die Frage ist eher: Wie kann es denn sein, dass du es *nicht* wusstest?« Rose macht eine Kopfbewegung in Richtung meiner Collagen. Ich betrachte die zahlreichen Bilder, auf denen ausnahmslos Frauen oben ohne zu sehen sind, die ich aus alten Playboy-Ausgaben rausgerissen habe. Eine Frau trägt Strapse, eine offene weiße Bluse zeigt ihre Brüste, während eine andere auf einer Chaiselongue liegt und durcheinander aussieht.

»Toll, jetzt konnte ich gar keine Bombe platzen lassen.« Ich verschränke die Arme und fahre fort. »Ich hatte mir mein Coming-out ein wenig dramatischer vorgestellt, verstehst du?«

Rose nimmt einen großen Schluck Wein, stellt das Glas wieder ab und legt mir die Hand auf den Schoß. »Ich wusste es immer schon – und falls du dir deswegen Sorgen machst: Ich weiß auch, dass du früher mal in mich verknallt warst.«

»Von wegen.«

»Tut mir leid. Ich wollte dich nicht ärgern. Ich kenne das alles. Ich war das erste Mal in meine beste Freundin Louise verliebt, in der Grundschule. Wir haben beieinander übernachtet und uns gegenseitig gezeigt, wie man Teddys trocken vögelt, und bei den Blicken ihrer Mum ist es mir eiskalt den Rücken runtergelaufen.

Auf eine Freundin stehen ... das ist ein queerer Initiationsritus, Baby!«

Ich blicke wieder hoch zu meiner Wand voller Frauen.

»Glaub mir. Die Mädels werden dich *lieben*. Mein Gott, wir müssen bald das erste Mal lesbisch ausgehen. Aber Finger weg von meinen Exen, okay?«, sagt Rose lachend.

Da kommt ganz schön was zusammen.

»Wir können dir ein Profil bei einer Dating-App einrichten! Bei allem, was du über Sex mit Frauen wissen willst, kannst du zu mir kommen ... Es gibt viel zu lernen. Der Sex dauert mit Frauen auch viel länger. Dabei kannst du dich richtig auspowern. Und ehe du dich versiehst, ist es sechs Uhr früh, die Sonne geht auf und du musst in zwei Stunden zur Arbeit.«

Ich starre Rose mit weit aufgerissenen Augen an und bin völlig überwältigt von diesen ganzen neuen Informationen.

»Sorry, natürlich nur, wenn du dazu bereit bist. Ich weiß, dass das mit Matt noch ganz frisch ist. Ich fühle mich nur gerade so, als hätten all die Jahre Frauen-Dating endlich einen Mehrwert.« Rose lacht ins Weinglas.

»Nein, erzähl bitte weiter. Wenn du von deinem Dating-Leben erzählst, finde ich meins weniger schlimm«, sage ich und lächele inzwischen.

Während Rose weiterredet, wird mir klar, dass they eine Rolle in meinem Leben einnehmen wird, die mir noch fehlt: Rose wird mein*e *Glorious Gay Guide*. Rose geht noch weitere zehn Minuten alle Lesben durch, die mir im Slinky's über den Weg laufen könnten, einer lesbischen Bar, in die Rose mich mitnehmen will.

»Eve: arbeitet hinter der Bar, du wirst sie lieben, sie hat noch nie mit jemandem aus der Szene gevögelt, weil sie verheiratet ist. Sammy: Aus dem Weg gehen! Kleiner Butch Daddy, langes brünettes Haar mit Lederweste und einem kleinen Kirschtattoo am Hals.«

»Warum *aus dem Weg gehen?* Hört sich heiß an«, sage ich.

»Klar, heiß ist sie auch. Aber sie ist so krass wie Shane. Jede*r kann eine Geschichte über sie erzählen. Also, tu, was du nicht lassen kannst, sie ist ganz bestimmt kein böser Mensch, aber es waren alle schon mal mit ihr zusammen und es stimmt wirklich, dass sie gerne mit frisch geouteten Queers schläft. Sie ist dabei keineswegs übergriffig; aber es ist trotzdem irgendwie komisch, dass sie unbedingt ›die Erste‹ sein will.«

Mir drängt sich der Gedanke auf, dass Rose Sammy nicht mag, weil sich die beiden ein wenig ähneln.

»Was ist denn ein Shane?«

Rose verdreht die Augen. »Oh mein GOTT, ich muss dir *The L Word* zeigen.«

Rose ist felsenfest davon überzeugt, dass *The L Word* gleichzeitig Fluch und Segen ist, und erklärt mir, dass »Shane« die Figur ist, auf die alle stehen, die aber emotional nicht verfügbar ist und überall für Chaos sorgt, wo sie auftaucht. »Fuckboys haben kein Gender, Eartha.« Rose schaut mich sorgenvoll an.

Ich hätte es mir denken können ... Die nächste Stunde lang gibt Rose mir – nahezu in Monologform – Hinweise und Tipps, wie ich eine queere Frau in freier Wildbahn erkennen kann. »Wenn du was Unverbindliches willst, lass das ganze niedliche Getue weg. Geh nicht mit ihr frühstücken oder schlaf bei ihr ... echt nicht. Du wirst sonst das Herz einer Frau brechen. Obwohl, wenn wir den Tatsachen ins Auge blicken, wird es eher so sein, dass *dein* Herz gebrochen wird. Mein armes, kleines, queeres Baby.«

Ich knuffe they mit der Schulter. Aber ja, Leute aufzugabeln, die mir nicht den emotionalen Rückhalt geben, den ich verdiene, zählt *eindeutig* zu meinen Stärken. Rose bombardiert mich mit so vielen Informationen, dass mir langsam der Kopf schwirrt. Ich schnappe mir mein Handy und öffne meine Notiz-App. Ich frage mich, wann ich ihre Tipps zum Pussylecken in die Tat umsetzen werde. Zum ersten Mal seit der Trennung habe ich das Gefühl, meine Träume könnten wahr werden. Ich denke an Phaedra und diese großen, warmen braunen Augen ...

Earthas Notiz-App

- Sammy, ~~heiß!~~ Aus dem Weg gehen.
- Dates mit Frauen dauern lange. Versuchen, Grenzen zu setzen und maximal einmal bei einem Date zu übernachten.
- Frauen können und werden dich verletzen. Glaub nicht, dass sie es nicht tun, weil sie keine Männer sind.
- »Scissoring« spielt keine große Rolle??? Wurde von Männern aus der Porno-Industrle erfunden? Frauen machen es manchmal, aber eigentlich eher nicht.
- Wenn man es unverbindlich halten will, sollte man nichts machen, was echte Zuneigung impliziert. Mach ihr keine Playlisten, schlaf nicht bei ihr, verbringe nicht zu viel Zeit mit ihr, sonst wirst du ihr Herz brechen.
- Verlieb dich nicht in Hetero-Mädels.

Nach fast einer Stunde mit Sex-Tipps und der Vorstellung aller Frauen aus Olympia ist Rose schließlich erschöpft und geht pinkeln. They lässt die Tür weit geöffnet, sieht verträumt aus, die Unterarme liegen auf den Oberschenkeln und they hält ein Stück gefaltetes Toilettenpapier in der Hand. They sieht selbst jetzt schön aus. Ich mag Roses Hände am liebsten. Sie sind voller, für Rose völlig bedeutungsloser Tattoos und an den Fingern stecken zahllose Ringe, von denen einige von einer Silberschmiedin stammen, mit der Rose mal gevögelt hat. Rose hat sie vor ein paar Jahren mal gedatet und trägt die Ringe trotzdem noch. Für mich sind Erinnerungswerte lebenswichtig, Rose verfügt über diese krasse Fähigkeit, nichts eine Bedeutung zuzuschreiben. Die

Hände erzählen, wer Rose als Liebhaber*in ist. Beim Blick auf meine Hände, deren Finger in unterschiedlichen Farben lackiert sind, vermute ich, meine tun das ebenso.

»Was fühlst du wirklich wegen Matt? Er ist einfach ... weg, oder was? Wie krass!«, tönt es vom Klo. Rose weiß nicht, dass ich them im Spiegel sehe – mit einem sehr nachdenklichen Gesichtsausdruck.

»Ganz ehrlich, ich wusste schon länger, dass es an der Zeit war. Ich habe mich nur so furchtbar schuldig gefühlt. Ich habe darauf gewartet, dass er etwas verbockt, damit es mir erspart bleibt. Ich habe an Frauen gedacht, wenn ich mit ihm geschlafen habe, und bin davon ausgegangen, das wäre ganz normal. Ich dachte, das wäre bei allen Frauen so.«

Habe ich das gerade laut ausgesprochen?

»Hättest du Lust auf einen Cocktail?«, rufe ich in Richtung Toilette, weil ich sehe, dass der Wein fast leer ist.

»Klar, mach mal. Wir brauchen noch zwei oder drei, wenn wir über IHN reden wollen.«

Ich habe noch ein bisschen Kokosmilch von einem Curry, das ich Anfang der Woche gemacht habe, und will uns etwas abgewandelte Piña Coladas machen – also mit Wodka, weil ich keinen Rum habe. Ich finde eine Flasche, die ich vor Matt im »Putzschrank« unter der Spüle versteckt habe, und mache den Drink, während Rose noch im Bad ist. Ich schenke uns zwei Gläser ein, der Rest ist in einem Krug, und stelle alles im Schlafzimmer vors Fußende des Bettes, wo Rose sitzt und mich anlächelt, dabei geduldig wartet.

»Hier liegt ja noch Zeug von ihm rum ...«, sagt Rose und nimmt mir den Drink aus der Hand, als ich mich neben them auf dem Boden niederlasse.

Rose zeigt auf einen kleinen Stapel Platten in einer Zimmerecke.

»Ach so, nee, ich hab ihm gesagt, dass ich die behalte.«

Rose lacht. »Also ... *hast du es ihm gesagt?*«, fragt Rose und hebt die Augenbrauen zweideutig.

»Er ist selbst drauf gekommen, vielleicht sogar vor mir selbst? Ich habe es ihm gesagt und ihm dann die Tür vor der Nase zugeschlagen. Ich hab es nur erzählt, um ihn zu ärgern ...«

»Ach was. Ich hätte zu gern den Gesichtsausdruck von diesem Arsch gesehen.«

»Weißt du was, Rose? Ich glaube, er war gar nicht überrascht. Er hat es im Streit gesagt! Aber, ich mag Männer auch immer noch ... Dann bin ich wohl bisexuell?«

Wir brechen in Gelächter aus und stoßen mit unseren Cocktails an. Rose erzählt mir vom weltbesten Sex mit einer bisexuellen Frau und dass they nie verstanden hat, warum Lesben bisexuellen Mädels gegenüber die Nase rümpfen. »Wir sollten uns küssen und nicht die Augen auskratzen, verdammt noch mal!«

»Rose, ich wusste, dass ich unglücklich war mit ihm, aber ich konnte es nicht zugeben. Ich dachte, ich hätte meine Libido verloren. Ich habe Sex mit ihm nach Möglichkeit vermieden. Ich habe seine Hand wirklich von meinem Oberschenkel weggeschlagen, wie eine Fliege, wenn er mich berührt hat, und als ich diese Frau gesehen habe ... in *meinem* T-Shirt...«, ich schüttele den Kopf. »Ich habe mich wie im Rausch gefühlt, völlig ... überwältigt. Mir ist aufgegangen, dass ich nicht grundsätzlich keine Lust auf Sex habe ... sondern dass ich nur keinen Sex *mit ihm* will. Er war so *fies* zu mir, Rose, schon *lange* bevor er mich betrogen hat. Er hat mir das Gefühl vermittelt, ich wäre verrückt. Er hat sich über meine Arbeit lustig gemacht, mich kleingemacht – aber wenn wir mit anderen Leute zusammen waren, hat er mich supportet, als würde er total hinter mir stehen.«

Rose legt mir die Hand auf den Oberschenkel und drückt ihn sanft. Ich spreche weiter: »Ich will nur nicht als diese blöde Schlampe betrachtet werden, die ihren Freund verlassen hat. Das stimmt einfach nicht. Ich habe mich immer schon so gefühlt. Die ganze Angelegenheit ist viel komplizierter.«

»Wir wussten alle, was für eine Art Mann er war, und alle Freund*innen von dir werden erleichtert sein, dass du ihn los bist.«

Wir reden stundenlang über Chaos und Komplexität, ich wollte Rose das alles immer schon über Matt erzählen, aber ich war zu sehr damit beschäftigt, ihn zu verteidigen. Jetzt gibt es kein Zurück mehr. Kein*e Freund*in würde mich nach meinen Erzählungen und all den halb ausgesprochenen Wahrheiten, die ich in all den Jahren zurückgehalten habe, wieder zu ihm zurückkehren lassen.

Schließlich drücke ich auf die Tastensperre auf meinem Telefon und sehe, dass es 01:37 Uhr nachts ist und Rose und ich immer betrunkener werden, weil wir uns die dritte Runde meiner Wodka Coladas reinstellen. Ich schütte den Alkohol schon seit Stunden nur noch nach Augenmaß in die Drinks. Rose stellt den Drink ab und verdreht die Augen, als würde gleich eine Strafpredigt folgen; they drückt meine Hand und lallt.

»Eartha ... du MUSST ein paar Kunstwerke machen, in denen du verarbeitest, DaSs Du DiCh zU FRAUEN HiNgEzOgEn fühlst.«

Langsam schüttele ich den Kopf. Auf gar keinen Fall.

»Vielleicht mache ich etwas über Matt. Weißt du? Ich muss das alles irgendwie verarbeiten. Ich glaube, man muss seinen Schmerz nutzen. Vielleicht kann man sogar ANDEREN damit helfen.«

»Stell dir mal vor, ich könnte anderen Menschen damit zeigen, dass sie sich nichts gefallen lassen müssen.«

Ich denke an Mum. Ich denke daran, was – oder wen – sie gebraucht hätte, um Dad vor vielen Jahren zu verlassen. Könnte ich so ein Vorbild für andere Frauen sein?

»Ich will jede Frau befreien, die in einer schlechten Beziehung ist!«

Wir hören uns wie zwei verbitterte und verbiesterte Männerhasser*innen an. Vielleicht meinen Männer das, wenn sie sagen, sie hassen Feminist*innen: Sie haben Angst vor unserer Erkenntnis, dass die Spielregeln zu ihren Gunsten ausgelegt werden, und davor, dass wir uns zusammentun werden, um etwas dagegen zu unternehmen. Rose stachelt mich weiter an. »Los dann! Wir machen ein Brainstorming – uNd ZwAr SoFoRt.« Rose setzt sich auf und macht eine Faust, in der ein imaginäres Mikro steckt. They klopft darauf, dann folgt ein Husten. »Ist das Ding an? Okay, Ms Eartha, mit deinem derzeitigen Wissen, dass Männer im Großen und Ganzen ...« Their Blick schweift auf der Suche nach Worten in die Ferne.

»Komplett nutzlos sind ...«

»Was würdest du deinem früheren Ich in der alten Beziehung mitteilen?« Rose trinkt noch einen großen Schluck, hält das Mikro dabei immer noch an Ort und Stelle. »Shit, sorry, bitte schön.« They überreicht mir das imaginäre Mikro. Ich nehme es.

»Danke, Rose! Ich würde sagen ... *Verehrte junge Frau* ... hör auf deinen Körper, wenn er den Mann WIRKLICH abstoßend findet: HAU AB!«

Rose lacht leise und haut mir aufs Bein. Dann wird mir das »Mic« entrissen.

»GENAU. Oder wenn du anfängst, von Mädels zu fantasieren, dann findest du sie wahrscheinlich gut.«

Wir haben einen Lachflash.

»WiR MüSsEn DaS FiLmEn.« Rose öffnet meinen Laptop, schaltet die Kamera ein und legt sich das Ding auf die Knie, um mich von unten aufzunehmen. Ich blicke auf den Bildschirm, sehe mein Gesicht mit sämtlichen Kinnen, werfe alle Kissen vom Bett, stopfe sie auf Roses Schoß und stelle den Laptop auf mich gerichtet darauf. Der Bildschirm verdeckt Roses Kopf und ich kann their Gesicht nicht sehen, nur die Arme, die hängen links und rechts neben dem Schoß. Nun greift they um den Laptop herum und versucht umständlich, auf Play zu drücken.

»Achtung, Eartha ...«

3,2,1 ... *Ding!*

Der Laptop beginnt mit der Aufnahme. Rose hält wieder ein imaginäres Mikrofon in die Höhe, dieses Mal vor der Laptop-Kamera, also befindet sich die kleine tätowierte Faust auf dem Bildschirm vor meinem Gesicht. »Lass alles raus, was du dir gerne selbst gesagt hättest, um dir diese elenden Jahre zu ersparen! Das Video kann dir als Inspiration für die nächste Collage dienen, ein Geschenk der betrunkenen an die nüchterne Eartha. Du kannst Bilder von Männern ausschnippeln und denen die Köpfe abschneiden.«

Ich schimpfe erst mal über Matt. Dass sich unsere ganze Beziehung diffus angefühlt hat. Dass ich nicht genau beschreiben kann, was er mir angetan hat, aber dass ich nie festen Boden unter den Füßen hatte und erleichtert war, wenn er bei mir »etwas wiedergutmachen« wollte. Dass ich das Gefühl hatte, man hätte mir eine Beziehung mit ihm aufgeschwatzt, mit einem Mann, der es nie verdient hatte, mit mir zusammen zu sein. Dass er damit gedroht hatte, sich umzubringen, um Macht über mich zu haben. Ich rede immer weiter, die Gefühle fließen aus mir heraus – ich erzähle zum ersten Mal, dass er mich auch physisch verletzt hat. Ich fange an zu weinen und Roses Hand fällt auf den Boden: Ich blicke hoch und their Kopf ist nach vorn gekippt. Rose hat den Laptop zugeschlagen und ist eingeschlafen.

Einen Sekundenbruchteil lang bin ich gekränkt, dass Rose mitten in meinem dramatischen Monolog abgedriftet ist, aber die Enttäuschung weicht sehr schnell unendlicher Liebe. Rose ist komplett fertig und ich liebe them einfach. Ich ziehe den Laptop unter Rose hervor und helfe them aufs Bett, dann spiele ich das Video ab. Mir war nicht klar gewesen, dass ich so lange geredet habe, und Tränen schießen mir in die Augen, während ich es erneut anschaue. Das Zimmer dreht sich nun und ich finde alles, was aus meinem Mund kommt, komplett brillant. Fast schon ikonisch. In dem Video sieht man ab und zu Roses Hand, die nach dem Drink greift, und man hört ein Schlürfen, einmal sogar ein Rülpsen. Einfach ein perfektes Durcheinander. Ich schüttele Rose, doch they blickt nur verwirrt aus der Wäsche.

»Soll ich das auf Wonderland posten? Findest du nicht, dass IcH mIcH eChT kLuG aNhÖrE?«

Rose brummt mich an und schaut sich mit einem Auge die erste Minute des Videos an.

»Jaaa, auf jeden Fall! Die MäDeLs wErDeN aUf DiCh AbFaHrEn, Eartha.«

They lächelt und dieses Lächeln zeigt das betrunkene wahnhafte Selbstbewusstsein von zwei Freund*innen, die zueinander sagen: »Wir zwei sollten einen Podcast machen.«

Ich ziehe das Video auf mein Handy und füge die Unterschrift hinzu: »FüR DiE MäDeLs #CumingOut«.

Ich lade es auf Wonderland hoch, dann schließe ich die Augen – mit meinem Telefon in der einen und Roses Hand in der anderen Hand.

Kapitel 7

DAS HÄTTE IN DEN ENTWÜRFEN BLEIBEN KÖNNEN

Wonderland-Follower*innen: 90 389

Ich werde aus dem Schlaf gerissen, weil sich etwas gleich neben mir bewegt. Meine noch müden, verkaterten Augen erkennen nicht, was es ist – ich sehe nur zwei geweitete Pupillen.

»Eartha, WACH AUF! DAS.IST.DER.TOTALE.WAHNSINN. B-r-i-l-l-a-n-t.«

Rose ist manisch verkatert, das äußert sich in Ruhelosigkeit und Lachanfällen vor meinem Laptop, bekleidet nur mit Weste und Boxershorts.

»Was ist?«

Verschlafen schaue ich mich in meinem Schlafzimmer um.

»Das Video, das du gestern bei Wonderland hochgeladen hast. Das ist VIRAL gegangen, BABY.«

»Ein Video, was zum ...? Was redest du da?«, antworte ich. Langsam setze ich die Szenen zusammen, die sich in meinem vernebelten Gehirn abspielen.

Doch dann bekomme ich Angst. Ich kann mich nicht mehr an das Video erinnern – oder besser gesagt daran, was ich darin gesagt habe.

»Schau mal, wie viele Leute sich das anschauen. Schau dir mal die ganzen Leute an! Die dir GERADE zuhören!«

Ich blicke auf den Bildschirm. Ich öffne die Augen und schließe sie wieder; ich habe einen beißenden Kokosnussgeschmack im Mund. Ich schaue noch einmal genau hin: 489 000 Personen haben sich mein Video angeschaut. In acht Stunden.

Ich stelle mir vor, wie sie dasitzen, auf ihre Handys starren und mich sehen.

»Was erzähle ich da was erzähle ich da fuck fuck fuck«, sage ich und schaue auf die Rückseite meines Laptops.

»ROSE, MACH ES AUS! IST ES SEHR SCHLIMM?«

Rose schaut es immer noch an.

»ROSE, gib mir das Ding.«

»Moment! Du MUSST es einfach von vorne sehen.«

Rose geht wieder auf den Anfang des Videos. Panik erfasst mich und Angst schnürt mir die Kehle zu. Noch ehe Rose den Cursor zum Anfang der Anzeige ziehen kann, reiße ich den Laptop an mich, um den Schaden zu begutachten, den ich mir selbst vor einer halben Million Menschen zugefügt habe.

»Hey!«, ruft Rose, als ich ihr den Laptop wegnehme.

»Ich muss es jetzt sehen«, erkläre ich.

Ich atme so tief ein und fülle meine Lungen so sehr mit Sauerstoff, dass ich zweimal im Pool hin- und hertauchen könnte. *Bitte, lass es kein betrunkenes Coming-out-Video sein, das inzwischen so viele Menschen gesehen haben, wie in Liverpool wohnen.*

Originalskript des Videos »Eartha geht viral«.

*Ein*e wackelige*r Rose hat Probleme damit, beim Filmen der auf dem Bett sitzenden Eartha die Kamera ruhig zu halten.*

Rose schiebt die Faust ins Video und tut so, als wäre es ein Mikro. Eartha erscheint auf dem Bildschirm, schwankt ein wenig, als würde sie gleich gemächlich tanzen.

Eartha spricht in eine tätowierte Faust.

Rose: Babe ... komm schon ... los jetzt.

Eartha: Okay, ich heiße Eartha. Ich bin Single. Fünfundzwanzig Jahre alt. Offiziell fertig mit Männern. Oder doch nicht so ganz. Ich finde sie immer noch gut.

Eartha steckt sich zwei Finger in den Hals und tut so, als würde sie gleich kotzen

Aber auf spiritueller Ebene bin ich fertig mit ihnen. Ergibt das Sinn? Ich habe gerade erst meinen Freund verlassen. Er war wie oller Käse im Kühlschrank, den man echt mal wegwerfen müsste, es aber irgendwie nie macht. Endlich. Ich glaube, es war mein hundertster Versuch. Warum machen wir das? Warum bleiben wir bei solchen Männern? Selbst, wenn sie uns verletzt haben?

Eartha schließt die Augen für einige Sekunden und zeigt mit dem Finger in die Kamera

Wir bleiben bei Scheißmännern, weil wir es nicht anders kennen. Wir haben es so von unseren Müttern gelernt, die haben es von ihren Müttern gelernt, wir wissen es einfach nicht besser. Meine Mum hat es mir mit meinem Dad vorgelebt. Und meine Oma mit meinem Opa. Ich musste ... die Boxershorts meines Freundes ...

Eartha legt den Zeigefinger auf ihren Daumen und tut so, als würde sie Boxershorts aufheben

... sie jeden Tag in der Wohnung aufsammeln. Als wäre ich seine Mum. Wer will denn Sex mit jemandem haben, den man gleichzeitig bemuttert? DAS ist abgefuckt.

Eartha blinzelt langsam

Mir ist es wichtig, dass Frauen Folgendes wissen: Wir dürfen Beziehungen verlassen, wenn wir unglücklich sind. Es ist kein grausames Verbrechen, einen Mann zu verlassen, der einen unglücklich macht.

Eartha nimmt einen ordentlichen Schluck von ihrem Drink

Aber wie dem auch sei, ER wusste, dass ich gern als guter Mensch wahrgenommen werde, deswegen habe ich mich für ALLES entschuldigt! Nur für den Fall, dass es meine Schuld hätte sein können. Was bedeutete, dass ich mich in einen passiven ... kleinen ... Fußabtreter ... für seine großen Scheißfüße verwandelt habe!

Eartha zeigt mit den Händen, wie groß seine Füße sind
Er hatte so den Vibe à la lange braune tiefe Risse in den Zehennägeln. LGBT. Moment, nein, lang, braun, tief eingerissen ... LBTE! Wo ich gerade dabei bin, könnte ich auch zu diesem Thema etwas sagen ... L ... LGBT ...
Eartha wiegt sich und schließt die Augen
Er hat mich betrogen. Das stimmt. Er hatte Sex mit einer anderen. Und wisst ihr was? Diese Frau war wunderschön. Einfach ... wunderschön. Als ich dieses Mädchen mit den pinken Haaren gesehen habe, das mit meinem Freund geschlafen hat ...
fistet das Cocktailglas und leckt sich den Schaum von jedem Finger, dann erst beendet sie den Satz
DA wurde mir klar, dass ich womöglich bisschen lesbisch bin!
Rose lacht ab und zu sporadisch, als wäre they high. Eartha schaut Rose hinter der Kamera an und versucht, their Aufmerksamkeit zu erregen, damit they aufhört zu lachen
Also, an alle da draußen, die sich fragen, ob sie auf Frauen stehen, weil sie etwa die ganze Zeit über nicht aufhören können, an Frauen zu denken ... und sie küssen wollen ... wahrscheinlich findet ihr Frauen gut. Ladys, lasst euch nie von eurem Freund davon abhalten, Mädels zu küssen! Moment ... nein. Das ... wollte ich gar nicht sagen ... was will ich denn sagen? Ich bin bisexuell! Und mein Freund hielt mich an der LEINE! Also, an einer psychologischen Leine, bei der mein Wohlbefinden davon abhing, wie er mich gerade fand. Das war eine sehr subtile Art der Kontrolle – er musste mich um gar nichts bitten, ich war immer schon von mir aus bereit, es zu tun. Das Perfide daran ist Folgendes: Von außen betrachtet scheint das alles in der eigenen Hand zu liegen. »Niemand hat dich darum gebeten!« »Warum jammerst du? Du hättest es nicht machen müssen!«

Eartha verzieht das Gesicht und äfft andere Leute nach
Aber das musste ich sehr wohl. Er musste mir nichts befehlen oder mir vorschreiben, was ich zu tun habe … weil er mich in permanente Angst versetzt hat, der Angst, ihm nicht zu gefallen. Ich bin nicht ein einziges Mal langsamer geworden … auf seinem dämlichen Laufband der Leibeigenschaft, während er die Spielregeln nach Gutdünken geändert hat, mir mit seiner Liebe und seinem SCHWANZ als Belohnung im Gesicht rumgewedelt hat und ich die ganze Zeit gedacht habe: Wenn ich doch nur eine bessere und liebenswertere Freundin wäre, würde er mich lieben. ABER NADA …

Aggressiv deutet Earth auf den Bildschirm
… Egal, was ich getan habe, es war nie gut genug. Aber es ging gar nicht um mich, darum, dass ich nicht »gut genug« bin, es ging darum, mich abzulenken, damit ich nie die Gelegenheit bekomme zu bemerken, dass ich schon gut genug bin. Auch ohne ihn.

Eartha bewegt langsam die Hand hin und her, um das Thema zu wechseln
Ich will in meinem ganzen Leben NIE WIEDER einem Mann passiv-aggressiv einen runterholen.
Ich glaube, deswegen mach ich mein Coming-out. Jetzt. Weil ich mich endlich dazu durchringen konnte.

Eartha weint und trinkt
ENDE

Bei mir im Kopf geht alles durcheinander. Dieses Wörtertohuwabohu. Gerichtet an Tausende Menschen. An Zehntausende, nee, Moment, an mehrere Hunderttausend. Ich bin bisexuell. Ich frage mich, ob meine Mum das Video gesehen hat, oder ob es ihr von einer Arbeitskollegin zugeschickt wurde. Oder man ihr eine Nachricht dazu geschrieben hat? *Hi meine Liebe, hab ge-*

rade Earthas Video gesehen! Glückwunsch, dass dein Nachwuchs eine von diesen Bisexuellen ist!

Das Schlimmste ist, dass ich das Video ganz allein hochgeladen habe. Ich kann niemandem die Schuld dafür geben. Nur mir.

Ich klicke unter dem Video auf »weitere anzeigen«, um mir die Kommentare anzuschauen. Aberhundert Gesichter blicken mich vom Display aus an.

»Schau mal, schau dir den mal an.«

Rose breitet die Arme aus, damit ich mich reinkuscheln kann, und liest einen der Kommentare links vom Video vor.

> @*Jen57_* Du hast gerade die letzten 10 Jahre meines Lebens zusammengefasst, die ich nicht in Worte fassen konnte, von laut Aussprechen müssen wir gar nicht reden. Du bist so mutig.
>
> @*Wallflower399* Uhhhh, hast du gerade der Öffentlichkeit erzählt, dass deine Mutter eine von Gewalt geprägte Beziehung führt? Das nennt sich »Feministin«, lol.
>
> @*BIAS_EDITONS* Woher ist das Top?
>
> @*Jessygal789* Ich schreibe den Kommentar von meinem nicht öffentlichen Account, weil ich mich für mein Coming-out noch nicht bereit fühle, aber ich fühle mich schon lange zu Frauen hingezogen, so wie du, und durch dein Video fühle ich mich weniger allein 🖤
>
> @*ShayamQuant* Ups ... Das hättest du nicht hochladen müssen. Du bist komplett drüber.
>
> @*ChristianJessica_78* Eines Tages wirst du zur Wahrheit zurückfinden, Schwester #BeteZuJesus #HomosexualitaetIstSuende

»Hast du das gesehen? MUTIG!«

»Ich war betrunken und hatte absurd viel Mut! Nüchtern hätte ich das nie geschafft.«

»Ist doch egal! Schau dir den Kommentar mal an. Macy aus

Texas sagt: ›Ich hatte definitiv nicht nur einen Girlcrush ... Wegen dir habe ich an diesem Sonntagmorgen mein ganzes Leben infrage gestellt, Girl.‹«

Ich lege mir ein Kissen auf den Kopf, damit ich kurz darüber nachdenken kann. Ich hatte noch nicht einmal ein Date mit einer Frau. ICH HATTE NOCH NICHT EINMAL SEX MIT EINER FRAU! Kann ich das Video noch schnell aus dem Netz nehmen und es verschwindet einfach spurlos?

»Wie viele Menschen haben es inzwischen gesehen, Rose?«, frage ich und blinzele. Ich wappne mich. Rose drückt auf Aktualisieren.

»Eine halbe Million Menschen.«

»Fuck, wie ist das denn passiert ... auch noch so schnell?«

»Ich glaube, ein*e große*r Influencer*in hat es geteilt, weißt du? Du hast ja nur ungefähr – Moment – tausend Follower*innen auf deiner Seite. Das ist die einzige Erklärung, oder?«

»MOMENT, SCHAU NOCH MAL NACH!«

»Was soll ich nachschauen?«

»Wie viele Follower*innen meine Seite hat! Wo ist mein Handy?«

Ich glaube, ich habe es zum Aufladen auf der Arbeitsplatte liegen lassen. Ich springe aus dem Bett und eile in die Küche. Da ist es nicht. Ich hüpfe wieder aufs Bett und lege mich ganz flach auf die Matratze, fahre suchend mit der Hand unter Kissen und Decke umher. Dort ist es. Meine Hände zittern beim Entsperren.

Textnachricht von Phaedra an Eartha

08:45

Soso ... du bist also in ein Mädchen mit pinken Haaren verknallt? 😉

08:45

Außerdem finde ich deinen Vergleich von Matt mit dem ollen Käse, den man im Kühlschrank vergisst, grandios.

08:46

Zumindest war er so höflich, dir auch zu entfolgen. Als Nächstes wird er dich blockieren, um sein Ego zu schützen.

SCHEISSE MANN. WAS HABE ICH DA GETAN? PANIK DURCHSTRÖMT MICH.

ICH SCHWITZE KOKOSNUSS-WODKA AUS.

OLLER KÜHLSCHRANKKÄSE?! HAT MATT DAS VIDEO GESEHEN?!

Ich öffne Wonderland. Ich streiche mir die Haare zurück, um besser zu sehen, das kann nicht …

»Rose … Ich habe 90 389 Follower*innen, fuck.«

Ich schiebe Rose den Bildschirm vors Gesicht.

Ich fange an zu schreien und klicke auf einige Leute, die mir folgen.

@*fishsticks8* folgt dir seit 10 Sekunden.

Sie hat 732 Follower*innen und wohnt in Philadelphia. Was will jemand aus Philadelphia mit mir? Ihr Feed ist voller Vorschaubilder von Pränatal-Yoga-Videos.

@*venusparadise* folgt dir seit 8 Sekunden.

Sie hat 300 000 Follower*innen. Ich klicke auf ihr Profil, um zu sehen, ob wir irgendwelche Verbindungen haben. Rose folgt ihr. Ich frage mich, ob sie miteinander geschlafen haben. Ich sehe, dass Rose unter jedem Selfie von ihr mit dem »Schwitzendes-Gesicht«-Emoji kommentiert hat. Ich grinse in mein Handy.

»Was?« Rose stupst mich an.

»Entspann dich, Rose …«

»OH MEIN GOTT, FOLGT SIE DIR JETZT? Mein Gott, Eartha, ich will das auch, du musst mich da mit reinziehen …«

»Rose, sie folgt mir seit … zehn Sekunden.«

Ich weiche zurück und gehe wieder auf Wonderland. Immer mehr Namen erscheinen. Ich scrolle mich durch die Profile. Menschen, die mich nie beachtet haben oder von meiner Existenz wussten. Alle strömen zu mir, um herauszufinden, wer ich bin und was ich zu sagen habe. Ich drücke auf Aktualisieren. 110 010 Follower*innen.

»Es werden immer mehr! Was hat das denn zu bedeuten?« Ich kreische.

»Das bedeutet ... dass sich die Menschen bald um deine Collagen reißen werden. Überleg dir gut, ob du diesen Weg wirklich gehen willst, Baby«, antwortet Rose.

Ich klicke auf meine Nachrichtenanfragen auf Wonderland. Über 1000 neue Nachrichten. Ich habe beim Öffnen keine Ahnung, was mich erwartet. Habe ich die politisch korrekte Terminologie verwendet? Ich war so betrunken. So ungefiltert. In so einem seltsamen Zustand. Sind das Hass-Nachrichten? Vielleicht wurde ich schon in der Luft zerrissen, als ich noch geschlafen habe – tschüss, Fame! Tausende Menschen bilden sich ihre Meinung über mich und ich habe keinen blassen Schimmer davon. Ich scrolle durch die ganzen User*innen-Namen.

@Babygirl-69

@HannahStorm

@girl2000

*@phallic_*

@fuckthegenderbinary!

@DaisyCottril

@Dykes_r_us17

Diese ganzen Fremden wollen mir unbedingt etwas mitteilen. Einige erzählen mir, dass ich ihr Leben oder ihre Einstellung verändert habe. Ich verstehe es noch nicht so ganz. Ich entscheide mich, mit *@Dykes_r_us17* anzufangen, weil mir dieser User*innen-Name ins Auge gesprungen ist.

Hey Eartha! ...

... Ich habe dein Video an ein paar »Hetero«-Freunde weitergeleitet, denen es genauso geht wie dir und deinem

Freund. Manchmal muss man Tatsachen von einem*r anderen vor Augen geführt bekommen, damit man sie erkennt. Ich glaube, du wirst damit viele Frauen befreien 🙂
PS. Ich würde dich sehr gerne daten, wenn du Lust drauf hast 😉

Mich hat noch nie jemand auf Wonderland angegraben. Ich vermute mal, mit Collagen wird einfach nicht so gerne geflirtet. Sollte ich auf diese ganzen Nachrichten antworten? Machen das Influencer*innen so, antworten sie jeder*m?

»Hat dich eine Butch-Lesbe nach einem Date gefragt?«, fragt Rose und schaut auf mein Telefon.

Ich hätte auch fast »Butch« gesagt, glaube aber, dass ich das noch nicht darf. Ich reiche mein Telefon weiter, damit Rose die Nachricht lesen kann.

»Du musst nicht darauf eingehen, das weißt du, oder? Es wird nicht bei dieser einen Nachricht bleiben, in der du nach einem Date gefragt wirst.«

Rose scrollt sich durch meinen Posteingang und legt sich wieder auf mein Bett. Ich stütze den Kopf in die Hände, während mein Kopf noch mit den ganzen zu verarbeitenden Informationen kämpft. Ich sehe, wie Rose mit geschlossenen Augen das Gesicht ins Kissen presst.

Ich schnappe mir mein Handy und versuche, in diesem Chaos das Ruder wieder an mich zu reißen, in dieser Flut, die bis in mein Schlafzimmer geschwappt ist.

Ich scrolle durch immer mehr Nachrichten, lese immer weniger, bis ich eine sehe, deren Absenderin ein schwarzes Kästchen neben dem Namen hat, sie hat den schwarzen Haken auf Wonderland, der Betreff lautet »*DU HELLES, STRAHLENDES WESEN*«. Ich öffne die Nachricht und erwarte halb, dass ein Spam-Pop-up einer nackten Frau oder eines pulsierenden Schwanzes erscheint und für eine Schwanzverlängerungspille wirbt.

Hallo Eartha,

ich heiße E. V. Ich wollte erst mal sagen, dass ich deinen Mut zutiefst bewundere, auf Wonderland etwas über deine Sexualität zu posten. Es gehört viel dazu, online über diese Dinge zu sprechen, und ich glaube, du wirst zu einem außergewöhnlichen Sprachrohr für junge Frauen aufsteigen. Wenn du allerdings nicht aufpasst, wird diese Branche dich bei lebendigem Leib verschlingen. Frauen im Internet sind ein besonders beliebtes Ziel von Trollen und du wirst dafür angegriffen werden, dass du deine Meinung äußerst. Ich würde dich gern zum Essen einladen und dir dabei meinen Schutz und meine Begleitung anbieten. Ich arbeite seit knapp zwanzig Jahren mit Nachwuchstalenten und ich glaube wirklich, dass du der Welt etwas zu sagen hast. Wenn du es mir erlaubst, glaube ich, dass wir aus dir einen der strahlendsten und hellsten Sterne Wonderlands machen können.

Ich habe diesen Montag um 13 Uhr Zeit, im Firestone, wenn das passt!

Ich freue mich darauf, von dir zu hören. Alles Liebe, E. V.

Sie hat ihre Signatur am Ende der Nachricht hinterlassen, mit Telefonnummer und »E. V. – Special Talent Division«.

Ich gebe E. V.s Namen bei Google ein. Dann starre ich auf ein Foto, auf dem sie den Arm um Ed Sheeran legt. Ich hätte es für Photoshop gehalten, wenn Ed nicht höchstpersönlich ein Feuer-Emoji daruntergesetzt hätte.

Ich öffne erneut die Nachricht von E. V. und tippe ...

Wie sieht es mit diesem Dienstag aus?

ANMERKUNG DER REGIE

Earthas Kopf dreht sich so schnell, dass er durch die

Unterhaltung mit Rose aus der Umlaufbahn katapultiert wird, weg von der Bettseite, auf der sie sitzt, und aus dem Stadtteil, in dem sie lebt und arbeitet, immer weiter weg.

Auf dem Bildschirm ist in Nahaufnahme Eartha mitten auf ihrem Bett zu sehen, um sie herum befinden sich die ganzen anderen Menschen und laufen auf sie zu. Wir sehen Macy aus Texas von eben, *Dykes_r_us17* und die christliche Jessica.

EARTHA: Ich bin viral gegangen. Tausende Menschen wissen über mein Sexleben und meine sexuelle Orientierung Bescheid ...

DIE ZAHLREICHEN FOLLOWER*INNEN (verschiedene Stimmen reden durcheinander): Eartha, du bist eine IKONE, du hast mein Leben verändert, woher hast du deinen Schmuck, ICH FÜHLE MICH GENAUSO WIE DU, ALS WÜRDEST DU MEINE GEDANKEN LESEN, wo wohnst du, du wirst in der Hölle schmoren.

Kamera A fährt über Earthas Körper, von den Füßen nach oben, die Kamera schwebt darüber. Sie blickt in die Kamera und diese zoomt auf ihr Gesicht, bis es nur noch millimeterweit entfernt ist.

ENDE

Kapitel 8

HELLES, STRAHLENDES WESEN

Wonderland-Follower*innen: 202 232

Ich poste für meine 200 000 neuen Follower*innen eine Collage auf Wonderland, die ich noch in meinen Entwürfen hatte.

> Diese Collage trägt den Titel WER NICHT WAGT, GEWINNT AUCH NICHT! Ich habe das Gefühl, ich musste meinen ganzen Mut zusammennehmen, um die zu werden, die ich heute bin, aber den »Gewinn« kann ich nicht direkt einstreichen: Mir fehlt es, in einer Beziehung zu sein. Aber ich weiß, dass es mir guttut, so wie es gerade ist. Ich fühle mich, als würde ich einen schweren Kampf mit allem führen, das ich in den letzten Jahren verdrängt habe und das nun auf mich niederprasselt – und will mich nun endlich in meiner Haut wohlfühlen und BEACHTET werden! Was hast du noch nicht gemacht, obwohl du es immer schon vorhattest? Was hat dich davon abgehalten? Hast DU Angst vor dem, was das Leben dir zu bieten hat – weil du dich an einen bestimmten Menschen gebunden hast? #IsBeingSingleHotOrTragic? #IstDasSingledaseinHeissOderErbärmlich

Ich drücke auf »Posten« und bereite mich auf das erste Geschäftstreffen meines Lebens vor, stelle mir vor, wie Männer in Anzügen namens John das jeden Tag machen, ohne auch nur einen Hauch des Hochstapler-Syndroms zu spüren, das mir derzeit im Magen rumort.

Wenn ich versuche, mir ein »Business-Meeting« vorzustellen, ist immer ein John dabei – und andere Männer in Anzügen. Sie sitzen alle in einem ungemütlichen Raum mit gedeckt-grauem Büroteppich, von dessen grober Struktur mir beim bloßen Gedanken daran die Zähne schmerzen. Ein Typ am Kopfende des Tisches macht einen Witz über »die Alte« und was für Nervensägen Verlobte doch sind, bevor irgendein stämmiger Typ sich ein Lachen abringt und dann erklärt: »Wir haben einiges auf dem Tacho, Jungs, wir sollten loslegen. Der Fokus dieses Meetings liegt darauf, wie wir mit weniger Arbeit mehr Profit machen und Personalkosten einsparen können.« Ein Mann, der John gegenübersitzt, nickt ununterbrochen, während er antwortet: »Interessant, John, dein heutiges Mindset ist ganz klar auf Wachstum ausgerichtet.« Und eine gesichtslose Frau in einem anderen Grauton als der Teppich tippt das Protokoll und versendet es per E-Mail. Alle Männer verlassen anschließend das Zimmer – Kopfhörer rein, Welt raus – und jeder fühlt sich als der einzige wahre Meeting-Alpha.

Den Rest des Wochenendes habe ich allen geantwortet, die mich auf Wonderland wegen meiner Collagen kontaktiert haben – und ich musste sogar eine Warteliste erstellen, weil so viele Leute eine Collage von mir wollen. Das Internet feiert es total, wenn man sich öffnet. Ich habe es inzwischen häufiger getan. Ich glaube, man kann süchtig danach werden, sein Innerstes nach außen zu kehren – wenn die Chance besteht, dafür belohnt zu werden. Normalerweise nehme ich pro Woche etwa fünf Auftragsarbeiten an, aber wer weiß, wie lange meine Berühmtheit noch anhält? Morgen schon könnte ich einen Fehler machen, am nächsten Tag aufwachen und dann bemerken, dass sich das Internet auf eine*n andere*n gestürzt hat. Ein weiterer Avatar, der bei Wonderland in der Tonne landet, den Trolls als Kadaver hingeschmissen wird, an dem sie sich laben können, dann Hot

Takes darüber, *warum es mir ganz recht geschieht,* und Monate später würde *Was uns Earthas Absturz über die Internetkultur verrät* erscheinen, um noch die letzten Likes abzugreifen. Ich habe mich diese Woche dazu entschieden, zehn Auftragsarbeiten anzunehmen. Ich werde also abends arbeiten müssen, um alles zu schaffen – ich brauche das Geld.

Wie durch ein Wunder fühlt sich Phaedra irgendwie geschmeichelt durch das betrunkene Geständnis meiner Verknalltheit. (Das Video hat inzwischen über zwei Millionen Views.) Es war natürlich komplett unangemessen, das so zu verkünden. Sogar Rose hat nun einige neue Follower*innen. Alle haben unter dem Video kommentiert – »Von wem ist die Faust?« und »Ich will, dass mich diese tätowierten Hände fingern« –, deswegen habe ich Rose getaggt und them den geilen Wölfen zum Fraß vorgeworfen. Mum hat das Video gesehen und mir erklärt, sie sei gekränkt, weil ich ihre Beziehung mit Dad erwähnt habe. Ich habe versucht, ihr zu versichern, niemand wüsste, wer sie ist. Sie hat mich angerufen und mir erklärt, dass ich sie »da nicht mit reinziehen soll«, aber dass sie stolz auf mich sei, weil ich »diese ganzen reizenden Homos inspiriere«. Und Matt? Nun, Matt hat mich blockiert und wird seine Seite der Geschichte wohl in einem Gedicht verkünden, zu dem er Beats produziert hat. Ich hoffe, er wird »Das Yin zu meinem Yang« wieder aufleben lassen, um mehr Follower*innen zu bekommen, und unbeabsichtigt völlig darin aufgehen. Ich betrachte mich genau im Spiegel, während ich auf mein Taxi warte, und versuche zu begreifen, wer diese Frau ist, die mich anschaut. Warum hat sie diese Gelegenheit beim Schopf gepackt? Ich höre einen Motor vor meiner Wohnung brummen und schaue aus dem staubigen Fenster. Ich bin noch nie von einem*r Fahrer*in abgeholt worden und war noch nie in einem Restaurant wie The Firestone. Ich habe noch nie mehr als dreißig Tacken für ein Essen gezahlt – inklusive Drinks. Auf Wonderland habe ich in einem Video gesehen, dass die Handseife bei The Firestone extrem teuer ist, deswegen werden die Behälter aus Schutz vor Diebstahl fixiert. Leute wie ich gehören nicht an einen Ort, wo man Seife wegschließen muss.

Wieder starre ich mich an. Ich sehe smart aus in diesem blauen Mantel mit Kunstfellkragen, den ich im Wohltätigkeitsladen ergattert habe. Ich werde bei meiner Ankunft am Rücken völlig verschwitzt sein, aber das ist Teil des Looks und ich bin nicht bereit, Abstriche zu machen. Das ist mein Power-Outfit, es verleiht mir die Autorität, die ich brauche, um mein tief verwurzeltes Gefühl der Unzulänglichkeit zu kaschieren.

Seit der Nachricht schreibe und lösche ich wie von Sinnen auf meinem Telefon Notizen für das Meeting, kuratiere die Version von Eartha, die E. V. treffen soll. Ich habe ihre Social-Media-Profile nach Details aus ihrem Leben durchforstet. Sie ist nicht auf Fotos verlinkt – wahrscheinlich zum Schutz ihrer berühmten Kund*innen. Entweder ist sie äußerst versiert darin, ihre Beziehung geheim zu halten, oder sie hat keine, weil ich nicht mal den kleinsten Hinweis auf eine*n Partner*in finden kann. Aber die Art und Weise, wie sie über meine Sexualität gesprochen hat, als wäre es ein modisches Accessoire, sagt mir, dass sie hetero ist. Ich habe durch mein beharrliches Stalking herausgefunden, dass sie ein ganzes Jahr lang nichts gepostet und sich dann mit einem schwer zu begreifenden Zitat von Albert Camus wieder zu Wort gemeldet hat:

> *Mitten im tiefsten Winter wurde mir endlich bewusst, dass in mir ein unbesiegbarer Sommer wohnt.*

Sie bekam dafür 1328 Likes und Kommentare von einigen User*innen mit schwarzem Haken à la: »Welcome back ♥« und »Da ist sie wieder!« und »Tolle neue Frisur«.

Was ist mit ihr im tiefsten Winter passiert? Was es auch sein mag, es hat sie nicht gebrochen. Viele Personen, zu denen ich aufschaue, folgen ihr: politische Führer*innen, Feminist*innen,

Berühmtheiten. Und deswegen frage ich mich, was um alles in der Welt sie mit mir will.

Eine Nachricht erscheint auf meinem Telefon.

ERIK, Ihr Fahrer, ist da.

*

»Wir sind da, Ms.«

Ich kann wieder klar sehen. Ich bemerke, dass es geregnet hat und dass die Tropfen wie Tränen über die Scheiben fließen. Ich war während der Fahrt ganz woanders, habe über die zahllosen Richtungen nachgegrübelt, die mein Leben heute einschlagen könnte – und auch darüber, was für eine Frau E. V. wohl sein würde. Aus dem Wageninneren sah Olympia ganz anders aus; ich habe das Viertel sonst immer nur aus dem Bus betrachtet. Im Taxi fühle ich mich, als würde ich die Stadt auf der Überholspur durchqueren und wäre Teil ihres Innenlebens.

Ich raffe meinen Mantel hoch und drehe mich um, um die Tür zuzuschlagen. Aber es klappt einfach nicht. Der Fahrer lacht über mich, als wäre ich eine dumme, nervige Alte, die nicht mal eine Autotür schließen kann. Ich werfe ihm einen bösen Blick zu.

»Das geht automatisch! Lass gut sein, Kleine, ich mache sie von hier drinnen zu«, sagt er.

Na dann.

Ich springe zurück, lasse den Griff los und beobachte, wie sich die Tür mit einer galanten Bewegung schließt.

Als ich auf die schwarze Eingangstür in einem kunstvollen Marmorbogen zugehe, rebelliert mein Magen. Ein Portier lächelt mich an und winkt mich hinein; ich nicke und betrete das Gebäude. Als ich vorbeigehen will, spüre ich seine Hände auf der Schulter. Ich springe in die Luft und er hebt die Arme, als würde er kapitulieren.

»Mademoiselle, entschuldigen Sie vielmals ...«

Er ist schön.

»Ich dachte, Sie hätten mir zugenickt, damit ich Ihnen den Mantel abnehme. *Je suis désolé!*«

Es gibt wohl eine piekfeine Zeichensprache, von der ich noch nie gehört habe.

»Danke, aber ich behalte ihn an. Er ist Teil des Outfits.«

Er lacht.

»Finde ich auch ... und auch die Stiefel passen hervorragend dazu, Mademoiselle!«

Er macht eine schnelle Bewegung mit dem Handgelenk und führt mich durch eine Lounge im Erdgeschoss. Wir gehen einen langen Flur entlang – dem Gebäude strömt der Reichtum aus allen Poren. Ich betrachte die Wände, bewundere die großen Gemälde und abstrakten Skulpturen, die in der Lobby stehen.

»Ihre Reservierung ist für die achte Etage, die Dachterrasse. Gehen Sie den Flur entlang und dann direkt links. Sie wird Sie auf der Terrasse erwarten.«

Er drückt auf die Ziffer »8« im Aufzug.

Die Türen öffnen sich.

»Vielen Da...«

Die Türen schließen sich wieder und ich winke unbeholfen.

1

2

3

4 ...

Ich frage mich, ob sie in Wahrheit auch so glamourös ist wie auf den Bildern im Internet, wo sie auf dem roten Teppich steht.

5

6

7 ...

8. Stock

Die Türen öffnen sich und geben den Blick frei auf einen grün gefliesten Gang, an dessen Wänden zahlreiche Pflanzen stehen und der zum Restaurant auf der obersten Etage führt. Dort ist es zum Bersten voll. Die Anwesenden essen zu Mittag oder haben Meetings. Hier pulsiert phallische Energie. Hier sehen alle so aus, als wären die eigenen Projekte wahnsinnig wichtig. Die Leute sitzen sogar wichtig auf ihren Stühlen: lehnen sich zurück und haben die Arme im Nacken verschränkt. Die Stühle sehen so aus, als hätte man sie für jeden sich darin räkelnden, einflussreichen Gast maßgefertigt. Die gesamte Fassade ist verglast und in der Luft schwebt der Duft von Vanilleschoten und Trüffelspänen auf warmem Essen. Die Wand über der leuchtenden Bar ist komplett mit Porträts von Frauen in vergoldeten Rahmen bedeckt. Es wirkt so, als wären diese animierten Anzugträger hier, damit sich die Welt weiterdreht – die Frauen an den Wänden betrachten das Geschehen ohnmächtig. Die Augen der Frauen auf den Fotos wirken leblos, als wären ihre Seelen anderswo. Es erklingt ein Chor aus Eiswürfeln, die gegen metallene Cocktail-Shaker klackern, während die Barleute Espresso-Martinis und alkoholische Getränke ohne Mixer zubereiten. So etwas findet man nur in der Stadt, egal ob zwei Uhr nachts oder zwei Uhr nachmittags – bei der Bestellung eines englischen Frühstücks und eines Negronis würde niemand mit der Wimper zucken. Zwischen diesen vermögenden Männern fühle ich mich sehr klein und feminin.

Der Franzose meinte, ich solle links abbiegen, oder? Ich forme ein L mit den Fingern, damit ich weiß, wo links ist. Ich entdecke eine kleine Tür ohne Schild oder Türgriff, die wohl auf eine Dachterrasse führt. Beim Rausgehen sehe ich eine Frau, die in der Ecke eine Zigarette raucht und nachdenklich in die Ferne blickt. Vereinzelt sitzen Frauen an Tischen zusammen, sie aber blickt auf die Stadt, ganz allein. Sie ist es, ganz sicher. Sie trägt ein Halstuch und eine große runde Sonnenbrille – beides in zueinanderpassenden Orangetönen –, eine Weste als Kleid und darunter ein weites weißes Shirt.

»Eartha!«, ruft sie und springt auf, drückt hektisch ihre Zigarette aus und winkt mich mit der freien Hand zu sich.

»Tut mir leid«, sagt sie und wedelt den Rauch mit einer Hand weg, an deren Fingern zahlreiche Ringe funkeln.

»Ach, kein Problem …« Ich nehme meine Tabaktasche raus. »Ich rauche auch.«

»Setz dich! Setz dich!«, sagt sie und zeigt auf den Stuhl ihr gegenüber.

Sie steckt das Feuerzeug in ihre Westentasche. Dann erst bemerke ich, dass eine riesige Palme in der Mitte des Tisches wächst. Keine künstliche, wie sie im Sommer vor dem Pub in meiner Straße stehen.

»Vielen Dank, dass mich jemand abgeholt hat. Ich bin wirklich dankbar dafür«, sage ich und recke den Kopf nach rechts, weil mir die Palme sonst im Weg ist.

»Das ist ü-ber-haupt kein Problem. Mir war es wichtig, dass du sicher hier ankommst. Ich habe das Gefühl, dich beschützen zu müssen. Das ist mit ein Grund dafür, warum ich dich heute treffen wollte«, sagt sie rasch und wedelt damit die Worte weg, die ich antworten wollte, als wären sie in der Luft hängender Zigarettenrauch.

»Vielleicht ist es dir noch nicht bewusst, aber ich erkenne, dass du etwas Besonderes bist, und ich komme direkt zur Sache: Ich glaube, du bist *die Eine.* Leider bemerken die meisten Menschen erst, wenn es zu spät ist, wozu sie fähig gewesen wären. Wir bleiben im fünften KAPITEL unseres Lebensbuchs stecken, leben den immer gleichen banalen Alltag … und realisieren nicht, dass noch Hunderte Seiten folgen werden. Mein Talent liegt darin, dass ich die ganze Geschichte überblicke – wie sie ablaufen wird, welche Handlungsstränge auslaufen und welche ausgebaut werden müssen, damit *du* die Protagonistin deiner Geschichte werden kannst.«

Sie hält inne, um sich noch eine Zigarette anzuzünden, und hat dabei einen seltsamen, leidenschaftlichen Gesichtsausdruck. *Die Protagonistin* … es fühlt sich an, als wäre dieses Wort nur für mich erfunden worden.

»Ich erkenne Dinge in Menschen, von denen sie selbst nichts wissen, und helfe ihnen dabei, unanständig viel Geld damit zu verdienen. Als würde ich auf einer Ölplattform arbeiten, aber nach TALENT bohren! Sozusagen das beste Produkt finden.«

Enthusiastisch haut sie auf den Tisch und das Silberbesteck fliegt in die Luft.

»Ich will dich der Wonderland-Welt als jemanden vorstellen, in den sich alle verlieben können, deren Follower sie werden … als jemanden, den sie mögen und brauchen. Du weißt ja, dass wir jede Woche jemand anderen gut finden können: die neue Freundin von irgendwem oder *diese eine* neue Moderatorin einer Sendung? Aber *dich* will ich so aufbauen, dass *du* keine Eintagsfliege bist.«

Sie bläst noch mehr Rauch aus dem Mund.

»Meine Arbeit ist nicht umsonst, natürlich nicht. Ich lebe davon. Ich nehme eine Provision. Mein Talent liegt darin, dass du *dein* Talent entdeckst, und darin, ein Imperium aus dem Leben anderer Leute zu erschaffen.«

Ein Imperium?

Ich entscheide mich dafür, ihre Plattitüden mit kalten, harten Wahrheiten zu kontern.

»Eine Ratte ist gestern von meinem Balkon in meinen Vorratsschrank gehuscht und hat Lebensmittel für eine Woche auf dem Küchenfußboden verteilt. Ich finde deine Vision schon gut, aber ich habe weder genug Raum, Lifestyle noch Geld, um ein Imperium zu errichten.«

»HIMMMMMMMMMMMMMMMEL, einfach fantastisch! Wirklich fantastisch und originell. Lass das alles in deine Kunst einfließen. Dafür werden dich die Menschen lie-ben. Du stehst auf das Mädel, das es mit deinem Ex getrieben hat: Das ist GOLD WERT! Brillant!«, sagt sie, während ihre Zähne rattern, um mit ihren Gedanken mitzuhalten. Sie schwelgt geradezu darin, wie man ein unterdrücktes Leben der Arbeiter*innenklasse mit niedriger Miete und wenig Platz ausschlachten kann.

Sie richtet ihre Zigarette auf mich und blickt mich kühl an.

»Du bist so down to *Eartha!*«, sagt sie und lacht über ihren eigenen Witz. Ich will mir genau merken, wie sie sich gebärdet, und es ihr nachmachen. Sie schaut nicht, wie ich darauf reagiere. Sie macht einfach weiter. Rauchen. Reden. Rauchen. Große Reden schwingen. Rauchen. Pläne schmieden. Rauchen.

»Ich bezeichne mich als Talentverstärkerin. Du hast zahlreiche Talente – ich präsentiere sie der Welt. Wir müssen weiterdenken und uns ganz unkonventionell fragen, was die Leute auf Wonderland bereits haben und was sie als Nächstes wollen könnten – oder wem die Menschen beim nächsten Mal gern in die Untiefen des Internets folgen würden. Das neuste Internetphänomen für Frauen! Ich bin völlig überzeugt davon, dass du das sein könntest, Eartha.«

Sie hält inne, um den Kellner auf sich aufmerksam zu machen, der – wie ich bemerke – schon die ganze Zeit auf unsere Bestellung gelauert hat. Sie hebt die Augenbrauen und zeigt ihm mit einer Handbewegung, dass wir bereit sind – ihre Armreifen klackern genauso wie ihre Zähne.

»Ich will ganz ehrlich sein: Deine Collagen sind großartig und die Leute werden sie kaufen. Sie sind so modern und neu, eine gelungene Medien-Mischform. Die Collagen verbinden sämtliche Welten, die zuvor getrennt waren: Print, Malerei, Video- und Textilkunst. Das Ganze wirkt wie ein kreativer Schmelztiegel, ohne festgelegte Hierarchie, du entscheidest selbst, was Raum bekommt. Ich weiß, das hört sich vielleicht ein wenig übertrieben an, meine Bewunderung für dich könnte etwas plump rüberkommen; aber ich sehe etwas in dir …«

Sie zeigt wieder mit der Zigarette zwischen den Fingern auf mich und blickt mir eindringlich in die Augen.

»Eine jüngere, mutigere Version von mir. Ich fühle mich dafür verantwortlich, dass du dein Potenzial voll entfaltest; es wäre eine Schande für die Welt, wenn du mit deinem Talent in einem stillen Kämmerchen hockst. Anfangs wird es viel Arbeit sein, aber eines Tages wirst du für deine bloße Anwesenheit bezahlt werden. Ja, in diesen Dimensionen denke ich. Ich glaube, dass du und ich den Diskurs auf Wonderland revolutionieren könnten. Ich glaube, wir können Frauen helfen, ich glaube, wir können Frauen heilen, und ich glaube, wir können Frauen befreien. Du hast ein Tor aufgestoßen, als du dieses Video hochgeladen hast, hast einen Raum erschaffen, in dem wir anders leben und anders übereinander sprechen können. Wir müssen diesen Zeitpunkt nutzen, wenn alle dir zuhören, die vorgefertigten Meinungen der Menschen aufzubrechen und uns die Macht zurückzuholen. Als ich noch jünger war, hatten Frauen keinen Zugriff darauf, was andere Frauen umtreibt oder verletzt – das ist in deiner Generation anders. Meine Aufgabe besteht darin, sicherzustellen, dass diese Stimmen im allgemeinen Geplapper nicht untergehen und die Menschen erreichen, die es am nötigsten brauchen. Wir müssen mehr von DIR zu Gesicht bekommen und der Teil von dir, den wir zum Vorschein bringen müssen, ist einer, an dem du und ich ab heute arbeiten können, wir erschaffen und kuratieren die besten Aspekte von Eartha, um überall auf der Welt anderen Frauen zu helfen. Und dann, glaube ich, halten wir das nächste *helle, strahlende Wesen* Wonderlands in der Hand.«

Endlich richtet E. V. ihre Aufmerksamkeit auf den Kellner, der in unserer Nähe herumschleicht. Sie bestellt zwei Ente-Wasabi-Dingens von der Karte.

In meinem Kopf hallen die Worte nach:

HELLES, STRAHLENDES WESEN.

HELLES, STRAHLENDES WESEN.

HELLES, STRAHLENDES WESEN.

HELLES, STRAHLENDES WESEN.

HELLES, STRAHLENDES WESEN.

HELLES, STRAHLENDES WESEN.

HELLES, STRAHLENDES WESEN.

HELLES, STRAHLENDES WESEN.

E. V. zündet sich noch eine Zigarette an. Sie hat sich mit mir beschäftigt und gründlich darüber nachgedacht, wie und wer ich bin – das hat zuvor noch nie jemand in diesem Ausmaß getan. Sie ist bis in mein Innerstes vorgedrungen und hat herausgefunden, wozu ich fähig bin. Ich habe das Gefühl, als würde sie nun ihren Meißel nehmen, um die Skulptur aus mir zu hauen, die ich selbst so unbedingt entdecken wollte. Ich sehe, wie sich nun die uneinheitlichen Teile meines Lebens zusammenfügen. Eine zuvor dunkle Leerstelle entwickelt sich nun zum leuchtenden, glamourösen, bereichernden Leben, von dem ich schon immer geträumt habe. Sie ist die Frau, die einen dazu zwingt, das eigene Potenzial zu verwirklichen. Sie glaubt so sehr an mich – ich tue es jetzt auch. Ich schaue zurück ins Restaurant und mein Blick wird von den zahlreichen Frauen in den Porträts erwidert, die an der Wand hinter der Bar hängen.

Kapitel 9

MUSS ICH MIR EINEN STRAP-ON KAUFEN?

Wonderland-Follower*innen: 281 063

»Als *was* hat sie dich bezeichnet?«, fragt Rose, als wir auf Barhockern im Schaufenster des Cafés sitzen. Unsere Beine sind miteinander verschlungen und wir betrachten das Stadtleben. Ich starre Radfahrer*innen und Hundeausführer*innen an, die durch die beschlagene Scheibe zu einem bunten Dunst verschwimmen. Ich denke an den eigenen Kosmos des Firestones, unendlich weit entfernt von diesem Café und Rose. Hoch oben über der Stadt. Beim Gedanken daran, Teil dieser Welt zu sein, werde ich ganz feucht vor Sehnsucht – der Gedanke an meine Zukunft erregt mich mehr als Matt in den letzten Jahren unserer Beziehung.

»Und was ist so schlimm daran?«, antworte ich.

Ich spüre, wie sich ein Loch in Form von Roses Silhouette in meine Wange brennt.

»Sie hat dich als *Produkt* bezeichnet, Eartha«, sagt Rose und klingt genervt.

»Sie hat über mich *nicht* wie über ein Produkt gesprochen, sie meinte, das Influencer*innen-Dasein sei ein wenig so, als *wäre* man ein Produkt – man muss sich selbst vermarkten. Sie ist ein Genie!«, erkläre ich.

Roses Haar hängt zerzaust vor dem Gesicht mit dem Schneewittchen-Teint, their Blick schneidet durch die Strähnen. Roses Gesichtszüge sind so ebenmäßig – im Vergleich dazu fühle ich mich wie eine zerdrückte Chipstüte. Instinktiv setze ich mich gerade hin. Manchmal frage ich mich, ob ich wirklich auf Rose gestanden habe oder ob es eher Neid war.

»Diese ... E. V. will aus ihrer Objektivierung von Frauen Profit schlagen?«, spricht Rose weiter.

»Genau. *Ich* werde daraus Profit schlagen, sie nimmt nur eine Provision. Ich dachte, du fändest es gut, wenn die Leute mit ihren Körpern machen, was sie wollen? Ich mache mein Image zu Geld – meine Identität im Internet – und kann sie trotzdem behalten. Alles gehört immer noch mir ganz allein«, erkläre ich.

»Verstehe. Ich finde doch nur, dass das viel darüber aussagt, wie sie dich sieht, oder nicht? Das hört sich für mich nicht sehr moralisch vertretbar an ... Bist du für sie überhaupt ein Mensch oder nur eine Cashcow, die sie melken will?« Rose blickt mich mit gerunzelter Stirn an.

Ich zucke bei dieser Aussage zusammen und versuche, mein Glas vom Unterteller zu nehmen, aber es hat sich daran festgesaugt. Als er schließlich abfällt, landet er ungünstig auf dem Tresen – wie der Motor, der abgeworfen wird, wenn die Rakete ins All fliegt. Leise entschuldige ich mich, dann verrühre ich den Espresso mit der Hafermilch.

»Die Antwort auf die Frage ist mir egal. Es ist eine Geschäftsbeziehung. Rose, die Frau ist absolut zauberhaft.«

»Ich will nur, dass du vorsichtig bist.«

»Aber genau dafür ist *sie* doch zuständig. Ich finde es wirklich lieb, dass du dir Sorgen machst. Aber sie denkt, ich hätte Talent, warum sollte ich sie von etwas anderem überzeugen?«

Rose legt mir eine Hand aufs Bein.

»So meine ich das nicht. Du verdienst es, groß rauszukommen, Eartha. Aber das hat ja auch schon angefangen, bevor sie aufgetaucht ist. Das solltest du im Kopf behalten. Ich stelle lediglich ihr Motiv infrage ...«

Ich blicke auf meinen Kaffee, der nun neben der Untertasse steht, drehe mein Handy um und sehe, dass ich inzwischen wieder 2012 neue Follower*innen auf Wonderland habe. Roses Meinung ist mir wichtig, aber E. V. ist seriös, sie hat einen schwarzen Haken und 500 000 Follower*innen. Sie könnte mir das Leben verschaffen, für das ich Matt verlassen habe. Es ist so quälend nah, dass ich fast schon den *echten* Champagner schmecken kann, den ich trinken werde. Das ist eine einmalige Gelegenheit und allein müsste ich so hart dafür kämpfen. Ich brauche E. V.

»Ich will dir keinen Dämpfer verpassen. Du weißt, dass ich dir den Erfolg absolut gönne ... Erzähl mir mal mehr von der Frau«, sagt Rose.

Ich weiß eigentlich nicht sonderlich viel über E. V. oder ihren Hintergrund. Ich habe nur einige Bilder auf Google aufgestöbert. Aber ich informiere Rose so gut es geht und nehme es mit der Wahrheit nicht so genau.

»Hüpf einfach nicht mit ihr ins Bett, bis du alles besser einschätzen kannst«, witzelt Rose.

»Natürlich nicht. Aber ich muss mit *irgendeiner* ins Bett hüpfen.«

»Hattest du denn schon ein Date mit einer Frau?«

Their Augen funkeln, jede Zelle von Roses Körpers ist angespannt.

»Nun, um ehrlich zu sein ... geht da gerade noch nichts.«

Rose lässt enttäuscht den Kopf hängen. Aber zumindest muss they sich nicht noch eine Geschichte anhören, mit der ich die Matt-Shitshow überspiele.

»Sorry, dass ich dich enttäusche. Ich muss einfach die ganze Zeit an diese Phaedra denken ... Ich fühle mich echt komisch deswegen! Ich weiß nicht, ob ich wegen dem, was passiert ist, so besessen von ihr bin oder ob ich sie wirklich mag. Ich weiß einfach nicht, wie man Single ist. Ganz zu schweigen von Queersein und Single und …«

Ich blicke kurz zum Tresen: Mein Monolog über bisexuelles Singledasein wurde rüde von einer Barista unterbrochen, die gerade die Kaffeemühle angeschaltet hat. Ich hebe die Stimme, damit ich das Dröhnen übertönen kann.

»Wie flirte ich mit Mädchen? Muss ich andere Thirst Traps auf Wonderland posten als für Kerle? Wie schreibt man einer Frau auf Wonderland eine Nachricht, ohne creepy zu sein?«

Ich muss nun brüllen, damit Rose mich versteht.

»Muss ich meinen STYLE jetzt verändern? Eigentlich MAG ich es ja, wie ich mich anziehe, aber niemand wird mich als eine erkennen, die FRAUEN mag, wenn ich mich so kleide.«

Die Gedanken sprudeln aus mir heraus, ich komme nicht hinterher.

»Wie bleibe ich einfach ich selbst? Ich habe noch gar nicht versucht, mit Frauen ›ich selbst‹ zu bleiben, weil ich auch noch gar nicht versucht habe, eine zu daten. Ich bin unerfahren und ich weiß, dass das total UNATTRAKTIV ist. Aber vielleicht ist Selbstvertrauen das Zauberwort. Muss ich anders mit ihnen reden? Sollte ich damit anfangen, enge Boxershorts zu tragen? MUSS ICH MIR EINEN STRAP-ON KAUFEN?!«

Die Kaffeemaschine ist verstummt und alle starren in meine Richtung. Rose verzieht das Gesicht und versucht, das Lachen in dem ansonsten mucksmäuschenstillen Café zu unterdrücken – die anderen Gäst*innen blicken nun sehr interessiert auf ihre Handys. Ich neige den Kopf näher zu Rose, damit ich flüstern kann.

»Diese Barista, Rose, ich schwöre, die hat das mit Absicht gemacht.«

Rose lacht und ergreift meine Hände. Jetzt sind wir zu einer einzigen Silhouette verschmolzen.

»Erstens: Die Kaffeemühle hat einen Timer.« Ich verdrehe die Augen und schnalze mit der Zunge, befreie meine Hände aus der Umklammerung. »Ich bin noch nicht fertig.«

Rose schnappt sich meine Hände erneut und zieht sie auf den Tisch. »Zweitens: Du musst dir KEINEN Strap-On kaufen.« Alle übrigen Gäst*innen versuchen, das Bild loszuwerden, wie ich dieses Anschnallding trage, indem sie förmliche Arbeits-E-Mails schreiben. Sie scheinen sich langsam wieder zu entspannen.

»Du musst nichts tun, was du nicht tun willst. Und, wenn du dich gern mit Frauen treffen willst, musst du dir FIRE runterladen.«

»Eine Ex-Kollegin hat sich über die Plattform mit einem Typen getroffen und das ist nicht gut ausgegangen. Er hat gesagt, er hätte Haare, und das war gelogen!«

»Gut, aber das war FIRE für Heteros. Hetero-Männer sind einfach anders. Außerdem kann man bei den meisten Apps die eigene Wonderland-Seite mit seinem Profil verknüpfen, um sicherzugehen, dass es die Leute wirklich gibt. Du kannst auch sehen, ob sie gesperrt wurden, deswegen bist du auf der sicheren Seite. Hör mal, du warst jahrelang in einer Beziehung. Es hat sich viel verändert. Es ist nahezu unmöglich, außerhalb des Internets Frauen kennenzulernen. Sicher, man kann in eine Lesben-Bar gehen, aber dort sind wahrscheinlich genau die Mädels, mit denen schon deine ganzen Freund*innen zusammen waren«, erklärt Rose.

»Du willst nur nicht, dass ich mit einer Ex von dir ins Bett gehe!«

»Ist der Papst katholisch?! Aber ich will ja nicht vulgär klingen, meine Liebe ...«

Rose vergewissert sich, dass keine*r zuhört, streckt mir einen Finger ins Gesicht und flüstert: »Du bist Frischfleisch!«

Ich muss an ein T-Shirt denken, das ich mal auf einem Straßenmarkt gesehen habe, mit dem Aufdruck: »Tunk mich in Schokolade und wirf mich den Lesben zum Fraß vor.«

»Frischfleisch sein ist aufregend. Die Szene in Olympia ist klein, da hatten alle schon mal was miteinander, deswegen stürzen sich die Frauen da auf jede*n Neue*n! Wenn du noch mit keinem*r aus der Truppe zusammen warst, steigt dein Wert. Wir sollten dir ein Profil bei FIRE erstellen. Gib mir dein Telefon.«

Ich schaue mich um.

»Hier?!«

»Eartha, wir richten dir auf deinem Handy ein Profil auf einer Dating-Seite ein, wir vögeln nicht auf dem Tresen«, sagt Rose empört. »Die sind hier sowieso alle mit Wonderland beschäftigt.«

Ich schaue mich im Café um; alle lächeln irgendwie high, während sie auf ihre Smartphones starren. Kleine weiße Rechtecke spiegeln sich in ihren Augen. Die Leute sind alle tief im Internet versunken. Sie nehmen nicht wahr, was um sie herum oder vor ihnen passiert, alle stillen ihre Sehnsucht nach Anerkennung mit ihren Handys. Ich frage mich, in welchen virtuellen Räumen sie sich aufhalten. Ich sehe einen Typen mit einer blauen Krawatte, einer schwarzen Hose, einer umgedreht aufgesetzten Kappe und einem weiten Hoodie; ich frage mich, wer er auf Wonderland ist. Es ist so schwer einzuschätzen: Wer ist authentisch und wer fake? Wer ist ein echter Mensch und wer lebt durch seinen Wonderland-Avatar und redet sich ein, das eigene Leben wäre online schöner? Eine Frau sitzt ein wenig weiter hinten an der Bar, trägt einen weiten grauen Anzug und hat einen Bob. Ohne den Kopf zu neigen, blicke ich nach unten, um diskret einen Blick auf ihren Bildschirm zu erhaschen. Sie tippt – SCHREIEEEEEEE – haut mit dem Daumen auf das E – mehrere Male, mit völlig ausdruckslosem Gesicht. Sie geht auf ihre Nachrichten und öffnet Wonderland, lädt ein 3-D-Bild vom Salat hoch, der vor ihr steht, dazu den Kalorien- und Salzgehalt, anschließend fügt sie noch die Caption »HealthIsWealth« hinzu. Sie postet es, dann dreht sie sich um und bestellt eine Portion Pommes. Sie hat Ringe unter den Augen, sie sieht so aus, als hätte sie das Handy tagelang nicht aus der Hand gelegt.

Rose hat mir bereits ein Dating-Profil auf der App eingerichtet – was they sich in den Kopf gesetzt hat, erledigt they immer direkt und äußerst sorgfältig. Während Rose tippt und mich beschreibt, fragt they, ob ich es okay finde, die Wahrheit leicht zu modifizieren. Ohne nachzudenken, sage ich »nein«.

Schließlich taucht Rose mit einem selbstgefälligen Gesichtsausdruck wieder aus der Versenkung auf und verkündet, they hätte die Bilder ausgesucht, auf denen ich am heißesten aussehe. Ich nehme das Telefon aus their Hand und swipe durch die Auswahl: ein Bild von mir, wie ich mit Rose in der Sonne lächele, eins von mir am Schreibtisch, ein Selfie mit schmeichelndem Sonnenlicht, das ich im Bad gemacht habe, und dann ...

»Geht's dir noch gut, Rose?« Ich halte them mein Handy vors Gesicht.

»Deine Hände!«

»Ja, ein Bild von meinen Händen. Was soll das denn?!«, frage ich.

»Moment, warte, hast du das Bild gerade gemacht?!«, frage ich.

»Ja, als du eine*n Kund*in angestarrt hast. Deine Hände sind wirklich schön und außerdem ...«, Rose hält sich die Hände neben den Kopf und formt sie zu Pistolen, die in den Himmel zeigen ... »sind sie dein Schwanz.«

Aggressiv bewegt Rose die Hände auf und ab, kneift die Augen zusammen und beißt sich auf die Lippen.

»Rose, bitte etwas leiser«, sage ich und drücke they die Hände in den Schoß.

Ich strecke die Hände vor mir aus und neige den Kopf, betrachte jeden einzelnen Finger ganz genau. Ich drehe sie um und schaue mir die Handflächen an, lasse Mittel- und Ringfinger sinken: Ich denke daran, was diese Finger spüren werden. Worin sie eintauchen werden. Ich denke daran, wie es sich anfühlen wird, in einer Frau zu sein.

»Na gut, dann behalten wir das Dickpic eben!« Ich zucke die Schultern, als würde Rose mich dazu zwingen.

Ich halte Rose das Telefon hin, they will es nicht.

»Das musst du selbst machen, du musst über dich schreiben, musst erklären, was du suchst …«

Ich tippe, während Rose redet.

»Fertig!«, erkläre ich.

»Fünfundzwanzig, auf der Suche nach Spaß, neuen Freund*innenschaften oder Rummachgelegenheiten …«

»Freund*innenschaften? Willst du wirklich *so eine* sein? Es gibt doch nichts Schlimmeres, als eine Frau zu daten, und dann stellt sich raus, dass sie ›Nur auf der Suche nach neuen Freund*innen‹ ist. Du willst ein heißes Date, oder? Sei ehrlich.«

»Okay, *ich bin auf der Suche nach heißen Dates und Rummachgelegenheiten.*«

»WOW! Dann schreib vielleicht noch, dass du neu im Game bist. Einige Leute werden auf der Suche nach einem Hook-up sein und wollen dir nicht beibringen, wie man ›queer ist‹ … die hätten dann lieber eine erfahrenere Frau.«

Diese Bemerkung pikst mich; der Gedanke daran, schlecht beim Sex zu sein, lässt einen Orgasmus in weite Ferne rücken. Matt hat mir immer gesagt, dass ich im Bett zu nichts zu gebrauchen sei, wenn wir uns gestritten haben. *Was ist denn, wenn ich Frauen genauso schlecht ficke, wie Männer es tun?*

»Schau mal, ich will doch nur meine Weisheit mit dir teilen. Du kannst dir meine Ratschläge zu Herzen nehmen oder es lassen. Es ist wahrscheinlich besser, wenn ich mich ein bisschen zurücknehme. Du erfährst diese Dinge besser am eigenen Leib.«

Plötzlich werde ich bockig. Ich will meine Ruhe haben und mein Ding durchziehen. Ganz für mich. Ich aktiviere meinen Account.

Ping

»Oh scheiße, hat mir jemand geschrieben?«, frage ich.

Ping

Ping

Ping

Rose umklammert den Barhocker mit den Beinen und lehnt sich zurück.

»Was habe ich dir gesagt …?«, fragt they.

Rose lässt den Stuhl los, schnappt sich die Tasche, wirft sie sich über die Schulter, tätschelt mir zweimal den Rücken, während they mir fest in die Augen blickt.

»Frisch.Fleisch! Erzähl mir, wie du mit deinen ganzen Fingerspitzen zurechtkommst …« Rose geht zurück zum Tresen. Ich blicke wieder auf mein Handy, wie hypnotisiert von der kleinen roten Sprechblase über meiner Inbox, auf der kurz »19« steht – dann wird alle paar Sekunden eine höhere Zahl angezeigt.

20 neue User*innen haben dein Profil geliked.

21 neue User*innen haben dein Profil geliked.

23 neue User*innen haben dein Profil geliked.

26 neue User*innen haben dein Profil geliked.

35 neue User*innen haben dein Profil geliked.

Ich klicke auf eins der Profile. Eine Frau, die meiner Mutter viel zu ähnlich sieht – ich kann sie nicht daten. Nur ein Mann hat mich geliked: Sebastian. Ich überfliege seine Bio und gehe direkt zu dem Link ganz unten, der zu seiner Wonderland-Seite führt und … sein Account ist öffentlich. Er folgt echt vielen Leuten, hat aber selbst gar nicht so viele Follower*innen. Ein wenig opportunistisch von ihm, er folgt und entfolgt wahrscheinlich und schaut, wer ihm dafür folgt. Ich klicke und schaue, ob wir irgendwelche gemeinsamen Verbindungen haben. Er folgt einigen meiner Lieblingsmusiker*innen und Medienkanälen, die aus ihm auf den ersten Blick einen Feministen machen. Ich klicke mich durch die Fotos, auf denen er markiert ist, um zu sehen, ob ihn vielleicht eine Ex-Freundin getaggt hat. Schauen wir mal, ob er auf einen bestimmten Typ Frau steht. Ob *ich* sein Typ bin. Es gibt ein Gruppenbild von ihm und seinen Freunden. Nur Männer. Sie sehen sich ähnlich: Lange Haare, Tattoos, wahrscheinlich spielen alle in einer Band. Ich klicke auf einen seiner Freunde, der mir bekannt vorkommt, er heißt Sam. Sam – schon wieder ein SAM? Matts Freund Sam? Scheiße. Den auf gar keinen Fall. Ich erschaudere und lehne ihn ab. Das nächste Profil ist von Victoria. Wow, sie ist wirklich heiß. Oder sollte ich they sagen? Sie hat einen leicht androgynen Vibe. Ich scrolle runter und checke. *Pronomen: they/them.* Ich klicke mich durch their Wonderland-Seite. Shit. They hat 20 k Follower*innen und folgt 100 Leuten. Ich klicke auf die Leute, denen they folgt, und sehe, dass wir keine Verbindungen miteinander haben. Wahrscheinlich, weil they viel coolere Leute kennt als ich. Ich lese, dass they Schlagzeuger*in ist. Der Feed ist voller Bilder, auf denen they in unterschiedlichen Locations zu sehen ist. Spiegel-Selfies in einem Studio irgendwo, Bilder auf der Straße, Bilder mit their ... Freundin? Moment mal ... Ich gehe wieder auf Victorias Seite bei FIRE und lese mir die Bio durch. *Pärchen auf der Suche nach dritter Person – lass dich von uns ausführen!* Ich lache und leite Rose das Profil weiter.

Textnachricht von Eartha an Rose

17:32

Will nicht mit einem Pärchen ins kalte Wasser springen, aber wären die nicht was für dich 😉

(Link zum Profil bei FIRE)

Ich sehe, wie Benachrichtigungen aufploppen, manchmal zwei oder drei gleichzeitig – genau wie vor ein paar Tagen, als mein Video viral gegangen ist. Diese ganzen Benutzer*innennamen, diese ganzen Gesichter, die hereinströmen, um mit mir zu sprechen. Das völlige Gegenteil von Ablehnung. Mir wird ganz schwindelig wegen dieser Angebotsfülle, die mir auf dem funkelnden Display meines Handys serviert wird.

Ich frage mich, ob Rose sich jeden Tag so fühlt – they ist so heiß, dass they nie Ablehnung und Zurückweisung erfährt. So lebt es sich in einer Bubble, in der jede*r dich liebt. Ich frage mich, ob es sich so anfühlt, wenn man selbst wählen kann und nicht der Mensch ist, der im Regal sitzt und ausgewählt werden *will.*

ANMERKUNG DER REGIE

Eartha ist in Wonderland vertieft.

Eartha sitzt da und starrt auf ihr Telefon, genauso wie die Leute, die sie vor 20 Minuten noch dafür verurteilt hat. Nun spiegelt sich das weiße Rechteck auch in ihren Augen.

Kamera A zoomt heran.

Kamera B nimmt auf, wie ihr Profil jede Minute von einer neuen Frau geliked wird.

Sie öffnet die Notiz-App und tippt den Entwurf für einen Post auf Wonderland: *Being hot? Eine Art romantischer Nepotismus für dein Liebesleben?*

Sie geht wieder auf FIRE:

Ein Profil sticht ihr ins Auge.

Mona.

*Anmerkung Casting-Direktor*in: Mona trägt ein Septum in der Nase, hat langes braunes Haar, das ihr über die Taille reicht, und einen unwiderstehlich schläfrigen Blick, mit dem sie so aussieht, als wollte sie dich entweder ficken oder umbringen. Auf einigen Fotos trägt sie einen Fransenschal, auf anderen Polo-Shirts, weite Anzüge und Dr. Martens. Als*

Lieblingskünstler hat sie The Stone Roses und Jefferson Airplane angegeben, was perfekt zu ihrer ausgefallenen Ästhetik passt. Sie ist cool, so cool, dass man Angst bekommt.

Eartha schreibt Mona eine Nachricht.

»Hi Mona, hast du am Wochenende schon was vor?«

ENDE

Kapitel 10

MONA

Wonderland-Follower*innen: 390 763

> Ein Bild von Eartha, frisch geduscht, mit Zahnpastaklecksen auf den Pickeln.
> Bildunterschrift – Selfie Care – wurde bei Wonderland hochgeladen:
> @*LostInWonderland* Machst du bald ein Tutorial für diesen Eyeliner-Look?! ♥
> @*StaceyFooly* SKINCARE-ROUTINE!
> @*GenerallyDoingAlright* DU STEHST FÜR EINE GENERATION VOLLER ARSCHLÖCHER.
> @*VeronicaEscher* Gib den Frauen, was sie wolllllllllen (Make-up-Tutorial).

18:32

Meine »Skincare-Routine« sah bislang so aus: Ich habe mir im Drogeriemarkt die billigste Feuchtigkeitscreme gekauft und sie mir dann – wenn ich es nicht vergessen habe – vor dem Zubettgehen ins Gesicht geschmiert. Reicht wahrscheinlich nicht für ein Video-Tutorial. Es gibt so viele Reaktionen auf das Bild, das ich hochgeladen habe. *Ja! Skincare-Routine kommt bald,* antworte ich und schiebe die Gedanken an weibliche Schönheit und die damit verbundene Unterdrückung weg – noch heute Morgen hatte ich in *Der Mythos Schönheit* etwas darüber gelesen.

Ich muss den Frauen geben, was sie wollen!

@E.V.Talent Du siehst grandios aus, Darling! Schau mal in deine Mails ...

Ich checke meine Mails und entdecke eine Nachricht von E. V. mit dem Betreff: »Hier unterschreiben, damit du das Leben deiner KÜHNSTEN Träume führen kannst.« Sie hat mich gebeten, alles vor dem Meeting morgen durchzulesen, damit sie diverse »Unternehmen« kontaktieren kann. Ich werde einige Stunden warten, bis ich es unterschrieben zurückschicke, damit es zumindest den *Anschein* macht, als hätte ich noch darüber nachgedacht. Aber ich muss es mir nicht noch einmal durch den Kopf gehen lassen: Ich will dieses Leben führen.

18:44

Ich werde heute Abend mit Mona ausgehen, der Frau, deren Wonderland-Seite die Überschrift tragen sollte: *Ein Portfolio, warum man mich daten sollte.* Bevor ich meinen Laptop ausschalte, schaue ich auf eine Liste, die ich erstellt habe. Darauf habe ich Fragen für mein erstes queeres Date heute Abend gesammelt, damit wir nicht unangenehm schweigend nebeneinandersitzen.

Ich habe Online-Tutorials über das Daten und Ficken als queere Frau geradezu inhaliert. Wenn man sich erst als Erwachsene outet, haben alle anderen schon durch Trial-and-Error verstanden, wie der Hase läuft – und wissen nicht, dass ich nicht nur einen auf unbedarft mache. Ich will keine zu offensichtlichen Fehler machen und außerdem habe ich panische Angst, dass ich schlecht im Bett sein werde. Ich fühle mich wieder komplett jungfräulich. Würden sich Männer doch vor dem Sex mit einer Frau nur genauso gut vorbereiten! Ich wünsche mir, man hätte mich nicht gewarnt, mein erstes Mal würde »echt schmerzhaft« sein, um ein unangemessenes Vorspiel zu entschuldigen; ich wünsche mir, Männern wäre es nicht erlaubt, mir meine eigenen Gefühle zu erklären, bis hin zum Schmerz, den ich mit meinem eigenen Körper wahrgenommen habe. Ich wünsche mir, Männer würden Youtube-Tutorials darüber schauen, wie man dafür sorgt, dass Frauen sich wohlfühlen – und nicht, wie man sie ins Bett bekommt. Ich wünsche mir so sehr, es wäre Männern genauso wichtig wie Frauen, dass sie der Partnerin guttun, bevor sie sich in ein Leben stürzen – als unvollständige Persönlichkeit mit Mutterkomplex – und nach einer Frau suchen, die es sich zu ihrer Aufgabe macht, sie zu heilen. Ich wünsche mir, Männer würden von einer Frau ablassen, sobald sie merken, dass sie der Frau nichts Sinnvolles zu bieten haben, und ich wünsche mir, Frauen würden sich weder Dinge, Orte noch Menschen aus dem Kopf schlagen, von denen sie denken, sie würden sie nicht verdienen. Warum sind immer wir für Mitgefühl und Rücksichtnahme zuständig?

Ich werde mich als Protest gegen diese Doppelmoral auf Dates nicht wie ein Mann verhalten. Ich glaube, ich kann es einfach nicht ausblenden, wie sich eine Frau fühlen könnte, wenn ich sie ghoste. Ich weigere mich, einer Frau nur das absolute Minimum anzubieten. Aber ich bin es gewohnt, dass ich umworben *werde* und niemanden umwerben *muss*. (Und mit »umwerben« meine ich: in einer Kneipe abwechselnd mit Matt die Getränke zu zahlen.) Ich bin nicht geübt darin, diejenige sein zu müssen, die eine Frau bei einem Date beeindruckt. Ich will wirklich, dass mich diese Frau mag, und ich weiß, dass sie schwerer zu beeindrucken ist als ein Mann. Normalerweise kann ich mich auf den tief verwurzelten Sexismus eines Mannes verlassen, um ihn zu beeindrucken, weil er annimmt, er wäre intelligenter als ich. Ein Typ hat mal versucht, meine Nummer zu bekommen, indem er mich als »anders« bezeichnet hat, weil ich an der Bar wusste, welches IPA ich bestellen wollte. Männer rechnen bei einer Frau nie damit, dass ihre Synapsen voll funktionstüchtig sind. Aber Mona, die selbst eine Frau ist, wird *erwarten*, dass ich mich wie ein normaler Mensch benehme.

Ich habe einen Tisch im Some Velvet Morning reserviert, einer neuen Bar, die in Tangerine Yard eröffnet hat und nach einem Song von Lee Hazlewood benannt wurde. Ich wusste gar nicht, dass es den Laden gibt, bin aber letzte Woche mal dran vorbeigelaufen. Ich wollte gerade Kerzen mit Patschuli- und Vanilleduft kaufen, für Mum zum Geburtstag, mit einer Karte, auf die ich schreibe: »Ein kleines bisschen von dir, ein kleines bisschen von mir«. Ein warmer orangefarbener Lichtschein strahlte aus den Fenstern, ich erspähte einige Tische, auf denen Kerzen standen, und über den Regalbrettern mit den Spirituosen leuchtete in Kursivbuchstaben der Name der Bar auf einem neonorangen Schild. Rose hat mir später erzählt, dass sie dort »so sexy französische Musik spielen, dass der Slip ganz feucht wird«. Deswegen habe ich einen Tisch reserviert.

19:05

Ich schalte die Lampe neben meinem Nachttisch an und öffne meinen Schrank, um herauszufinden, wer ich heute Abend sein will. Mona wird wahrscheinlich eine ihrer Fransenjacken tragen, aber was ist, wenn sie ein maßgeschneidertes, maskulines Outfit trägt, wie sie es bei ein paar ihrer Wonderland Plug-ins anhatte? Wer ist dann die »männliche« Lesbe? Oder könnten wir das beide sein? Ich will nicht so aussehen, als würde ich sie nachahmen, aber gleichzeitig will ich ihr gefallen. Ich schlüpfe in ein cremefarbenes Seidenkleid mit tief geschnittenem Rücken und Spitzeneinsatz am Dekolleté. Durch die Spitze scheinen meine Nippel durch, aber das ist egal, wenn wir uns bei Kerzenschein gegenübersitzen; ein bisschen Tittenblitzen hat noch keiner geschadet. Ich binde mir das Haar zu einem lockeren Dutt und lasse vorne ein paar gestufte Strähnen heraushängen. Ich ziehe mir ein Paar knöchelhohe Cowboy-Stiefel an sowie einen oversized Blazer, sprühe mich mit dem nach Moschus duftenden Parfum ein, das Rose immer benutzt und hier vergessen hat.

Ich versuche, meinen Eyeliner perfekt und gleichmäßig aufzutragen.

Ping

Der Eyeliner spritzt mir auf die Wange. Ich verschließe ihn wieder und nehme mein Handy.

Textnachricht von Mona an Eartha

19:21

Freu mich echt auf unser Treffen! Bis in einer Stunde.

Hastig schaue ich oben auf dem Bildschirm nach der Zeit.

Es ist 19:22 Uhr.

In einer Stunde gehe ich zu einem *queeren* Date.

Ich werde in der Öffentlichkeit als *Lesbe* auftreten.

Ich halte inne und bemerke, dass dieses Wort in mir einen unangenehmen Nachgeschmack hinterlässt. Warum fühlt es sich so schmutzig an? Ich war dermaßen darauf fokussiert, in diese Rolle zu schlüpfen, und habe online Tipps und Infos aufgesogen, dass ich gar nicht drüber nachgedacht habe, wirklich so zu *sein*.

19:26

Ich muss mich komplett neu schminken und schreibe Mona:

Textnachricht von Eartha an Mona

19:26

Ich mich auch. Bin unterwegs. Bis gleich 🙂

Ich atme tief ein. Vier Sekunden lang.

1

2

3

4

Ich atme wieder aus.

1

2

3

4

Ich trage mir erneut Eyeliner auf, entscheide mich für einen katzigeren Look und verwische das Schwarz unter den Augen. Ich schaue mich um: Habe ich alles?

Schlüssel ... Geld ... Handy.

Gut, ich bin bereit.

Aber irgendwie auch nicht.

Ping

Textnachricht von Matt an Eartha

19:53

Ich vermisse dich.

Ich drehe mich um, um sicherzugehen, dass er mir nicht folgt.

Es wirkt, als merke er, dass ich gerade dabei bin, mich von ihm zu lösen.

Ich schüttele den Kopf.

Ich vermisse dich.

Ping

Textnachricht von Matt an Eartha

19:54

Kann ich die Platte von Fleetwood Mac zurückhaben? Ich muss sie verkaufen, sonst kann ich meine Miete nicht zahlen.

So versucht er es also. Impulsiv hämmere ich eine Nachricht in mein Telefon: *Du dämliches, manipulatives Arschloch, für wie blöd hältst du mich eigentlich? Ich durchschaue deinen Versuch, mich zurück in dein Leben zu ziehen. Was bist du nur für ein armseliges Würstchen ...* Aber das letzte bisschen Selbstachtung, das langsam wieder in mir keimt, seitdem er weg ist, übernimmt das Ruder: Ich gehe auf »alle auswählen« und lösche unsere komplette Konversation. Ich werfe mein Handy in meine Tasche, schließe die Wohnungstür ab und gehe auf die Straße.

Ich bin Single, frisch geduscht und rasiert, habe mich in Schale geschmissen und fühle mich so lebendig wie schon lange nicht mehr. Ich erinnere mich an das letzte Mal, als ich den Eindruck hatte, die Welt würde mir zu Füßen liegen. Diese Nacht wirkt so verführerisch, als würde sie mir ihren Höhepunkt noch vorenthalten. Wie die Meisterin eines verheißungsvollen Vorspiels, für das die meisten Männer zu ungeduldig sind. Ich gehe durch die Straßen, die ich mir in den letzten paar Wochen wieder zurückerobert habe, und mir wird klar, dass – obwohl ich es vermisse, in einer Beziehung zu sein, das gebe ich zu – sich gerade nichts, *nichts*, NICHTS so gut anfühlt, wie Single zu sein. Mir ist völlig schleierhaft, wie ich vergessen konnte, wie mächtig und herrlich es ist, weiblich, aufgebrezelt und heiß auf Sex zu sein. Ich könnte alles machen, was ich will. Ich könnte sogar dem Mann auf der anderen Straßenseite, der mich mit Blicken penetriert, die Hand auf den Schritt legen und ihn fragen, ob wir »woanders hingehen« sollen. Ich tue es nicht. Aber ich *könnte* es tun. Und das ist der scheiß Punkt. Diesen Gedanken hätte ich mir noch vor einem Monat nicht gestattet. Ich gehe über das Kopfsteinpflaster zum Tangerine Yard, inmitten einer Gruppe anderer Leute und ihrer Dates, wir sind Motten, die vom Licht des Some Velvet Morning angezogen werden.

19:57

Rose hatte recht mit der französischen Musik. Als ich mich im warmen orangefarbenen Licht der Bar hingesetzt habe, bestelle ich mir einen Paloma aus einer Getränkekarte mit Samteinband. Ich beobachte die anderen Leute und glaube zu erkennen, wer sich heute zum ersten Mal trifft. Eine Frau zeigt ihrer Begleitung mit krampfhaftem Nicken, wie aufmerksam sie zuhört. Ein Paar Ende fünfzig sitzt in der Ecke beim Fenster und ich habe das Gefühl, die Frau buhlt um die Aufmerksamkeit ihres Mannes, der aber lieber mir auf die Brust starrt. Sie macht ihn auf die Martini-Gläser mit dem gedrehten Stiel aufmerksam, die ihnen der Kellner gebracht hat, und sagt zu ihm: »Erkennst du die wieder?!« Keine Antwort. Sie sinkt in sich zusammen, sie will Anerkennung für die ganze nicht wahrgenommene Beziehungsarbeit und die Sorgfalt, mit der sie das gemeinsame Zuhause eingerichtet hat – es ist wichtig für sie, dass er das sieht. Aber er ist zu sehr damit beschäftigt, einer Fremden auf die Titten zu starren. Das tut weh. Es ist, als würde mir ein Spiegel aus meinem alten Leben mit Matt vorgehalten. Ich sage lautlos »verpiss dich« zu ihm, er blickt abrupt zu seiner Frau und ich drehe mich wieder zur Bar.

20:05

Ich blicke wieder auf mein Handydisplay, sie ist noch nicht viel zu spät. Ich stelle die Beine nebeneinander und schlage sie wieder übereinander, damit ich von der Tür aus möglichst gut aussehe.

Ich höre, wie ein Kellner sagt: »Genau, hier lang! Ihre Freundin erwartet Sie an der Bar. Darf ich Ihnen den Mantel abnehmen?«

Freundin.

»Oh, nein, das geht schon, vielen Dank!«, höre ich sie bestimmt sagen.

Ich drehe den Kopf, damit sie mich im Profil sieht, und tue so, als würde ich mir die Cocktailkarte anschauen, obwohl der, den ich bestellt habe, vor mir in seinem eigenen Kondenswasser steht.

Fuck. Fuck. Fuck.

Wann höre ich mit der Schauspielerei auf?

Wann blicke ich »ganz natürlich« auf?

Ich weiß ganz genau, dass ich hochschauen muss …

»Eartha?«

Ich schlage die Karte zu und schaue sie an.

Oh mein Gott. Sie ist einfach perfekt.

»Bist du Mona?«

»Das hoffe ich doch«, sagt sie grinsend.

Bist du Mona?! Natürlich ist das Mona. Eine echt komplett dämliche Frage von einer, die *ganz eindeutig* noch nie ein Date mit einer Frau hatte.

Sie will mich drücken. Umständlich klettere ich vom Barhocker, um ihre Umarmung zu erwidern. Sie ist ein wenig größer als ich. Sie riecht so gut.

»Du riechst so gut.«

HABE ICH MEINEN GEDANKEN GERADE LAUT AUSGESPROCHEN?

»Danke. Ich finde dein Augen-Make-up toll.«

»Danke, ich musste es dreimal neu schminken ...«

Was um alles in der Welt erzähle ich da? Ich könnte mir genauso gut »Lesben-Jungfrau« auf die Stirn schreiben.

»Ich finde deins auch schön. Und deine Haare sehen so toll aus«, sage ich und greife nach meinem Cocktailglas.

»Danke, meine Mum hat sie für mich geflochten und mir bei der Auswahl des Outfits geholfen, deswegen kann ich das Kompliment dafür nicht einstreichen.« Sie wirft sich die dunkelbraunen Zöpfe über die Schulter und setzt sich auf den Barhocker. Sie schlägt die langen Beine übereinander, die unter der schummrigen Beleuchtung bräunlich schimmern.

»Was trinkst du denn da?«, fragt sie und sucht sich eine bequeme Sitzposition.

»Ach, das ist ein Paloma!«

Sie blickt nun konzentriert auf die Karte, fährt mit den Fingern von oben nach unten über die verschiedenen Drinks. In meinem Kopf rattert es, als ich mich an die Fragen zu erinnern versuche, die ich zur Vorbereitung aufgeschrieben habe.

»Wie lange hast du ...«

»Warte kurz ...«, sagt sie.

Sie klappt die Karte zu und schaut den Barmann an.

»Ich nehme dasselbe! Aber mit Salz, zwei Limetten und mehr Eis.«

Sie sagt das mit dem Selbstbewusstsein einer Frau, die komplizierte Drinks, die nicht auf der Karte stehen, bestellen kann – ohne herumzudrucksen und sich zu entschuldigen. Ich werde noch verdammt viel lernen müssen, bis ich so weit bin.

Sie dreht sich zu mir.

»Wie lange wohnst du schon in Olympia?«, frage ich.

»Ich bin hier geboren und aufgewachsen! Aber ich habe hier nicht mehr viele Freund*innen aus der Kindheit. Ich bin allen Schulfreund*innenschaften entwachsen, wollte aber nirgendwo anders hinziehen. Man sieht hier viele Leute kommen und gehen und es kann als Single ziemlich einsam sein; niemand lässt sich in Olympia wirklich nieder. Außerdem ...«

Sie schaut sich im Restaurant um und macht eine Kopfbewegung in Richtung eines Typen, der mit seinem Handy in der Ecke sitzt.

»Alle hier sind komplett in Wonderland versunken.« Sie lässt den Zeigefinger neben ihrem Kopf kreisen.

Ich frage mich, wie viele Leute meinen letzten Post kommentiert und ob sie ihn auch geteilt haben. Wie viele könnten es wohl sein?

EARTHA, KONZENTRIER DICH AUF DEIN DATE.

»Warum benutzt du dann Dating-Apps?«, frage ich geradeheraus.

Ich sollte mir wohl dieselbe Frage stellen.

»Ich verteufele sie nicht, ganz im Gegenteil, ich finde sie großartig!«, spricht sie weiter. »Aber wenn alle die ganze Zeit nur an ihren Smartphones hängen, wird es einsamer in der Stadt; niemand ist wirklich ... da.«

»Das ergibt Sinn. Ein Video von mir ist vor ein paar Wochen viral gegangen«, antworte ich, »und ich hab das immer noch nicht richtig kapiert. Und ich muss außerdem noch kapieren, dass ich …«

Shit. Sag nicht ›queer bin‹. Sie soll nicht wissen, dass ich komplett neu im Business bin …

»… dass ich eine Person bin, die fremde Leute aus einem dämlichen Video kennen! Das ist seltsam. Mein*e Freund*in Rose hat mir gesagt, ich soll mich bei Dating-Apps anmelden, wenn ich mehr Frauen kennenlernen will, deswegen habe ich mir das Profil erstellt.«

Noch gut die Kurve bekommen.

»Wo wohnst du denn?«, fragt sie.

Ich fuchtele mit den Armen. Ich habe keine Ahnung, wo ich sie ablegen soll. Ich schwitze vor Nervosität, die Tropfen rinnen mir über den Rücken.

Scheiß drauf. Ich zieh den Blazer aus.

»Ich wohne gleich hier um die Ecke …«

Ich strecke den Arm aus, um meine Jacke auszuziehen, und treffe das Tablett eines vorbeilaufenden Kellners. Die Messer und Gabeln auf den Servietten fliegen auf den Boden.

Ich springe auf, um dem Kellner beim Aufsammeln zu helfen.

»ICH KÜMMERE MICH DRUM!«, faucht er.

Ich blicke zu Mona auf – wir verziehen gleichzeitig den Mund und versuchen, ein Lachen zu unterdrücken.

Unser erster Insider. Davon werde ich später erzählen, um sie zum Lachen zu bringen.

Der Kellner sammelt das heruntergefallene Besteck ein und versucht, hinter Mona durchzugehen. Es ist recht eng zwischen der Bar und den Tischen, deswegen stützt sie sich mit der Hand auf meinem Schoß ab, während sie sich zu mir lehnt, um ihn durchzulassen. Wir fangen beide an zu lachen, als er an ihr vorbeigegangen ist, aber sie nimmt ihre Hand nicht weg. Wir blicken uns in die Augen.

20:22

»Eartha, ich wollte dir sagen, dass das tatsächlich mein erstes Date mit einer Frau ist. Und ich finde dich echt cool, aber ich war echt nervös wegen heute Abend.«

»Meinst du das ernst? Es ist auch *mein* erstes Date mit einer Frau!« Beim Sprechen lege ich meine Hände auf ihre, unsere Hände befinden sich jetzt oberhalb meines Knies. Es wirkt so, als wäre mein Fauxpas mit dem Kellner ein Ventil für unsere nervöse Energie gewesen. »Ich bin bisexuell. Also, ich glaube ... die Anziehungskraft, die Männer gerade auf mich ausüben, hängt nur noch am seidenen Faden.«

Langsam verschränke ich meine Finger mit ihren. Unsere Beine sind nun miteinander verschlungen.

Warum habe ich mir so große Sorgen wegen dieses Abends gemacht?

Ich finde es total gut.

Nein, ich bin vielmehr *besessen* davon.

20:34

Mona erzählt mir immer mehr aus ihrem Leben: die Geschichte ihres Coming-outs; die Scheidung ihrer Eltern; dass sie sich stark fühlt, wenn sie sich wie ein Skinhead aus den Achtzigern anzieht, weil diese Leute früher so eine Frau wie sie verabscheut hätten; dass ihr Leben ein ständiger Kampf ist zwischen persönlicher Weiterentwicklung und im Moment leben und sich den eigenen Sehnsüchten hingeben – wie impulsiv diese auch sein mögen. Ich erzähle ihr, dass auch ich beides gerade erst lerne.

21:01

Wir rücken immer näher zusammen. Unsere Finger verweilen und testen Grenzen, um einzuschätzen, wie die andere reagieren wird. Ich streichele ihre Hand, während sie spricht.

Schau ihr in die Augen und nicht auf die Lippen, Eartha; das ist unhöflich, sie redet doch gerade!

Das ist so, als würde man jemandem beim Sprechen auf die Titten starren.

Shit, ICH HABE IHR GERADE AUF DIE TITTEN GEGLOTZT.

Sag was.

Irgendwas.

»Du bist ... wundervoll«, sage ich.

ERNSTHAFT?!

»Oh, vielen Dank«, antwortet sie.

»Sorry, ich weiß, dass das gar nichts mit dem zu tun hat, was du gerade gesagt hast.«

ICH BEKOMME PANIK.

Verlegen senkt sie den Blick, dann schaut sie zu mir auf. Ich bin ihr komplett verfallen. Mein Körper schwingt auf einer neuen Frequenz, jede Faser ist auf sie ausgerichtet.

»Wir küssen uns gleich, oder?«, fragt sie lächelnd.

WIRKLICH? HAT MIR DIESES »WUNDERVOLL«-KOMPLIMENT ECHT IN DIE KARTEN GESPIELT?

Unsere Gesichter sind nah beieinander.

Ich rieche die herbe Grapefruitnote ihres Palomas. Sie zieht mich an der Taille an sich und öffnet endlich die Lippen, um mich zu küssen.

Und alles ergibt Sinn.

Es ergibt einfach Sinn.

Eine Frau an der Bar küssen.

Ergibt Sinn.

21:06

Sie löst sich von mir, um tief einzuatmen, und drückt meine Beine fester.

Ich schaue mich um, weil ich wissen will, ob uns Leute anstarren – die Gaffer ziehen sich, nachdem sie meinen Blick gesehen haben, wieder in ihre eigenen Welten zurück. Wir sind ganz unbeabsichtigt zum Spektakel geworden.

»Ich versuche wirklich, mich am Riemen zu reißen«, sagt sie schließlich.

Wohin soll das führen? Was will ich?

Ich streichele ihren Nacken, während ich mir eine Antwort überlege.

Ich blicke ihr in die Augen.

»Wollen wir den Laden verlassen und Spaß haben?«, frage ich.

Kapitel 11

@*HAILEY3000* SOLL DAS MAUL HALTEN

Wonderland-Follower*innen: 430 939

Ich habe eine Frau geküsst. Ich habe in der Öffentlichkeit eine Frau geküsst. Ich strecke die Hand aus der mit Make-up besudelten Bettwäsche und suche mein Handy auf dem Nachttisch. Es ist nicht da. Kurz verspüre ich Angst und setze mich abrupt auf – die Furcht davor, wo es sein könnte und was ich gestern Abend damit gemacht habe, lässt meinen Körper direkt in die Gänge kommen. Ich entdecke das Telefon auf dem Boden neben der Tür, zwischen den Klamotten von gestern Nacht. Ich hieve mich aus dem Bett, um es zu holen, dann lege ich mich wieder unter meine warme Decke. Ich entdecke einen Teller voller Krümel und ein butterbeschmiertes Messer auf dem Boden. *Habe ich etwas gegessen?*

Ich logge mich bei Wonderland ein und mein Magen krampft sich zusammen. Ich habe drei Storys hochgeladen: um 23:21, 00:43 und 01:12 Uhr. Und Zehntausende Personen haben sie sich angeschaut. Ich schrecke von meinem Telefon zurück. Panik steigt in mir auf, als ich auf den ersten Post klicke:

23:21

Ein Bild von einem Shotglas mit der Bildunterschrift:

Ich liebe Fraun mehr als Tequila;::!

Nicht so schlimm, mit Tippfehlern kann ich leben.

00:43

Ein Selfie von mir, wie ich im Spiegel einer echt versifften Toilette mit pinker Neon-Beleuchtung ein Peace-Zeichen mache. Mein Blick wirkt verschwommen und mein Make-up fließt mir vom Gesicht.

Okay, das ist schlimm, aber immer noch im Rahmen.

01:12

Ein Video von mir, wie ich nach Hause tanze und »like a queer virgin« singe, dabei habe ich Chips in der Hand.

01:13

Auf dem Bildschirm ist es dunkel und verschwommen – mir ist das Handy hingefallen – und ich schreie: »Fuuuuck«.

Ich will kotzen. Und begraben werden.

Verrückt, dass ein schmales, rechteckiges Gerät eine dermaßen starke Auswirkung auf mein Gehirn hat und einen solch überwältigenden Gefühlscocktail auslösen kann.

Textnachricht von Rose an Eartha

19:54

Viel Spaß heute Abend, Süße. Du schaffst das! Schreib mir, wenn du gut zu Hause angekommen bist.

19:54

Ach so, was ich beim Telefonieren vergessen habe: Bin gerade unterwegs, um das Paar zu treffen, das du mir auf FIRE weitergeleitet hast. Hoffentlich werden wir heute beide flachgelegt 😘

Verpasster Anruf von Rose

23:51

Textnachricht von Rose an Eartha

01:14

Ich nehme dir deine Schweigsamkeit nur dann nicht übel, wenn du gerade vögelst, nach deiner hübschen kleinen Tanzeinlage. Ich geh jetzt ins Bett. Schreib mir morgen früh.

Textnachricht von E. V. an Eartha

07:57

Du musst mit dem Posten von solch persönlichem Content

auf Wonderland vorsichtig sein, FYI. Beim letzten Video sieht man bei Sekunde 0:03 den Straßennamen. Sei so klug und betrink dich nicht dermaßen in der Öffentlichkeit. Es wäre schön, wenn du bis zu unserem Treffen heute um sechs den Vertrag gelesen hättest, damit wir ihn besprechen können, wenn du hierher kommst. Ich wohne in der 21 Fashion Place, O15 2BE. Bis dann. FREU MICH SEHR!

Textnachricht von Mum an Eartha

08:39

Guten Morgen, Liebes! Rose hat dich nicht erreicht, ist alles in Ordnung? Ich habe deine Posts auf Wonderland gesehen. Du warst wohl mit einer Freundin unterwegs. Bitte melde dich kurz und sag, dass es dir gut geht. x

Textnachricht von Phaedra an Eartha

09:56

Krass, dass du die Talking Heads auch so gut findest wie ich. Hab gesehen, dass du gestern Abend was von ihnen in deiner Wonderland-Story gepostet hast. Hoffe, du findest die besser als Madonna – schöne Singstimme übrigens. Wir sollten uns echt mal treffen.

Wonderland-Nachrichten (39):

@EmilyTrish9 Hi! Ich LIEBE meine Collage einfach, Eartha. Mega originell. Meine Mum wird begeistert sein. Oder sie abartig finden. Keine Ahnung. Ich bin gerade dabei, ihr meine politische Agenda aufzudrücken, deswegen mal sehen, was sie davon hält, lol. Love you!

@G.Mapsteadx Warte geduldig auf dein Eyeliner-Tutorial! PS: Kannst du ein A-Day-in-the-Life-Video machen? ASAP?x

*@Bethhh_* Eartha, nachdem ich dein Video häufiger angeschaut habe, als ich offen zugeben würde, habe ich mir endlich ein Herz gefasst und meinen Freund verlassen.

Ich musste genau das von jemandem hören. Danke dir. Bietest du auch Therapiestunden oder so was an? Ich habe das Gefühl, du bist der einzige Mensch, der mich wirklich versteht.

@*Paleblueeyes* Warst du gestern Abend mit einer Frau im Some Velvet Morning?! Ich hatte da auch ein Date, die Frau saß vorn im Laden und hatte den Fisch. Mein Date ist nicht so gut gelaufen. Wenn du Lust hast, würde ich gern stattdessen mit dir ausgehen.

@*MADmadonmadonna* Du hast »Like A Virgin« für mich für immer ruiniert. Herzlichen Dank. Ich blockiere dich.

@*Hailey3000* Schätzchen, du musst die Pflanze da im Hintergrund mal gießen. Kauf keine Pflanzen, wenn du dich nicht um sie kümmerst, das ist grausam.

@*InteriorsSlag* Roomtour! Wohnst du in der Lots Road?!

Ich lösche das letzte Video, mit den anderen beiden habe ich mich abgefunden. E. V. hat recht, ich muss vorsichtiger sein. Woher wissen die alle, wo ich wohne? Ich blicke mich in meiner Einzimmerwohnung um und stelle mir die mickrige Roomtour vor, die alle unbedingt sehen wollen. Die Leute müssen annehmen, dass man reich ist, wenn man viele Follower*innen hat. »Nicht genug Room für eine Tour«, antworte ich auf die Nachricht. Dann schaue ich mir die vertrocknete Pflanze auf meinem Kleiderschrank an und will *@Hailey3000* sagen, dass sie das Maul halten soll. Ich schließe Wonderland, weil mir die ganzen Forderungen meiner neuen Follower*innen heute Morgen zu viel sind. Ich bin viel zu dehydriert. Ich werde die anderen Nachrichten später lesen. Ich schicke Mona stattdessen eine Sprachnachricht, um mich zu erkundigen, ob sie gut nach Hause gekommen ist.

Sprachnachricht von Eartha an Mona (10 Sekunden)

14:06

Ich habe mich gerade kurz im Spiegel betrachtet und ...

Ich habe mich gestern Abend nicht abgeschminkt, dein Lippenstift klebt mir immer noch im Gesicht. Und auch auf dem Kissen. Ich fühle mich mies. Wie geht es dir? Und: Ein*e Follower*in von mir hat uns in der Bar gesehen. TOTAL CREEPY!

14:06

Foto von Earthas mit rotem Lippenstift beschmiertem Gesicht mit der Caption:

Was meinst du, soll ich das auf Wonderland hochladen?

Sprachnachricht von Mona an Eartha (20 Sekunden)

14:30

Guuuuten Morgen! Erinnerst du dich noch dran, wann wir gestern Abend nach Hause gegangen sind?! Ich bin vor ein paar Stunden aufgewacht. Ich bin auch kaputt, Babe, die Erschöpfung steckt mir tief in den KNOCHEN. Aber ich hatte so viel Spaß mit dir und es war so toll, mit dir abzuhängen. Und als du gesagt hast, dass es viral gegangen ist, wusste ich nicht, dass es SO viral ist. Ich bin noch nie zuvor irgendwo ERKANNT worden, das ist großartig.

Textnachricht von Mona an Eartha

14:31

Das sollte auf jeden Fall dein neues Profilbild auf FIRE werden 😉

Sprachnachricht von Eartha an Mona (4 Sekunden)

14:32

So um ... zwei Uhr morgens glaube ich! Außerdem ...

Ich erhalte eine Benachrichtigung und sehe, dass Mona mir jetzt auf Wonderland folgt. Ich folge ihr zurück.

Sprachnachricht von Eartha an Mona (1:12 Minuten)

14:33

Sorry, ich weiß nicht, was da los war, mein Handy spinnt. Moment, heißt das, unser Date war sechs Stunden lang?

Ich versuche gerade, den Abend zusammenzupuzzeln. Ich glaube, ich erinnere mich noch irgendwie an einen alten Mann namens Gareth. Jetzt ist alles wieder da. Er wollte vor seinen Freunden einen auf dicke Hose machen, aber wir haben uns das nicht gefallen lassen. Haben wir ihm nicht sogar verboten, uns Drinks auszugeben? Total gut, er sah echt so aus wie ein Typ, der einem was ins Getränk kippt. Das heißt aber nicht, dass ich mich nicht amüsiert habe. Denn eigentlich hatte ich echt viel Spaß. Ich würde dich gern wiedersehen, wenn du das auch willst ...

Dunkel erinnere ich mich daran, dass ich sie mit in diese kleine Karaoke-Bar genommen habe, wo wir laut »Like a Virgin« mitgegrölt haben, was wohl zu meiner Gesangseinlage auf Wonderland geführt hat. Haben sie da nicht auch Ed Sheeran gespielt? Ja, haben sie. Und ich habe das als Zeichen gesehen, dass ich E. V. als Social-Media-Managerin einstellen sollte. Ich erinnere mich jetzt. Sie ist mit ihm befreundet. Das muss doch *irgendwas* bedeuten!

Wie *geht* es mir? Ich mache mir eine Tasse Tee, um meinem Gehirn auf die Sprünge zu helfen, und denke an gestern Abend, während mein gelber Wasserkocher blubbert. Ich schnappe mir eine Tasse, auf die eine Collage von mir eingraviert ist – Mum hat sie mir zu Weihnachten geschenkt. Ich will Mona wiedersehen, klar will ich das. Aber in Wahrheit bekomme ich Phaedra nicht mehr aus dem Kopf. Gott, ich wäre eine schlechte Polyamouröse. Ich habe das Gefühl, eine Frau zu betrügen, die ich noch nicht einmal geküsst habe.

Sprachnachricht von Mona an Eartha (23 Sekunden)

15:17

Bin gerade auf dem Rückweg vom Markt, musste mir was zu essen kaufen, diese kurze Nacht hat mich umgehauen. Mein Gott, genau, GARETH! Er hat einfach nicht lockergelassen und wollte uns diese Hauscocktails mit Schirmen drin ausgeben? Finde deinen Wonderland-Content übrigens auch grandios. Wir waren ganz schön betrunken, oder? Aber, Eartha, ich wollte dir noch was sagen: Ich will mich auch noch mit anderen Leuten treffen. Du warst mein erstes richtiges Frauen-Date und ich glaube, ich muss mich weiter umschauen und erst mal herausfinden, wer ich bin und was ich will ... Sorry. Ich esse gerade Asia-Nudeln und mir wurde noch mal kurz übel. Also ja, ich fühle mich schlecht. Aber ich weiß auch, dass es nicht fair von mir wäre, dich im Glauben zu lassen, dass da mehr draus werden könnte und ich mich weiter mit dir treffe. Ich schätze dich wirklich sehr.

Ich höre nicht mehr zu und lege mein Telefon neben meinen Lampenschirm und den Berg schmutzige Tassen, lasse mich zurück aufs Bett fallen und strecke die Arme über dem Kopf aus. Eine gelbe Styropor-Verpackung von gestern Abend fällt auf den Boden und gibt den Blick frei auf das mit Mayonnaise beschmierte Innenleben und Salatblätter.

Wie viel habe ich gestern Abend gegessen?

Warum bin ich so sauer? Im Grunde war das die netteste Abfuhr ever. Im Grunde hat sie gesagt: »Ich finde dich so cool, dass ich das nicht vermasseln will, und ich will bis in alle Ewigkeit mit dir befreundet sein!«, oder? Das sagt sie doch hier eigentlich? Oder etwa nicht?

Sprachnachricht von Eartha an Mona (1:08 Minuten)

15:30

Ich wäre total gern mit dir befreundet. Ich suche gerade nahezu verzweifelt nach neuen Freund*innen und ich denke, du würdest dich gut mit meinem*r Freund*in Rose verstehen. Aber nach gestern Abend müssen wir ... sicherstellen, dass wir uns nicht noch mal küssen, wenn wir das platonisch halten wollen? Oder wie hast du dir das vorgestellt? Ich bin auf jeden Fall mit allem einverstanden.

Sprachnachricht von Eartha an Mona (10 Sekunden)

15:32

Nun, um ehrlich zu sein, ist das doch nicht wahr. Sorry. Es ist mir echt peinlich. Ich arbeite noch daran, für mich einzustehen. Ich bin der festen Überzeugung, wir sollten uns NICHT noch mal küssen, wenn wir befreundet sein wollen. Oh und ich brauche un.be.dingt einen Link zu diesem Noodle House. Machen die auch Pad Thai?!

Sprachnachricht von Mona an Eartha (10 Sekunden)

15:36

Ja, die machen Pad Thai! Ich schicke dir den Link.

Link angehängt von Mona an Eartha

15:36

(Link)

Würde mich gerne mit dir treffen.

Sprachnachricht von Eartha an Mona (5 Sekunden)

15:39

Hast du Freitagnachmittag Zeit?

Kapitel 12

ENGAGEMENT!

Wonderland-Follower*innen: 487 761

18 Uhr am gleichen Tag.

Ich bin wieder in der realen Welt angekommen, der Welt, die fernab meiner gemütlichen Bettdecke und dem Mief nach Döner und Pommes von gestern Abend existiert. (Ich musste letztendlich auf meinem Konto nachschauen, um herauszufinden, wo ich mir das Essen gekauft hatte: ein Supermarkt und zwei verschiedene Imbisse.) Der Himmel ist eine leblose schwarze Leinwand und ich fühle mich einsam, während ich zu E. V.s Wohnung gehe. Der Herzschmerz wegen Monas Abfuhr schnürt mir die Kehle zu und ich bemerke, dass mir ohne Matt die Richtung fehlt. Ich brauche etwas oder jemanden, an das oder den ich mich hängen kann. Ich weiß nicht, wie lange ich noch durchhalte, bis ich mich ans erste, auch nur im Entferntesten anziehende Menschenfloß klammere, das an mir vorbeitreibt.

Ich öffne die Nachrichten von E. V., um ihr mitzuteilen, dass ich in der Nähe bin.

Ich tippe:

Ich bin in fünf Minuten da! 🙂

Ich schaue mir die Nachricht noch einmal an und entscheide, dass mich das 🙂 zu kindlich wirken lässt, deswegen ersetze ich es durch ein »E«.

Ich blicke wieder auf die Karte, folge dem kleinen blauen Kreis, um herauszufinden, wo ich abbiegen muss. Ich beende die Navigation und checke schnell Wonderland – ich habe mich seit der

Bloßstellung heute früh nicht mehr eingeloggt. Mir dreht sich der Kopf wegen der Unmenge an Namen, Menschen, Gesichtern, Orten, Zahlen und Farben, die alle vor mir umherschwirren. Ich frage mich, ob sonst noch jemand meine Adresse herausgefunden hat.

Über 150 k neue Follower*innen seit meinem Date mit Mona.

387 neue Auftragsanfragen.

13566 neue Kommentare.

2208 neue Nachrichten.

Wie um alles in der Welt soll ich die Zeit finden, meine ganzen Auftragsarbeiten zu erledigen *und* all diesen Menschen zu antworten? Ich habe es bislang noch nicht einmal geschafft, der Frau, die sich über meine vertrocknete Pflanze beschwert hat, zu sagen, sie solle das Maul halten! *Ich wünschte, mich gebe es doppelt.* Als ich aus meinem Posteingang rausgehe, lädt mein Feed einen neuen Post, der mich erstarren lässt. Er ist von Mum. Sie hat ein Bild von sich hochgeladen, auf dem sie sich an Dad schmiegt, der in seinem Ledersessel sitzt, die Füße hochgelegt hat und ein Glas Wein hochhält, die Bildunterschrift lautet: »Gönne mir eine Flasche Wein mit dem hier!« Ein Kommentar erscheint unter dem Bild. Jane, eine alte Schulfreundin von Mum, hat ihn vor fünf Sekunden geschrieben.

Oh, Susanne, er ist so ein Silberfuchs! Du Glückliche. Hoffe, deiner Kleinen geht es gut. Xxx

Mum hat keine echten Freund*innen, denn wenn ihr eine andere Person zu nahe kommen würde, würde sie hinter die Kulisse des glücklichen Paars blicken. Ich frage mich, was es mit »gönnen« zu tun hat, wenn ein Alkoholiker eine Weinflasche in der Hand hält, weil ich weiß, dass die nächste Flasche auf dem Boden zerschlagen oder am Ende des Abends an die Wand geschmissen wird. Ich dachte, sie hätte gesagt, er wäre trocken, er würde zu seinen Meetings gehen. Aber Dad hat ja gar keinen Anreiz, ein besserer Mensch zu werden, wenn sie sich den Arsch aufreißt, um ihn zu beschützen. Schlimmer noch: Wer würde ihr denn glauben, wie schrecklich er sie behandelt, wenn sie der ganzen Welt erzählt, wie perfekt ihr gemeinsames Leben ist?

Das Bild wurde vor fünf Minuten hochgeladen. Ich stelle mir Mum vor, die dasitzt und auf ihr Telefon starrt. Sie strahlt, während sie ganz in der Wonderland-Version ihrer perfekten Ehe aufgeht. Ohne das Bild zu liken, sperre ich mein Telefon und stecke es mir wieder in die Tasche. Ich vermute schon, dass sie sich später bei mir meldet, um »Hallo zu sagen«, weil sie ein schlechtes Gewissen hat. Das ist schon einmal passiert.

Ich gehe weiter, aber meine Gefühle sind ein einziges Wirrwarr und ich glaube, sie bremsen mich. Eine übergriffige Stimme hat sich in meinen Kopf geschlichen: *Ich sehe so scheiße aus,* erzählt sie mir. *Ich habe es nicht mal zu einem zweiten Date mit Mona gebracht.*

Ich hatte nicht viel Zeit, mich fertig zu machen, weil ich »zufällig« stundenlang Phaedras Profil gründlich gestalkt habe. Ich will alles wissen. Wo sie ihre Klamotten kauft. Wer ihr die Haare schneidet. Trinkt sie ihren Kaffee mit Pflanzenmilch? Ich kaue auf der Idee herum, sie zu daten, der Gedanke ist wie ein saftiger Erdbeerkaugummi – und ich warte darauf, dass er seinen Geschmack verliert, damit ich ihn ausspucken kann. Hat er aber noch nicht.

Ich biege links ab, erblicke auf der rechten Straßenseite ein rotes Cabrio und gehe hin, um damit ein Selfie zu machen. Ich beuge mich nach unten und betrachte mich im Fenster. Ich erhasche einen Blick ins Wageninnere: Das Handschuhfach ist offen und ein Paar Männerschuhe stehen vor dem Beifahrersitz. Ich richte mir den Pony, streiche mir einige Haarsträhnen hinter die Ohren und wische mir mit dem Zeigefinger schwarze Schminke unterm Auge weg. Dann bemerke ich, dass das bloß Augenringe sind, weil ich die ganze Nacht lang mit meiner neuen Crush-dann-Date-dann-platonische-Freundin wach war. Queersein ist wirklich genauso verwirrend, wie Rose prophezeit hat; nicht, dass man es their Wonderland-Account ansehen könnte, auf dem they behauptet, ein*e gute*r Bäcker*in veganer Leckereien zu sein und their Leben auf die Reihe zu kriegen.

»EARTHAAA!«, ruft E. V. Sie lehnt sich mit dem Oberkörper aus einer Glastür 30 Meter die Straße runter. Ich springe vom Autofenster weg und gehe zu ihr, dabei lächele ich. Ihr Gebäude thront über der ganzen Straße; es ist ungefähr zehn Stockwerke hoch und komplett verglast. Die anderen Häuser auf der Straße – identische traditionelle Häuser aus rotem Backstein mit Türen in unterschiedlichen Pastellfarben – sehen daneben winzig aus.

»Ich habe aus dem Fenster geguckt und gedacht, das ist sie ja! Warum hast du in mein Auto geguckt, hm?«, fragt sie.

Ich schaue noch einmal zum Auto.

»Ich habe mich doch nur im Fenster betrachtet.« Ich versuche, freundlich zu bleiben.

»War's gut gestern Abend?«, fragt sie, während sie mir bedeutet einzutreten. Ich rieche ihren nach Tabak stinkenden Kimono.

»Kann man so sagen!«, antworte ich.

Sie hält mir die Tür auf.

»Freut mich für dich! *Ich hoffe, du wurdest flachgelegt.*« Sie blinzelt. Ich ziehe den Kopf ein. Soll ich ihr erzählen, dass ich eine Abfuhr kassiert habe?

»Du kannst mir alles erzählen. Du musst dich nicht zusammenreißen oder so etwas …«, sagt sie und umarmt mich fest. Ich verspüre den Drang, ihr alles zu erzählen: mein erster Kuss mit einer Frau und der folgende Rausch, wie sauer mich der Post meiner Mum gemacht hat und dass die Einsamkeit an meinem Herzen anklopft.

»Ich war stundenlang auf Wonderland, eigentlich den ganzen Nachmittag …«, sagt sie. »Es ist so schön, endlich ein echtes Gesicht zu sehen, und noch schöner, dass es deins ist.«

Sie lässt mich los und betrachtet mich mit einer Armlänge Abstand, von Kopf bis Fuß. Sie lässt mich auf sich wirken, nicht als Date, nicht als Tochter, als platonische oder romantische Freundin, sondern als eigenständige Person. Mich und all meine Facetten. Ich glaube, dass mich zum ersten Mal jemand so betrachtet, als Einheit.

ANMERKUNG DER REGIE
Rückblenden zu E. V., früher an diesem Tag.
Kamera A: Vogelperspektive von E. V., die Earthas Wonderland-Infos und Statistiken auf ihrem Laptop auf eine Website mit dem Titel www.WonderlandStats.com eingibt, dann sammelt sie Earthas Social-Media-Posts mit dem höchsten Engagement.
Kamera B: Zoomt langsam auf E. V.s Augen, während Zahlen vor ihren Augen aufblinken. Dann loggt sie sich aus und ihre Pupillen sind wieder normal gefärbt, als sie eine Nachricht bekommt.
ENDE

E. V. legt mir den Arm um die Taille und geleitet mich über eine kleine Metallbrücke über einen Teich in der Mitte der Lobby. Um das Bassin herum stehen Palmen, die uns überragen, sich zum Oberlicht recken. Man hört den Wasserfilter am Rand des Teichs plätschern sowie Vogelgezwitscher, das aus einem Lautsprecher an der Decke dringt. Ich wusste gar nicht, dass es solche Wohnkomplexe gibt. Wie viel Geld verdient sie?

»Komplett irreal, wie kannst du dir das leisten?«, frage ich.

Ich habe die Augen weit aufgerissen und streife durch die Lobby.

»Du gehörst hoffentlich nicht zu diesen Menschen, oder?«, seufzt sie.

»Zu welchen denn?«

»Na, zu denen, die den Gedanken nicht ertragen, dass eine Frau allein brillante Dinge auf die Beine stellen und Erfolg haben kann, ohne dass sie von ihrem Mann oder ihrem Vater finanziell unterstützt wird …«

»Nein. Ich würde selbst gern so ein Leben führen. Wirklich. Ich will wissen, wie ich das erreichen kann.«

»Ich habe es mir zu Beginn meines Scheidungsprozesses gekauft«, erklärt sie.

»Wie lange wohnst du schon hier?«

»Seit einem Jahr … *Smarte* Frauen machen einen Ehevertrag.«

Sie reißt die Augen auf und schaut mich an.

»Ich nehme mir die Ratschläge auf jeden Fall zu Herzen. Aber übers Heiraten denke ich noch nicht nach …«, antworte ich.

»Natürlich nicht. Du musst dir dein Vermächtnis erst noch aufbauen. Bitte VERSPRICH mir hoch und heilig, dass du auf jeden Fall Single bleibst!«

Aber ich will so sein wie du.

Meine Gefühle für sie sind dermaßen aufgeladen, dass ich nicht weiß, was ich mit ihnen machen soll, deswegen kanalisiere ich sie in einem ehrfurchtsvollen Strahlen. Es fühlt sich so an, als würde ich in einen Spiegel blicken.

»Die Instandhaltung dieses Gebäudes ist allerdings ARSCHTEUER; am meisten zahle ich für diese verdammten Palmen und die Reinigung dieses SCHEISS Tümpels«, spricht sie weiter.

Der Aufzug ist da, wir steigen ein und sie drückt auf den Knopf mit der ›10‹. Die Türen schließen sich, der Lift gleitet in die Höhe und die Palmen werden immer kleiner, dann haben wir sie überragt. Wie habe ich einen derart persönlichen Einblick in das Leben dieser Frau bekommen?

Ding

Sie lässt mich vor sich aus dem Aufzug steigen und folgt mir in ein kleines Zimmer mit einem Sideboard und einer gelben Tür. Sie steckt den Schlüssel ins Schloss und kurz bevor sie ihn umdreht, blickt sie mich an.

»Du hast noch gar nichts zu meiner Nachricht von gestern Abend gesagt ... Ich freue mich so, dass du Spaß hast, Darling! Mit dieser Frau und allem Drumherum. Aber du darfst nicht mehr so leichtsinnig posten. Das sage ich zu deiner eigenen Sicherheit – du darfst den Leuten nicht zeigen, wo genau du dich aufhältst ... aber wir müssen uns auch überlegen, was und wie viel du von nun an auf Wonderland preisgibst ... Geheimniskrämerei ist ein Verkaufsgarant.«

Sie gestikuliert wild mit den Händen, als wäre sie auf Wonderland, mit all den Namen, Zahlen und Menschen, die vor ihr über den Bildschirm laufen.

»Arbeit hat oberste Priorität, wenn du so ein Leben führen willst, weißt du. Mädchen machen Spaß, Jungs machen Spaß, Sex macht Spaß! Du bist jung und heiß und jede einzelne SEKUNDE dieses Lebensabschnitts ist aufregend ... aber du musst aufpassen, dass dich diese Versuchungen nicht von deinem Weg abbringen.«

Sie dreht sich wieder um und schließt die Tür auf.

»Aye, aye, Dalai-Lama, ich werde mich nicht von meinem ›Weg‹ abbringen lassen«, entgegne ich.

Sie hört sich direkt unbeschwerter an.

»Apropos Dalai-Lama ... ich habe ihn bei einer Weltfriedenskonferenz kennengelernt. Er meinte, ich hätte eine besondere Gabe, ich könnte Dinge, Menschen und einfach alles, was ich will, zu Gold machen. Hatte er recht!«

Sie stößt die Tür auf und geht in ihre Wohnung.

Holy Shit. Ihr Apartment erstreckt sich wirklich über die gesamte Etage.

Ich höre leise Musik, als ich ihr in die Wohnung folge. Ich entdecke einen Schallplattenspieler in der Ecke, der läuft.

»The Doors!«, rufe ich.

»Ich hab mit ihm gevögelt.«

»*Was* hast du?«

»Jim Morrison. Ich hab ihn gevögelt.«

Sie richtet sich auf, streift sich die Kimono-Ärmel hoch und geht weiter in ihre Wohnung. Ich schüttele ungläubig den Kopf wegen ihr und ihrer Bude. Ihr gehört einfach mal die ganze *Etage*. Sie wohnt in einem Glaskasten mit hohen Decken, der über der Stadt schwebt. Es sieht aus wie das Gewächshaus einer Millionärin. Meine Wohnung passt hier locker zwanzigmal rein. Der Boden ist komplett in schwarz-weißem Schachbrettmuster gefliest. Eine angezündete Kerze steht auf einem Couchtisch aus der Mitte des vorherigen Jahrhunderts. Drum herum stehen drei gelbe Sofas mit Samtbezug, auf denen grüne Kissen liegen. Das ganze Apartment sieht neu eingerichtet aus.

»Möchtest du einen Tee?«, ruft sie von der marmornen Kücheninsel und schüttet heißes Wasser aus dem gelben Kessel auf die losen Teeblätter in ihrer Tasse.

»Ich bin immer noch müde von gestern Abend und ich befürchte, Tee macht das nur noch schlimmer …«

»Möchtest du etwas Stärkeres? Einen Espresso?«

Mein Gesicht leuchtet auf.

»STIMULANZIEN! Ja, gerne!«

»Setz dich dahin«, sagt sie und zeigt auf ein Sofa.

Ich nehme Platz und sie kommt mit einer geblümten Teetasse samt Untertasse dazu. Die Tasse ist hellblau, mit roten Rosen und Goldrand. Tasse und Untertasse sind die einzigen Gegenstände in der Wohnung, die nicht so aussehen, als hätte man gerade erst das Preisschild entfernt. Sogar der Plattenspieler sieht brandneu aus.

»Die ist wirklich schön«, sage ich und bewundere die Tasse.

»Sie ist Teil eines Services, ich habe es geerbt. Ich glaube nicht, dass ich jemals Kinder haben werde, für mich ist es zu spät …«, sagt sie und zuckt kaum wahrnehmbar die Achseln, als hätte der Schuhladen einen Schuh nicht mehr in ihrer Größe. »Wie wäre es denn, wenn du das Service bekommst, wenn ich sterbe?«, fragt sie. Die Espressomaschine rattert im Hintergrund.

»Ich habe sonst niemanden, dem ich es schenken könnte«, spricht sie weiter.

Sie sagt *niemanden, dem ich es schenken könnte* mit so wenig Gefühlsregung, dass mir der Atem stockt. Mein Anfangsverdacht und gründliches Internet-Stalking war korrekt: Sie ist nicht in einer Beziehung. Das scheint ihr Leben allerdings nicht negativ beeinflusst zu haben, sie wirkt nicht einsam ohne Mann oder Familie. Eigentlich sieht das alles sehr attraktiv aus, diese Dekadenz ihres unbeschwerten Lebens. So wie E. V. stelle ich mir Mum vor, wenn sie den Mut gehabt hätte, sich von Dad fernzuhalten.

Sie eilt in die Küche zurück, schaltet die Espressomaschine aus, dreht sich auf dem Absatz zu mir um und schiebt mir auf dem Tisch ein winziges Tässchen zu. »Hier, dein Espresso.«

Sie zündet sich eine Zigarette an und bietet mir auch eine an. Ich lehne wegen meines miesen Katers ab, weil ich weiß, dass Kater plus Kaffee plus Kippe mich innerhalb von fünf Minuten in ihr zweifellos makelloses Badezimmer katapultieren würde. Sie pustet auf ihren Tee.

Wir sprechen über Wonderland, wie sehr es mich fordert und über die ständig auf mich hereinprasselnden Fragen und Forderungen von Fremden, die sie als meine »Community« bezeichnet.

»Wonderland überwältigt dich. Aber du begeisterst Menschen mit deinem Wesen. Es ist so, als würdest du 587 000 Follower daten! Ich würde mir eher Sorgen machen, wenn es sich nicht seltsam anfühlt. Aber ... das alles ...« E. V. hält inne. Sie stellt ihre Teetasse zurück auf den Tisch, fuchtelt mit den Händen und schnipst dann mit den Fingern. »Dieser ganze Scheiß – deine Skincare-Routine, was du isst – du hast mehr zu bieten.

Ja, ich weiß, die Leute fragen immer danach, manchmal sind solche Sachen auch ganz amüsant und sorgen dafür, dass die Leute mit dir in Verbindung treten. Aber, wie du schon gesagt hast, *du hast mehr zu bieten als das.* Bald schon werden sie versuchen, jedes noch so kleine Detail aus dir zu quetschen: Sie werden dich fragen, wo du wohnst, wo du gerne hingehst. Dir wird nichts mehr bleiben, nichts, das noch *dir gehört.* Ich will nicht, dass dir so etwas passiert. Es ist so, als würdest du jeden Morgen mit Tausenden Menschen im Bett aufwachen. Zu viele Leute wollen zu viele Sachen von dir, brauchen immer mehr von dir, bis du nur noch eine leere Hülle bist, deren Inhalt auf dem Boden liegt, damit sich die Leute etwas aussuchen können ...«

Sie spricht weiter, bevor ich etwas erwidern kann.

»Deswegen müssen wir eine Kunstfigur ERSCHAFFEN, damit du dich selbst nicht verlierst! Die echte Eartha muss hier in diesem Zimmer bleiben, hier bei mir. Meine Aufgabe besteht darin, DICH kennenzulernen. Aber die anderen auf Wonderland haben das nicht verdient; die anderen Follower dürfen das wissen, was du ihnen freiwillig mitteilst – mehr nicht. Heutzutage wird das Wort ›Grenzen‹ inflationär verwendet, ich bezeichne den Prozess eher als Filtern. Du zeigst den Leuten das, was du willst, auf dem Bildschirm und DAS.WAR'S. DANN. AUCH. Filtere dein Leben und lass blöde Sachen einfach weg: wie zum Beispiel Anrufe deines Ex. Und ich hoffe doch sehr, dass du das tust, oder, Eartha? Was für ein LOSER!«

Im Zimmer knistert es vor lauter statischer Energie. Ihre Augen funkeln aufgeregt. Sie zieht einen Laptop unter dem Sofa hervor, auf dem wir sitzen.

»Ich habe eine Liste mit allen Dingen erstellt, die gut ankommen – und unsere gemeinsame Aufgabe besteht darin, darüber nachzudenken, wie wir diese Sachen online *akzentuieren ...!*«

»Hört sich gut an«, sage ich.

Sie öffnet eine Liste mit Tabellen und Diagrammen und liest sie hektisch vor, zeigt dabei auf ein Diagramm, das willkürlich nach oben schnellt.

»Also, wenn du über deinen Ex sprichst, bekommst du dreißig Prozent weniger Nachrichten; wenn du ein Bild von dir postest, kommen einige Tausend Follower hinzu; du verlierst Follower, wenn du über deine Einsamkeit sprichst ...«

Ich beobachte ihren Finger, der der Linie im Diagramm auf und ab folgt. Sie ruft einige Posts auf, die ich hochgeladen habe, nachdem ich viral gegangen bin: meine Gedanken über den Platz von Frauen in der Kunst, meine Buchempfehlungen, meine Outfit-Bilder und meine Grübeleien über das Alleinsein, die mir inzwischen ein wenig unangenehm sind. Sie erklärt mir, dass meine spontanen Updates und meine Captions im Tagebuchstil das meiste Engagement bekommen, dass in den drei Posts mit der meisten Reichweite das Wort »verwirrt« vorkommt und dass in denen mit der geringsten Reichweite das Wort »Männer« enthalten sei.

»DANN, als du deine Queerness erwähnt hast, sehen wir, dass du vierzig Prozent mehr Engagement in deinen Storys, Likes und Kommentaren hast. Das alles wird natürlich wieder weniger, wenn du eine Weile nichts postest ... oder wenn du über Männer sprichst«, erklärt sie. »Deswegen müssen wir einen Plan aushecken, der es ermöglicht, dass du so viel wie möglich online lieferst, ohne dass es dir zu viel Zeit raubt. Wenn wir wollen, dass Unternehmen mit dir arbeiten wollen und dir dafür viel Kohle zahlen, musst du ständig etwas posten, damit dein Publikum weiß, was du gerade machst, aber es handelt sich dann nicht mehr um ›dich‹, sondern um eine Version von dir, die wir erschaffen, bei der es sich um ... dich handelt, mit leichten Modifikationen.«

»Aber ... E. V.«, sage ich und stelle meinen Kaffee ab. »Mit das Erste, was dir an mir gefallen hat, war meine Authentizität online.

Wie kann ich die aufrechterhalten? Genauso will ich sein. Ich will nicht so sein wie diese Personen, die auf Wonderland Erfolg haben und dann zu gesichtslosen Wesen mutieren, jemand, der lügt, wie glücklich sie/er/they ist ... ein Avatar.«

Das Bild von Mum und Dad, die gemeinsam trinken, blitzt vor meinem inneren Auge auf. Ich lenke meine Gedanken um. Ich erkläre, dass ich mit meiner Kunst weitermachen möchte, aber mit den Aufträgen kaum noch hinterherkomme, wenn ich mich auch noch um Wonderland kümmere. E. V. dreht den Kopf schnell zu mir, dann nimmt sie ihre Sonnenbrille ab. Ich sehe zum ersten Mal ihre Augen.

»Dann HÖR AUF.«

Der Blick aus ihren schwarz umrahmten Augen ist stechend. E. V. *ohne Brille.*

»Das kann ich nicht«, stottere ich.

»Sagst du das zu *allem?*«

»Was?«

»›Das kann ich nicht.‹ Ich meine es ernst, machst du das? Denn dann, Liebes, musst du unbedingt eins über mich wissen: Ich werde dich zur Großartigkeit zwingen. Nenn es Tough Love, wenn du magst.«

Sie drückt ihre Zigarette aus.

»Ich habe dich als Kundin auserwählt, nein, nicht auserwählt ...«

Sie bewegt den Kopf alle paar Sekunden in eine andere Richtung, als würde sie vor Publikum reden.

»Ich habe mich instinktiv zu dir hingezogen gefühlt, weil ich deine *Dynamik* und deine Energie toll fand. Das Feuer der Frau aus dem Video, die über jahrelang unterdrücktes Verlangen, Wut und Zorn gesprochen hat ... So, als würdest du den Schmerz von Tausenden Frauen ausdrücken. Es war so eine göttliche feminine Offenbarung! Und du kannst dich *glücklich schätzen.* Ich habe

Jahre gebraucht, um dasselbe herauszufinden, und meine Lebensphilosophie ist nicht einmal *halb* so ausgereift wie deine. Wir müssen nun einen Weg finden, wie wir dieses *Feuer* aus deinem Inneren mit der Welt teilen können. Das ist dein Beitrag, mit dem du das Narrativ und das Leben von Frauen änderst. Bleib nicht bei den Nebensächlichkeiten hängen, dass Frauen besser aussehen und ein besseres Selbstwertgefühl bekommen, wenn sie diese oder jene Selfcare-Routine beachten oder ein besonderes Haarshampoo verwenden oder sich an dieses scheiß Make-up-Tutorial halten. Du kannst stattdessen einen Zufluchtsort in der Online-Welt erschaffen, eine behagliche Insel inmitten der feindlichen Offline-Welt.«

Sie blickt mich weiterhin fest an und mir dämmert, dass sich vor mir eine völlig neue Welt auftut. Eine, in der meine Stimme wichtig ist. Eine, in der man hört und schätzt, was ich zu sagen habe und in der kein Mann Schranktüren zuschlägt, damit ich ihm Abendessen koche.

»E. V., ich glaube, ich sollte dich daran erinnern, dass diese ›Dynamik‹, die mein Viralgehen befeuert hat, Piña Coladas und Rose zu verdanken ist; they hat mich hinter der Kamera angefeuert«, gebe ich zu.

»Hinter *jeder* brillanten Frau steht eine Butch-Lesbe, die sie antreibt.«

»Ich glaube, die Redewendung lautet eigentlich anders.«

»Nun ja, da hast du recht. Aber darum geht es nicht. Du bist mit oder ohne Alkoholeinfluss oder Freunde brillant. Du bist *Eartha,* verdammt noch mal. Also, trau dich und spring schon. Du hast dich bei deinem Ex doch auch getraut! Aber dieses Mal hast du ein Sicherheitsnetz. Du hast mich.«

Etwas Warmes und Schlammiges legt sich über meine Einsamkeit, als sie das sagt.

»Wenn du mit mir arbeitest, werde ich dir einen Crashkurs verpassen: Die Leute bekommen die ›Eartha‹ zu Gesicht, in die sie sich verlieben sollen. Wir müssen dich und dein Publikum Hand in Hand launchen und entwickeln. Ich weiß, dass du bisexuell bist, klar, aber solche Pläne gehen *wirklich* besser auf, wenn online alles ein wenig, ähm, binärer ist. Das verleiht uns mehr Macht. Das ganze Internet funktioniert schließlich so, binär, Einsen und Nullen. Verwirr die Leute nicht mit zu vielen Hälften.«

»Willst du, dass ich straight bin?«, frage ich und verziehe verwirrt das Gesicht. *Ich habe mich gerade erst geoutet und werde nun wieder in mein altes Korsett gezwungen?*

»NEIN! Erzähl mehr über deine Queerness und weniger über ›deine Vergangenheit‹. Dein fieser Ex ist Vergangenheit und das Gerede darüber ist öde, so Nineties, wie Bridget Jones. Ich habe es dir schon gesagt, Liebes, dein Engagement *schießt in die Höhe*, wenn du über deine Verwirrung sprichst und darüber, dass du dich selbst finden musst. Wir müssen nach vorne schauen und darüber nachdenken, was *dich* auf Wonderland zur Stimme einer Generation macht. Männer sollten keine Rolle mehr spielen, wir sollten sie einfach links liegen lassen und leben.«

Stimme einer Generation?

Ich versuche, das alles zu verarbeiten, und frage mich, ob ich ihr jetzt gestehen sollte, dass ich mich für das Video schäme. Dass ich mich mit meinem weitreichenden Einfluss nicht wohlfühle. Tausende Menschen hängen mir an den Lippen und ich weiß nicht, was ich ihnen erzählen soll; ich habe doch genauso viele Probleme wie sie.

Sie steht auf und geht durch einige Türen, die zu einem Balkon führen. Ich folge ihr durch die Glasfassade der Wohnung ins Freie. Rechts von der Tür stehen zwei Mimosen-Sträucher in riesigen Zementkübeln. Ich streiche über den gelben Blütenflaum, sie fühlen sich darunter hart an. Die Pflanze ist bestimmt künstlich.

Sie drückt ihre Zigarette aus und wirft sie über das Geländе. Mir bleibt der Mund offen stehen. Die Kippe könnte ein Kind treffen. Ein Auto. Eine*n Radfahrer*in. Und wenn sie nicht richtig ausgegangen ist, könnte sie einen Brand verursachen.

»Ich weiß, worüber du dir Sorgen machst, Eartha. Ich sehe, was in deinem Kopf vor sich geht. Aber ich bin hier, um dir zu helfen, damit du dein Geld bekommst! Das ist meine Aufgabe!«

Sie umfasst meinen Kopf, als wäre sie meine Mutter. Sie schaut erneut in mein tiefstes Inneres. »Schau mal, ich werde dir innerhalb einer Woche deine erste Unternehmens-Kooperation besorgen. Du wirst bis dahin mehr Content posten, weil du nicht von deinen Auftragsarbeiten aufgehalten wirst. Ich will, dass du *frei* bist, Eartha. Ich will dich aufbauen, weil ich an dich glaube – so wie noch nie zuvor jemand an dich geglaubt hat. Ich sehe dein Licht und will es heller machen. Aber du musst sicherstellen, dass du deine Zeit vernünftig nutzt. Wenn ich dich woanders brauche, musst du da sein. Lass dich nicht von diesen ganzen Leuten ablenken, mit denen du fickst!« Sie wirft die Hände in die Luft und der mit Fransen besetzte Ärmel ihres Kimonos peitscht gegen das Geländer.

Ich drehe mich um und lehne mich mit dem Rücken an die Wand, blicke auf die Stadt, die sich unter uns ausbreitet. »Ich habe wahnsinnige Angst, mich Hals über Kopf in etwas Neues zu stürzen. Eins weiß ich ganz sicher: Ich will mich nie wieder von einem Mann wie Matt abhängig machen. Oder einem Mann vergeben, der mich verletzt hat. Damit habe ich abgeschlossen. Ich will ein exklusives Leben«, erkläre ich ihr.

»Das freut mich für dich. Die Art und Weise, wie Frauen Männern normalerweise vergeben, hat etwas Mütterliches an sich. Bedingungslose Liebe sollte einzig und allein *Kindern* vorenthalten sein.«

Ich würde am liebsten klatschen.

»Wenn du meinen Ratschlägen folgst, Darling, musst du weder an ihn noch an irgendeinen anderen Mann denken. Oder ihn durch irgendeinen anderen Knilch ersetzen, der dich nicht verdient … Nun zu den nächsten Schritten … Du musst weniger über deinen Ex reden, vielleicht solltest du dich auf deiner Wonderland-Seite mit einigen hochkarätigen Männerrechtsaktivisten anlegen und ganz eindeutig klarmachen, dass du in deinem Video dein Coming-out hattest.«

Mich mit Männern streiten? Und dafür bezahlt werden?

»Ach scheiß drauf, ich bin dabei«, sage ich und merke dann, wie etwas Warmes zwischen meinen Beinen hinaussickert.

»E, ich muss dringend aufs Klo, wo ist es?«

»Sicher doch, Darling …«

Sie pafft an einer gerade angezündeten Zigarette, lehnt sich ans Geländer. Sie zeigt den Flur hinab.

Ich gehe zur Treppe und sehe, dass dahinter noch ein kurzer Gang nach unten abgeht. Hat sie den gemeint? Hier runter? Ich glaube, ich habe gerade meine Periode bekommen, und ich will wirklich nicht, dass das Blut durch meine Hose sickert oder – noch schlimmer – Flecken auf ihrem Sofa hinterlässt. Es gibt drei Türen: eine links, eine rechts und eine geradeaus. Ganz leicht stoße ich die Tür links auf. Das Zimmer hat Teppichboden und ist vollgestellt mit Kartons mit einem blauen »UMZUGS-PROFIS«-Logo auf der Seite und Kleidung in Plastikbeuteln. Toilette? Fehlanzeige. Ich schließe die Tür, spanne den Beckenboden an und öffne die andere Tür. Dahinter befindet sich die Toilette. Ich ziehe mir die Hose runter und hocke mich auf den Sitz. Ich reiße etwas Toilettenpapier ab und wische mich ab. Auf dem Papier bleibt ein hellbrauner, klebriger Schmierfleck zurück. Ich habe noch ein wenig Zeit, bis die richtige Blutung beginnt. Ich rolle ein wenig Klopapier fest zusammen und lege es in den Slip, dann blicke ich vor mir an die Wand. Was ist das denn? Ich blinzele. Ein Bild von E. V. und dem Dalai-Lama. Ich lache leise. Nun, mit einer kleinen Pause von dem verwirrenden Businesstalk, kommen meine Gedanken zur Ruhe, wie Bodensatz unten im Glas. Mit neuer Klarheit richtet sich meine Aufmerksamkeit wieder auf den Hauptfokus: Phaedra. Ich ziehe das Telefon aus der Hosentasche und schaue, ob es auf Wonderland neue Bilder oder Updates von ihr gibt. Nichts. Ich sperre mein Handy und erhasche einen Blick auf mich in einem Ganzkörperspiegel, wie ich mit Handy in der Hand auf dem Klo hocke und mir Klopapier in den Slip gestopft habe. Irgendwie passe ich nicht so richtig in diese neue, glamouröse Welt. Aber ich weiß ganz genau, dass ich dazugehören will. Ich will meine eigene scheiß Kücheninsel aus Marmor. Ich will meine Bude nicht mehr mit dem Backofen heizen. In meinen Adern fließt Feuer. Ich will dieses Leben haben. Ich will, dass es mein Leben ist.

Ich wische mich ab, betätige die Spülung und gehe den Flur entlang zum Empfangsbereich. Die Tür zum Balkon steht immer noch offen und Stadtmief zieht in die Wohnung, es müffelt nach Müll und frittiertem Huhn.

»Da bist du ja.« E. V.s Stimme und ihr Körper kommen aus einem Zimmer an der Seite.

»Ja, da bin ich!«, sage ich und wische mir die Hände an der Hose trocken.

»Und, was meinst du, Darling?«

Ich atme tief ein und ziehe die Schultern bis hoch zu den Ohren. Dann atme ich wieder aus.

»Ich bin bereit.«

Sie schlackert aufgeregt mit den Händen.

»Hier ist dein Vertrag. Er ist sehr kurz; du kannst dich hier hinsetzen und ihn noch einmal durchlesen, wenn du willst. Nimm dir alle Zeit, die du brauchst!«

Sie öffnet das vorbereitete, zwei Seiten lange Dokument auf

ihrem Laptop. Ich habe es heute früh schon mit meinem Katerhirn im Bett überflogen, der Vertrag wirkte vernünftig. Sie bekommt ihre 20 Prozent, wie sie bei unserem ersten Treffen schon erwähnt hatte. Ich strecke ihr die Hände entgegen, damit sie mir den Laptop gibt.

»Einfach so? Bist du sicher? Hast du nicht noch Fragen?«, hakt sie sanft nach.

»Ich habe es mir heute Morgen schon durchgelesen. Ich muss nicht noch mal darüber nachdenken: Ich bin mir sicher.« Ich lege mir den Laptop auf die Knie.

Enthusiastisch hebt sie ihre Teetasse in die Luft.

Ich unterbreche sie. »Wenn du mir wie versprochen innerhalb der nächsten Woche Arbeit beschaffen kannst?«, versichere ich mich.

»Du weißt doch, dass das Teil des Vertrages ist, Darling! Wenn du nichts verdienst, verdiene ich auch nichts. Allein diese Tatsache sollte mich vertrauenswürdig machen.«

Ich grinse, ziehe den Cursor zu der gestrichelten Linie und kritzele meine Unterschrift dort hin.

Unterzeichnet.

Brrr

Brrr

In meiner Tasche vibriert das Handy. E. V. blickt sich im Zimmer um, als wolle sie den Lärm ersticken. Ich ziehe mein Handy heraus und der Bildschirm strahlt mir beim Entsperren ins Gesicht.

Textnachricht von Mum an Eartha

19:32

Hallo Liebes, wie geht es dir heute? Wollte nur kurz nachhören 🙂

Hab ichs doch gewusst.

Kapitel 13

ALLES IST MÖGLICH

Wonderland-Follower*innen: 490 871

ANMERKUNG DER REGIE
Eartha geht in Denim-Hotpants und einem seidenen Tanktop die Straße entlang, sie trägt roten Lippenstift. Sie bemerkt es nicht, aber sie erregt die Aufmerksamkeit von Passant*innen, während sie in der heißen Stadt ein Selfie nach dem anderen macht. Auf einigen Bildern posiert sie vor Parks, auf anderen geht sie den Bürgersteig mit einer solchen Lebensfreude entlang, die andere Leute einfach nicht haben – auch nicht am heißesten Tag im Juni.
Wo sie ist, gibt es etwas zu sehen und sie wird zur Gravitationsquelle, während sie sich selbstvergessen über die heißen Bürgersteige und durch die mit Scheinwerfern beleuchteten Parks treiben lässt.
ENDE

16:19, Freitag.

Der aufgeheizte Beton in Olympia wärmt die Luft. Die Poren der Stadt sind weit geöffnet und die Wohnungen schwitzen ihre Bewohner*innen aus: Halb nackte Menschen lassen sich in Parks von der Sonne grillen. Diese schwitzige Achselhöhle ist meine Stadt und jede*r versucht, einen Platz zu finden, einen Spalt, um die Strahlen zu absorbieren und die Hitze auszuschwitzen. Die Leute rotten sich in den Sonnenflecken zusammen, die auf den

Gehsteig fallen, sie folgen ihnen, wenn die Schatten sie erreicht haben. Auf den Außentischen stapeln sich leere Biergläser.

Meine Gedanken huschen zu Wonderland und ich frage mich, wie mein letzter Post ankommt. Ich habe über meine erste Verliebtheit in der Schule gesprochen – ich bin mir sicher, Rose wird sich ärgern, weil they es nicht war, und meine Follower*innen gebeten, mir Erfahrungen mit dem eigenen ersten Crush in die Kommentare zu schreiben. Es werden immer mehr, ich habe inzwischen über 490 000 Follower*innen. Ich befolge E. V.s Rat, versuche, mich mehr zu öffnen und den Menschen etwas von meinem wahren Ich preiszugeben – oder besser gesagt, *dem* Ich, mit dem sie am besten interagieren. Ich vermute, die Definition von »Intimität« ist ein wenig unscharf geworden, weil wir alle unsere tiefsten Sehnsüchte und Unsicherheiten online zum Besten geben. Einige von uns haben sich früher nach mehreren Monaten oder sogar Jahren Beziehungsaufbau einem*r Therapeut*in oder einem*r Partner*in anvertraut – und heute werden dieselben Informationen ganz offen mit Tausenden Fremden geteilt. E. V. hat mir diese Woche eine Sprachnachricht geschickt. In der hat sie mich gebeten, zu überlegen, was ich gern auf Wonderland teilen würde und was nicht, denn *Grenzen im Internet sind wichtig, Darling!* Ich will auf keinen Fall Bilder von meiner Familie oder meinem Schlafzimmer zeigen. Ich kann mir nicht vorstellen, dass 450 000 Menschen auf die privatesten Bereiche meines Lebens Zugriff haben. Wie dem auch sei, die Grenzen meiner Online- und Offline-Welt verschwimmen miteinander und ich weiß nicht mehr so genau, welcher Teil wohin gehört.

Als ich auf dem Weg zu Rose und Mona bin, gehe ich an einem tätowierten Mädchen vorbei, das auf einer niedrigen Mauer sitzt und auf Freund*innen wartet. Sie trägt eine schwarze Hose mit weitem Bein und ein weißes Baumwollhemd, das weit aufgeknöpft ist und viel gebräunten Oberkörper entblößt. Sie ist fast schon unverschämt sexy. Ich blicke sie kurz an und schaue dann schnell weg. Dann dämmert mir, dass ich das nicht mehr tun muss. Ich gestatte mir, sie abzuchecken, und sie erwidert mein Lächeln, winkt mir cool zu. Mir ist, als würde mein sexuelles Verlangen vor mir aufblühen, befeuert von meinem neu gewonnenen Singledasein.

Ich habe neulich mal ausprobiert, wie ich schmecke, weil ich versucht habe, mir vorzustellen, wie es sein wird, wenn ich es irgendwann einer Frau mit dem Mund mache. Jede neue Begegnung bietet eine Fülle potenzieller Entwicklungsmöglichkeiten: Zum Beispiel kann daraus eine Freundschaft, ein Fick oder die Liebe meines Lebens werden – all das hängt verführerisch in der Luft. Vielleicht ist das eine bisexuelle Besonderheit. Jetzt, wo ich meine Fähigkeit akzeptiert habe, mich – ganz unabhängig vom Geschlecht – von Leuten angezogen zu fühlen, erkenne ich die Schönheit der Dinge, die mich umgeben. Oder vielleicht ist es auch so, dass ich das Leben nun als schön empfinde, weil ich mich nicht mehr den Launen eines anderen Menschen unterwerfen muss.

»Daaa ist sie ja!«, singt Mona und reißt mich aus meinen Gedanken. Sie wartet vor dem Café und die Sonne schimmert auf ihrem kantigen Gesicht, sie hat die Augen zusammengekniffen.

»Hey, du!«, antworte ich.

Ich weiß nicht, wie ich mich in ihrer Anwesenheit verhalten soll. Wie wechselt man zwischen wilden Rummachsessions in den Platonische-Freund*innen-Modus? Ich umarme Mona, die dann zur falschen Tür geht.

»Hier lang«, sage ich und führe uns in Roses Café.

Ich wollte nicht, dass wir uns beide komisch fühlen. Sie weiß auch nicht, was sie sagen soll, oder? Im Café ist weniger los als sonst, wahrscheinlich, weil es draußen sauheiß und drinnen nicht klimatisiert ist. Auf den Tischen, bei denen eine Steckdose in der Nähe ist, surren laut Ventilatoren. Wir haben die Auswahl zwischen vielen Tischen und nehmen den neben dem Kühlschrank. Ich sehe, wie Rose drei Frauen jeweils ein wunderschön mit Blüten dekoriertes Stück Cheesecake und Matcha Lattes serviert. Rose sagt etwas und eine der Ladys tätschelt their Arm. »Also, hör doch mal auf!«

Rose kommt zu mir und sieht ein wenig verwirrt aus.

»Ah, Moment mal …«, sage ich und drehe mich zu Mona. »ROSE! Ich muss dir jemanden vorstellen.«

»Oh, Mona, ich habe schon *so viel* von dir gehört!«, flötet Rose. »Und, seid ihr beiden bereit für euer erstes queeres Ausgeherlebnis?«, spricht they weiter in die Stille, die they verursacht hat. »Wir gehen ins Slinky's. Ich würde nicht sagen, dass man da *unbedingt* hinmuss, aber ihr müsst einfach mal in eine Homo-Bar.«

»Ich dachte, du findest es da total furchtbar?«, sage ich.

»Ja, eigentlich schon. Aber es ist halt die *einzige* Lesben-Bar hier in der Nähe. Sie haben uns echt in den Untergrund getrieben, unter einen Sex-Shop. Aber sei's drum, der Ort gehört uns. Uns ganz allein. Männer dürfen da nicht rein. Außerdem sorgen sie dort auch dafür, dass sich Transfrauen wohlfühlen, also ist das Slinky's ein Safe Space für alle Leute – und zwar ohne Wenn und Aber. Völlig inklusiv und so«, sagt Rose und stapelt rumstehende Kaffeetassen in their Armbeuge.

»Hört sich gut an, warum gefällt es dir dort denn nicht?«, fragt Mona und neigt neugierig den Kopf.

»Wegen der Leute, die dahin gehen.«

Mona verschränkt die Arme vor der Brust. »Ahhh, du hast einfach alle, die dahin gehen, schon flachgelegt, nicht wahr, Rose?«, neckt sie them.

»Die Kleine ist ja nicht auf den Mund gefallen …«

Wir alle brechen in seltsames Gelächter aus und die Anspannung ist weg.

»Es ist ein bisschen so, als würde man ein Zimmer voller Leute betreten, die etwas von dir erwarten, Leute, die sauer auf dich sind, Leute, die verliebt in dich sind ... Das ist auch nicht meine Schuld, oder, Eartha? Ich kann nichts dafür, es liegt an den Leuten, die ich anziehe.«

Scherzhaft verdrehe ich die Augen und lege Rose die Hand auf die Schulter.

»Natürlich ist es rein gar nicht deine Schuld! Dir gefällt es einfach, mit Frauen zu schlafen und ihnen dann nicht zurückzuschreiben. Oder dich durch ganze Cliquen zu vögeln und wo du auch gehst und stehst, Chaos zu hinterlassen. Es liegt nicht an dir, es liegt nur an den anderen!«

Ich gehe in Kampfstellung. Rose starrt mich an und wird zu einem Gast gerufen, lässt also Mona und mich wieder allein. Wir holen beide unsere Handys aus den Taschen, wollen uns unbedingt von dieser sonderbaren, nicht definierbaren Spannung ablenken, die zwischen uns in der Luft hängt. Als ich vor dem Verlassen meiner Wohnung kurz prokrastiniert habe, habe ich auf Phaedras Profilbild geklickt und ihr Gesicht ganz groß gezoomt. Das Bild nimmt immer noch mein ganzes Handydisplay ein.

»Hast du Interesse an dieser Frau?« Mona späht mir über die Schulter.

Ich wäge die Konsequenzen ab und frage mich, ob ich ihr von meiner verworrenen Situation mit Matt und dem Mädchen mit den pinken Haaren erzählen soll, mit dem er mich betrogen hat und das ich nicht mehr aus dem Kopf bekomme.

Ich entscheide mich dafür. Mona haut auf den Tisch, starrt mich dabei an und wartet darauf, wie es weitergeht.

»... und dann habe ich ihn endlich rausgeschmissen und jetzt muss ich einfach die ganze Zeit an sie denken, als wäre sie in meinem Kopf einfach kleben geblieben, ich kann an NICHTS anderes mehr denken als an sie.«

Rose unterbricht uns mit zwei Irish Coffee, die they auf pinkfarbene Untersetzer stellt. Mona entgegnet: »Das Mädel zu vögeln, mit dem dein Freund dich betrogen hat, hört sich für mich *sehr* feministisch an!«

»Muss denn alles feministisch sein?«, frage ich.

»Ich hab doch nur einen Witz gemacht! Vielleicht hat es nichts mit Feminismus zu tun, du kannst einfach machen, wonach dir ist«, antwortet sie. »Wenn du diese Frau nicht aus dem Kopf bekommst, solltest du etwas unternehmen! Oder dränge ich dich vielleicht nur dazu, damit ich das hautnah miterleben kann?« Sie legt das Kinn auf die Fingerknöchel.

»Nein, ich will sie. Wirklich. Ich weiß nur nicht ... vielleicht muss ich mir vorher ein wenig Mut antrinken.« Ich trinke einen Schluck von meinem Irish Coffee. »Was ist denn, wenn sie mir eine Abfuhr erteilt oder mich einfach gar nicht gut findet?«, frage ich und greife wieder nach meinem Telefon.

»Was soll denn dann sein? Zumindest kannst du dann sagen, du hast es versucht. Dann hast du dir nichts vorzuwerfen und kannst weitermachen, dies, das«, antwortet sie.

Auf ihrem Handy erscheint eine Benachrichtigung von FIRE, auf die sie schaut. Kurz pikst mich die Eifersucht, dass sie sich schon nach einem neuen Date umschaut. Ich muss etwas unternehmen. Ich blicke auf mein Handy und öffne meinen Chat mit Phaedra ... Ich habe stundenlang ihre Lieblingslieder auf Wonderland gepostet – Hint! – und ihr Profilbild angestarrt.

Textnachricht von Eartha an Phaedra

18:01

Ich bin in ein paar Stunden im Slinky's, wenn du Lust hast. Ich würde dich heute Abend gern sehen.

18:02

STANDORTMARKIERUNG VOM SLINKY'S

Kapitel 14

SLINKY'S

Wonderland-Follower*innen: 506 582

Ich habe schon zwei Dosen Gin Tonic intus und Mona pinkelt hinter die Mülltonnen, während Rose Wache steht, eine Hand in der Tasche der Lederjacke, in der anderen eine Dose warmes Stella. Ich dachte immer, drei Queers auf der Pirsch würden viel kultivierter aussehen. Phaedra hat nicht auf meine Nachricht geantwortet. Ich habe ihr schon vor zwei Stunden geschrieben. Wenn sie sich bis morgen nicht meldet, sage ich ihr, dass ich betrunken war, als ich ihr getextet habe, und entschuldige mich. Vielleicht kann ich ihr auch, wenn sie mich abblitzen lässt, erklären, dass es nur platonisch gemeint war? Verknallt sein ist so demütigend und diese ganze Sehnsucht erschöpft mich.

Die Luft ist immer noch warm, aber ich bin angespannt und bewege mich, um mich zu beruhigen. Ich will noch eine Dose aus meiner Tasche nehmen, um mich zu entspannen, aber sie ist leer.

»Rose, hast du noch eine Dose, die ich mir reinstellen kann?«, frage ich.

Rose steht mit dem Rücken zu Mona, greift in das Futter der Lederjacke, das im Laufe der Jahre gerissen ist und nun eine große Innentasche bildet. They kramt konzentriert nach einer Dose. Ich höre Kleingeld unten in der Jacke klimpern.

»Bitte schön.« Rose reicht mir die Dose. »Bahhhhhh! MONA!«

Ein Urinbächlein läuft zwischen their Militärstiefeln durch.

»Du solltest mal dein Gesicht sehen«, sage ich und platze fast vor Hysterie.

»TUT MIR LEID!«, ruft Mona hinter uns, wie so ein Mülltonnengnom.

Rose schlackert their Stiefel trocken und will mir die Brille mit den getönten Gläsern vom Kopf nehmen. Ich schnappe sie mir wieder, da vibriert das Handy in meiner Tasche. Ich entsperre es direkt. Noch mehr Follower*innen.

Mona zieht sich wieder an und wir gehen weiter. Nur Straßenlaternen beleuchten den Gehsteig, sonst ist die Straße vor uns dunkel. Auf der rechten Seite zieht ein Mann Rollläden aus Metall zu, um das Schaufenster seines Zeitschriftenladens zu schützen.

»So, wir sind da. Gebt mal die Dosen her, ich schmeiße sie in den Müll.«

»Wie meinst du das, ›wir sind da‹? Hier ist doch gar nichts«, sage ich zu Rose.

Mona stürzt den Rest ihres Drinks runter und kräuselt die Nase, um ihr Septum zu richten. Rose hält unsere Dosen in der Hand und stopft sie in einen vollen Mülleimer.

»Ich habe euch doch gesagt, dass es unterirdisch ist!«, ruft they.

Mona und ich blicken uns an.

»Kommt schon! Hier entlang ...« Rose macht eine Handbewegung.

Als wir zur Tür gehen, schalten meine Nerven einen Gang höher. Die Straße ist immer noch unbelebt, es ist niemand da. Ich kann nicht mal Musik hören.

»ROSE! Du hast mir Lesben versprochen, aber hier sind keine. Schau mal!« Ich zeige auf das Nichts. »Wo sind die Lesb...«

Eine Tür fliegt auf und ich werde von dumpfen Bässen zum Schweigen gebracht, die aus dem Keller wummern. Zwei Frauen kommen sich küssend raus, eine geht rückwärts, die andere hat ihre Taille umschlungen. Sie sind so dicht bei mir, dass ich das Gefühl habe, ich würde mitknutschen. Der Abend schaltet auf

Zeitlupe: Ihre Zungen schieben sich langsam in den Mund der anderen, dabei geben sie den Blick auf weiße Zähne frei, während sie sich anlächeln. Ich glaube, ich habe noch nie jemanden so geküsst. Diese beiden Frauen wollen nur einander. Ich möchte, dass mich auch jemand so sehr will. *Sehne mich danach.* Die rückwärtsgehende Frau bemerkt plötzlich die Gehsteigkante und sucht festen Stand, unterbricht den Kuss, um hinter sich zu blicken, damit sie nicht auf die Straße stolpert. Ich warte darauf, dass sie jemand stoppt. Erwarte, dass jemand kommt und die beiden bittet, sie mögen sich ein wenig am Riemen reißen. Dass die Lesbenpolizei auftaucht und sagt: »Das ist *zu* lesbisch.« Aber mir wird klar, dass es eine Lesbenpolizei einzig und allein in meinem Kopf gibt.

Ein Auto fährt vor und die Frau vorne dreht sich um, um ihrem Date die Tür aufzuhalten. Innerhalb von Sekunden verschwinden die Rücklichter des Wagens auf der dunklen Straße in der Nacht. Ich blicke ihnen hinterher, frage mich, welches grandiose verschwitzte Abenteuer sie im Bett erwartet – oder auf dem Sofa, wenn sie es nicht so weit schaffen. Ich stelle mir vor, dass sie sich vermutlich nicht einmal anschnallen, während sie ihre Hände über die Schenkel der anderen gleiten lassen und ihre Köpfe in der Mitte der Rückbank zueinanderfinden.

»Eartha, wollen wir?!«, ruft Rose – they wartet auf mich.

»Okay, gut, das sieht fantastisch aus hier. Auf geht's«, antworte ich.

»*Wo sind die Lesben? Wo sind die Lesben?*«, ahmt Mona mich mit Quietschestimme nach. Rose und Mona lachen beide.

Rosa bedeutet uns, them ins Innere zu folgen, und wir stehen vor einem mit Perlen besetzten Fransenvorhang. Rose zieht ihn zur Seite und enthüllt eine mit Neonlicht beleuchtete Treppe, die in einen Keller führt. They geht nach unten.

»Komm zurück; es kostet fünf Pfund Eintritt!«

Ich schaue, woher diese tiefe, sexy Stimme kommt, und entdecke eine Frau rechts vom Vorhang, die auf einem Barhocker hinter einem Tresen sitzt. Vor ihr steht eine kleine Blechdose mit verschiedenen Fächern für Scheine und einem ausgeblichenen Aufkleber, auf dem steht »KEIN DROGENGELD«. Sie trägt einen zotteligen schwarzen Vokuhila, eine schwarze Weste und eine kleine Silberkreole im rechten Ohr. Auf dem Hals hat sie ein Kartenspiel tätowiert und auf den Händen Wörter in Altenglisch, die ich nicht entziffern kann.

»Rose, hast du Bargeld dabei?«, rufe ich durch den Vorhang, lasse Monas Arm los und klopfe auf meinen Taschen herum.

»Wie bitte?! *Rose ist hier?!* ROSE!«, ruft die Frau, lehnt sich über den Tresen, um die Treppe runterzuschauen. *Selbstverständlich* kennt sie Rose. Rose rennt die Stufen wieder hoch und steckt den Kopf durch den Vorhang.

»Komm her, damit ich dir und deinen ... sind das ... neue Gespielinnen einen Stempel geben kann.« Die Frau blickt zu Mona und mir, als würde sie versuchen herauszufinden, wer von uns mit Rose vögelt. Oder ob wir das beide tun.

»Das ist meine beste Freundin, Eartha! Sie hat sich ganz frisch geoutet ... endlich.«

Die Frau presst den Stempel auf ein Stempelkissen und drückt ihn dann schnell auf mein Handgelenk. Zwei miteinander verschlungene Venussymbole in Pink werden mir auf die Haut gedruckt. Sie presst den Stempel erneut auf das Kissen und blickt zu Mona auf.

»Wie heißt du noch gleich, meine Schöne?«

»Mona.«

Die Frau drückt den Stempel ein wenig länger auf Monas Haut als auf meine.

»Los jetzt, mach schon, wir haben ja nicht den ganzen Abend Zeit, Stempel her!«, witzelt Rose, schiebt den Ärmel der Lederjacke hoch und knallt den Arm auf den Tresen, als würde they gleich geimpft werden.

»Rose, sag unten bitte Eve Hallo. Sie wird ausflippen, dass du hier bist. Sie ist heute Abend an der Bar.«

»Tüllich. Kommt schon, ihr zwei.«

Wir gehen durch den Perlenvorhang die Kellertreppe hinunter, jede Stufe ist mit einem roten Neonstreifen beklebt. Schon wieder kommen zwei Frauen Händchen haltend die Treppe hochgelaufen. *Die Erfolgsquote des Ladens kann sich bestimmt sehen lassen.*

Unten stehen wir vor einer ziemlich lädierten roten Tür und ich spüre den wummernden Bass auf der anderen Seite. Rose lehnt sich mit der Schulter dagegen und plötzlich klingen die Musik und die Stimmen nicht mehr gedämpft – wir sind auf eine Empore getreten, von der aus wir die ganze Tanzfläche überblicken. Der Raum riecht künstlich-fruchtig, vermutlich, um den Schweißgeruch der Tanzenden zu überdecken. Der Boden der Empore besteht aus rotem plüschigem Teppich und eine Wendeltreppe führt nach unten zur Tanzfläche. An der hohen Decke dreht sich eine Discokugel. Wir gehen nach unten und ich stütze die Hand auf dem Geländer ab, damit ich die tanzenden Frauen beobachten und die Menge nach Phaedra absuchen kann. Der Song verklingt langsam und ein neuer setzt ein, ein eingängiges Gitarrenriff mit männlicher Gesangsstimme sorgt dafür, dass die Frauen, die noch am Rand sitzen, ihre Drinks abstellen, die Gespräche beenden und auf die Tanzfläche stürmen.

»AND SOON I WAS DANCING IN THE LESBIAN BAR«, tönt es aus den vibrierenden Lautsprechern.

Wir sind auf der letzten Treppenstufe angekommen und landen am Rand der Tanzfläche. Rose zieht mich an sich und zeigt zum anderen Ende des Raumes. »Ich bin mal länger weg, ich sag Eve Hallo. Kommst du klar?«, fragt they. Ich versichere Rose, dass alles okay sei, und they küsst mich auf die Stirn, dann verschwindet they in der Menge. Kurz fühle ich mich verloren, dann nimmt Mona meine Hand.

»Komm schon ... Lass uns in der Lesben-Bar tanzen.«

Sie hebt meine Hand hoch und wirbelt mich im Kreis. Ich trage hohe Schuhe, deswegen taumele ich ein bisschen, aber sie fängt mich auf. Es ist etwas ganz anderes, als in einem Raum mit Männern zu tanzen, ich spüre die Blicke der Frauen, aber ich muss nicht den Bauch einziehen. Ich verspüre nicht das Verlangen, mich püppchenhaft zu geben oder mich für jemand anders attraktiv zu machen. Ich glaube, mein Körper war in der Öffentlichkeit noch nie so entspannt.

Mona und ich grölen abwechseln die Lyrics des Liedes. Ich zeige auf sie und donnere: *»SO CONTROLLED!«*

Sie schüttelt ihre Zöpfe zum Beat, zeigt auf mich und kreischt: *»WAY WAY BOLD!«*

Wir zeigen aufeinander und rufen: *»I WAS DANCING IN THE LESBIAN BAR!«*

Kein Wunder, dass lesbische Liebe nicht auf der ganzen Welt legalisiert wird: Die Frauen haben so viel Spaß. *Und zwar ohne Männer.*

»SHOTS!« Wie aus dem Nichts erscheint Rose und reicht uns die Shots. Wir nehmen uns einen und stoßen an, bevor wir auf ex trinken.

»So, ich brauch Feuer«, sagt Rose und klopft sich auf die Taschen.

»Na, ich bin doch MEGAHEISS«, ruft eine Butch ganz in Leder und ich lache in mich hinein, weil ich mich an diese Offenheit erst noch gewöhnen muss.

Rose geht voran durch die Menge zum Raucher*innenbereich, bei dem es sich einfach um den Bürgersteig vor dem Laden handelt. Während wir die Neon-Treppe Hand in Hand hochlaufen und versuchen, uns nicht im Gedränge zu verlieren, spüre ich, wie mein Handy in der Gesäßtasche meiner Jeans vibriert.

Brrr

Brrr

Ich habe Empfang! Ich bleibe einfach stehen und schaue auf mein Telefon. Angst und Aufregung steigen in mir auf, während die endlosen Möglichkeiten im Gehirn hin und her surren. Einige Mädels kommen die Treppe runter und wollen unbedingt an mir vorbei, aber der helle Bildschirm blendet mich – ich sehe sie nicht.

»Eartha, kannst du nicht warten, bis wir draußen sind?«, fragt Rose.

Ich sperre mein Handy wieder und stecke es schnell weg. Jetzt, ganz oben auf der Treppe, verschwimmt der Bass von »I Feel Love« von Donna Summer zu einem undeutlichen Rauschen.

»Hey, meine Schöne.« Die Frau vom Ticketschalter nimmt Mona zur Seite.

Mona zwinkert mir zu, damit ich weiß: Es ist alles in Ordnung. Dann lehnt sie sich über den Tresen, um mit der Frau zu reden. Ich beobachte, wie sich die tätowierten, schwieligen Hände um Monas Rücken schlingen und sie an Stellen berühren, die ich vor einigen Tagen noch angefasst habe. Ich habe andere Hände. Ich will solche Hände. Ich will irgendwie involviert sein. *Aber eine gute Verkupplerin weiß, wann sie sich verziehen sollte.* Ich lasse die beiden allein, gehe raus und sehe, dass Rose schon von einer großen, attraktiven Frau mit blonden Haaren und bleistiftdünnen Augenbrauen Feuer bekommen hat; in der Hand hält sie ein mit Strasssteinen verziertes Feuerzeug. Roses Freundin betrachtet mich von Kopf bis Fuß, als wäre ich ein Snack. Ich lehne mich mit dem Rücken an die Wand neben dem Eingang. Rose holt eine Zigarette aus der Packung und hält sie mir vor die Lippen. »Weit öffnen!«

»Das klappt niemals«, sage ich, öffne den Mund und Rose versucht, mir die Kippe zwischen meine Zahnlücke zwischen den Schneidezähnen zu stecken.

»Was *passt* denn da rein?«, fragt Roses große Freundin mit ausgeprägtem New Yorker Akzent. Sie gibt mir Feuer.

»Ich habe mir da mal ein Fünf-Pence-Stück reingeklemmt.«

Sie ist die attraktivste Frau, die ich bislang im Slinky's gesehen habe. Ihre Finger sind lang und dünn, sie trägt pinke Acrylnägel, nur ihr Mittel- und Zeigefinger sind kurz geschnitten.

»Was ist mit den beiden passiert?« Besorgt streiche ich über die abgebrochenen Nägel.

Sie und Rose öffnen die Münder und werfen die Köpfe in den Nacken und bekommen einen Lachanfall.

»Was denn?«, frage ich und es ist mir ein wenig peinlich.

Das große Mädel streicht sich mit ihren spitzen Klauen die platinblonden Haare hinter die Schulter. Sie bückt sich zu mir runter, lehnt sich näher zu meinem Gesicht und senkt die Stimme.

»Die beiden sind zum Spaßhaben da.« Sie zieht an ihrer Zigarette. »Wenn du Glück hast, findest du vielleicht später raus, warum sie kürzer sind.«

Brrr

Brrr

Mein Telefon vibriert wieder in meiner Tasche. Ich runzele die Stirn und ziehe es raus, gehe auf die andere Seite der Tür und lasse die beiden alleine lachen.

ALLE Nachrichten sind von E. V.

Textnachricht von E. V. an Eartha

22:14

Eartha, wie geht es dir? Wir sollten ein Meeting ausmachen und die Vollmacht besprechen, die dich zum Star macht!

Anruf in Abwesenheit von E. V.

22:47

Textnachricht von E. V. an Eartha

Hi, Eartha. Sorry, dass ich dir noch mal schreibe, aber ich bin bei einer Party und du musst kommen, UNVERZÜGLICH! Hier sind viele wichtige Leute, die dir bei deiner Karriere auf Wonderland behilflich sein können.

22:50

Sie wollen dich alle kennenlernen, Eartha. Wir sind im Firestone. Komm so schnell es geht!

Anruf in Abwesenheit von E. V.

22:52

Textnachricht von E. V. an Eartha

23:01

Eartha, ich will nur nicht, dass du dir diese Gelegenheit entgehen lässt, du könntest hier bis zum Erbrechen netzwerken! Wo bist du??

»Was ist los? Alles in Ordnung?«, ruft Rose mir zu.

»Alles gut, ist nur E. V., sie ... Ach, echt, alles gut«, wiederhole ich.

Ich sperre mein Handy und stecke es in die Tasche. Rose hebt die Hand an die Stirn, als wollte they mir salutieren, und wendet sich wieder zu their Freundin. Ich rauche meine Zigarette, während ich ausdruckslos auf die gegenüberliegende Straßenseite starre. Ich werde mich morgen früh bei E. V. melden, es ist schließlich gerade keine Arbeitszeit mehr und ich habe Spaß. Ich bin viel lieber hier bei meinen Freund*innen.

Aber was ist, wenn das Event wirklich so wichtig ist?

Ach, scheiß drauf. Ich habe keine Lust, mit ein paar Leuten von Wonderland zu netzwerken. So sieht's aus. Ich habe das so entschieden. Ich bleibe hier. Ich blase den Rauch von meinem letzten Zug aus, werfe den Stummel auf den Boden und trete ihn mit meinem hohen Absatz aus. Ich spüre eine Hand, die mich sanft an der Taille zieht. *Was will they nun schon wieder?*

»Eartha …«

Das ist nicht Rose, das ist …

»Warum siehst du denn so schockiert aus, du hast mir doch vor ein paar Stunden geschrieben.«

Es ist Phaedra. Sie ist noch göttlicher als in meiner Erinnerung.

»Oh mein Gott, nein, natürlich, ich … ich freu mich total, dass du hier bist.«

Mir ist ein bisschen schwindelig von der Zigarette. Ich breite die Arme aus, um sie fest zu drücken. Als ich sie loslasse, nimmt sie meine Hände und unsere Finger verschränken sich langsam, während sie mir immer näher kommt.

Je mehr sie lächelt, desto tiefer werden die Grübchen in ihren Wangen. *Ich will mich in diesen Kuhlen zusammenrollen.* Das rote Licht vom Schild des Slinky's schimmert auf ihrem Gesicht, bringt ihre Sommersprossen zum Vorschein. Ich habe vergessen, wie man atmet. Ich habe auf manuelles Atmen *umgestellt.*

Einatmen.

»Willst du einen Drink?«, frage ich.

»Ja, gerne«, antwortet sie.

Ausatmen.

Sie lässt eine Hand los, die wegen meines Schweißausbruchs ein wenig klebrig ist, die andere Hand aber bleibt in meiner. Ich lehne mich mit der Hüfte gegen die Tür, um sie zu öffnen, und schaue kurz nach Mona. Ausgehen mit queeren Freund*innen ist wie ein Tag-Team-System. Man sondiert permanent das Terrain: *Geht es allen gut? Hat eine*r jemanden abgeschleppt? Hat es mein*e Freund*in aus der Toilette rausgeschafft oder wird da drinnen noch gekotzt? Wird eine*r gerade von einem unangenehmen Typen in die Ecke gedrängt und braucht Hilfe?* Ich drehe mich um und sehe, dass Mona auf dem Tresen sitzt und die Beine um den Oberkörper der Frau geschlungen und ihr die Arme um die Schultern gelegt hat.

»Alles o.k.?« Phaedra lächelt mich an.

»Ja, ich schaue nur nach meiner Freundin …« Ich mache eine Kopfbewegung in Richtung Mona.

Sie blickt die beiden Frauen an und schaut dann zurück zu mir, ihre braunen Augen funkeln sanft und verführerisch – das lässt doch hoffen, dass sie mich auch so küssen will. Es ist ein Wunder, dass mein Slip noch nicht klitschnass ist.

Wir gehen langsam die Stufen hinab und bahnen uns einen Weg zur Bar, immer noch Händchen haltend. »Shots?«, frage ich sie und mache Roses Stimmlage nach, um selbstbewusst zu wirken.

Phaedra lächelt, legt mir die Hand unten auf den Rücken und streichelt mich sanft, während ich bestelle. *Wie soll ich einen vernünftigen Satz herausbringen, wenn jede Zelle in meinem Körper kurz vorm Explodieren steht?*

»Hallo, kann ich bitte …«

Mein Körper zuckt, ihre Hand bewegt sich immer weiter meinen Rücken hinauf.

»… zwei Shots Tequila, bitte?«, krächze ich.

»Sicher, Süße, mit Salz und Zitrone?«, fragt der/die Barkeeper*in und hält mir ein Kartenlesegerät hin.

Phaedra streichelt mich nun unter meinem Shirt, ihre Finger fahren an meinen Rippen entlang. »JA«, schreie ich fast, als ich fühle, wie mir etwas zwischen den Beinen hinabrinnt.

Das alles passiert wirklich.

Ihre Berührung fühlt sich besser an, als ich es mir jemals erträumt hätte.

Der/Die Barkeeper*in sieht wegen meiner Zuckungen und der fahrigen Bewegungen ein wenig besorgt aus, aber Phaedra bewegt ihre kühle Hand unter meinem Top immer weiter nach oben. Ich nehme das Salz von der Bar und will die Haut zwischen Zeigefinger und Daumen ablecken. Ich öffne den Mund und lecke, dann streue ich mir Salz auf die Haut. Dabei denke ich an alle Frauen, die ich jemals angraben wollte, alle Mädels, die ich toll fand und denen ich dann beim Nachhausegehen mit Jungs hinterhergeschaut habe, oder bei denen ich mich nicht getraut habe, sie anzusprechen. Es ist, als würden alle unterdrückten Triebe in diesem einen Moment an die Oberfläche kommen. Ich schnappe mir Phaedras Hand und nehme das Salz, lecke ihre Haut an und streue Salz darauf. Sie atmet geräuschvoll ein und flüstert: *»Fuck.«*

Wir stoßen mit unseren Shotgläsern an und klopfen mit ihnen auf die Bar, bevor wir sie hinter uns werfen. Dann beißt jede von uns in ein Stück Zitrone. Ich verziehe das Gesicht, weil es so sauer schmeckt. Sie umfasst meinen Hinterkopf.

»Ich glaube …«, sagt sie und blickt mir auf die Lippen, »du weißt genau, was ich will.« Sie blickt mir wieder in die Augen.

Wir beugen uns zueinander, um uns zu küssen, und ich lasse komplett los. Ich vergesse, wer ich bin. Ich vergesse, wo ich bin. Ich vergesse alles, was zu diesem Augenblick geführt hat. Ich öffne die Augen, um mich zu versichern, dass das hier wirklich geschieht. Ich bin nicht nah genug bei ihr. Ihre Kleidung schirmt mich von ihrer Wärme, ihrem Geschmack und ihrer Berührung ab. Sie fährt mit den Händen in meine Gesäßtaschen und spreizt die Finger auf meinem Hintern.

»Wollen wir gehen?« Sie grinst, küsst mich auf die Nase und hebt mein Kinn.

Sie starrt meine Lippen an.

Dann küsst sie sie.

Ein sanfter, langsamer, inniger Kuss.

Ich habe keine Worte mehr. Sie hat sie mir geklaut.

»Eartha?«

»Fuck, sorry, du bist so … Ja, lass uns verschwinden. Ich kann nicht mehr vernünftig denken.«

»Bei dem, was ich heute Nacht mit dir vorhabe, will ich *auf keinen Fall,* dass du vernünftig denkst.«

Kapitel 15

KISSING THE PINK

Wonderland-Follower*innen: 517 586

Phaedra besorgt uns eine Flasche Rotwein am Kiosk bei mir um die Ecke, während ich in meinen hohen Schuhen die staubigen Treppen hochstürze, um das schlimmste Chaos in meiner Bude zu beseitigen. Ich weiß, dass ein halb gegessener Hash Brown noch in der fettigen Pfanne auf dem Herd steht, den muss ich wegwerfen. Ich renne rein, um das Geschirr abzuspülen und den Müll wegzubringen, und als ich zurückkomme, zünde ich völlig panisch ein Räucherstäbchen mit Blumenduft an, mache das Bett und schmiere mir schimmernde Bodylotion auf die Beine.

Ich ziehe gerade noch meine pinke Bettwäsche glatt, als ich die Türklingel höre. Ich renne zur Video-Gegensprechanlage, um Phaedra reinzulassen.

»Ich hoffe, du hast Gläser, ich kann Wein nicht aus einer Tasse trinken«, sagt sie beim Reinkommen und hebt die Flasche hoch.

Mit Schraubverschluss. Gott sei Dank.

Sie geht in die Küche und blickt sich um. Es war noch nie jemand Fremdes in meiner Wohnung. Was soll ich jetzt erzählen? Soll ich über die horrende Miete jammern und den Schimmel, um den der Vermieter sich nicht kümmert? Jetzt bin ich wirklich allein mit ihr in meiner Wohnung.

»Setz dich doch … hierhin«, sage ich, während ich einen Stuhl unter dem winzigen Küchentisch hervorziehe. Ich nehme zwei Gläser aus dem Schrank und setze mich zu ihr an den Tisch.

»Deine Wohnung ist schön«, sagt sie und lächelt mich an.

»Sie ist nicht gerade riesig oder besonders geräumig«, plappere ich und schenke uns den Wein ein.

Ich gehe das kurze Stück vom Küchentisch in mein Schlafzimmer.

»So, das war die Roomtour!«, sage ich und reiche ihr ein Weinglas.

»Wow, ich fühle mich total privilegiert! Ich weiß doch, dass die Leute auf Wonderland da schon seit Wochen drum betteln …«

Ich lächele bei dem Gedanken, dass sie genauso obsessiv mein Profil checkt wie ich ihrs. Sie legt mir ihre Hand um die Taille und küsst mich auf die Wange.

»Wir sollten einen Pakt schließen, dass wir nicht über diesen *Dingens* sprechen«, sagt sie, verzieht das Gesicht, dann streckt sie die Arme auf meinem Bett aus und hat die Beine gespreizt. »Der Elefant im Raum … dieser erbärmliche DJ, der uns zusammengebracht hat«, spricht sie weiter.

»Er war eine Verschwendung von Raum, Zeit und Energie. Wir sollten ihm nichts mehr davon zugestehen«, sage ich.

Ich will nicht über den Betrug nachdenken. Nicht jetzt. Ich will nicht, dass ein Gefühl der Scham unsere Verbindung durchdringt. Dieses Gefühl gleicht einer Nadel, die neben uns in der Luft schwebt und diesen Augenblick zu zerstören droht.

Wir stoßen an und nehmen große Schlucke.

»Ist das deine Kunst?«, fragt sie schließlich, setzt sich auf und geht zu meinem Schreibtisch. Sie greift nach der Collage, die Matt mit seiner nassen Hand begrabbelt hat. Sie betrachtet meine Wand mit meinen gesammelten Werken, während ich still dasitze. Obwohl sie mir noch kein einziges Kleidungsstück ausgezogen hat, fühle ich mich nackt.

»Oh, ignoriere die bitte, die ist ein bisschen schief.«

»Ich finde es grandios, dass du ihre Titten nicht gleich groß gezeichnet hast. So sind sie nämlich in Wahrheit!«

Ich kralle meine Zehen nicht mehr zusammen.

Sie legt Glas und Bild vorsichtig auf dem Tisch ab. »Hast du noch mehr Klebeband? Diese Lady muss aufgehängt werden.«

Ich werde mir nie wieder von einem Mann sagen lassen, was Kunst ist und was nicht.

Ich nehme das Klebeband aus der Schublade, Phaedra reißt ein Stück ab und klebt die ungerahmte Frau an die Wand.

Ich schaue meine Platten durch und entscheide mich für Mazzy Star. Ich lege die Platte auf den Spieler und führe die Nadel an die richtige Stelle. Das Vinyl knistert und dann setzt sanft die Gitarre ein.

Sie umarmt mich von hinten, dreht mich um und schiebt mir sanft die Zunge in den Mund, wir küssen uns. Ich kämpfe mit jeder Faser meines Körpers dagegen an, nicht auf unser Spiegelbild zu blicken, um zu sehen, wie sie aussieht, wenn sie mich so festhält. Es fühlt sich so an, als hätte ich mein ganzes Leben lang von dieser Frau geträumt, und jetzt ist sie hier, in meinem Schlafzimmer, und es ist noch besser als in meinen schönsten Träumen. Ich halte mein Weinglas in der Hand hinter ihrem Kopf, während ich mit der anderen Hand unter ihr Top gleite, sie unter ihr Seidenshirt bis zu ihren weichen Brüsten schiebe. Ich spiele mit ihrem Brustwarzenpiercing, schnipse sanft dagegen. Ich will, dass sie weiß, wie sehr ich jeden Zentimeter von ihr begehre. Aber ich habe Angst, es laut auszusprechen – sie soll nicht merken, wie nervös ich bin. Sie zieht mich enger an sich und das Weinglas in meiner Hand kippt in die Waagerechte.

Ich blicke über ihre Schulter auf den Teppich, der nun mit Rotwein bekleckert ist.

Fuck. Das wird morgen früh scheiße schwer zu entfernen sein.

Bleib im Augenblick, EARTHA!

Sie dreht sich um, um den Fleck zu betrachten, aber ich ziehe sie zu mir zurück.

»Nichts passiert. Küss mich.«

Sie öffnet die Lippen und drückt mir feuchte Küsse auf den Hals.

Wir setzen uns ans Fußende meines Bettes, vor den Spiegel. Ich stelle das Glas ab, während sich ihr Gesicht in meinen Nacken bohrt.

»Hier«, sage ich und zeige auf eine Stelle unter meinem Kiefer.

»Soll ich dich da küssen?«

Sie fährt mit der Zunge über mein Schlüsselbein, dann meinen Hals entlang. Ihre Zunge kommt der Stelle immer näher. Wenn sie das mit meinem Hals schafft, was wird sie dann nur mit meiner ...

Mein ganzer Körper bebt.

Sie neckt mich. Ihre Lippen sind überall auf meinem Hals – nur nicht dort, wo sie mich küssen soll. Langsam legt sie mich auf den Boden. Ihre Finger fahren von meinem Hals zwischen den Brüsten entlang und dann meinen ganzen Körper hinab. Sie sind nun unten an meinem Bauch angekommen, meine Pussy öffnet sich wie eine Rosenknospe, als Phaedra mich berührt. Ich sehe sie im Spiegel, wie sie rittlings auf mir sitzt, die Knie neben meinem Körper. Sie setzt sich mit ihrem Schritt auf meinen und stößt sanft ihre Hüfte in mich. Ich spüre, wie ihre Hosennaht an meiner Klit reibt, und stöhne.

Das Kerzenlicht flackert an der Wand und leuchtet in den reflektierenden Fäden ihrer Seidenbluse. Wir bewegen uns in unserem eigenen Rhythmus, schwelgen im Verlangen der anderen. Ihre Hände bewegen sich immer noch über meinen Körper, während sie meinen Hals küsst.

Ich streife ihr mit der Hand über den Rücken, suche nach ihrem Hüftbogen, dann fahre ich mit dem Finger unter den Ledergürtel ihrer Hose.

»Ist es o.k., wenn ich dir die ausziehe?«, frage ich.

Sie steht auf und blickt mich weiterhin an. Sie wirft ihre Hose zu Boden, der Gürtel klimpert. Kurz blicke ich auf meine Nippel. Sie sind hart.

Langsam lässt sie sich in ihrem Shirt und ihrem süßen, mit Kirschen bestickten Slip auf mich sinken.

Ich hoffe, Matt hat den nicht zu Gesicht bekommen.

»Kann ich das auch ausziehen?«, frage ich und ziehe am Saum ihres Shirts.

Ohne nachzudenken, knöpft sie es auf. Ich knöpfe mein eigenes Hemd auf und lasse es neben sie fallen. Sie hat ein kleines Tattoo auf den Rippen: »IT-GIRL«. Ich schaue zu ihr auf und sie ist einfach ein Wesen, das man nur anbeten kann. Sie verschmilzt mit dem Hintergrund.

Moment, war sie auch mit Matt so vertraut? Die Frage liegt mir auf der Zunge und versucht, aus meinem Mund zu kriechen. Ich schlucke sie runter und fokussiere mich auf den Augenblick. Auf sie.

Wir halten uns immer noch an den Händen und ich versuche, sie zu mir runterzuziehen, aber sie sträubt sich. Wir verharren so, wie wir sind, und betrachten unsere Körper, während Duftschwaden und Musik um uns herumwabern. Ist das Bestandteil von queerem Sex?

Ich bin in diese Frau verliebt, sie ist perf…

Moment, NEIN. Ich bin definitiv nicht verliebt.

Scheiße Mann, Eartha, reiß dich zusammen.

»Ich bin so froh, dass ich gerade mit dir hier bin«, sagt sie und fährt eine Linie auf meinem Bauch nach.

Meine Angst verhallt. Das hier *ist* zärtlich und etwas Besonderes. Sie spürt es auch. Mir war nicht klar, dass man sich so sexuell lebendig fühlen und gleichzeitig als vollständiges menschliches Wesen gesehen werden kann.

»Ich auch …«, antworte ich.

Aber ich hoffe wirklich, dass sie sich mit Matt nicht genauso gefühlt hat. Sei ruhig, Eartha.

Konzentrier dich.

Sie legt sich auf mich und das harte Metall ihres Brustwarzenpiercings sticht mir ins Fleisch; ich spüre Stromschläge in meiner Wirbelsäule.

»Wo waren wir?«, flüstert sie mir ins Ohr.

»Du wolltest mich küssen, und zwar hier«, sage ich und zeige auf meinen Hals.

»Lass die hier oben …«, sagt sie.

Ihre Worte, unsichtbare Handschellen, die meine Hände über dem Kopf fesseln. Ich zittere, während sie mir mit den Fingern die Oberschenkel hinaufstreicht, bis zum Spitzenbesatz meines Tangas. Sie fährt am Rand des Stoffs entlang, die letzte Grenze, die es noch zu überwinden gilt. Sie spreizt die Finger auf meinem Slip und ihre Hand schwebt über meiner Pussy. Sie schiebt ihre Hüfte gegen meine und presst die Finger auf meine Klit. Ich schreie fast. Schreie das lebenslange Verlangen nach Berührung von einer Frau aus mir heraus.

Meine Arme liegen immer noch über dem Kopf.

Unsere Lippen berühren sich, wir küssen uns aber nicht.

Ich bin bereit.

Ich blicke zu ihr auf.

Ich kann mich kaum noch halten. Sie hebt mich hoch und dreht mich um, dann schaue ich mit dem Rücken zum Bett in den Spiegel. Das pinkfarbene Licht meiner Lampe schimmert auf ihrer feuchten Haut, ein einziger Schweißtropfen rinnt zwischen ihren Brüsten hinab.

Wir blicken uns in die Augen, während ihre Finger unter das Gummiband meines Tangas fahren.

Unsere Gesichter sind nur wenige Zentimeter voneinander entfernt.

Sie versenkt ihre beiden Finger langsam in mir.

Sie zieht sie raus und stößt sie dann noch mal in mich.

Unsere Gesichter drücken sich aneinander, wir küssen uns wild, keuchen uns gegenseitig in den Mund. Jede Zelle meines Körpers kribbelt.

Ich klammere mich an ihrer Taille fest, während sie mich fickt.

Ich betrachte uns im Spiegel.

JA,

JA,

JAAAAAAAA,

JAAAAAAAAAAAAA,

Ich schreie.

Mein Körper windet sich vor Ekstase.

Sie blickt mir in die Augen, während ihre Finger in mich eintauchen.

Es geht weiter, immer weiter.

Ihre Finger lassen mich richtig hart kommen.

Die Zuckungen meines Körpers verebben, wie Wellen, die sich an ihrem Oberschenkel brechen.

Sie hebt die Hand zum Mund.

Blickt mir fest in die Augen.

Und leckt sich den Zeige- und den Mittelfinger ab.

Ohhhhhh.

Deswegen sind diese Nägel also kurz geschnitten.

*

Eine Stunde ist es her, dass sie mich noch zweimal zum Orgasmus gebracht hat. Ich vermute, es ist ungefähr fünf Uhr morgens, weil der Himmel immer rosafarbener wird, durchkreuzt von Kondensstreifen von Flugzeugen wie ein verwirbelter pinker Latte. Das einzige Licht im Raum spenden Kerzen, die kaum flackern; die Wachslachen, die sich unter ihnen gebildet haben, haben die Dochte fast erstickt. Wir hocken auf der Fensterbank, lehnen uns mit den Rücken an die Seiten. Ich habe ein Bein auf die Fensterbank gestellt, mein Knie zeigt nach oben und mein anderer Fuß steht auf dem Schlafzimmerboden, sie spiegelt mich auf der anderen Seite der Fensterbank, lässt einen Arm runterhängen und mit der anderen Hand raucht sie eine Zigarette aus dem Fenster. Unsere Füße in der Mitte sind nur getrennt durch einen angeschlagenen Keramikaschenbecher, in den wir ab und zu aschen. Sie trägt ihren Slip, Flauschsocken, die sie sich von mir geliehen hat, und sonst nichts. Mein Slip ist weg, wahrscheinlich liegt er irgendwo auf dem Boden, wo er mir ausgezogen wurde. Meine Oberschenkel sind immer noch klebrig vom Sex und das Zimmer riecht nach uns. Ich sitze ihr gegenüber und starre sie an: Ihre Haarfarbe und der rosafarbene Himmel passen so unfassbar gut zueinander, dass es sich so anfühlt, als hätte mich alles, was ich in den letzten Wochen getan habe, genau zu diesem Moment geführt, in dem ich diese perfekt harmonierende Schönheit betrachten kann.

»Es fühlt sich so an, als wären wir schon stundenlang wach«, sagt sie und zieht an ihrer Zigarette. Sie blickt über die Schulter in die Morgenröte, als würde sie versuchen, die Zeit am Licht abzulesen.

»Sind wir auch. Ich bin so müde, fast wie im Delirium«, antworte ich. Ich greife nach ihrer freien Hand. Ich ziehe sie sanft in die Mitte des Fensterbretts, damit sie mich küsst, über unseren Knien. »Ich finde es großartig, dass ich dich einfach so küssen kann«, sage ich.

»Ich auch ...«, antwortet sie, hört sich aber ein wenig verwirrt an.

»Ich meine damit: Ich bin noch nicht so lange geoutet. Und ...« Ich blicke auf unsere Finger, die miteinander verschlungen sind und sich streicheln. Ich lächele. »Und das fühlt sich echt schön an. Außerdem wollte ich dich schon küssen, als wir uns zum ersten Mal gesehen haben.«

»Ich dich auch! Also zuerst dachte ich, du würdest mich zusammenschlagen, als du herausgefunden hast, dass ich …«

Wir verstummen beide.

Plötzlich will ich diesen kleinen Zufluchtsort schützen, den wir in meinem Schlafzimmer erschaffen haben, wo alles pink ist, Männer mit Baumelohrring nicht existieren und sie *auf keinen Fall* meinen Freund gevögelt hat, während ich darauf gewartet habe, dass er nach Hause kommt.

»Ist schon in Ordnung. Ich meine, wir können diese albtraumhafte Situation zu unseren Gunsten umdrehen …« Ich lasse ihre Hand los, um mich aufrecht hinzusetzen, wedele mit den Händen und versuche, etwas Kluges zu sagen – über das ganze Chaos, das uns zusammengebracht hat. »Vielleicht schaffen wir es, ihm irgendwie dankbar zu sein. Wir können ihm *tatsächlich* danken.«

»Genau! Wenn ich nicht zu diesem Gig gegangen wäre, hätte ich dich nicht kennengelernt.«

»Wenn *er* dich nicht gefickt hätte, dann hätte *ich* dich auch nicht gefickt.«

»Na, das wäre *in der Tat* ein Albtraum.«

Sie neigt den Kopf und küsst mich sanft aufs Knie. Ich lehne mich zurück und bewundere sie wieder. »Ich will näher bei dir sein«, sage ich und streiche über den Abdruck, den der Teppich auf ihrer Haut hinterlassen hat.

Sie zieht eine kuschelige Socke aus und schiebt die Zehen langsam zu mir. In der Mitte treffen sich unsere Füße und die Zehen verschränken sich miteinander. Sie legt ihren Fuß auf meinen.

Wir blicken uns an, unsere Blicke fesseln uns an den Moment. So eine Intimität habe ich noch nie zuvor erlebt.

Ich will sie noch einmal haben.

»Willst du ins Bett?«, frage ich sie.

»Ich glaube nicht, dass ich jetzt schlafen kann.«

»Schlafen sollst du auch *auf gar keinen Fall.*«

Kapitel 16

SEXISTISCHES MARKETINGKONZEPT

Wonderland-Follower*innen: 568 309

Ich bin seit Tagen auf Wonderland, seitdem Phaedra neulich nachmittags gegangen ist. Die meiste Zeit über habe ich mich mit Männern gestritten und zwischendurch Phaedras Seite gecheckt, um zu sehen, was sie so macht. Ich lese jeden Artikel, den sie teilt, versuche besser zu verstehen, wer sie ist und was sie von der Welt will. Ich will gut genug für sie sein.

Den Tag nach unserer gemeinsamen Nacht haben wir komplett im Bett verbracht, eingekuschelt in dem schwitzigen, warmen Kokon meiner Bettdecke. Der Morgen war gefüllt mit sexuell befriedigtem Lachen und Küssen voller Morgenatem. Ich hatte vergessen, wie es sich anfühlt, mit einer Person im Bett zu liegen, vor deren Berührung man nicht fliehen will. Wie es sich anfühlt, wenn verschwitzte Gliedmaßen miteinander verschlungen sind und man lieber direkt neben dem anderen heißen Körper schläft als auf der kühlen, breiten Bettseite neben sich. Ich verspüre den Impuls, meine Ambitionen über Bord zu werfen und in meinem Leben Raum für sie zu schaffen.

Aber meine Follower*innen haben sich verdoppelt, seitdem ich E. V. kennengelernt habe – ich habe nun 568 000 Follower*innen und der Suchtfaktor steigt und steigt. Ich habe ihr gesagt, dass mich die viele Zeit auf Wonderland auslaugt, und sie hat mir ein paar Tuchmasken aus einem PR-Goodie-Bag geschickt, damit ich meine Augenringe loswerde.

@Menhurt_22 Frauen, die rausgehen und unvernünftige Klamotten tragen, versuchen bewusst Alphamänner dazu zu bringen, sie zu belästigen. Das ist einfach Tatsache. Wenn du nicht von Männern belästigt werden willst, zieh dich ordentlich an! #Alpha

Ich antworte:

Männer, die ins Internet gehen, um in ihrer Freizeit bewusst Frauen zu belästigen, bringen Feminist*innen dazu, sie bloßzustellen! Zieh dich selbst ordentlich an, *@Menhurt_22* – ich bin dir auf der Spur. Hör auf, dich hinter einem Usernamen zu verstecken, und gib deinem Statement ein Gesicht. Oder hast du zu viel Angst vor dem Urteil anderer Menschen – Menschen wie dir –, die hierherkommen, um Hass zu verbreiten?

Wonderland-Kommentare (54):

@Girl_Wild JAAAAA Eartha!

@Deandra Hätte gar nicht gedacht, dass ich dich noch besser finden könnte, aber du hast dich selbst übertroffen … LIEBE FÜR DICH, EARTHA!

@VeronicaEscher Eartha, bitte treib diese Männer weiterhin zusammen.

Es ist spät – das erkenne ich an der Farbe des Himmels. Cracker-Krümel liegen auf meiner Tastatur, aber darum kann sich die Zukunfts-Eartha kümmern. Ich muss mich absolut fokussieren, während ich mir diese mächtigen Schmähungen für Leute ausdenke, die ich im realen Leben niemals treffen werde. Ich finde, wenn diese sexistischen Männer mutig genug sind, ihre bigotten Ansichten im Internet herauszublöken, müssen sie auch bereit sein, die Konsequenzen zu tragen: nämlich mich. Wenn ich sie auffinde, haue ich in die Tasten, um sie zu provozieren. Es scheint wie folgt zu laufen: Je mehr Meinungsverschiedenheiten ich öffentlich austrage, desto geladener und wütender werden die Leute, desto mehr Engagement habe ich auf meinem Wonderland-Profil und desto höher ist die Wahrscheinlichkeit, dass ich in die Kategorie »Trending« katapultiert werde. Ich ignoriere meine moralischen Bedenken. Ein bisschen so, als würde man bei einem schrecklichen Schlachthof-Video weiterscrollen, wenn es im Feed erscheint, damit man weiterhin Burger essen kann, ohne sich als Monster zu fühlen.

Aber ich denke darüber nach und komme zu dem Schluss: Das ist etwas anderes, weil ich das Richtige tue. Ich mache es für einen guten Zweck. Ich stelle Misogyne, Rassist*innen, Homophobe und Transphobe bloß und schärfe gleichzeitig die Sensibilität für diese Themen. Ich würde mich mitschuldig machen, wenn ich das alles geschehen lassen würde, ohne darauf hinzuweisen! Die Leute *müssen* deswegen wütend sein. Die Leute *müssen* diese Dinge sehen. Wir können nicht zulassen, dass mächtige Menschen die Leben anderer zerstören. Ich tue das Richtige. Doch sobald ich einen Mann zum Schweigen gebracht habe, eilt ihm eine Armee aufgebrachter Männer zur Rettung.

E. V. hat mir versprochen, dass dies schließlich zu Aufträgen von Unternehmen führen wird; je beharrlicher ich dabeibleibe, desto mehr Menschen werden sehen, dass mir diese Dinge wichtig sind. Sie hat es mir bei einem Geschäftsessen letzte Woche erzählt, dass eine mit dem User*innen-Namen »Joan of Narc« gerade groß rauskommt, weil sie Männer online bloßgestellt hat. E. V. findet, dass »Wonderland-Eartha« mit auf diesen Zug aufspringen sollte. Deswegen habe ich ein wenig recherchiert und um drei Uhr früh letzte Nacht herausgefunden, was es mit »Incels« auf sich hat. Fast hätte ich meinen ohnehin schon schmuddeligen Teppich um einen Kotzfleck bereichert. Bei Incels handelt es sich um Männer, die keinen Sex mit Frauen haben können, aber glauben, das sei ihr *Geburtsrecht*. Sie sind »involuntarily celibate«, also unfreiwillig Junggesellen. Inzwischen wird die Gruppierung als terroristische Bedrohung eingestuft und auch wenn es wehtut, muss ich einfach immer weiterlesen. Ich habe nicht geschlafen. Ich weiß nicht mehr, wie spät es ist. Wo ist unser Sprachrohr, was ist mit unseren Bedürfnissen, unserem Recht, Nein zu sagen zu Männern? Wir haben ein Recht auf dieselbe Entscheidungsfreiheit wie sie. Ich drehe mein Handy um, der Bildschirm zeigt jetzt nach oben.

Wonderland-Benachrichtigungen (98):

@*WstedLife* Halt dein dummes Maul. Wir haben schon verstanden. Dein Freund hat dich betrogen. Aufstehen – weitergehen.

@*Sickly_Sexy* LEUTE, WER HAT IHR WEHGETAN?!!!

@*FeminazisSuckMyCock* Diese Huhre denkt wirklich das die ganze Welt hinter ihr her ist. Sie ist verrückt.

@*SamanthaSanders* Eartha, hör nicht auf diese Leute. Du gibst Frauen wie mir eine Stimme. Ich bin mit einem Mann zusammen, der mal gesagt hat, er würde mich umbringen, wenn ich ihn verlasse. Ich kann den Mund nicht aufmachen. Aber du kannst es. Weiter so.

@*BelowTheKnickers* Skincare. Routine. Sofort.

@*WolfPack* #MGTOW sind hinter dir her, du dreckige Schlampe. Gib doch einfach zu, dass du nur deswegen lesbisch bist, weil Männer dich sowieso nicht wollen.

@*matt_the_shaman* Mein Leben ist so viel besser, seitdem du nicht mehr Teil davon bist #FollowingMySpiritGuide

@*Champagne_taste_lambrini_budget* Süßeeeee wo kaufst du deine Klamotten?

@*BelowTheKnickers* SKINCAAAAARE-ROUTINE PLSSSS!!

Die Kommentare strömen auf mein Handy, jeder ersetzt die letzte Benachrichtigung, dann noch eine und noch eine. *Habe ich gerade gesehen, dass Matt nun einen auf Schamane macht?* Puh. Ich muss Phaedra schreiben; sie wird darüber lachen. Ich habe immer wieder das Wort »Sexismus« bei Google eingegeben und auf »News« geklickt, um zu sehen, ob gerade etwas dazu trendet oder ob es einen Skandal gibt, den ich kommentieren oder auf den ich mich stürzen kann. Ich fühle mich wie ein feministischer Vampir, der das toxische Blut aus diesen Männern saugt. Aber inzwischen mache ich das jeden Tag stundenlang – und zwar fast schon eine Woche – und ich fühle mich so, als hätte ich zu viele misogyne Gerichte bestellt. Ich habe die Suche auf »neuste Artikel zuerst« eingestellt und es gibt eine wahre Flutwelle an neuen Texten, die täglich veröffentlicht werden. Immer geht es um ein misogynes Schwein, dem von verschiedenen Frauen sexueller Missbrauch vorgeworfen wurde oder das bei der Arbeit sexistische Kommentare gemacht hat oder auf »männerrechtsaktivistischen« Youtube-Kanälen Hass auf Frauen schürt. Mir war nicht bewusst, wie viel Hass Männer auf Frauen haben, bis ich mich eingehend damit beschäftigt habe. Ich wusste schon, dass es Männer gibt, die Frauen vergewaltigen und umbringen, und ich war immer davon ausgegangen, dass es dabei um Macht geht. Aber diese gesichtslosen Männer halten Frauen tatsächlich nicht für Menschen.

Mir wird dadurch klar, warum auch ich dieses respektlose Verhalten von Matt geduldet habe. Wegen Dad. Warum war ich sechs Jahre lang mit Matt zusammen, der Frauen betrogen und ihnen ein falsches Gefühl von Geborgenheit verschafft hat, damit sie mit ihm vögeln? Und ich war freiwillig mit ihm zusammen, jeden einzelnen Tag. Ich habe mich für ihn und sein Leben verantwortlich gefühlt, für seinen Erfolg, seine Zufriedenheit. Ich dachte, ich würde nie jemand Besseren als ihn finden.

Ich befinde mich in einer Abwärtsspirale des Internets: ein Artikel nach dem anderen über Gewalttaten an Frauen. Und in den meisten tauchen die Begriffe »emotionaler Missbrauch« auf. Ich denke an Matt und mich, habe ein Bild vor Augen, wie wir gemeinsam in der Sonne sitzen, bei einem Urlaub, den er geplant hatte (als Wiedergutmachung, weil er meine Collagen zerrissen hatte). An den Blumenstrauß, den er mir vor allen anderen in meinem Atelier überreicht hat (am Morgen nachdem er damit gedroht hatte, sich umzubringen, weil er gesehen hatte, dass ich mit dem Fotografen nach Hause gegangen war). Ich habe die Blumen und den Urlaub gepostet – von den anderen Dingen wusste niemand etwas. Durch die süchtig machende Anerkennung anderer Leute im Internet wurde mein erbärmliches wahres Leben ein wenig erträglicher. Aber sämtliche netten Dinge, die Matt für mich getan hat, waren nur ein Mittel, um mich zu manipulieren. Mich weiter einzuwickeln. Mir unter vier Augen wehzutun, während er in der Öffentlichkeit liebevoll tat. Unsere Beziehung war der perfekte Scam.

Ich habe auf Google eine gute Story gefunden und klicke auf den Link.

GYM BUDDY: NEUES TRAININGSPROGRAMM ODER SEXISTISCHES MARKETINGKONZEPT?

Ich mache einen Screenshot und entsperre mein Telefon, um ein Selfie zu machen. Ich lächele sarkastisch und strecke den Mittelfinger hoch, nehme einen Schluck Wein, donnere das Glas auf den Boden neben dem Bett und öffne die Wonderland-App auf meinem Telefon.

Los geht's. Ich schreibe eine Bildunterschrift:

Wie bitte?! Ein Gym, das einem Mann gehört, bietet Frauen mit Kleidergröße 40 Plus und Frauen nach der Schwangerschaft gratis Mitgliedschaften an. Klar, weil Frauen einzig und allein dazu da sind, hübsch auszusehen, und alles, was sie erschaffen und der Welt schenken können, wie … hmmm … zum Beispiel Kunst, Musik oder lebende, atmende Wesen, sieht keiner? Frauen sind mehr als ihre Körper. Fuck off @*gymbuddy2030*

Frauen, denen an jeder Ecke von Werbeanzeigen Druck gemacht wird, dass sie perfekt aussehen müssen, können getrost auf weitere Schuldgefühle verzichten. #StopSellingWeightLoss #SagNeinZumAbnehmen #FuckGymBuddy

Ich lese noch einmal die Caption, die ich in mein Telefon getippt habe. Ich ändere den Hashtag von #FuckGymBuddy zu #WegmitdemGymBuddy. Das ist vielleicht ein bisschen übertrieben, aber ich denke, E. V. wird es gefallen. Ich hänge die beiden Bilder an, eins von dem Artikel und eins von mir, mit dem ausgestreckten Mittelfinger. Ich swipe zwischen den beiden Fotos hin und her und suche nach Fehlern. Ich schneide sie noch neu zu, um sicherzustellen, dass alles korrekt ist, und erhöhe den Kontrast auf meinem Mittelfinger-Selfie. Content gespeichert und bereit zum Hochladen, ich drücke auf Posten, beobachte und warte. Nach und nach reagieren die Leute und ihre Kommentare fluten meinen Bildschirm.

@*willyplonkaz* Wie peinlich, ich kündige direkt meine Mitgliedschaft. Danke, dass du mich darüber informiert hast, Eartha.

@*VeronicaEscher* Sexistische Schweine. Erinnern sich diese Männer nicht daran, dass sie alle von Frauen abstammen?!

@*FeministC4nt* Wenn wir alle dort anrufen und uns beschweren, müssen sie diese Werbung stoppen!

Ich starre auf mein Telefon und eine Welle selbstgerechter Giftigkeit erfasst mich, als ich sehe, wie diese ganzen Frauen darauf anspringen und wütend sind. Erst sehe ich zwei neue Kommentare jede Minute. Dann fünf. Dann zehn.

Diese Leute finden meine Meinung relevant.

Ping

Sprachnachricht von E. V. an Eartha (1:01 Minuten)

22:53

EARTHA! Ich finde es so toll, was du in den letzten Tagen auf Social Media geleistet hast. Absolut FANTASTISCH! Ich habe deine Insights und Stats mit Argusaugen überwacht, die Zahlen werden höher und höher, wenn du über dein Coming-out sprichst, aber dein neuer Post heute hat dir einen wahren Höhenflug beschert. #WegmitdemGymBuddy TRENDET! Sprich nicht mehr über deinen Ex. Oh, und alles läuft genau so, wie ich es vorhergesagt habe, Darling! Du wirst nicht glauben, was ich dir an Land ziehen konnte … Unsere harte Arbeit macht sich schon bezahlt. AHHHH! Du wirst so zufrieden mit mir sein. Sag mir mal, wann du Zeit für einen Anruf hast. Ich habe großartige Nachrichten. Bis bald.

Ich rufe sie direkt an.

»Hallooooo.«

»E. V., ich habe gerade deine Sprachnachricht gehört! Was gibt es denn Neues?«

»Du benutzt doch die Dating-App FIRE, oder? Ich habe die Leute dort kontaktiert, ihnen dein Profil geschickt und wie der Zufall so will, wollen sie gerade queeres Dating auf ihren Social-Media-Kanälen promoten, damit mehr queere Leute ihre App nutzen! Ich habe mir den Pitch angeschaut und er sieht fantastisch aus! Ich habe ihnen gesagt, dass du die App schon nutzt, und sie waren begeistert. Das ist doch das perfekte Match. Das Beste habe ich noch gar nicht erzählt, das Budget …«

»Ja …«

»Sie zahlen dir zwanzig Riesen, wenn du zehn Wochen lang ihre Markenbotschafterin bist und …«

»Hast du gerade zwanzig Riesen gesagt?«

»Ich habe ihnen deine neusten Engagements und die Statistiken von meinem Intel geschickt; sie haben gesehen, wie viel dein Publikum in letzter Zeit mit dir interagiert hat … Sie fanden alles toll, Darling. Sie wollen für die Aktion nur natürlichen Content von dir, wie du die App auf deiner Wonderland-Seite nutzt, Screenshots von positiven Interaktionen und dass du darüber sprichst, warum du die App liebst und so weiter. Ich schicke dir den Kontakt bald rüber.«

»Das ist mal ... eine Gage.«

»Im Vertrag steht noch Kleingedrucktes, das du dir durchlesen musst ... über dein öffentliches Auftreten und einige Sachen, die du nicht ...«, unterbricht sie mich.

Ich starre mich im Spiegel an. Ihre Worte verhallen, ich höre gar nicht mehr richtig zu.

Zwanzig fucking Riesen ...

»Eartha? Hörst du mich, Darling? ALTER, VERPISS DICH!«

»Wie bitte?«

»Sorry, nicht du, Darling. Ein VERDAMMTER Mann hat mich gerade auf der Straße geschnitten. Ich bin so froh, dass du diese Dullis online zur Rede stellst, Darling. Erteile diesen Männern eine Lektion – oder besser zwei ...«

»Na ja, das ist ja nun im Grunde mein Job ...«

»Ich schicke dir das Ganze, sobald wir damit zufrieden sind, okay?«

»Ja, oh Gott, danke ... Zwanzigtausend?«

»Nun, nach meiner Provision sind es noch sechzehntausend, wie du ja weißt, Darling! Bis später.«

E. V. legt auf, bevor ich ausreden kann.

Ich blicke wieder auf mein leuchtendes Handy.

> @*GymBuddymediadesk* Hi Eartha, ich heiße Greg, ich arbeite für Gym Buddy und wir haben dieses Programm ins Leben gerufen, weil wir Mütter nach der Schwangerschaft zum Sport motivieren und ihnen eine Community bieten wollen. Bitte lösche diesen Post, damit wir die Angelegenheit unter vier Augen regeln können. Wir sind sehr offen für Input.

Ich verdrehe die Augen und lösche die Nachricht.

Motivation und eine Community.

Warum muss man dafür gezielt Frauen mit Kleidergröße 40 plus ansprechen? Und sollte es nicht die *Motivation* einer Frau sein, ihr Baby am Leben zu halten und ein menschliches Wesen großzuziehen? Und nicht ihr Geld einem von Männern geführten Fitnessstudio in den Rachen zu werfen, deren Besitzer denken, Frauen hätten nur mit einer gewissen Kleidergröße eine Daseinsberechtigung.

Ich gehe wieder an meinen Laptop, tippe auf der Tastatur herum und suche nach noch mehr sexistischen Artikeln, nach noch mehr Statistiken, nach mehr Dingen, über die ich mich aufregen kann.

Ping

Ping ping ping.

Der Gym-Buddy-Post geht ab. Ich nehme mir mein Weinglas und trinke einen Schluck.

Ich will mehr.

Ich will Rache.

Kapitel 17

DADDY iST DA

Wonderland-Follower*innen: 662 921

Ich öffne das Fenster, um ein wenig zu lüften, weil es im Zimmer stark nach Haarspray stinkt. Für die Party von einem*r Freund*in von Mona habe ich mich als Brigitte Bardot verkleidet – aber als eine Brigitte Bardot, die gerade einen Mann umgebracht, seinen Anzug geklaut und zu ihm nach Hause gegangen ist, um seine Frau auf dem Küchentisch zu ficken. Ich habe mir diesen Nadelstreifenanzug aus den Sechzigerjahren am Sonntag bei einem Streifzug durch Secondhandläden mit Rose und Mona gekauft, weil Rose meinte, they »kennt« (aka *hat sie gevögelt*) das Mädchen, das in einem der besten Vintage-Läden in Olympia arbeitet. Wir haben einen großzügigen Rabatt bekommen und Rose hat sogar *gar nichts* bezahlt. Ich wollte, dass der Anzug oversized sitzt, aber die Weste musste enger gemacht werden, deswegen habe ich hinten einige Sicherheitsnadeln befestigt. In dem Outfit fühle ich mich auf eine Weise mächtig, die ich noch nie zuvor verspürt habe, als wäre ich »Männliches Privileg« im Cosplay – dafür schneide ich mir vom früheren Besitzer eine Scheibe ab.

Ich habe ein Video aufgenommen, in dem ich fünfzehnmal versuche, den Blazer verführerisch anzuziehen. Der Gedanke, mit Fremden meine Outfits zu besprechen und woher die Teile sind, hat sich früher einmal peinlich und sinnlos angefühlt – jetzt verdiene ich damit meinen Lebensunterhalt. Ich tagge das Wonderland-Influencer*innen-Parfum, das mir zugeschickt wurde (es heißt »Smells like queer spirit«) – Unternehmen geben mir inzwischen Geld, damit ich auf Wonderland ihre Klamotten trage. Auf den meisten stehen Aphorismen, in dem letzten Paket befand sich Loungewear, inspiriert von »Female Empowerment« – auf den Jogginganzügen steht »Bitch, please« auf dem Hintern und sie kosten £129,99. E. V. verlangt für meine Werbung etliche Tausend Pfund und die Firma akzeptiert das und ich tue es auch. Ich habe nämlich immer noch nicht realisiert, dass ich mich noch vor einem Monat vor den Reaktionen meines Freundes gefürchtet habe, wenn ich ihm abends nach der Arbeit keine Nudeln gekocht hatte.

Ich lehne mich über mein Bett, um die Musik auf meinem Plattenspieler lauter zu stellen, und mache zu den Talking Heads vor meinem Spiegel Play-back, wie ein egozentrischer Frontmann. Ich tanze herum, stoße mit dem Unterleib nach vorne und ficke alle in der Menge mit Blicken. In den Wochen, in denen ich mich im Internet mit Männern gestritten habe, habe ich fast vergessen, dass ich sie ja auch anziehend finde. Ich vermute, dass mir die Männer heute Abend bei der Party nicht ansehen, dass ich die größte Internet-Männerhasserin Olympias bin. Und dass mir die Auseinandersetzung mit diesen Männern meinen ersten bezahlten Auftrag von einer Dating-App beschert hat. Ich habe Lust, meine Wonderland-Bio wie folgt zu ändern: *Frag nicht, was du fürs Patriarchat tun kannst, sondern was das Patriarchat für dich tun kann.*

Aber unter dieser ganzen Begeisterung lauert die Angst und droht damit, jedes Fünkchen Glück zu ersticken, das mein Leben erhellen könnte. Als könnte mein ramponiertes Gehirn, das an Chaos und Drama gewöhnt ist, dem ungewohnten Zustand des Friedens nicht trauen, den finanzielle Ausgeglichenheit und ein glückliches Singledasein mit sich bringen. Meine Sehnsucht nach Phaedra lässt mich morgens aufstehen und beschert mir ein Magengeschwür – gleichzeitig. Ist es normal, dass einem übel wird, wenn man sich ernsthaft von jemandem angezogen fühlt?

Ich frage mich langsam, ob sie noch mit einem*r anderen vögelt. Sie hat sich seit vierundzwanzig Stunden nicht mehr bei Wonderland eingeloggt oder etwas gepostet. So lange herrschte bei ihr das letzte Mal Wonderland-Funkstille, als sie mit mir im Bett lag. Mein Verstand sagt mir, dass sie einfach mit ihrem eigenen Leben beschäftigt ist und mir schon schreiben wird, wenn sie Zeit hat. Aber der ängstliche Teil meines Gehirns flüstert mir bedrohlich ein, dass sie mit Matt fickt. Dass die beiden zusammen im Bett liegen, über mich und meine *albernen Styling-Videos* lachen. Ich stelle mir vor, wie sie mich nachäffen, »Smells like queer spirit, soso!« oder »Lass doch deinen Arsch reden!«, während Matt mich höhnisch als »Gok Wan in billig« bezeichnet. Ich habe seine Stimme internalisiert, obwohl er gar nicht mehr hier ist.

Und was Phaedra betrifft: Was außer großartigem Sex könnte eine so weit von Wonderland weglocken, dass sie vergisst, sich einzuloggen? Nachdem ich ihr an meiner Wohnungstür einen Abschiedskuss gegeben habe, war ich gleich zu meinem Handy gerannt und habe mich eingeloggt. Es gab keinen aktiven Content auf ihrem Profil und ich war stolz auf meine offenbar erfolgreiche Ablenkung von ihrem Online-Leben. Es war das beste Kompliment – das Zusammensein mit mir war wohl ein besseres Suchtmittel.

Ping!

Ich schaue schnell nach, ob es eine Nachricht von Phaedra ist.

Textnachricht von E. V. an Eartha

21:39

Wie versprochen habe ich dir gerade den Vertrag von FIRE geschickt. Bitte lies ihn dir so schnell wie möglich durch und schick ihn mir zurück, damit ich denen eine Rechnung für die erste Rate nach Vertragsabschluss schicken kann. Es gibt ein paar Eckpunkte, die du dir wirklich anschauen musst. Insbesondere die Klausel …

Mehr lesen.

Klopf klopf klopf.

»Es ist offeeeeeeen!«, rufe ich.

Ich unterzeichne den Vertrag schnell und schicke ihn E. V. zu – dann steht meiner Ausgehnacht nichts mehr im Weg.

»Holy fucking Shit!«, ruft Mona, während sie in die Küche geht. »Hier stinkt es nach Haarspray!« Sie stellt einen Viererpack Bier auf den Tresen und kneift sich die Nase zu.

»Ja, das ist hartnäckig. Wie ein Date, das man nicht loswird«, antworte ich, während ich die Bierflaschen vom Tisch nehme. Sie lacht, tänzelt in mein Schlafzimmer und setzt sich auf die Bettkante. Ich donnere eine Flasche gegen die Arbeitsplatte, dann haue ich mit der Handfläche drauf, schlage den Kronkorken ab und halte ihr die geöffnete Bierflasche hin.

»Moment, keine Limetten?! Komm schon, wir sind doch keine wilden Tiere … Ich habe eine mitgebracht, die wir uns klein schneiden können.«

»Ach, wäre ich doch nur die Frau, die zum Vorglühen immer eine Limette dabeihat. Das ist heiß«, sage ich und hole ein Brotmesser raus. *»Kann ich ein Stück Limette zu meinem Bier haben?«,* füge ich so sexy wie möglich hinzu und versuche dabei, mir nicht in die Finger zu schneiden.

»Ja, aber du musst sagen: ›Ich nehme‹. Das klingt bestimmender. Schau mal …« Sie steht vom Bett auf und lehnt sich in den Türrahmen, beobachtet mich, wie ich in der Küche die Limette schneide. *»Ich nehme eine Limette zu meinem Bier.«*

Ich schüttelte den Kopf, weil sie so brillant ist. »Wo hast du das alles gelernt?«

»Bitte … meine Mum hat mich so erzogen. Ich werde *immer* so sein.«

Ich drücke die dicken Limettenspalten zusammen und stecke sie in die Hälse unserer Bierflaschen. Ich erzähle ihr die neusten

Details meines Phaedra-Dilemmas und sie erzählt mir, dass sie gerade eine Liste von Kinos zusammenstellt, in denen man sich am besten fingern lassen kann.

»Daddy ist da!«, ruft Rose, während they einfach in meine Wohnung spaziert.

Wir drehen uns zur Vordertür und erblicken they im Türrahmen lehnend. Mir fällt der Unterkiefer runter.

»Ich weiß, ich weiß ...«

Rose hält die Hände hoch und dreht sich einmal im Kreis, damit wir they betrachten können. They trägt einen braunen, maßgeschneiderten Blazer und eine dazu passende Hose mit weitem Bein. Das weiße Shirt ist bis zur Taille offen. They trägt ein wenig Eyeliner, einen silbernen Ring im rechten Ohr und Cowboystiefel mit Stahlkappen.

»Was ist dadrin?«, frage ich und zeige auf die Sporttasche aus Leder neben their Füßen.

»Ersatzklamotten, falls ich die hier durchschwitze.«

They hockt sich hin und tätschelt die Tasche wie den Bauch eines großen Hundes.

Ich blicke auf mein Outfit, das ich vor zehn Minuten noch gut fand. Rose bemerkt meine Unsicherheit. They legt ihre Tasche ans Fußende meines Bettes und legt mir den Arm von hinten um die Taille. Ich lege die Hände auf their Unterarm, lasse die Schulter hängen.

»Ich bin einfach eine schwitzige Fotze, Eartha, keine Sorge.«

»Wir sehen aus wie die queeren Außenseiter*innen auf einem kitschigen Prom-Bild«, antworte ich.

Rose küsst mich auf die Stirn, geht zur Fensterbank im Schlafzimmer, nimmt Platz und stellt den Fuß darauf ab. Mona sitzt auf der anderen Seite, ihre Schuhe berühren sich in der Mitte. Bei dem Anblick muss ich an Phaedra denken. Mein Magen rumort und dann zieht er sich zusammen.

»So, wer will denn einen Shot Tequila, bevor wir gehen?«, frage ich, will mich selbst aufheitern und meine Angst loswerden.

»Nein, nein, ich habe Wein gekauft! Behalt du deinen harten Alk…«, beharrt Rose. They zeigt vom Fensterbrett auf their Tasche auf dem Bett. Ich renne zu ihr und lasse den Wein aufs Bett plumpsen.

»WEIN IM TETRAPACK?! So etwas trinke ich nicht«, ruft Mona und verzieht das Gesicht.

»Nein, es ist eine *Box* mit Wein.« Rose betont das Wort »Box«.

»Ja, aber … im Inneren befindet sich eine Plastiktüte, voller *Wein*«, protestiert Mona.

»Gut, ich trinke meine Plastiktüte Wein aus und ihr könnt euer edles Zeug verköstigen!« Rose zuckt mit dem Kopf und schaut aus dem Fenster.

»Komm schon, Mona, ich stecke auch einen Limettenspalt von dir rein …«, sage ich zwinkernd.

*

Zwanzig Minuten später stehen wir alle draußen, warten auf ein Taxi und Mona hält sich den Weinschlauch über den Kopf, hat den Stutzen im Mund und melkt das Ding wie einen Euter. Rose und ich feuern sie von der Seitenlinie an, rufen: *»AUF EX!«*, und sehen, wie unsere Freundin mit dem erlesenen Geschmack eine tödliche Menge des miesesten, süßesten Fusels von ganz Olympia in sich reinkippt. Rose assistiert ihr, drückt die Öffnung oben zusammen, damit nichts überläuft.

»FAST LEER!«, ruft Rose.

Mona trinkt, bis nur noch ein einzelner, rot verfärbter Limettenspalt in dem leeren, zerknitterten Schlauch übrig ist. Sie ist zu betrunken und bemerkt nicht, dass sie alles ausgetrunken hat –

sie saugt weiter am Stutzen und das Ding schrumpelt zusammen wie ein Airbag.

*

Als wir aus dem Taxi aussteigen, erblicken wir ein buntes Durcheinander aus Schlaghosen, Lederblazern, Plateauschuhen, Poloshirts, Pointelle-Kragen, Denim-Dreiteilern, Lurex und Zottelfrisuren. Die Leute in der Schlange sehen aus, als würden sie für ein Casting als Background-Tänzer*innen in einem Musikvideo von Led Zeppelin anstehen.

Wir gehen an der Menge vorbei, bis wir vor einer garagengroßen Tür stehen, die hochgezogen ist. Der Lärm der Menge klingt gedämpft, als hätte jemand die Lautstärke runtergeregelt. Ein großer Mann sitzt auf einem Holzstuhl, er trägt eine Daunenjacke und hat die Hände in die Taschen gesteckt. Einige Sekunden lang wird es komplett still, dann quatschen die Leute wieder.

»EARTHA!«

Eine hohe Stimme ruft aus der Schlange. Wir bleiben stehen und drehen uns um. Ich erkenne die Frau nicht, die meinen Namen gerufen hat.

»Hallo?«

»Ich liebe deine Seele! Ich folge dir auf Wonderland! Ich glaube, wir könnten beste Freundinnen sein!«

»Oh, danke dir! Liebe dich auch!«

Liebe dich auch?

Für wen halte ich mich eigentlich?

Ein weiteres Mädchen rennt von ihrem Platz in der Schlange zu uns.

»Hi, tut mir leid, ich habe gerade nur gehört, dass dieses Mädchen deinen Namen in der Schlange gerufen hat. Bist du Eartha?«

»Ja ...«

»Es ist mir schrecklich peinlich, ich will kein Fangirl sein, aber darf ich ein Foto mit dir machen?«

»Mit *mir?*«

»JA, MIT DIR, WEIL DU DIE STIMME EINER GENERATION BIST!«

Mona streckt die Hand aus und bietet dem Mädchen an, ein Foto zu machen. Das Mädchen reicht ihr das Handy und stellt sich neben mir auf. Sie legt mir aufgeregt die Arme um die Taille und blickt in die Kamera. Aber ich bin ganz woanders; ich habe meinen Körper verlassen, schwebe irgendwo über dieser Szene, beobachte mich selbst, völlig losgelöst. Mir ist es ein wenig peinlich – als würde ich meinen eigenen Hype für gerechtfertigt halten, wenn ich mich mit einer Fremden fotografieren lasse. Sogar unter diesen eklektischen Leuten, mit denen ich mich so sehr identifiziere wie mit niemandem sonst, fühle ich mich plötzlich wie eine Außenseiterin.

Mona macht das Bild. »Bitte schön!«

Das Fangirl winkt zum Abschied und rennt zurück zu ihren Freund*innen. Wir drei gehen gemeinsam zur Tür, während der Türsteher das Mädchen in der Schlange und dann mich anschaut.

»Tut mir leid, aber ihr müsst euch hinten anstellen ... wie *jede*r andere auch.*«

»Nein, müssen sie nicht, sie sind mit mir hier!«, erklärt eine Stimme hinter der Security. Monas Freundin Andrea kommt aus dem Laden und lehnt sich mit dem Arm auf die Schulter des Türstehers.

Jetzt erkenne ich, dass es eigentlich eine Türsteherin ist, und schäme mich. Ich muss noch so viel lernen.

»Sorry, Liebes, aber du hättest mir eine Liste geben sollen. Das wusste ich nicht!«, antwortet die Türsteherin.

Ich lächele die Türsteherin überkompensierend an, will meinen internalisierten Fehler wiedergutmachen. Wir gehen in eine weitere leere Halle mit Backsteinwänden, in der nur ein Bücherregal steht und ganz hinten warmes Licht über einem Beistelltisch erstrahlt. Die Fenster sind alle mit müffelnden roten Samtvorhängen abgedeckt ...

»*Sind wir da?*«, frage ich.

»Ach, komm schon, fang nicht wieder mit deinem *Wo sind denn die ganzen Lesben* an!«, witzelt Mona und erklärt: »Das hier ist eigentlich ein Speakeasy. Man darf in diesem Stadtviertel keinen Alkohol ausschenken, weil es überwiegend aus Wohngebieten besteht. Deswegen ist es eine geheime Party.« Sie dreht sich um und schaut, warum niemand ein Wort sagt.

»Schaut mich nicht so an, als wäre ich eine Serienmörderin. Wir müssen hier durch. Der Raum ist nur dazu da, um die Polizei bei einer Razzia in die Irre zu führen.«

Eine Polizeirazzia?

Mona sieht meine Angst und verdreht die Augen. Sie nimmt Roses und meine Hand, führt uns zum Ende des Raumes und steht vor dem Bücherregal. Sie drückt an einer Seite dagegen und es bewegt sich.

»Willst du mich verarschen?«, frage ich.

Das Bücherregal lässt sich zur Seite schieben.

»Kommt, wir müssen hier runter.«

Rose und ich folgen Mona durch die Bücherregal-Tür, die sich hinter uns schließt. Wir gehen die Treppe runter und als sich die untere Tür öffnet, höre ich »Atomic« von Blondie. Mein Blick huscht durch den Raum – eine schillernde, tanzende Menschenmasse, die durch den Raum gleitet und sich dreht.

Wir nehmen uns alle bei den Händen und gehen zur Bar; sie wird von einem blauen Neonschild beleuchtet, auf dem »KALTES BIER« steht, umwuselt von einem Menschenschwarm, von denen niemand stillsteht. Keine*r ist am Handy. Ich weiß gar nicht, ob man hier unten Empfang hat. Vielleicht geht es genau darum. Um echte Verbindungen. Ich blicke auf die Tanzfläche und pures Glück durchströmt mich. An den Wänden hängen Metallgirlanden, die Farbklekse auf die Gesichter der Tänzer*innen werfen. Überall um mich herum spüre ich reine, ungefilterte Freude. Auf der Tanzfläche tanzen auch Männer miteinander, aber die Frauen sind in der Überzahl und tanzen besser als die Jungs. Alle sehen so aus, als wären sie kurz vorm Orgasmus, und zwar einzig und allein wegen der guten Energie im Raum. Heute Nacht werde ich vielleicht meinen immer stärker werdenden Männerhass los. Ich entdecke eine Frau mit pinken Haaren und denke, es könnte Phaedra sein. Sie dreht sich um – nein, sieht ihr gar nicht ähnlich.

Mona pikst mir in den Rücken; ich drehe mich um und sehe, dass sie drei sehr volle Pints trägt und ihre EC-Karte zwischen den Zähnen klemmt.

»Bitte schön«, nuschelt sie und reicht uns die Drinks.

Wir setzen uns an einen Tisch in der Ecke und schieben unseren Kram darunter.

»FUCK, DIESER SONG IST SO GUT. AUF GEHT'S!«, sagt Rose und leckt sich den Schaum von der Oberlippe.

Mona bewegt sich tanzend auf die Masse zu, führt uns durch die Leute, die alle die Arme schwenken und mit den Füßen stampfen. Tanzend bahne ich mir einen Weg durch die Menge. Rose schnappt sich meine Hand, um zu swingen, dann hebt they sie hoch, um mich zu drehen. Ich drehe mich in Richtung der Bar, als ich einen Typen entdecke, der auf die Tanzfläche blickt. Er lehnt sich auf den Tresenrand, seine Taille ragt aus seiner Cord-Schlaghose. Sein hageres Gesicht und seine große Nase schimmern unter dem blauen Neonlicht. Er blickt mir fest in die Augen. Ziemlich heiß, verdammt.

»Wen starrst *du* denn da an?«, neckt Mona mich. Ich schaue ihn immer noch an. Mona guckt in meine Blickrichtung.

»Der Typ sieht ein bisschen aus wie Jim Morrison, oder?«, sage ich. Mona nickt.

Er starrt zurück. Ich gewähre ihm nur noch wenige Sekunden Blickkontakt, dann richte ich meine Aufmerksamkeit wieder aufs Tanzen mit Mona. *So müsste es klappen.* Sexuelle Spannung ist häufig besser als Sex. Gerade ist er mein Fantasiemann: derjenige, der mich zu einem sorgfältig geplanten Date auf Grundlage meines Geburtshoroskopes ausführt, der Mann, der alle Bücher von bell hooks gelesen hat, derjenige, der zur Therapie geht, derjenige, der superfeministisch ist und mich bedingungslos respektiert, aber mir im Schlafzimmer auch gern den Hintern versohlt. In diesem Moment ist er alles, weil ich nichts weiß.

»EARTHA!«, sagt Mona und wedelt sich vor dem Gesicht rum. »Ich weiß, wo ich *diesen* Gesichtsausdruck schon einmal gesehen habe …« Sie zeigt auf meine Augen.

*

Rose hat schon jemanden kennengelernt und Mona ist weg. Ich versuche, einfach den Abend zu genießen und nicht darüber nachzudenken, warum Phaedra mir noch nicht geschrieben hat. Ich bin aufgeladen vom Tanzen in dieser brodelnden Menge. Ich frage mich, ob diese Wirkung wechselseitig ist oder sich das alles nur in meinem Kopf abspielt. Ich fühle mich lebendig. In meinem Unterleib pocht es, eine Mischung aus meiner Erregung und der Tatsache, dass ich seit unserer Ankunft noch nicht auf der Toilette war. Ich suche die Wände nach einem Schild ab und sehe einen Mann, der den Reißverschluss seiner Hose schließt und durch eine Schwingtür in einer anderen Ecke des Raumes geht. Ich vermute, die Damentoilette befindet sich nebenan. Ich gehe an der Tanzfläche entlang und versuche, mich von den umherwimmelnden Gliedmaßen nicht ins Gesicht treffen zu lassen, dann drücke ich die Tür auf. Ich stehe vor vier Kabinen, höre die Spülung und ein Mann kommt raus.

»Oh, SCHEISSE.« Ich bin in die Männertoilette gegangen.

»Das hier ist eine genderneutrale Toilette, hier kann jede*r drauf«, sagt der Typ, zieht sich den Reißverschluss hoch und hält die Tür über meinem Kopf offen, um herauszugehen.

»Oh …«, antworte ich und gehe unter seiner schwitzigen Achselhöhle hindurch.

In der Toilettenkabine höre ich noch die gedämpfte Musik von außen, aber auch unterdrücktes Schmatzen, Leute küssen sich hier drinnen, irgendwo. Ich hocke über dem kalten metallenen Toilettensitz, mit Blick auf die Klotür. Ich sehe ein neues Graffiti, mit Lippenstift geschrieben. Ich kneife die Augen zusammen, um es zu lesen.

Vielleicht ist es ein Girlcrush, vielleicht bist du queer.

»Das ist ziemlich cool«, flüstere ich.

Ich frage mich, wer das geschrieben hat. Ich frage mich, ob es heute Nacht passiert ist.

Ich verlasse die Kabine, schiebe die Ärmel hoch, um mir die Hände zu waschen. Ich blicke in den Spiegel und sehe Fingerspitzen, die oben über eine Kabinenwand greifen, *Oh, auf der Toilette gevögelt werden.*

Ich greife nach dem Seifenspender, als sich die Außentür öffnet. Stiefel schlurfen zum Waschbecken. Ich blicke in den Spiegel. Es ist dieser Jim Morrison. Er grinst. Ich lächele ihn im Spiegel an, während ich die Seife zwischen den Fingern verteile. Aus dem Augenwinkel sehe ich, wie er sich Wasser ins Gesicht spritzt, dann nach dem Handtuch greift, das er sich um den Hals gelegt hat, und sich damit das Gesicht trocknet. Er lehnt sich mit dem linken Arm auf den Handtrockner und dreht sich zu mir. Sein bauchfreies Top rutscht hoch, als er den Arm ausstreckt, und gibt den Blick auf noch mehr Oberkörper frei.

»*Da ist sie ja*«, sagt er.

»Kennen … wir uns?«

»Nein …« Er bewegt seinen Arm vom Handtrockner weg und lehnt sich neben das Waschbecken. »Aber das würde ich gerne ändern.«

Langsam blinzele ich und presse die Zähne aufeinander. Er steht so nah vor mir, er riecht nach Whiskey und Coke, er weckt ein unwiderstehliches Verlangen in mir.

»Ich heiße …«, sagt er.

»Verrat es mir nicht«, unterbreche ich ihn.

Ich schaue mich nach möglichen Beobachter*innen um. Seitdem ich fast mein ganzes Leben online lebe, fällt mir die Unterscheidung schwer, wann ich beobachtet werde und wann ich leben kann. Ich bin mir ziemlich sicher, dass die einzigen beiden anderen Leute hier auf den Toiletten die sind, die vögeln. Ich lehne mich zu ihm und komme seinem Gesicht ganz nah.

»Ich will deinen Namen nicht wissen …«

»*Aaaaber …?*«, sagt er und lehnt sich näher zu mir.

»Aber ich will, dass du mich küsst«, beende ich den Satz.

Er legt mir die Hände auf die Wangen. Der Kuss ist anfangs intensiv, wird aber langsam sanfter, folgt dem Rhythmus der Musik von draußen. Wir küssen uns gar nicht mehr richtig. Wir spielen nur ein bisschen miteinander und berühren gegenseitig unsere Körper und Münder. Das Wissen, dass jederzeit jemand reinkommen könnte, macht das Ganze noch aufregender. Er hebt mich hoch und setzt mich auf das Waschbecken, ich sitze dort mit weit gespreizten Beinen und er steht dazwischen. Ich raffe den Saum meines Blazers auf meinen Schoß, damit ich nicht im Seifenwasser sitze. Seine großen Hände streicheln meinen Körper, bewegen sich an meinem Rücken auf und ab und fahren über meine Oberschenkel. Es fühlt sich seltsam an, nach Phaedra von einem Mann berührt zu werden. Seine Bartstoppeln kratzen mich am Kinn. Wenn ich die Augen schließe, fühlt er sich genau wie Matt an, deswegen lasse ich sie offen. Er schiebt die Hand immer weiter meine Brust hinauf, legt sie mir sanft um den Hals und ich spüre seine Fingerspitzen. Ich schlinge die Beine um seinen Körper und ziehe damit seinen Schritt an meinen. Ich fühle, wie sich sein Schwanz sanft gegen mich drückt und meine Klit einmal pulsieren lässt. Ich höre immer noch, wie die Leute in der Kabine fummeln, und das macht mich an, *sehr sogar*. Eine*r grunzt, während die andere Person sanft stöhnt. Ich fahre ihm mit den Händen durchs Haar, als die Tür quietscht und die Musik von außen in die Toiletten wummert. Er macht einen Satz zurück und wir blicken uns an, lachen über unsere reflexartige Reaktion, weil wir ertappt wurden. Ich lege den Kopf auf seine Schulter, während wir lachend zusammenbrechen.

»Du hättest dein Gesicht sehen sollen«, sagt er und streicht mir eine Strähne hinters Ohr.

Ich beiße mir auf die Lippen und will ihn noch einmal küssen.

»Was machst du da, verdammt noch mal?«, fragt eine Person, die in die Toilette gekommen ist. Es ist das Mädchen von vorhin, das ein Foto mit mir machen wollte.

»Redest du mit mir?«, frage ich.

»Ja, ich rede mit dir.«

Verwirrt schaue ich den Typen an.

»Ich meine es ernst, was machst du da?«, wiederholt sie, dieses Mal noch empörter.

»Ähm, bist du meine Mutter oder was?« Ich ringe mir ein Lachen ab, um die Spannung abzubauen, dann nehme ich den Kopf von der Schulter des Typen und lege ihm die Hände um die Taille. Er steht immer noch zwischen meinen Beinen.

»Ich dachte, du wärst lesbisch«, sagt das Mädchen. Ich schaue zu dem Typen und dann wieder zu ihr.

»Ich bin bisexuell.«

»Du bist eine elende Betrügerin und du hast mir den Abend ruiniert. Ich entfolge dir jetzt«, erklärt das Mädchen.

»Was ... wovon redest du?«, frage ich verwirrt.

Sie steckt die Hand in ihre Gesäßtasche und zieht ihr Handy raus. Sie geht auf meine Seite, entfolgt mir und hält mir dann die Kamera ins Gesicht. Grell flackert der Blitz auf. Ich sage nichts, ich bewege mich nicht. Ich bin total perplex.

»Spinnst du?« Er will ihr das Handy aus der Hand nehmen. Sie zieht den Arm zurück und starrt mich an.

»Queere Menschen haben etwas Besseres verdient als dich«, sagt sie, steckt ihr Telefon wieder in die Tasche und stürmt aus der Toilette. Ich schüttele den Kopf, versuche zu verstehen, was gerade passiert ist.

»Alles ... okay? Was stimmte denn mit der nicht?« Er streift mir wieder die Haare hinter die Ohren.

»Das ... war ... Wo wird sie dieses Bild hochladen? Das war so weird.« Ich kriege kaum einen geraden Satz hin.

»Warum hat sie dich denn als lesbisch bezeichnet?«

»Also ... damit lag sie fast richtig. Ich bin bisexuell.« Ich zucke die Schultern und versuche zu verstehen, was gerade passiert ist.

»Warum hast du mir das nicht direkt gesagt? Das ist total heiß.«

»*Tatsächlich*, ja? Das binde ich fremden Leuten nicht als Erstes auf die Nase.« Ich lache.

»Klaaaaro, ich finde es super, wenn zwei Mädels miteinander rummachen.« Er grinst und nickt langsam.

Oh weia.

Ich nehme die Arme von seinen Schultern und stütze mich neben dem Waschbecken ab. »Also, ja, ich mag Sex mit Frauen, aber alles andere finde ich auch gut. Ich könnte auf jeden Fall eine Frau heiraten, denke ich«, erkläre ich.

Die Ärmelaufschläge meines Blazers werden langsam nass.

»Also machst du es nicht mit, ähm, anderen Männern. Sondern nur ... mit Frauen?«

Ich zucke die Schultern. Er lässt mich los und tritt einen Schritt zurück. Abwehrend hebt er die Hände.

»Also bist du lesbisch?«

»Nein, ich bin bisexuell. Ich mag Männer und Frauen ...«

»Ja, also nee, das ist mir etwas zu ...« Er unterbricht sich. Ich blicke ihn fragend an. Er verzieht das Gesicht und winkt ab. »Ich muss kurz ... ich geh wieder rein.«

Er geht durch die Tür und lässt mich neben dem Waschbecken mit weit gespreizten Beinen sitzen, ich starre auf die blauen Neonbuchstaben an der Wand hinter mir, die ich nun erkennen kann: »Be Yourself« in Kursivbuchstaben. *Wie passend!*

Ich höre, wie in einer Kabine eine Person kommt und eine andere grunzt. Unvorstellbar, dass mich das noch vor wenigen Sekunden angemacht hat. Jetzt fühle ich mich mutterseelenallein und verbittert und will sie am liebsten bitten, damit aufzuhören.

»Hier, dein Slip, meine Hübsche. Ich muss kurz raus und etwas regeln ...« Moment, *diese Stimme kenne ich doch.*

Die Kabinentür wird so fest aufgestoßen, dass sie zurückprallt. Rose steht da und hat die Hände zu Fäusten geballt, als würde they mit jemandem kämpfen wollen. »Eartha! Was ist passiert? Hat dieses biphobe Arschloch mit dir gesprochen?!«

Ich blicke hinter Rose: Ein Mädchen zieht sich die Hose hoch. Rose schließt direkt die Tür, damit die andere nicht halb nackt dasteht. »Alles okay? Das hat sich schrecklich angehört! Wo ist dieser Arsch?!« Sie dreht sich um, dann flüstert sie mir ins Ohr: »Ich bin so wütend geworden, dass ich dieses Mädel echt ganz schnell zum Kommen gebracht habe, damit ich rausgehen und diesem Schwanz eine reinhauen kann. Wo ist er?«

Schlagartig verspüre ich Eifersucht. Ich will eine Liebhaberin sein, die jemanden in zehn Sekunden zum Orgasmus bringt.

»Das war dieser Jim-Morrison-Verschnitt und ein Mädchen aus der Schlange hat ein Bild gemacht, wie ich ihn küsse.«

»DIE SOLLEN SICH FICKEN!« Rose wirft die Arme in die Luft und will die Türklinke runterdrücken.

»ROSE, beruhige dich, Babe«, rufe ich they zu.

They tritt von der Tür zurück, wedelt mit their aufgeknöpften Hemd, um sich abzukühlen.

Rose umarmt mich, dabei steht they zwischen meinen Beinen, umhüllt mich mit einem Dunst aus schwitzigen Pheromonen und their typischen Duft. Die Kabinentür hinter them öffnet sich quietschend. »O.k., willst du mitkommen?«, fragt Rose mich, während das Mädchen, mit dem they Sex hatte, zu Rose geht, den Arm auf their Schulter legt und einen Kuss auf their Wange drückt.

»Nein, geh du allein. Ich brauche noch eine Minute, um wieder klarzukommen.«

»Bist du sicher?«

»Ja.«

Ich springe vom Waschbecken und drehe mich um, um mich im Spiegel anzuschauen. Mir geht es etwas besser. Nachdem Rose und das Mädchen rausgegangen sind, schwingt die Tür zum Klub wieder zu. Ich denke an Phaedra. Dass sie mir immer noch nicht zurückgeschrieben hat und dass mein erbärmlicher Versuch, meine starke Verknalltheit öffentlich zu bekunden, fehlgeschlagen ist. Was soll man denn machen, wenn man jemanden so sehr mag? Alle anderen werden nur noch zu Platzhalter*innen. Wie kann es sein, dass ich innerhalb einer Minute als zu queer und nicht queer genug bezeichnet wurde? Ich habe das Gefühl, dass ich lesbischen Frauen *und* Hetero-Männern nicht gut genug bin. Wohin gehöre ich? Alle in meinem Umfeld scheinen genau zu wissen, wer sie sind. Warum fand er es erst so heiß und ist dann beim Gedanken an mich angewidert zusammengezuckt? Warum hatte diese Frau so hohe Erwartungen an mich und meine Queerness?

Ich begutachte das Mädchen, das ich im Spiegel sehe, um mir vor Augen zu führen, wer ich bin. Ich erinnere mich an die ermutigenden Worte von E. V. bei unseren Treffen. Ich atme tief ein, richte meinen Blazer – der nun zerknittert und feucht ist, verlasse den sicheren Backstagebereich und betrete die Bühne des Nachtklubs.

ANMERKUNG DER REGIE

Die Kamera verfolgt Eartha auf ihrem Weg zur Bar, wie sie die anderen Gäst*innen abcheckt.

Sie entdeckt den »Jim-Morrison-Verschnitt«, der sich an der Bar abstützt und mit einem blonden Mädchen spricht. Sie wendet den Blick von dem Pärchen ab und lässt ihn über die Tanzfläche schweifen, wo sie Rose und das »Rose Club Sex Girl« zusammen entdeckt.

Sie geht zu dem Tisch, wo sie ihre Sachen abgestellt haben, nimmt sich ihre Jacke und verlässt den Klub.

Sie schreibt Mona und Rose.

»Sorry, Leute, ich bin heute nicht in der Stimmung. Ruft mich an, wenn ihr wieder nach Hause geht, und wir können bei mir noch was trinken. Aber ich hoffe, ihr werdet beide flachgelegt.« Sie geht einen Bürgersteig entlang, auf dem immer noch viele Leute Schlange stehen, dann entdeckt sie eine Fahrradstation und eine Idee blitzt auf ihrem Gesicht auf.

Beleuchtete Aufnahme für diesen Moment.

Nächste Aufnahme: Wir sehen, wie Eartha auf dem Rad nach Hause fährt und sich am Sattel reibt, um zu kommen.

Drohnenkamera, die hoch über Eartha kreist, bis die Zuschauer*innen Earthas Umrisse kaum noch erkennen können.

ENDE

Kapitel 18

VERTRAGSVERPFLICHTUNGEN

Wonderland-Follower*innen: 709 325

ANMERKUNG DER REGIE
Eartha hat, wie alle anderen auf Wonderland, einen abwesenden Gesichtsausdruck – nicht ganz präsent, nicht ganz fokussiert –, als hätte sie ihren Körper hinter sich gelassen und ihre Seele würde online umherwandeln.
Sie tippt schnell und in Rage, als wäre ihr Körper eine Laptop-Funktion.
Kamera A zoomt auf den Laptop-Bildschirm.
Eartha tippt: Hey @*gaygirlsleaze,* man kann auf *ganz viele verschiedene Arten* queer aussehen. Ich habe gehört, du lässt Frauen nicht rein, wenn sie nicht »lesbisch genug« aussehen. Welchen Sinn macht es bitte, wenn ein queerer Klub queere Menschen nicht reinlässt, nur weil sie eben aussehen, wie sie aussehen? Wenn wir nicht akzeptieren können, dass queer für jeden Menschen etwas anderes bedeutet – was verursachen wir dann? Wir befreien einige ausgewählte Menschen – und das ist eben keine Befreiung mehr. Sondern vielmehr einfach noch mehr UNTERDRÜCKUNG. Und GATEKEEPING. Es ist egal, wie man aussieht. Wenn man Frauen mag, mag man Frauen. Kein*e Türsteher*in kann einem etwas anderes weismachen. #BetterNightLifeForQueerPeople #BesseresNachtlebenFürQueereLeute
Als sie fertig ist, schmeißt sie im Café noch eine Paracetamol

ein und nimmt einen großen Schluck Wasser aus einem Glas. *Kamera A zoomt über Earthas Kopf* und zeigt, dass alle in dem Café am Handy hängen. Das Paar neben Eartha mit dem kleinen Kind ist in zwei verschiedene Arenen eingeloggt: ein Teil bei Progressive Parenting und der andere bei FIRE. Das Kind ist bei Wonderlanders online, einer Arena für Kinder von null bis vier Jahren. Die Teenager-Mädchen am nächsten Tisch sind alle in derselben Arena angemeldet und unterhalten sich mittels ihrer Avatare darüber, wie viel sie abnehmen wollen. Der Mann, der einen Karton Hafermilch auf den Tresen stellt, ist online gerade mit einer Unterhaltung über die positiven Auswirkungen von Marketing beschäftigt und die Frau, die ihm hilft, ist bei einer Arena über BDSM eingeloggt.

ENDE

Ich haue einen Post nach dem anderen raus, verwende Schlagworte, Schlüsselworte und Clickbait, um die Aufmerksamkeit der Leute zu bekommen. Nach einem Schluck Kaffee blicke ich mich um, ob mich niemand beobachtet, dann öffne ich einen Tab, um mir Phaedras Wonderland-Profil anzuschauen. Ich bin es leid, auf ihre Antwort zu warten. Ich fange an, eine Nachricht zu tippen, die ich ihr schicken will: »Hi Phaedra. Ich denke an dich. Was hast du morgen Abend vor?« Ich drücke auf Senden und mich durchströmt Selbstvertrauen, weil ich mich auf den Fahrer*innensitz meines eigenen Lebens gesetzt habe.

Eine Minute vergeht ohne Antwort und eine tief sitzende Angst vor Ablehnung macht sich breit und vernichtet jegliches Gefühl von Empowerment. Mir ist schlecht. Ich schaue, ob ich die Nachricht zurückholen kann. Kann ich nicht. Phaedra ist online. Sie hat sie gesehen. Ich blicke erneut auf meinen Bildschirm und gehe wieder auf Wonderland, um mich abzulenken; meine

Augen können sich kaum an den Kommentaren zu meinem letzten Post sattsehen, die gerade laden.

Wonderland-Benachrichtigungen:

@*WanderMaisie* Kannst du mehr darüber erzählen, wie du deine sexuelle Orientierung bemerkt hast?

@*GagaRaisedMeee* Wo ist diese*r hübsche*r Freund*in von dir! MEHR VON ROSE BITTE!

@*Matt_Kinsley* VERSPROCHEN! Ich würde das T-Shirt kaufen.

@*AinzBow* Warum schreibt sie alles groß, lol, die Frau ist seit Taaaagen nicht mehr offline gegangen.

@*ChristianJessica_78* Habe noch Hoffnung für dich. Ich weiß, dass du eines Tages zu Gott zurückfinden wirst.

@*AmeeInWonderland* Du bist eine GÖTTIN Eartha. Du hast mein LEBEN gerettet.

@*VeronicaEscher* Du triffst immer ins Schwarze, Eartha.

Benachrichtigung: Auf Wonderland verbrachte Zeit: 2,5 Std.

Ich musste mir ein Zeitlimit auf meinem Laptop einstellen – wenn ich nicht irgendwann unterbrochen werde, verliere ich mich stunden- oder sogar tagelang auf dieser Plattform. Ich öffne noch einen Tab auf meinem Laptop, um einen weiteren URL-Link eines sexistischen Artikels zu kopieren, als mich eine Frau aus meiner Konzentration reißt, die vor dem Café steht und mich anstarrt. Es ist E. V., sie trägt aber eine noch größere Sonnenbrille als sonst. Ihr Gesicht ist verzerrt – so habe ich sie noch nie gesehen. Sie kommt rein und bleibt stehen, schwebt vor mir über dem Barhocker.

»E. V., was ist los?«

»Was ist das?« Sie wedelt mit ihrem Handy vor meinem Gesicht herum.

»WAS IST DAS, EARTHA?«

Auf dem Display: Ein Foto von gestern Abend von Eartha, die auf dem Tresen neben dem Waschbecken sitzt und die Beine um den Jim-Morrison-Verschnitt geschlungen hat.

Dieses Bild ist kein bisschen schmeichelhaft. Ich lache peinlich berührt.

»Das ist NICHT witzig.«

»Was ist los? Warum bist du bitte sauer auf mich? Ich habe nichts falsch gemacht ... oder?« Ich greife nach ihrem Telefon, um mir das Bild anzugucken. »Das Mädchen hat total dreist meine Privatsphäre verletzt, schau mal, sie ...«

»Sieht so aus, als hätte jemand den Vertrag nicht wie vereinbart tatsächlich gelesen.«

»Welchen Ver...«

Sie hebt die Augenbrauen.

»Ah, den von FIRE! Ich habe ihn gestern Abend kurz vor dem Ausgehen unterschrieben. Schau mal, ich habe einen Artikel über diese lesbische Frau geschrieben, die in einer Bar schäbig ...«

»Toll, wie hart du arbeitest ...« Sie schaut auf den Bildschirm meines Laptops, auf dem die Suchbegriffe *SEXISMUS* und *HOMOPHOBIE* mehrfach zu sehen sind. Ich klappe ihn zu. »Aber du hättest den Vertrag vor dem Unterschreiben gründlich durchlesen müssen.«

»Was hat denn der Vertrag damit zu tun?«

Sie öffnet die E-Mail-App auf ihrem Handy und sucht die Nachricht mit dem unterzeichneten Vertrag. Sie scrollt, bis sie eine bestimmte Klausel findet, und zeigt mit dem Finger auf die Zeile im Vertrag, fährt unter den Worten entlang, während sie sie laut vorliest: *»Dein Vertrag schreibt vor, dass du dich während der Vertragsdauer nicht bei einem Date mit einem Mann sehen lassen darfst, weil es bei der Kampagne darum geht, queere Talente zu promoten.«*

»Das ist total biphob. Das Mädchen, das gestern dieses Bild gemacht hat, hat mich als Betrügerin bezeichnet, weil ich mit einem Mann rumgemacht habe! Und du jetzt auch? Jetzt ist es mir ›vertraglich untersagt‹, mit Männern intim zu sein?!«

Ich erzähle ihr, was passiert ist, und versuche, darüber zu lachen.

Aber in mir kocht alles bei der Erinnerung an den sadistischen Gesichtsausdruck der Frau hoch, als sie das Bild gemacht hat.

»Ich meine damit nicht, dass du eigentlich nicht queer bist, natürlich nicht. Aber im FIRE-Vertrag steht es eben so geschrieben. Als öffentliche Persönlichkeit mit zunehmender Bekanntheit ziehst du ihre Kampagne irgendwie ins … Nichtauthentische, wenn du Männer datest«, erklärt E. V.

»Aber das ist Teil des Problems, ich bin bisexuell. Männer küssen *ist* ein ›authentischer Part‹ meiner Sexualität …«

Ich fühle mich innerlich so angespannt. Ich habe doch gerade erst angefangen, Stolz für mich zu empfinden. Ausdruckslos starre ich auf ihren Schoß. Ich fühle mich so, als hätte ich versagt – einfach, weil ich ich bin. Ich will ihr beweisen, dass ich das schaffen kann, dass ich so sein kann, wie sie mich haben will, die Version von Eartha, in die sie investiert hat.

»Sag doch was, was denkst du?«

»Ich wusste … Ich wusste einfach nicht, dass das im Vertrag stand«, sage ich schließlich.

Sie zieht ihre Brille aus, legt sie auf den Barhocker neben mir und umarmt mich. Sie riecht nach Zitronenmelisse und Zigaretten. Ich verharre länger in ihrer Umarmung, als ich eigentlich wollte. Ich habe die Arme immer noch um sie gelegt, als sie sich ein Stück von mir löst und mir ins Gesicht schaut.

»Leider hängt bei diesem Job alles von der öffentlichen Meinung ab. Der Welt ist es egal, ob du dich liebst, ob du gerne bisexuell bist oder ob ich es toll finde, dass du bisexuell bist! Die Welt wird sich ohnehin eine eigene Meinung über dich bilden. Deswegen muss FIRE ehrlich mit den Influencer*innen kommunizieren. Sie müssen diese Klauseln einfügen, um sich zu schützen. Wenn die Leute sehen, dass du einen Kerl küsst, denken sie *Dumme Heterofrau, die nicht weiß, was sie will.* FIRE könnte vorgeworfen werden, mit ›unechten queeren Künstlern‹ zu werben, wenn du mit diesen Jungs rummachst!« Sie löst sich ganz von mir und wedelt mit den Händen.

Ich schüttele den Kopf. *Unechte queere Künstler*. Das fühlt sich so an, als hätte ich mein Outing wieder rückgängig gemacht.

»Moment mal, woher wusstest du eigentlich, dass ich hier bin?«

»Wegen deines Kalenders, du hast dich hier heute früh zum Arbeiten eingebucht. Du hast mir Zugriff darauf gestattet, erinnerst du dich? Ich habe keine Zeit, meinen Sprösslingen hinterherzulaufen, sie im Zaum zu halten und sie dazu zu bringen, nicht aus der Reihe zu tanzen. Aber du bist mir wirklich wichtig, Eartha. Ich spüre, dass du über außergewöhnliches Potenzial verfügst. Du wirst mit der Zeit lernen, was Arbeit und was Freizeit ist und dass sich die Online- manchmal auf die Offline-Welt auswirkt ... Kennst du Velma Quinnley, Darling?«

Ich schüttele den Kopf.

»EBEN! Wenn du jemand *werden* willst, musst du auf mich hören. Was ...«, sie lehnt sich zurück, »soll das Ganze sonst? Du wirst so enden wie Velma Quinnley. Niemand weiß, wer das ist. Ich habe versucht, ihr zu helfen, aber sie hat einfach ...« Sie zuckt die Schultern und entspannt sie dann wieder. »Sie ist jetzt ein Niemand. Sie wurde gesperrt.«

Velma Quinnley. Ich nehme mir vor herauszufinden, warum sie gesperrt wurde.

»Wenn dieses Bild noch länger auf Wonderland zu sehen gewesen wäre, hätte FIRE den Vertrag wieder aufgelöst und eine Erklärung herausgegeben, mit der sie sich von dir distanziert hätten. Du wärst auf Wonderland vielleicht auch gesperrt geworden. Menschen hassen Heuchler ...«

»Es tut mir so leid. Wie konnte ich nur dermaßen verantwortungslos sein? Der Kuss mit einem biphoben Arschloch hätte mich fast zwanzig Riesen gekostet.«

Ich erkläre ihr alles. Ich finde es so wohltuend, mich mit ihr zu unterhalten, sie schaut mich so aufmerksam an, als würde ich ihr die interessanteste Geschichte der ganzen Welt erzählen. Sie ermutigt mich, Männern Paroli zu bieten; sie gibt mir nie das Gefühl, »zu viel« zu sein. Ich denke an meine Mutter, die meinen Vater einfach nicht loslassen kann, selbst nach der Scheidung nicht. Ich glaube, dass E.V. niemals an einem Mann festhalten würde, der ihr nicht absoluten Respekt entgegenbringt. Sie vermittelt mir das Gefühl, ich sei das Zentrum ihres Universums, als wäre ich die Arena, in der sie sich im Internet bewegt.

Als ich fertig bin, sagt sie: »Hört sich so an, als wäre es vielleicht gar nicht so verkehrt, sich von Männern fernzuhalten, oder?« Sie reibt meine Schulter. »Hör zu, du musst FIRE trotzdem noch nutzen, das ist Teil der Vereinbarung, aber du kannst es gerade nicht dazu verwenden, dich mit Männern zu treffen.«

Ich habe sie echt im Stich gelassen.

»Es tut mir so leid, dass ich so ein Chaos verursacht habe«, entschuldige ich mich.

»Hör zu, Eartha. *Ich* arbeite jetzt für *dich!* Das ist meine Aufgabe. Ich bin dazu da, dich zu beschützen, und nicht, um dir das Leben schwerer zu machen! Ich habe das Foto direkt heute früh entfernen lassen. Ich bin schon seit Jahren mit dem Team von Wonderland in Verbindung, ich habe meine Kontakte spielen lassen, um das Bild zu entfernen, und habe der Userin, die es hochgeladen hat, eine Verwarnung wegen des Postens diffamierender Behauptungen erteilt.«

»Also ... bist du nicht sauer auf mich?«

Das würde ich nicht ertragen.

»Warum sollte ich sauer auf dich sein?«

Sie schaut mich an und sieht ehrlich neugierig aus. Als würde sie mich auf die Probe stellen.

»Ich wollte dir nur sagen, dass ich mich für dich darum

gekümmert habe, falls du Nachrichten dazu in deinem Posteingang hast. Und versuch auch, dir bewusst zu machen, dass die Welt, in der du dich nun bewegst, Auswirkungen auf dich hat: Wir müssen uns häufiger selbst hinterfragen und verantwortungsvoll mit unseren Followern und Geldgebern umgehen. Ich muss jetzt los; ich habe gleich ein Meeting mit einem Hersteller hochpreisiger Vibratoren. Einem Unternehmen, das an einer Zusammenarbeit mit dir interessiert ist ...!« Sie setzt ihre Brille wieder auf und verlässt das Café. Ihre hochhackigen Schuhe klackern laut.

Vertraglich verpflichtet, mich von Männern fernzuhalten. Das könnte mich vielleicht von meinem gebrochenen Herzen heilen, ist womöglich eine gesündere Alternative, als mit dem Mädchen zu schlafen, mit dem er mich betrogen hat – mich langsam von der Droge der männlichen Bestätigung entwöhnen, am besten im kalten Entzug. Vielleicht sollte man allen Frauen zwanzig Riesen geben, um sie von Männern fernzuhalten. Wenn Frauen einen Anreiz hätten, Männern fernzubleiben, und dafür bezahlt würden, hätten wir die Weltherrschaft inne.

Ping

Textnachricht von Mum an Eartha

16:45

Hallo Liebes, ich mache mir ein wenig Sorgen wegen diesem ganzen Zeug, das du auf Wonderland hochlädst. Ist alles okay? Erzähl im Internet am besten keine zu persönlichen Dinge! Die Leute da sind nicht deine Freunde! Sie greifen dich genauso schnell an wie du sie. Lass uns mal telefonieren.

Ping

Textnachricht von Phaedra an Eartha

16:47

Ja! Schraubverschluss!

Ping

Wonderland-Benachrichtigung:

@*Mirebelleee_* hat dich markiert

Jemand hat das Bild gelöscht, aber sie ist fake und ein von Wonderland manipulierter Avatar #YouHeardItHereFirst

Kapitel 19

MORGENATEM

Wonderland-Follower*innen: 722 012

Ich bin mir ganz sicher, dass ich mir beim Fingern von Phaedra einen Muskel gezerrt habe. Mein Zungenbändchen ist auch ein bisschen angerissen. Aber das ist mir egal. Wenn sie kommt und dabei das Gesicht selbstvergessen verzieht, vergesse ich alles andere. Ich würde mir sogar die Finger brechen, um sie glücklich zu machen.

Sie ist bei mir vorbeigekommen und hat nach ihrer Schicht im Laden nach luxuriösen blumigen Kerzen geduftet und alles hatte sich so erwachsen angefühlt – als wäre sie meine Ehefrau, die nach einem langen Arbeitstag in unsere gemeinsame Wohnung zurückkehrt. Es war so, als würden wir ein verheiratetes Paar spielen, das bei selbst gemachtem Hummus über Politik diskutiert. Ich habe sie zum Abendessen eingeladen und den ganzen Nachmittag lang griechische Mezze vorbereitet, die ihr ihre Oma im Sommer immer gemacht hat, wenn sie sie besucht hat. Ich hatte gesehen, wie jemand so etwas in einer Wonderland-Arena zubereitet, zu der mir Rose den Link geschickt hatte – sah ganz einfach aus. Ich fand das total romantisch und Rose meinte, es wäre ein solides veganes Abendessen, das ich in weniger als einer Stunde hinbekomme. Ich habe vier gebraucht. Ich habe angebrannte Pita und ein paar klumpige, wässrige Dips auf den Tisch gestellt, die ich besser beim Laden an der Ecke gekauft hätte. Sie hat mir vom Abendessen am Wochenende bei ihrer Freundin Lola erzählt und ich habe ihr normale Fragen gestellt wie »Was gab's da zu essen?«, obwohl ich jede Einzelheit schon wusste, bis hin zur Reisfarbe und dem Namen von Lolas Ex-Freund, weil ich mit nahezu religiösem Eifer ihre Wonderland-Seite gestalkt hatte. Je mehr ich über Phaedra erfahre – ihre Angewohnheit, zum Frühstück löffelweise Marmite zu essen, der Unterschied zwischen ihrem gekünstelten Lachen und ihren unkontrollierten Lachanfällen –, je mehr ich ihr verfalle, desto detaillierter wird mein Bild von ihr. Unsere Gespräche und Küsse, in meiner verschwitzten Bettwäsche, mit Morgenatem und nicht geputzten Zähnen, gehören zu den intimsten Momenten meines Lebens.

Aber als Süchtige muss ich auch wissen, wann ich mir den nächsten Schuss setzen kann. Ich klammere mich an ihr »bis bald« oder »wir sehen uns nächste Woche«, als wäre das ein echtes Versprechen und keine heimliche Abfuhr. Ich frage mich, ob »nächste Woche« Montag oder Mittwoch oder Donnerstag bedeutet, weil ich bemerke, dass sie keine genauen Angaben gemacht hat. Langsam bekomme ich das Gefühl, als würde sie sich nicht ganz so verzweifelt nach mir sehnen. Ich fühle mich so unerfahren, weiß nicht, wie ich mit diesen starken Gefühlen für eine Frau umgehen soll. Weil ich mit meinen Gefühlen nicht »umgehen« will, ich will in ihnen schwelgen. Mir wird klar, dass ich immer noch versuchen muss, meine Gefühle zu diversifizieren.

Alles fühlt sich so rasant an, wenn man Frauen datet, aber es fühlt sich *nicht* so an, als würde sich das Karussell so schnell drehen, weil jedes Date mindestens einen Abend dauert, manche sogar ein ganzes Wochenende. Ein Date mit einem Mann dauert ungefähr vier Stunden: Drinks, Labern, dann nach Hause. Also ist ein Date mit einer Frau eigentlich genau so viel wert wie drei heterosexuelle Dates. Nach dem zweiten Date haben zwei Frauen echt viel über die andere erfahren – bei einem Mann hätte man dafür zwei Monate gebraucht. Frauen haben dann alles Relevante besprochen, vom Bindungsverhalten der

Eltern und wie sie einen selbst dadurch beeinflusst haben bis zu der Frage, ob man beim Sex schon mal was im Hintern hatte oder das gern ausprobieren würde. Bei Matt hatte es vier Jahre gedauert, bis ich Antworten auf diese Fragen bekommen habe. Ich habe Phaedra nur wenige Male getroffen, dennoch ist die Vertrautheit so viel inniger als das, was ich während meiner Beziehung mit Matt erfahren habe. Das Schöne daran ist: Es gibt kein Richtig oder Falsch. Für die Liebe von queeren Frauen hat keine*r Regeln aufgestellt. Willst du beim ersten Date vögeln? Cool. Willst du stundenlang über deine Vergangenheit reden und danach in einer zärtlichen Umarmung versinken (wie du die von deiner Mutter nie bekommen hast, das hast du auch erzählt), nachdem du ausgiebig geweint hast? Auch cool. Willst du beim ersten Date meinen ganzen Freund*innen vorgestellt werden? Klar, cool. Der einzige Nachteil daran ist, dass mir »Wonderland-Eartha« bei der ganzen Sache entgleitet. Ich will sonst niemanden daten, aber ich *muss*. Ich habe inzwischen meinen FIRE-Vertrag gelesen und mir ist klar geworden, dass ich nicht nur keine Männer daten darf, sondern die App aktiv nutzen muss – spontane Posts auf Wonderland über Dating reichen nicht aus. In dem Vertrag steht, ich muss drei ganz »natürliche« Dates mit Leuten haben, die ich auf FIRE kennengelernt habe. Wie natürlich kann denn etwas sein, das von einem Vertrag festgelegt ist? Aber egal, ich brauche das Geld.

Ich muss auf Wonderland darüber sprechen, weil ich noch fünf Posts darüber machen muss – auch das ist Bestandteil meines Vertrags mit FIRE. Ich lade ein Bild von mir hoch, wie ich auf dem Bett liege, meine Augen wirken müde, weil ich die ganze Nacht lang wach war.

> Caption: Hat noch jemand nach dem ersten Date mit einer Frau einfach das ganze Wochenende mit ihr verbracht und deswegen ihre Pflichten vernachlässigt? Oder nur ich?

#LoveInPride #FIRE
Kommentare:
@*Agelayhh* LOLLLL, bitte. So was muss mir heute niemand unter die Nase reiben.
@*ShritiPie* Girl, man sollte vor einem Date nicht das Schlafzimmer aufräumen. Denn dann kannst du nie wieder spontan eine mit zu dir nehmen ...
@*YoursTruly.Samx* Komm zurüüüüück, Eartha! Wir vermissen dein Gesicht, raus aus dem Bett! 😌
@*ShritiPie* Hahahaha genau, oder auch nicht rasieren! Aber ich igele mich auch immer ein und ärgere mich dann, dass ich nicht aufgeräumt und mir die Beine rasiert habe.
@*MichelleMmmmmm* Eartha, wir wollen mehr Content! Du bist dir untreu geworden, Babe ...
@*DaniellTT* Smokey-Eye-Routine? Oder sind das nur Augenringe? Lol

*

Ich musste mein FIRE-Profil ein wenig verändern, weil mich inzwischen einige Leute erkennen. Ich habe meinen Namen zu »Lily« geändert und die Verlinkung zu meiner Wonderland-Seite gelöscht. So weit, so unsichtbar. Aber ich habe in letzter Zeit auch einige Nachrichten von meinen Follower*innen bekommen, dass jemand meine Bilder als Catfish verwendet. Ich wünschte, ich könnte einfach *Ich bin horny und Single, wie ihr alle auch!* posten. Ich habe ein Match mit einer Frau namens Jaz, die interessant wirkt, aber ich habe Angst. Ich habe noch nie jemanden anonym getroffen, also ohne dass die andere Person wusste, wer ich auf Wonderland bin. Ich fühle mich auch seltsam, wenn ich mich mit einer anderen Frau treffe, weil ich doch nur an Phaedra denken kann. Ich fühle mich seltsam, weil ich mich seltsam fühle, weil sie doch gar nicht meine feste Freundin ist und ich mich definitiv nach dem zweiten Date nicht so fühlen sollte, als wäre ich in einer monogamen Beziehung. Nicht wahr?

Nach ein oder zwei Tagen – Jaz und ich haben uns verabredet – warte ich an einer Bahnstation in der Nähe auf sie. Es regnet, ich habe mich bei den Ticketschranken untergestellt. Ein Mann mir gegenüber singt mit einer Katze auf dem Schoß – er möchte Kleingeld; nach einem Lied blinzelt er mich an und streckt mir die Zunge raus. Ich habe kein Geld dabei, deswegen gebe ich ihm meinen Schirm. Beanie-Träger*innen, Hunde und Bartträger*innen gehen in den Bahnhof und kommen raus. Es sind schon zwei Frauen bei mir stehen geblieben, die meinten, sie würden mich kennen. Ich bin erleichtert, dass sie keine Fotos mit mir machen wollten. Seit dem Abend im Klub bekomme ich Angst und bin verunsichert, wenn jemand ein Bild von mir machen will. Wonderland verwischt die Grenze zwischen Freund*in und Feind*in. Du denkst fälschlicherweise, du kennst einige User*innen gut, oder hältst sie für deine*n beste*n Freund*in, weil er/sie/they ein Video über die Entscheidung, das Antidepressivum nicht mehr zu nehmen, hochgeladen hat, weil du weißt, was er/sie/they heute zum Frühstück hatte, oder weil du ein Video gesehen hast, wie er/sie/they mit dem One-Night-Stand auf einem Tisch in der Eckkneipe getanzt hat. Du weißt, wo diese Leute rumhängen, wenn du genau hinschaust, entdeckst du einen Knutschfleck – wahrscheinlich von der neuen Liebe, die nach und nach im Feed auftaucht. So wird behutsam die Beziehung öffentlich gemacht. Oder in meinem Fall: Du kennst die komplette Coming-out-Geschichte, weil sie freiwillig gepostet wird. Menschen lieben Detektivspiele – ich bin da keine Ausnahme. Ich muss vorsichtiger sein; eine Followerin von mir ist bei einem Event aufgetaucht, zu dem E. V. mich letzte Woche geschickt hat. Es war eine Werbeveranstaltung eines Unternehmens für Hautpflegeprodukte, das zwei meiner neuen Skincare-Routine-Posts gesponsert hat. Ich habe ein Bild von meinem Espresso-Martini an der Bar gepostet und nach einer halben Stunde kam ein Mädchen zu mir gestürmt. Sie meinte, sie hätte eine Ecke der Getränkekarte erkannt, auf der mein Drink im Post stand, und *musste* einfach vorbeikommen und mich um ein Bild bitten.

Und gleichzeitig ernähre ich mich von Fertiggerichten und lege jeden Penny zur Seite, damit ich mir Drinks und Dates mit Phaedra leisten kann. Ich habe immer noch nicht mein Honorar für FIRE erhalten, aber die Leute denken, dass ich ein verschwenderisches Leben führe. Sie wissen nicht, dass es eine Illusion ist, dass sie eigentlich einen Lifestyle sehen, der nur glamourös *wirkt*. Das ist hauptsächlich E. V. zu verdanken, die mich zu den richtigen Partys einlädt und mir dafür ihre Designerklamotten leiht. Aber nach diesen ganzen glamourösen Veranstaltungen kehre ich in meine Wohnung zurück, die ich mit dem Backofen heize und wo eine Vase unter meiner tropfenden Decke steht. Ich führe ein Doppelleben.

Der Regen wird immer stärker und der Obdachlose spielt nicht mehr Gitarre – er hat den Schirm aufgespannt und singt nun »Singing in the Rain«. Die Beine meiner Jeans haben sich mit schmutzigem Regenwasser vollgesogen. Aus den Augenwinkeln sehe ich eine Frau, ich habe sie noch nicht direkt angeschaut, aber sie lehnt schon eine Weile an der Ticketschranke. Ist das meine Verabredung? Ich drehe den Kopf, um nachzuschauen. Sie macht ein Video von mir … Sie hat ihr Handy auf die Hände gestellt und stützt es mit den Fingern ab; die Kamera zeigt direkt auf mich; die Frau versucht, sich nichts anmerken zu lassen. Sie blickt in eine ganz andere Richtung als die, in die ihr Handy gerichtet ist, als würde sie »gar nicht hinschauen«.

»Entschuldige, könntest du das bitte löschen?«, frage ich mit fester Stimme, aber mit einem Lächeln im Gesicht.

»Belästigt dich diese Frau?« Eine Frau geht zu dem Mädchen und bietet ihr ihre Hilfe an.

»Nein, um ehrlich zu sein, belästigt sie *mich*, sie filmt mich, deswegen fühle ich mich unwohl.«

»Du hast gesagt, du wärst Veganerin, aber du trägst einen Ledermantel.«

»Was?«

»DIESER MANTEL IST AUS LEDER!«

»Ja, und? Du filmst mich ohne mein Einverständnis ... Du machst es immer noch!« Ich zeige auf ihr Telefon.

»Du bist eine Pseudo-Veganerin. Du hast einen Beitrag gemacht, den ein veganes Kuchenunternehmen gesponsert hat. Dieses Ganze ›Sei besser als Butter‹, ich habe deinen Post geteilt. Ich habe deinen Kuchen gebacken«, sagt sie und filmt mich immer noch.

»Ich bin re...«

»Eartha, ein Kuhbaby musste sterben, damit du das tragen kannst.«

»Sorry, aber dein Veganer-Bullshit-Gelaber ist so ziemlich das Letzte, was mich interessiert, wenn du mich ohne mein Einverständnis filmst, während ich hier nichts ahnend stehe.«

»Du bist eine Mörderin.«

»Was hast du eigentlich für ein Problem? Du verletzt meine Privatsphäre. Verpiss dich!«

BERUHIG DICH. BERUHIG DICH. Atme.

»Schau mal, ich habe nur ...«

»AN DEINEN HÄNDEN KLEBT UNSER BLUT.«

»UNSER?«

»Ja, unseres und das der Tiere.«

»Ich – ich weiß nicht, was ich dazu sagen soll. Ich habe mich entschuldigt, was willst du noch von mir?«

»Ich halte dich für eine Lügnerin. Eine geldgierige Lügnerin. Du bist eine Heuchlerin.«

»DEIN BEKACKTER VEGANISMUS IST MIR EGAL. SCHÜTTE DOCH EIN BISSCHEN KUNSTBLUT RUM ODER SO. HÖR AUF, MEINE PRIVATSPHÄRE ZU VERLETZEN!«

Ich habe komplett die Kontrolle verloren. Ich blicke in ihr grinsendes Gesicht, während sie mich auf ihrem Handybildschirm beobachtet. Mir wird klar, dass sie bei ihrer Jagd auf profitable Emotionen erfolgreich war. »Schau mal, kannst du das bitte einfach löschen? Hör auf, mich zu filmen. Das ist nicht fair; du kannst nicht einfach Menschen ohne ihr Einverständnis aufnehmen.«

Sie sperrt ihr Telefon, schiebt es in ihren Beutel, schiebt die Träger auf die Schulter und geht weg. Sie sieht beschämt aus. *Gut.* Ausnahmsweise gehe ich mal nicht aus einer Interaktion heraus und fühle mich entmachtet, weil jemand Fremdes am längeren Hebel saß.

»Hey, Lily?«

Ich brauche eine Sekunde, um mich an das Pseudonym von meiner Dating-App zu erinnern, dann realisiere ich, dass die Stimme mich meint.

»Jaz! Wie schön, dich zu sehen. Hast du ...?«

Ich schaue an den Ort, wo eben noch die Frau stand, die mich gefilmt hat.

»Es tut mir so leid.«

Ist meine Tarnung aufgeflogen?

»Ja, habe ich gesehen. Bist du ...?«

Bitte frag nicht, ob ich die Berühmte von Wonderland bin.

»Alles okay mit dir?«

»Ja, ich ... alles in Ordnung mit mir. Danke.«

»Warum haben die Fotos von dir gemacht? Bist du ›furchtbar wichtig‹ oder so?«, witzelt sie und steckt unbeholfen die Hände ganz tief in die Taschen ihrer Lederjacke. Sie hat kurzes, lockiges schwarzes Haar. Ihre Augenbrauen sind blondiert, in der Nase trägt sie ein Septum.

»Nein, von wegen, aber in letzter Zeit, ach egal, alles okay!«

Behalt es für dich, Eartha.

Ich hasse es, wie sich die Mienen anderer Leute verändern, wenn ich ihnen mitteilen muss, dass ich nun bekannt bin. Wie in ihren zuvor desinteressierten Blicken plötzlich Verlangen aufflackert, weil ich nun »jemand« bin.

»Das ist bestimmt total nervig, oder?«

»Ja, aber ich glaube, ich sollte mich nicht beschweren.«

»Warum denn nicht?«

Na, weil ich für dieses Leben ganz buchstäblich *einen Vertrag unterschrieben habe. Deswegen darf ich mich nicht beschweren, finde ich.*

»Du solltest dich nicht mit Menschen herumschlagen müssen, die in deine Privatsphäre eindringen und dich als Requisite benutzen.«

Das alles ging so schnell, ich bekomme gerade Panik wegen dem, was ich zu der Frau mit dem Handy gesagt habe. *Habe ich irgendwas über Schweineblut gesagt?*

»Gott, habe ich eben die Kontrolle verloren? Ich war ... Ich habe mich in die Ecke gedrängt gefühlt ...«, sage ich nervös, blicke zu Boden und schaue hektisch nach links und rechts.

Ich bemerke, dass nicht einmal eine Minute vergangen ist und das ganze Gespräch nur um mich kreist.

»Das tut mir so leid. Aber egal, was ist mit dir, Jaz, bist du Veganerin?« Ich lächele sie an.

»Nein«, antwortet sie lachend.

»Wahrscheinlich der seltsamste Beginn eines Dates ever, oder ...«

Ich versuche, meinen inneren Monolog nicht mehr laut auszuplaudern.

Sie lächelt unbeirrt und ich erkenne, wie viel geerdeter sie im Vergleich zu meinem adrenalinverwirrten Selbst ist. Sie hakt mich unter und ich fühle mich irgendwie beschützt, während wir zu der Bar gehen, die sie ausgesucht hat. Die Location sieht so aus, als wäre sie einmal eine Fabrik gewesen oder ein Lager mit freigelegtem Mauerwerk an der hinteren Wand – total *industrial.* Metallträger stützen die Decke und bilden über uns ein gewölbtes Dach. Auf einer Tafel über der Bar stehen in Handschrift die heutigen Specials und Hauscocktails. Die Bar befindet sich rechts, sie ist lang und am äußersten Rand sitzen Menschen auf unbequemen, aber ästhetischen Barhockern aus Leder. Die Gäst*innen müssen ab und zu ihre Sitzposition ändern – dem Rücken zuliebe.

»Auf deinem Profil hast du geschrieben, dass dein Lieblingscocktail der Paloma ist ... deswegen wollte ich dich in eine der besten Mezcal-Bars ausführen!«

»Wie aufmerksam von dir! Vielen Dank.«

Wahrscheinlich sollte ich jetzt besser nicht sagen, dass ich meinen Paloma am liebsten mit Tequila trinke und dass ich Mezcal hasse.

»Hi! Habt ihr reserviert?«, werden wir unfreundlich neben einem Metallsockel am Eingang begrüßt.

»Ja, für Jaz und, ähm ... Lily.« *Ich muss mich entspannen.*

Der Kellner setzt uns an einen Tisch neben der Wand links, gegenüber der Bar. Jaz rückt mir den Stuhl zurecht, bevor ich mich hinsetze.

»Was für ein Gentlem... Woman?!«, sage ich und hebe die Augenbrauen.

Hätte fast Gentleman gesagt. Shit.

»Bist du *bisexuell* oder was?« Sie lacht und zieht ihren Stuhl hervor. Mir entgleiten die Gesichtszüge. Sie bemerkt meine Panik. »ICH MACH DOCH NUR SPASS! Das steht auf deinem Profil, erinnerst du dich?«

»Ich dachte kurz, du würdest abhauen.« Ich winde mich auf

meinem Stuhl, versuche, irgendwie eine bequeme Sitzposition zu finden.

»Warum das denn?«, fragt sie, ebenfalls auf der Suche nach einer angenehmen Haltung.

»Eine Frau hat mich letzten Monat echt als ›verdammte Betrügerin‹ bezeichnet, als sie herausgefunden hat, dass ich bi bin, ich bin nun wahrscheinlich bis an mein Lebensende traumatisiert ... Egal, lassen wir das Thema! Weißt du, normalerweise finde ich galantes Benehmen total ätzend, aber bei Frauen ist es heiß.«

Mein erstes Kompliment, ganz beiläufig und geschmeidig und auf Kosten von Männern. Chapeau!

»Ich hatte Glück. Meine Mum hat mich so erzogen, dass ich hübsche Mädels anständig behandele!«

»Wusstest du also immer schon, dass du lesbisch bist?«

»Ich wurde von zwei Frauen großgezogen, die sich wirklich unglaublich gut fanden. Das Lesbischsein hat auf mich abgefärbt, glaube ich.« Sie lacht und lehnt sich mit den Unterarmen auf den Tisch.

»Wow. Ich kann mir nicht vorstellen, wie es ist, zwei Mütter zu haben. Ich liebe meine Mum, aber wenn ich dran denke, dass mich zwei von ihrer Sorte großgezogen hätten, wirkt das irgendwie surreal. Ich kann mir nicht vorstellen, wer ich dann wäre ... Meine Mum trifft für sich selbst nicht unbedingt die besten Entscheidungen, aber für mich hat sie immer die besten getroffen. Ich glaube, dass es wirklich schön ist, so aufzuwachsen.«

»Ja, ist es auch. Ich liebe sie, wie verrückt. Aber es ist auch chaotisch. Ich hasse Stereotypen, aber es geht immer viel um Gefühle: Sie reden permanent darüber, wie sie sich in der Beziehung fühlen. Das ist sehr gesund, aber irgendwie auch nervig gesund, verstehst du, was ich meine?« Sie blickt in die Ferne, dann richtet sie ihre Aufmerksamkeit wieder auf den Tisch. »Manchmal wünsche ich mir, wir könnten einfach *einmal* gemeinsam essen, ohne dass mir eine Essstörung unterstellt wird, weil ich meinen Nachtisch nicht angerührt habe.« Dramatisch fuchtelt sie mit den Händen und ich breche in Gelächter aus, dann halte ich mir schnell die Hand vor den Mund.

Ganz locker, sei cool. Sei unnahbar. Nicht unhöflich. Aber beherrscht.

»Meine Mütter reagieren übertrieben auf die kleinste Veränderung meines Verhaltens. Wenn ich müde bin, machen sie sich Sorgen wegen Depressionen. Ich bin ihnen sehr wichtig, aber man kann seinen Eltern auch etwas zu wichtig sein. Sie führen eine interkulturelle Beziehung ...«, sagt sie und fährt sich mit der Hand über die Haut, »also gibt es auch kulturell bedingt viele Unterschiede zwischen ihnen.«

»Das ist aber doch wundervoll, oder? Dass sie so verschieden sind und trotzdem wollen, dass es zwischen ihnen funktioniert? So etwas kenne ich nicht. Also doch, aber nur einseitig, von meiner Mutter. Aber ich hätte früher total gern Eltern gehabt, die sich so toll finden. Ich kann mir gar nicht vorstellen, dass das mal nervt. Meine Mum hat sich schneiden lassen, ist dann aber zu meinem Dad zurückgekehrt. Sie lebt immer noch mit ihm zusammen und ich fühle mich wirklich dazu verpflichtet, das Leben zu führen, das sie nicht führen konnte, weil sie immer noch mit ihm zusammen ist, verstehst du? Sie hat es nur halb durchgezogen ...« Plötzlich bemerke ich, dass wir noch nicht mal Getränke bestellt haben und ich schon über die Beziehung mit meiner Familie rede. So schnell wird aus einem Date eine Therapiesitzung.

»Weißt du was? Wir sollten nicht mehr über Mütter reden.«

»Du hast recht. Das könnte ein wenig zu persönlich werden ... Also, wie ist die Beziehung zu deinem Dad?«, fragt sie scherzhaft, schiebt die Ellbogen nach vorn und stützt den Kopf in die Hände. Ich lache sie an und sie fragt mich noch etwas.

»Sorry, jetzt erst mal nur ernste Fragen. Wie lange wohnst du schon in Olympia?«

Also erzählen wir uns unsere Lebensgeschichten. Sie zieht sie mir aus der Nase, entwirrt das verhedderte Wollknäuel. Ich erzähle ihr alles. Ich erzähle diese Geschichte nun zum dritten Mal, seitdem ich Single bin, und es fühlt sich so an, als würde ich ein Drehbuch vorlesen: Ich komme aus einer Kleinstadt namens Hebeford. *Schon mal gehört?*, frage ich. Die Antwort lautet immer *Nein*. Ich weiß, wie unbedeutend das Städtchen ist, und erkläre, dass das Beste dort das billige Bier und die hässliche Statue von Mick Jagger vor einem Fish-and-Chip-Laden sind. Sie soll an seinen einzigen Besuch dort erinnern, damals, in den Sechzigern. Dann erzähle ich, dass ich so schnell wie möglich von zu Hause weg bin, weil ich irgendwie das Gefühl hatte, ich würde durch meine Anwesenheit gutheißen, was mein Dad meiner Mum antut. Dass ich in Vollzeit in einem Laden in der Fußgängerzone gearbeitet habe und dass mir das jegliche Lebensenergie rausgesaugt hat, ich aber genug Geld gespart habe, um auszuziehen und von zu Hause aus zu arbeiten, dann bin ich auch aus der Beziehung raus, die mich ebenfalls ausgesaugt hat …

Ich fühle mich wie eine Maschine, wenn ich immer und immer wieder dasselbe über mich erzähle. Aber sie wirkt aufrichtig interessiert an mir und meinem Leben. Sie fragt immer wieder, wie ich mich in bestimmten Situationen *gefühlt* habe. Dating ist ein seltsamer Tanz – eine Gratwanderung zwischen geheimnisvoll bleiben und sich öffnen: *Das ist mein Leben, so eine Person bin ich und ich werde dir alles sagen, was du wissen musst, damit du genau weißt, worauf du dich einlässt, aber ich gebe auch nicht alles preis, um noch etwas Geheimnisvolles zurückzuhalten, das dir Appetit auf mehr macht, damit du Lust auf ein zweites Date hast – hoffentlich.*

Aber natürlich ist das ein queeres Date, also sind diese Regeln unnütz. Der heutige Abend wird wieder fast platzen vor nicht angebrachter Intimität mit einer Fremden und Einblicken in mein Leben – und das alles nur, weil wir beide Frauen sind. Wir bestellen uns einen Drink und dann noch einen, wir reden und lachen, weinen und trinken ...

Moment.

Ich bin betrunken.

Ich zitiere den Vorspann zu The L Word.

Ich frage sie, ob sie mit zu mir kommen will, nachdem wir die Rechnung geteilt haben. Wir nehmen unsere feuchten Mäntel von unseren Arschquälstühlen und wollen den Laden verlassen. Dann kommt ein Typ zu uns.

»Hey, wohin des Weges? Ich bin doch gerade erst angekommen, du kannst noch nicht gehen!«, sagt er und legt mir die Hand um die Taille, als wäre ich eine Porzellanpuppe.

»Sorry, das darf ich nicht. Mir ist es vertraglich vorgeschrieben, mich von Männern fernzuhalten!«, sage ich ihm direkt ins Gesicht, dann stoße ich die Tür auf und haue gemeinsam mit Jaz ab. Vor der Tür bekommen wir beide einen Lachkrampf.

»Stimmt das?!«

»Oh Gott, nein«, antworte ich und erinnere mich an die Geheimhaltungsvereinbarung, die ich für FIRE unterschrieben habe.

Im Regen gehen wir nach Hause, haken uns ein und grölen den Text zur Titelmelodie von *The L Word* – ich habe einen Ohrwurm davon –, bis wir an meiner Haustür ankommen.

Irgendwie will ich, dass der Abend hier vorbei ist, aber ich will auch besser beim Sex werden.

Ich frage sie, ob sie noch mit reinkommen will. Wir gehen die Treppe hoch und ich schließe die Tür zu meiner Wohnung auf.

»Was für eine Wohnung!«, ruft sie, während ein Tropfen in eine Vase in der Ecke fällt.

»Warum zahle ich so viel Miete für ein Apartment, in das es reinregnet?« Ich zucke die Schultern und sie kichert.

»Ach hör auf, du hast es dir hier doch wirklich schön gemacht.«

Sie schaut sich in der Küche um, bewundert die Pflanzen, die ich auf Schränke gestellt habe, und die nicht zueinanderpassenden Kerzen auf der Fensterbank in kontrastfarbigen Glashaltern.

»Warte, ich hole uns Handtücher! Wir sind ja pitschnass«, sage ich, wringe meine Haare über dem Waschbecken aus und hänge meine nasse Lederjacke über den Küchenstuhl. Ich komme mit Handtüchern zurück und gebe ihr eins; sie sind ein wenig kratzig, weil ich mir keinen Weichspüler mehr leisten konnte. Ich werfe ihr das weichste zu. Während wir uns abtrocknen, durchbricht das rhythmische Trommeln des Regens die Stille und ich weiß, dass ich morgen Pfützen aufwischen werde. Sie beugt sich nach vorn, legt sich das Handtuch um den Kopf und wirft ihn zurück, fährt sich mit den Fingern durch ihr lockiges Haar. Sie faltet das Handtuch ordentlich auf dem Tisch und ich verkneife es mir, ihr für ihre Höflichkeit zu danken – im Vergleich zu den Boxershorts, die mir sonst vor die Füße geworfen wurden. Sie muss ja nicht wissen, dass meine Anforderungen ebenfalls am *Boden* liegen. Sie legt ihre Hände links und rechts neben mir auf den Küchentresen. Hat mich in die Falle gelockt wie eine Spinne, nur Zentimeter von meinem Gesicht entfernt.

»Also ... wann erzählst du mir die Wahrheit?« Sie grinst.

»Worüber?«

Sie weiß es. Sie weiß es. Sie weiß, wer ich bin.

»Dass du Mezcal hasst. Dein Gesichtsausdruck hat dich vorhin verraten ...«

»Das ist mir so peinlich.« Ich werde rot.

Sie streicht mir die nassen Haarsträhnen aus dem Gesicht und leckt sich über die Lippen. »Darf ich dich küssen? Obwohl ich den ganzen Abend Mezcal getrunken habe?«, fragt sie.

Ich mag sie, aber ich mag sie nicht genug.

Und sie ist nicht Phaedra.

Aber ich küsse sie trotzdem.

»Woooooooah!«, rufe ich, als sie mich hochhebt und ins Schlafzimmer trägt. Sie dreht sich zur Seite, damit wir beide durch den Türrahmen passen. »Sorry, ich bin so schwer«, sage ich und erschaudere.

»Nein! Ich hab dich!«, grunzt sie, dann lässt sie mich am Fußende fallen.

Meine Hosenbeine sind unten immer noch tropfnass und ich spüre, wie mir die Feuchtigkeit die Knöchel hinabrinnt. »Ist es o. k., wenn ich die Hose ausziehe? Die ist so nass«, frage ich.

»Warte mal ein paar Minuten, dann ist dein Tanga bestimmt auch ganz nass«, sagt sie augenzwinkernd.

Ich ziehe die Hose aus und küsse Jaz langsam vom Hals abwärts zum Bauch, so wie es Phaedra bei mir gemacht hat.

»Darf ich mich auf dein Gesicht setzen?«, fragt sie unvermittelt.

Ich halte inne und blicke von ihrem Schritt zu ihr auf.

»Ähm, in Ordnung, ja!«, sage ich, obwohl noch nie jemand auf meinem Gesicht gesessen hat und ich keine Ahnung habe, wie das funktionieren soll.

Ich lehne mich zurück aufs Bett und sie stellt die Knie fest links und rechts neben meinen Kopf.

FUCK. Eine Frau benutzt mein Gesicht als Sitz.

Ihr Unterleib ist so weit von meinem Gesicht entfernt, soll ich mich aufsetzen? Ich recke den Hals nach oben, aber ihr Schritt ist immer noch meilenweit entfernt, deswegen schnappe ich sie mir, um sie runterzuziehen, ich vermute, dass sie sich dann richtig positioniert. Stattdessen verlagert sie ihr Gewicht auf mein Gesicht und ich stecke die Zunge tief in sie hinein. Ihre Hüften beben und sie krallt sich an meinen Bettrahmen, um sich festzuhalten, und kreist die Hüften.

»Leck da«, befiehlt sie. Ich gehe mit dem Mund weiter nach hinten.

Ich habe noch nie einer Person den Anus geleckt und ich kann nur noch dran denken, wie gern ich das zum ersten Mal bei Phaedra gemacht hätte.

Schließlich klettert sie von mir runter und schlängelt sich neben mich. Wir küssen uns.

»Magst du, wie du schmeckst?«, frage ich sie, die Muskeln in meiner Zunge sind echt froh, dass es vorbei ist.

»Hmmm, ich muss noch mal probieren.« Sie küsst mich erneut, diesmal mit ihrer warmen, nassen Zunge.

»Ja, ich mag meinen Geschmack.«

Sie setzt sich wieder auf mich, um mein Gesicht weiter zu ficken, bis sie kommt.

*

Wir liegen nebeneinander, keuchen und schauen zur Decke, haben die Arme überm Kopf ausgestreckt. Ich lehne mich zu meinem Nachttisch, weil ich mir ein Zopfgummi und ein olles Glas Wasser nehmen will. Ich drehe mich um und biete ihr einen Schluck an.

»Kann ich noch mehr Wasser haben? Ich habe so einen Durst«, sagt sie.

Ja genau, du hast so einen Durst!

Ich nehme ihr das Glas aus der Hand und bin genervt, dass sie meine harte Arbeit gar nicht gewürdigt hat.

»Bin gleich wieder da«, sage ich.

Ich stehe auf, obwohl ich nackt bin, und gehe in die Küche, versuche so zu tun, als wäre ich immer so locker. Ich trinke selbst ein ganzes Glas, dann fülle ich es noch einmal für sie. Ich gehe wieder ins Zimmer und sie hockt über ihrer Tasche in der Ecke beim Fenster. Sie reißt den Kopf herum, als ich reinkomme.

»Hey, sorry, ich mach nur meinen Wecker aus ... dann können wir ausschlafen.«

Sie sperrt ihr Telefon und stopft es wieder in ihre Tasche.

»Gute Idee!«, sage ich und stelle das Glas auf ihren Nachttisch.

In der Bettmitte finden wir wieder zueinander und küssen uns. Wir liegen uns nackt in den Armen, mein Kopf an ihre Brust geschmiegt, und unsere Beine sind miteinander verschlungen. Unsere Haut klebt aneinander und es fühlt sich ziemlich unangenehm an, als wären wir mit Klettverschluss zusammengeklebt. Ich drehe mich um, um auf der Seite zu schlafen, und sie schlingt ihre verschwitzten Arme um mich. Gerade, als ich wegdöse, schiebt sie meinen Pony zur Seite und küsst mich auf die Stirn.

»Nacht, Eartha.«

»Nacht.«

Ich schlafe ein und denke daran, wie perfekt mein Gesicht zwischen Phaedras Schenkel passen würde. Und dass mir der Schweiß nicht so viel ausmachen würde, wenn sie ihre Arme um mich legen würde.

Kapitel 20

PROBLEMATISCH

Wonderland-Follower*innen: wird berechnet …

Rasierklingenscharf schneiden die Sonnenstrahlen durch meine dunkle Wohnung, deswegen kann ich nur ein dunkelhaariges Mädchen von hinten sehen, das sich die Hose hochzieht.

»Gehst du?«, murmele ich verschlafen.

»Ja, sorry, ich muss los. Wusste nicht, dass es schon so spät ist!«

Sie beeilt sich total. Haben wir den Wecker überhört?

Ich setze mich auf, oben ohne, habe vergessen, dass ich nackt eingeschlafen bin. Etwas an diesem Morgen fühlt sich so an, als würde ich mein Innerstes entblößen. Ich ziehe mir die Decke über den Oberkörper.

»Oh, ich dachte, du meintest … ähm … vielleicht können wir dann ein andermal zusammen frühstücken?«, schlage ich vor.

»Ja, ich schreibe dir später!«, sagt sie, ohne sich umzudrehen.

Nein, ich bilde es mir nicht ein, die Stimmung ist komplett gekippt.

Es ist, als hätten wir nicht die Nacht miteinander verbracht. Sie schlüpft in ihre Hose und geht mit den Schuhen in der Hand zur Tür.

»Und wie wär's …«

Bevor ich ihr einen Kaffee anbieten kann, ist sie auch schon weg.

Vielleicht liegen nicht gern alle Frauen den ganzen Tag lang mit dir im Bett. Das ist in Ordnung, Eartha!

Ich versuche, mich selbst aus der Abwärtsspirale in Richtung Selbstabwertung zu holen, aber ich spüre die stechende Objektivierung der One-Night-Stand-Kultur anhand der plötzlichen Leere meines Bettes. Ich fühle mich wie ein weggeschmissenes Papiertuch, das man nach einem Döner mit betrunkenem Kopf auf dem Küchenboden findet.

Roses irisches Genäsel ertönt in meinem Kopf: *Fuckboys haben kein Gender, Eartha!*

Ich rolle mich aus dem Bett und strecke die Hände bis zu den Zehen, während mir die Sonne auf die Wirbelsäule scheint, als würde sie sie streicheln. Ich beschließe: Der heutige Tag wird absolut grandios. Ich gehe leicht federnd in die Küche, um mir Musik zum Duschen anzustellen. Ich schalte die Boxen an und denke an den heißen Kuss mit Jaz, genau hier, neben dem Herd. Ich lächele in mich hinein, bin dankbar, dass die schreckliche Erinnerung an Matt, der so tut, als würde er sich mit Rachenspray umbringen, langsam überschrieben wird.

Ich greife nach meinem Telefon, um mir Musik auszusuchen, und schaue in meine Nachrichten. Phaedra hat mir vor einer Stunde geschrieben.

Textnachricht von Phaedra an Eartha

08:01

Hi. Denke an dich (und DIESES Hummus, klar).

08:02

Ich kann nur schlecht sagen, wie ich für jemanden empfinde, deswegen habe ich dir stattdessen diese Playlist erstellt. Bitte versprich mir, dass du nicht lachst.

https://open.spotify.com/playlist/5x0EtXrY4zqLXEes-g6vshS?si=d9bdd4aa2ea4486d

Mein Herz macht einen Satz. Ich könnte schreien. Sie fühlt dasselbe wie ich, ich wusste es. Ich habe es einfach gespürt. Ich habe diese mystische, seltene Form der Liebe gefunden, bei der sich beide Personen gleichzeitig und gleich viel lieben. Ich tippe eine Antwort, bin taumelig aufgeregt.

Textnachricht von Eartha an Phaedra

09:02

Wie krass. Ich hab dir auch eine gemacht, aber es war mir zu peinlich, sie dir zu schicken. Gott, was ist los mit uns?!

09:03

Ich hör jetzt erst mal deine Playlist, dann schick ich dir meine … geh jetzt duschen.

Ich stecke mein Handy ans Ladekabel und drehe die Dusche an. Das heiße Wasser spült das düstere Gefühl weg, das dieser Morgen hinterlassen hat, und ich konzentriere mich darauf, den getrockneten Schweiß einer Fremden aus den Haaren auf meinem Rücken wegzuwaschen. Ich wische mir das schwarze Make-up unter den Augen weg, wo Jaz' Oberschenkel es verschmiert haben, während Phaedras Playlist sanft im Hintergrund summt. Ich muss einfach die ganze Zeit grinsen. Ich mache es mir unter der Dusche selbst und denke dabei an sie, putze mir die Zähne, wickele mir ein Handtuch um die nassen Haare und gehe in mein Schlafzimmer, um einen frischen Slip anzuziehen. Es ist inzwischen richtig hell. Ich mache mein Bett und lege den pinkfarbenen Satinüberwurf darüber, genieße das Gefühl von Sonne auf meiner Haut und von frisch rasierten Beinen. Ich entschließe, mich in dieser Wärme trocknen zu lassen.

Brrr

Brrr

Brrr

Brrr

Die schieren Massen an Benachrichtigungen auf meinem Handy reißen mich aus meiner Heiterkeit. Ich öffne die Augen, rolle mich auf den Rücken, um den Bildschirm vor der Sonne abzuschirmen.

Wonderland-Benachrichtigungen

(+99)

Öffne Wonderland, um deine Nachrichten zu lesen.

Verpasster Anruf von E. V.

09:13

Verpasster Anruf von E. V.

09:14

Verpasster Anruf von E. V.

09:19

Verpasster Anruf von E. V.

09:23

Textnachricht von Mona an Eartha

09:24

Babe, alles okay bei dir?! Xxxx

Textnachricht von Mum an Eartha

09:24

Liebes, alles in Ordnung? Ich habe heute früh Bilder von deiner Wohnung auf Wonderland gesehen. Warum hast du das gemacht? Ruf mich mal an xx

Bilder von meiner Wohnung auf Wonderland? Mein ganzer Körper wird kalt und die Härchen auf meinen Armen stellen sich auf. Ich atme tief ein und versuche, meinen Herzschlag zu verlangsamen. Die Luft um mich herum wiegt eine Tonne, ich habe dieses ekelhafte Gefühl, kurz bevor der Schmerz zuschlägt.

Brrr

Brrr

Brrr

Brrr

»Hallo?!«

»E. V., was zum Teufel ist hier los?«

»Das Mädel, mit dem du gestern Nacht Sex hattest, war ein Fan von dir und hat auf Wonderland etliche Fotos von deiner Wohnung hochgeladen und mit der Bildunterschrift ›Einzimmerwohnung aus der Hölle das wolltet ihr alle doch unbedingt sehen, #DownToEartha‹ versehen. Sie ist eine Möchtegern-Influencerin ohne nennenswerte Follower auf Social Media mit dem Alias *@VeronicaEscher* und sie hat dich dazu benutzt, ihre Online-Präsenz zu pushen. Es tut mir leid, Darling ...«

»Oh Gott. Oh Gott. Oh mein Gott.«

Ich habe sie auf Lautsprecher gestellt, das Telefon liegt neben meinem Kopf auf dem Bett und ich starre an die Decke.

»Ich bin auf dem Weg, ich bin direkt ins Auto gesprungen, als ich das gesehen habe, es tut mir so leid, was dir passiert ist. *Moment, Fahrer, links abbiegen!*«

»Sie ... sie ist erst vor einer Stunde abgehauen.«

»DIESE DUMME KUH HAT DAS ZEUG WAHRSCHEINLICH NEBEN DIR IM BETT GESCHRIEBEN! ICH BIN SO SAUER! Es tut mir leid, ich bin fast bei dir. Lass mich gleich bitte rein.«

*Ich gebe ihren User*innen-Namen bei Wonderland ein.* Ich erkenne ihn. Sie folgt mir. Ist mir schon ganz früh gefolgt. Ihre Bildunterschrift ist länger, E. V. hat nicht alles gesehen:

> ... wir haben uns auf Wonderland kennengelernt und hatten ein paar Drinks zu viel. Haben uns betrunken aufgerissen und eins führte zum anderen ... sie hat keine Erfahrung mit queerem Sex, es war definitiv das erste Mal, dass sie es einer Frau mit dem Mund macht ...

Ich liege immer noch auf dem Rücken. Das Zimmer dreht sich. In meinen Ohren dröhnt es. Ich bin verwirrt, kann keinen klaren Gedanken fassen. Kurz darauf klingelt es und ich höre ein Hämmern.

Ich bemerke, dass ich immer noch nackt bin. Ich schnappe mir meinen Flanellbademantel, ziehe ihn über, schlüpfe in Unterwäsche und renne zur Tür.

»Eartha, es tut mir so leid. Ich musste dich einfach sehen!«, ruft E. V. hinter der Tür. Ich lasse sie rein und sie umarmt mich stürmisch, ich lege den Kopf auf ihre Schulter und sie fühlt sich an und riecht wie eins dieser warmen Lavendelkissen, die Mum mir immer in der Mikrowelle warm gemacht und mit denen sie mich ins Bett geschickt hat, wenn ich Periodenschmerzen aus der Hölle hatte. Ich umarme sie und lasse sie nicht mehr los.

»Du bist in Sicherheit, es ist okay. Ich bin hier. Ich beschütze dich.«

Ich gestatte mir nicht zu weinen. »Warum tut mir jemand so etwas an? Was ... was ist passiert?«, murmele ich in ihren Mantel.

»Erzähl mir alles ganz genau, Darling«, sagt sie und löst sich mit besorgtem Gesichtsausdruck von mir. Ich wiederhole, was ich gesagt habe, und sie geht zu meinem Küchentisch und zieht uns beiden Stühle heraus.

»Setz dich, Darling, in Ordnung?« Ich setze mich neben sie an den Tisch. Sie hält mich an den Händen, während wir reden. »Was ist passiert? Hattest du denn nicht den Hauch einer Ahnung, dass sie so jemand sein könnte?«

Ich lockere meinen Griff um ihre Hände, fühle mich plötzlich unsicher – trage ich wirklich eine Mitschuld daran? »Natürlich nicht, was denkst du denn? Wie hätte ich das denn ahnen sollen? Wir hatten ein Match auf FIRE, du hast gesagt, ich soll Frauen daten, und genau das habe ich getan. Ich weiß, dass ich laut Vertrag drei Personen treffen muss, deswegen habe ich ein Treffen vereinbart. Wie hätte ich das denn ahnen sollen? Ich habe sie sogar unter einem Pseudonym getroffen, E. V.!«

»Du bist an gar nichts schuld. Ich versuche nur, das alles zu verstehen. Hattest du denn zu keinem Zeitpunkt das Gefühl, es wäre alles etwas ... seltsam?«

Ich denke daran, wie sie sich über ihre Tasche gebeugt und mit ihrem Handy hantiert hat, als ich in der Küche das Wasser geholt habe, das sie haben wollte. Ich lehne mich nach vorne, schaue in mein Schlafzimmer. Das Wasserglas steht immer noch auf dem

Nachttisch. Voll. In dieser Zeit hat sie wahrscheinlich die Fotos gemacht. Ich spüre einen festen Schlag in die Magengrube – es wird bestimmt lange dauern, bis ich mich davon erholt habe. Phaedra wird die Bilder sehen und wissen, dass ich mit einer anderen im Bett war ...

»Was um Himmels willen soll ich machen?«

»Du darfst nicht mehr so vertrauensselig sein, Darling. Ich weiß, dass es sich jetzt gerade nicht gut anfühlt, aber solche Erfahrungen sind wichtig, damit man lernt, sich selbst zu schützen. Mehr kann ich dazu nicht sagen.«

»Wie kann ich jemals wieder einer anderen Person vertrauen?! Woher soll ich denn wissen, ob mich jemand antreten lässt, passend positioniert und dann abknallt? Als wäre ein Kopfgeld auf mich ausgesetzt. Das alles hat sich so authentisch angefühlt. Sie hat mir einen Gutenachtkuss gegeben ...«

Ich halte kurz inne. *Moment.* Nachdem sie mich auf die Stirn geküsst hat ... hat sie mir da nicht mit meinem echten Namen, also *Eartha,* eine gute Nacht gewünscht? Oder bilde ich mir das ein? Ich will mich einfach herunterfahren und das alles ausblenden.

»Das wäre jedem zu viel, Eartha. Warum lösen wir diesen Vertrag mit FIRE nicht auf, wenn du das Gefühl hast, es überfordert dich? Es wird größere und bessere Angebote geben, das verspreche ich. Es macht zu viele Unannehmlichkeiten für zu wenig Geld.«

Ich blicke zu den ausgefransten Kanten meines bretthharten Handtuchs. Es liegt gefaltet auf dem Tisch – Jaz hat es dort liegen gelassen. »Aber ich habe noch nie im Leben so viel Geld verdient. Ich kann mir kaum noch weich gespülte Handtücher leisten. Ich kann den Vertrag nicht auflösen. Ich will es nicht.«

»Nun, Darling, wenn es so ist, kann ich dir folgende Alternative anbieten: Ich kann für dich einen Hintergrundcheck von jeder Frau machen, mit der du dich triffst. Und du kannst keine Frau mehr mit zu dir nach Hause nehmen.«

»Sie hat aber keine *Nacktfotos* von mir gemacht, oder?«

»Sie hat zumindest keine hochgeladen, aber ein paar intime Bilder von Slips auf dem Boden – tut mir leid. E, Menschen, die nach Ruhm und Macht gieren, gehen über Leichen, sie manipulieren und benutzen einfach jeden, um ihr Ziel zu erreichen. Mach dir keine Sorgen, ich werde mit Verleumdung und einer Unterlassungsverpflichtung zurückschlagen. Aufmerksamkeit ist eine Droge, von der solche Leute abhängig sind.«

Ich nicke und tue so, als wüsste ich, was eine Unterlassungsverpflichtung ist.

»Das Leben ist voll von solchen Hürden, du musst einfach da durch und bald schon steigst du auf wie ein Phoenix aus der Asche. Vertrau mir. Du hast Glück, dass du das jetzt durchmachst und nicht später. Du erschaffst dir ein starkes Fundament. Wenn du das überstehst, schaffst du auch alles andere. Ich glaube an dich. Wirklich. Du bist einfach zu Höherem berufen. Versuche einfach, die ganze Angelegenheit als Prüfung zu betrachten.«

»Um ganz ehrlich zu sein: Ich weiß nicht, ob ich das schaffe.«

Ich fühle mich so, als hätte ich Tausende Nadeln in der Brust – und wenn ich zu schnell ausatme, dann piksen sie mich in die Haut.

»Soll ich nicht deine Posts auf Wonderland für dich übernehmen, und du gönnst dir eine kleine Auszeit? Ich werde unser Abendessen heute mit der Vibratorfirma absagen. Wir hatten in letzter Zeit so viele Geschäftsessen. Du brauchst mal etwas Freizeit. Ich rate dir, dir diese Bilder nicht mehr anzuschauen. Und auch keine Direktnachrichten auf Wonderland mehr zu lesen. Geh nicht online. Du musst diese Nachrichten nicht lesen, damit würdest du dich nur quälen ... Es gibt Dinge, die wir kontrollieren können, und Dinge, die wir nicht kontrollieren können, ich kümmere mich darum. Schick mir dein Passwort per Mail und ich poste deinen üblichen Content, wenn du mir alles schickst, was du für heute geplant hast. Du musst dich heute um nichts davon kümmern.«

Die Nadeln weichen zurück.

Ich stimme zu, sie springt von ihrem Stuhl auf und schnappt sich ihr Täschchen, an dessen Griff ein Hermès-Schal gebunden ist. Sie blickt sich in meiner kleinen Wohnung um, in der sich alles befindet, was mich ausmacht.

»Süß hier …«

»Dank…«

»Aber du verdienst etwas Besseres. Etwas viel, viel Besseres.«

Sie schürzt die Lippen und nickt, dann herrscht Stille. Ein Wassertropfen fällt in die Vase in der Zimmerecke – und mit ihm meine Würde.

Wir umarmen uns an der Tür zum Abschied und ich sauge zum letzten Mal ihre Wärme auf.

Sie dreht sich noch einmal zu mir um, bevor sich die Tür schließt, und sagt: »Wir müssen nur zusammenhalten, dann schaffen wir das, du wirst schon sehen.«

Sie blickt mir in die Augen und ich sehe, dass sie sich Sorgen macht.

*

Ich öffne meine Mails und schicke E. V. meine Login-Daten, dann lasse ich mich wieder auf mein Bett fallen und starre einfach an die Decke. Ich versuche, durch die Taubheit zu atmen, die meinen Körper befallen hat.

Jaz, ach nee, Veronica muss mich wochenlang gestalkt haben, ihre Geschichte klang völlig überzeugend. War alles, was sie mir erzählt hat, gelogen? Ich dachte, wir hätten so viel gemeinsam, aber vielleicht hat sie sich ihr Lügengebilde auf dem aufgebaut, was sie auf Wonderland über mich gelesen hat. Ihre Lieblingsbücher sind bestimmt aus meinem Q&A. Jetzt, wo ich drüber nachdenke, stand wirklich jedes ihrer angeblichen Lieblingsbücher auf meiner öffentlichen Liste. Ich finde ihre echte Wonderland-Seite nirgendwo, sie muss mich blockiert haben. Ich sehe nicht einmal den Post, den sie hochgeladen hat. Ich schaue in meine Nachrichten: wie ein blutiger Tatort ohne Leiche – die Trümmer meiner öffentlichen Demütigung.

Wonderland-Nachrichten:

@*AlphasUnite* Echt scheiße, gerade du zu sein! Du hast es verdient, du hast so viele Männer in ein schlechtes Licht gerückt. Feministinnen sollen in der Hölle schmoren.

@*Amelia-Bracken* Ich habe das Gebäude im Hintergrund von einem der Bilder erkannt. Wir wissen, wo du wohnst.

@*ClausiePrice* Entfolgt! Einfach, weil du scheiße eingerichtet bist. Lol.

@*DarlahBrown* Du wäschst ja noch nicht mal deine Periodenflecken aus deinem Slip. Von wegen Selfcare!

@*JohnnyMarrIsDaddy* Du bist eine Betrügerin. Wie konnte ich dich nur jemals bewundern? Wie kannst du nur unschuldige Tiere töten?

@*FishAreFriendzNotFood* Wie sehr musst du dich selbst bloß hassen, um so eine Heuchlerin zu sein. MÖRDERIN.

@*BeKind_38* Sterb, Bitch. Tu uns allen diesen Gefallen. Ich glaube, im tiefsten Inneren weißt du, das die Welt ohne dich besser dran währe.

@*WashUrStrap* Glaub mal nicht, wir hätten das Bild nicht gesehen, auf dem du diesen Mann küsst, Eartha. Hör auf, dich als queer zu bezeichnen, wenn du dich vorbeugst und dich auf dem Klo von einem Schwanz ficken lässt.

Auch meine Kommentarspalte wird bombardiert.

@*smallie38_* Fühlt sich noch jemand total von Eartha verarscht? Ich habe so lange zu ihr aufgeschaut … 🙁

@*bettyboob* Ich fand Eartha wirklich tooooooll warum wird sie gehated 🙁

@*TruffleOilSoakedTiddies* Weiß nicht warum das irgendwen überrascht. Earthas Freundin hat mich angespuckt und hässlich genannt, als wir 12 waren und sie hat NICHTS dagegen unternommen. Glaube, sie hat sich nicht groß geändert …

@*yourbestfriendisgay* Lollll, Überraschung!!11 Möchte wetten, die hat das Mädel zum Hochladen dieser Bilder überredet, um davon abzulenken, dass sie in Wahrheit eine Mörderin ist!

In Wahrheit? Ich werfe mein Handy aufs Bett. Ich habe keine Ahnung, worum es in der Hälfte der Nachrichten geht. Viele bezeichnen mich als Mörderin. Habe ich was verpasst? Als ich mich gerade etwas sortiere, ruft mich E. V. erneut an. Ich schaffe es, die Hand zu heben und nach meinem Telefon zu greifen. Ich drücke auf den grünen Hörer.

»E. V., alles gut, ich lebe noch!«

»Eartha, es gab noch einen Post, einen Trittbrettfahrer, wenn du so willst«, sagt sie in einem Ton, der mich ahnen lässt: Es wird noch schlimmer kommen.

Ich lasse mich wieder aufs Bett fallen und starre an die Decke, während sie mir ins Ohr spricht. Einige Sekunden herrscht Stille, ich höre im Hintergrund das Motorgeräusch des Autos. »Der Post heute hatte noch ein Video von dir heraufbeschworen, von einem anderen Account. Du wurdest als Antiveganerin geoutet und gefilmt und diese Experten von links außen tun so, als wäre das alles furchtbar schlimm, das Mädel sagt, du hättest sie belästigt. Du kommst in dem Video nicht sonderlich gut rüber, Darling. Du verlierst auch ganz schön viele Follower. Die Leute behaupten jetzt, du hättest das Video mit Veronica gestern Abend inszeniert, um von dem anderen Video abzulenken ...«

»Aha.«

Mein Körper wiegt eine Tonne. Ich kann mich kaum bewegen.

Stille an beiden Enden der Leitung.

»Alles in Ordnung?«

Die Leute denken, ich hätte ein Ereignis inszeniert, das meine Intimsphäre so krass verletzt hat wie noch nie etwas zuvor.

»Ich weiß nicht. Ich habe nicht einmal genug Energie, um mich zu verteidigen, um die Tatsachen geradezurücken.«

»Kannst du bitte dafür sorgen, dass heute jemand bei dir ist?«

»Ich rufe jemanden an.«

»Kannst du mir denn erzählen, was passiert ist?«

Ich berichte es ihr und sie hört mir zu, ohne mich zu unterbrechen.

Schließlich sagt sie: »Versprich mir, dass du heute nicht allein bleibst, Eartha, ja?« Sie überspielt die Härte in ihrer Stimme kaum.

»Das verspreche ich«, sage ich, dann lege ich auf.

Ich hatte noch nie das Gefühl, ich wollte nicht mehr leben, aber jetzt fühlt sich der Gedanke gar nicht mehr so schlimm an. Alles würde ich tun, um dieser stechenden, mich komplett verschlingenden Scham zu entkommen. Mein ganzer Körper fühlt sich schwer an. Als wäre ich voller Sand und der Sand wäre auch um mich herum aufgetürmt und zerquetscht mich. Ich kann die Arme nicht bewegen, sosehr ich mich auch anstrenge. Ich bin wie gelähmt und habe Angst, diesen Leuten zu begegnen. Veronicas Name war schon so lange ein fester Bestandteil meiner Kommentarspalte. Jetzt fehlt mir irgendwie diese Verbindung zu einer, die ich für Jaz gehalten habe und die Veronica nicht ist. Ich will mich abschalten. Ich will mich nie wieder bei Wonderland einloggen.

Aber ich greife nach meinem Handy und mache das Allerschlimmste.

Ich logge mich bei Wonderland ein und lese, was es mit »der echten Eartha« auf sich hat.

Kapitel 21

DOPPELGESICHTIGE FLEISCHLIEBHABERIN

Wonderland-Follower*innen: 455 987

> *Sprachnachricht von Mum an Eartha (44 Sekunden)*
>
> 17:40
>
> Eartha … entschuldige bitte … ich versuche, mit diesen Spracheinspielungen besser zu werden. Ich mache mir solche Sorgen um dich. Ich finde es schrecklich, im Internet diesen ganzen Kram über dich zu lesen. Versprichst du mir, nichts mehr über mich oder Dad zu erzählen? Wo du nun so sehr im Rampenlicht stehst … sorge ich mich langsam auch ein bisschen um mich. Ich weiß, dass meine alte Schulfreundin Sally sich auf so etwas stürzt, diese dumme, eifersüchtige Kuh. Weißt du, neulich hat sie die Augen verdreht, als ich ihren Einkaufswagen zur Tiefkühltheke für vegane Produkte geschoben habe. Ich hätte am liebsten eine Packung Hackfleisch aufgerissen und in ihre selbstgefällige Visage gedrückt …

Der Apfel fällt nicht weit vom Stamm. Ich will sie zurückrufen, aber noch mehr *Ich hab's dir doch gesagt* verkrafte ich nicht.

Ich habe seit einer Woche die Wohnung nicht mehr verlassen. Wie erstarrt habe ich den Shitstorm verfolgt, der online um mich herumgetobt hat. E. V. und Ellen, meine neue Pressesprecherin mit den strahlend weißen Zähnen, haben angeordnet, dass ich mich auf gar keinen Fall für so etwas derart Lächerliches entschuldige. Ich habe Ellen nun auf Honorarbasis für £ 2000 pro Monat eingestellt – doppelt so teuer wie meine Miete, damit jemand »sich um meine Öffentlichkeitsarbeit kümmert«. Sie und E. V. haben mir geraten, mich nicht zu verteidigen, weil ich dadurch bloß das Clickbait anheize und die Leute mir jedes Wort im Mund umdrehen würden. Die Redewendung »Gras über die Sache wachsen lassen« wurde von meiner neuen Pressesprecherin häufiger ausgesprochen, als mir lieb ist. Ich weiß nicht, warum ich ihr so viel zahle, damit sie mir rät, nichts zu tun.

Aber das heißt nicht, dass ich nicht jeden Kommentar und jede Diskussion in jeder Untergruppe gelesen, jeden Angriff, jedes Entfolgen gesehen hätte. Ich bin nun Spezialistin für die öffentliche Meinung über Eartha. Ich könnte etliche Online-Unterhaltungen auswendig aufsagen, wenn mich jemand darum bittet. Die Worte hallen in meinem Kopf wider und ich verwechsele sie mit meinen eigenen Gefühlen.

Freund*innen, mit denen ich gelacht und geweint habe, bewerfen mich nun auch mit Dreck oder entfolgen mir heimlich, still und leise.

Frühere Kund*innen haben Bilder von sich hochgeladen, auf denen sie meine Collagen zerreißen, um »ihre Solidarität mit Tierrechtsaktivist*innen« auszudrücken. Rose wird öffentlich angegriffen und ständig dazu gedrängt, mich zu denunzieren, indem die Leute Bilder von uns beiden kommentieren und they beleidigen. Eins dieser Bilder ist von dem Abend, an dem ich mich bei Rose geoutet habe; wir liegen lächelnd gemeinsam auf dem Bett, kurz darauf habe ich das Video hochgeladen. Ich sehe so glücklich aus. Mein Blick wirkt so naiv, ich hatte keine Ahnung, was irgendwer – mit Ausnahme von vier Personen – wirklich über mich denkt.

Matt hat entschieden, auf den fahrenden Zug aufzuspringen, und hat ein Video mit einem Gedicht über mich aufgenommen, in dem er mich als doppelgesichtige Fleischliebhaberin bezeichnet. Das Video ist zwar nicht viral gegangen, aber ich habe es angeschaut und ich musste erst lachen und dann weinen, den ganzen Morgen lang.

Ich habe Angst, meine Wohnung zu verlassen, die sich – genau wie meine Online-Persona – irgendwie besudelt anfühlt. Mein Bett war das letzte Refugium auf dieser Erde, das nur mir gehört hat. Meine Haut hat gekribbelt, als ich an dem Abend, nachdem Veronica bei mir geschlafen hatte, ins Bett gegangen bin, so als hätte ich eine allergische Reaktion. Ich habe auf dem Boden übernachtet und die Bettwäsche dreimal gewaschen, dann habe ich beschlossen, mir neue zu bestellen. Aber wenn ich rausgehe, habe ich Angst, mich könnte jemand erkennen, anbrüllen, anspucken oder mit Kunstblut bespritzen und als Mörderin beschimpfen. Ich kann mich nicht wehren. Ich will verschwinden. Ich will vergessen werden. Jede Zelle meines Körpers will, dass ich mein Telefon nehme, meinen Follower*innen sage, dass ich sie liebe, und mich bei ihnen entschuldige. So hat Eartha früher ihre Konflikte gelöst. Aber das hier ist etliche Nummern größer als alles, was mir je zuvor passiert ist. Jetzt sind Tausende Menschen sauer auf mich. Das alles betrifft einfach jeden Aspekt meines Lebens, und ich sitze zu Hause und erwarte den Ausgang meines öffentlichen Prozesses. Wie wird meine Bestrafung aussehen? Jeden Tag spüre ich, wie der Henkersblock näher rückt.

Ich will Veronica gegenübertreten, ihr klarmachen, dass sie das alles einem Menschen aus Fleisch und Blut angetan hat. Kein Wunder, dass sie am nächsten Morgen nahezu fluchtartig meine Wohnung verlassen hat. Sie konnte mich nicht anschauen, sie konnte sich nicht dem stellen, was sie einem anderen menschlichen Wesen angetan hat. Ich habe versucht, sie anzurufen, um Antworten zu bekommen, aber sie hat mich blockiert. In der Hölle ist ein Ort reserviert für eine Person wie sie, die sich erst auf mein Gesicht setzt und anschließend Bilder von meiner Unterhose im Internet hochlädt.

Ich habe versucht, Phaedra zu erreichen, aber sie hat noch nicht auf meine Nachrichten geantwortet. Ich mache mir Sorgen, dass sie nichts mehr mit einer Person zu tun haben will, die den Stempel »problematisch« trägt. Ihr Schweigen sorgt dafür, dass mein Gehirn selbst die Blancs füllt und Annahmen macht. Ich sehe, dass sie online ist, ich sehe, dass sie mit Lola ausgeht – und mit anderen anonymen Leuten, deren Arme auf Bildern auftauchen und leckere Kaltgetränke halten, mit denen sie anstößt, die im Hintergrund in einem Park lachen oder in der Dunkelheit bei einem Rave tanzen. *Ich* will die Person hinter der Kamera sein, sie im sonnigen Gras küssen, den Playlists lauschen, die wir uns zusammengestellt haben – ihr Kopf liegt in meinem Schoß, während ich mit den Fingern durch ihr pinkes Haar fahre, das vom Haarspray ganz matt ist. Ein solches Leben – eins, das mir Spaß macht – fühlt sich gerade unendlich weit entfernt an. Ich habe zu viel gewollt.

Und die Nachrichten reißen einfach nicht ab; eine wahre Flut an Wut:

Wonderland-Nachrichten (99+):

@*CamillaPerk89* Eartha, entschuldige dich einfach, übernimm die Verantwortung für deinen Fehltritt und dann wird alles wieder gut.

@*FarmBoySammy* Ich würde dich immer noch ficken. Auch wenn dich sonst niemand mehr anfasst.

Mein Posteingang ist jetzt voll. Ich bin heute früh aufgewacht und direkt von einer Frau als »gewalttätig« bezeichnet worden. Aber ich verstehe jetzt auch, dass ich Männern etwas Ähnliches angetan habe, oder etwa nicht? Warum fand ich es so toll, wenn Männer auf diese Weise angegangen werden? Warum haben sich meine Pupillen dabei geweitet? Ich habe den Männern das angetan, weil ich meine Follower*innen-Zahlen auf Wonderland damit pushen wollte, habe Unternehmen durch den Dreck gezogen und sie den Interneträcher*innen zum Fraß vorgeworfen. Habe ich mich deswegen schlecht gefühlt? Habe ich das anderen Menschen angetan? Vielleicht ist das Karma. In meinem Kopf versuche ich zu rechtfertigen, wie ich mit anderen Leuten umgegangen bin, rede mir ein, sie hätten es verdient, weil sie *wirklich* etwas verbrochen hatten. Diese Leute, hinter denen ich her war, haben *wirklich* einen Fehler gemacht. Aber ich weiß nicht, ob ich mir das noch glauben kann.

Ping

Ich schaue auf mein Telefon und sehe noch eine Nachricht auf Wonderland.

@*DonchesterDee* Sterb! Ich hasse dich.

Ich bin die ganze Zeit auf Wonderland – warte, rüste mich, bereite mich backstage auf den nächsten Absturz vor, auf den nächsten Artikel, der mich angreift, weil ich keine Bereicherung für die Online-Welt bin.

Brrr

E. V. ruft mich jede Stunde an, um sicherzugehen, dass ich noch lebe.

»Schlägst du dich wacker?«

Ich blicke auf meine Arme, die rot und geschwollen sind, weil ich wie eine Besessene daran geknibbelt habe. »Mir geht es okay. Ich fühle mich allerdings ein bisschen ... scheiße, um ehrlich zu sein. Ich habe alles beobachtet, habe mich selbst gegoogelt – ich fühle mich nur sicher, wenn ich alles im Blick habe; nur dann weiß ich, was noch kommt, was an der nächsten Ecke lauert.«

»Dafür haben wir doch die Pressesprecherin, Darling. Schau mal, ich weiß, wie schrecklich das alles für dich war, aber wir müssen irgendwie wieder Freude in dein Leben bringen. Deswegen rufe ich dich an, um dich aufzuheitern. Es ist nicht alles schlecht, Darling. Ich habe eine unglaublich gute Idee, um dich abzulenken! Du musst nicht arbeiten, nur Spaß haben. Heute

Abend findet eine Wonderland-Party in einem Privathaus in East Side Olympia statt. Äußerst hochkarätige Gästeliste; du bist mein Plus-Eins. Hast du Zeit?«, fragt sie mich hoffnungsvoll.

Die ganzen Menschen da hassen mich wahrscheinlich oder haben zumindest dank der Online-Gerüchte mitbekommen, was ich für eine grauenvolle Person bin.

»Natürlich hast du Zeit! Rhetorische Frage, ich verwalte doch deine Termine! Du verschmilzt gerade wahrscheinlich mit deinem Wohnzimmerbett, oder, Darling? Oh Gott, komm vorbei, wenn auch nur, damit ich dich fest umarmen kann. Ich ertrage den Gedanken nicht, dass du allein zu Hause bist.«

Ich denke an den tröstlichen Duft ihrer Schultern.

»Aber ... was ist mit den Leuten da, werden die mich nicht hassen?«, wimmere ich.

»*Alle*, die heute Abend da sind, wurden irgendwann mal von Wonderland fallen gelassen. In Wahrheit interessiert es niemanden, was mit dir los ist. Niemandem ist dieses ganze Zeug so wichtig wie dir. Ich weiß, das sieht man nicht, wenn man mittendrin ist, aber wahrscheinlich würden sie dich um ein gemeinsames Foto bitten, wenn sie dich auf der Straße treffen. Die Menschen, die heute Abend auf die Party gehen, leben alle ihr Leben, sind auf Wonderland präsent und haben steigende Follower-Zahlen – ganz unabhängig davon, ob andere Menschen Probleme mit ihnen haben! Du verdienst dasselbe, du hast so hart gearbeitet.«

Ich öffne den Kühlschrank und habe das Telefon zwischen Wange und Schulter geklemmt. Ich stecke mir Himbeeren auf die Fingerspitzen. Ich fühle nichts.

»Ich war doch auch immer für dich da, bitte tu mir den einen Gefallen ... Ich verspreche dir, dass das helfen wird. Außerdem schuldest du es dir selbst.«

Ich lutsche eine Himbeere vom Finger, dann spucke ich sie

wieder aus. Das kugelförmige Gebilde klatscht auf die Arbeitsplatte, hinterlässt einen scharlachroten Fleck.

»Mein Fahrer wird dir schreiben, wenn er vor deiner Wohnung steht. Ungefähr in einer Stunde, okay?«

Ich habe seit Tagen nichts gegessen. Und auch nicht Mum angerufen. Oder mich bei Rose gemeldet. »Ich will nicht …«

»Unsinn. Du wirst dich ganz ausgezeichnet amüsieren. Es ist an der Zeit, den Hatern den Mittelfinger zu zeigen und wieder ZU LEBEN, Eartha.«

*

Ich öffne ein Fenster und schaue hinaus, betrachte die Straßenlaternen und die Gebäude, die neben mir hoch in den Himmel ragen, und die Leute, die ihr Leben leben: Fernsehen schauen, mit ihren Lieben kuscheln, sich zum Weggehen fertig machen. Ich betrachte mein Kleid. E. V. hat es mir bringen lassen, zusammen mit einem hyperpigmentierten Glitzerlippenstift. Ich bin in das Kleid geschlüpft und habe den Lippenstift aufgetragen, während der Fahrer unten gewartet hat. Das Oberteil besteht aus einem cremefarbenen Korsett, das in einen kurzen Seidenrock mit Rüschensaum übergeht. Ich habe noch einen Blazer dazu angezogen. Er war in nach Lavendel duftendes Papier eingeschlagen und es lag folgende Notiz bei: »Keine Angst vor den Rüschen! Mach es queer. Deine Titten werden hervorragend aussehen.«

Ich bemerke, dass ich mich außerhalb meiner Wohnung viel unwichtiger fühle, als eins von vielen Leben, als Teil des Chaos – sich unbedeutend fühlen ist schön. Während ich durch die Nacht schwirre, ist alles, was mir online zugestoßen ist, belanglos. Die Welt dreht sich weiter und auch ich sollte mich aus meiner Erstarrung lösen. Die Stadt um mich herum ist weitläufig;

jeder Mensch, jedes Gebäude, jeder Pub und jede Straßenecke lädt zu einem neuen Leben ein. Ich war in meiner Wohnung in den letzten Wochen derart isoliert, dass ich den Rest der Welt vergessen habe. Wie ist es möglich, dass die Online-Welt nicht greifbar ist, sie einen aber trotzdem beim Schlafittchen packen kann?

Das Auto kommt vor einer Ampel zum Stehen. Ein Mann auf dem Bürgersteig, der mit seinem Hund spazieren geht und einen Milchkarton trägt, hält an, um mich im Auto anzustarren. Ich drehe den Kopf und schaue weg. Er kommt näher zum Fenster. »Meine lesbische Tochter liebt dich, mach weiter so!«, ruft er und lächelt warmherzig. Ich fange an zu weinen. »Oh, ich wollte dir keine Angst machen!«, entschuldigt er sich.

Der Fahrer fährt langsam an, ich wische mir die Tränen vom Gesicht. »Nein! Ich muss Ihnen danken!«, rufe ich aus dem Fenster, und wir fahren weiter durch die Nacht.

Ich werde daran erinnert, dass ich eine Frau mit Träumen bin, dass ich eine wichtige Aufgabe habe. Ich denke daran, dass mir eines Tages ein Haus voller alberner, toller und schöner Dinge und Personen gehören wird. Ich denke daran, dass ich mit einer Person, die ich liebe, in der Sonne liege, meine Haut juckt vom Gras. Ich denke an alle Leute, die ich noch kennenlernen, und an Küsse, die ich noch bekommen werde, an die Seelenverwandten, die mich und mein Leben verändern werden. Ich denke an den angenehmen Duft nach Gebäck in einer Bäckerei. Ich flute meinen Kopf mit Optimismus. Ich denke an die schönste Nacht meines Lebens mit Phaedra. Ich denke an Blumen und ihre sinnlichen Blütenblätter. An Sommerferien, die nie enden sollen. Ich denke daran, dass ich eines Tages von der Liebe meines Lebens in der Oper gefingert werde. *Was passiert, wenn ich mich fürs Weitermachen entscheide? Was könnte ich entdecken und welches Leben könnte ich führen?*

Ich gehöre auf diese Welt, ich bin ein Teil von ihr und sie hat einen Platz für mich.

Ich gehöre auf dieses Wonderland, ich bin auch ein Teil davon und es hat ein Profil für mich.

*

Es ist inzwischen völlig finster und der Wagen fährt bei einem georgianischen Stadthaus vor. Es liegt ziemlich weit in der East Side; ich kann nun einige Sterne erkennen, weil wir die Stadt hinter uns gelassen haben. An der Tür prangt ein riesiger goldener Löwe mit einem Ring im Maul. Die Vorhänge sind zugezogen, aber aus den beiden unteren Fenstern schimmert warmes Licht. Das sieht nicht nach dem Veranstaltungsort für eine Party aus. Sondern eher wie das Zuhause einer Familie. Ich entsperre mein Handy, das helle Display blendet mich in der Dunkelheit und ich kneife die Augen zusammen. Ich öffne meine Karten-App und schaue, ob ich hier richtig bin.

Über mir wird ein Fenster aufgerissen. »Eaaaaarthaaaaa!«

Ich sehe E. V.s Gesicht, das auf mich runterschaut, ihre Armreifen klappern gegen das Fensterbrett. »Oh, die Größe ist einfach perfekt für dich, damit betonst du deine grandiose schmale Taille! Warum stehst du noch da draußen? Klingel! Ich habe dir gerade das Passwort geschrieben!«

Jazz schallt aus dem Fenster. »ICH KOMME UND HOLE DICH AB.«

»Das Passwort? Welches Passwo...«

Das Fenster schließt sich und die Vorhänge dahinter werden zugezogen. Die Fenster müssen schalldicht sein. Ich klopfe dreimal mit dem Ring im Löwenmaul und warte. Ich stecke mir die Hände in die Taschen, trete nervös von einem Bein aufs andere und schnalze mit der Zunge. Ich denke daran, warum meine

Mum mich immer »scheues Vögelchen« genannt hat. Gott, ich vermisse sie. Der Briefkasten öffnet sich und ich sehe hinter der Tür, wie sich Lippen bewegen:

»Passwort?«

»Moment ...«

Ich entsperre mein Telefon und öffne E. V.s Nachricht.

»DOLUS?«, sage ich und bin unsicher, ob ich es korrekt ausspreche. Der Briefkasten schließt sich wieder und ich höre, wie die Tür aufgeschlossen wird.

»Wir haben Sie erwartet!«

Ein Mann in Weste mit einem gezwirbelten Schnurrbart, dünnen Augenbrauen und nach hinten gegelten Haaren begrüßt mich. Er lässt mich hinein und ich betrete einen langen Flur, an dessen Ende sich eine Wendeltreppe befindet. Sie ist so eng gewunden wie ein DNA-Strang. Ein roter Samtläufer führt die Holztreppe hinauf und ein Kerzenleuchter hängt tief von der Flurdecke. Auf dem Boden liegen etliche Teppiche auf einem schwarz-weißen Fliesenboden. An den Wänden hängen eindrucksvolle Frauenporträts.

Ich folge dem Mann, der den alten Messingknauf einer massiven eichenvertäfelten Tür neben der Treppe dreht. Eine Wolke aus Räucherwerk und Zigarettenrauch schlägt uns entgegen; das ganze Zimmer ist darin eingehüllt – der Dunst verschleiert die Identitäten der namhaften Bewohner*innen. Der Raum erstreckt sich bis zur Rückseite des Hauses, die Wand neben mir ist mit roter Damastseide verkleidet, die daran angebrachten Lampen verbreiten gedämpftes Licht. Niemand hebt den Kopf, als ich den Raum betrete. Alle sind mit ihren eigenen Leben beschäftigt. Eine Frau liegt auf einer pinkfarbenen Chaiselongue zu meiner Linken und ein Kellner schenkt ihr Martini nach; sie trägt ein hummerfarbenes Minikleid. Sie hält Blickkontakt mit einem Mann mit nach hinten gekämmten Haaren und einer weiten Nadelstreifenhose mit Hosenträgern. Er sitzt am Ende der Chaiselongue und hat ein Buch auf dem Schoß. Seine Hände sind bedeckt mit Matrosentattoos. Die beiden lächeln sich nicht an, sie teilen etwas sehr viel Ursprünglicheres. Doch gleich nachdem ihr der Kellner den Drink eingeschenkt hat, steht sie auf, setzt sich rittlings auf den Schoß des tätowierten Mannes und stößt das offene Buch zu Boden.

Ich blicke weg, weil ich nicht beim Gaffen erwischt werden will. Ein großer Kamin befindet sich in der Mitte der Wand, geschmückt mit einem goldenen italienischen Spiegel, der bis zur Decke reicht und den Raum schwach reflektiert. Palmen stehen in Töpfen links und rechts vom Kamin und bilden einen gefiederten Bogen. Als ich in die Gesichter der anderen Gäste blicke, bemerke ich, dass ich hier die Jüngste bin. Ich befürchte, dass sie meine Unerfahrenheit nahezu riechen können. Ich greife in meine Tasche, um diese surreale Szene vor mir aufzunehmen, weil ich nicht weiß, ob ich morgen noch an die Existenz eines solchen Ortes glauben werde. Ich drücke auf Aufnahme, lächele in die Kamera und drehe mich um.

Ich werde von einem energischen Schulterklopfen unterbrochen.

»Entschuldigen Sie, Miss, Handys sind hier nicht erlaubt. Ich muss es Ihnen abnehmen, am Ende des Abends bekommen Sie es zurück. Wir machen das, um die Privatsphäre der Gäste zu schützen – und damit natürlich auch Ihre eigene, Miss. Hier hat niemand ein Handy dabei«, sagte der Mann mit der Weste.

Er streckt die Hand aus und bedeutet mir, ich solle ihm mein Handy geben. Widerwillig lege ich es ihm in die Handfläche und er reicht mir ein kleines rotes Zettelchen mit einer aufgedruckten Zahl: 29. Ich frage mich, ob das für die Anzahl der Gäst*innen steht, die heute hier sind, oder für die Anzahl der abgegebenen Telefone.

Ich blicke mich nach E. V. um und entdecke sie in einer Ecke. Sie lehnt mit beiden Ellbogen auf einem Samtstuhl voller Kissen vor der Fensterbank. Sie raucht und steckt beim Ausatmen den Kopf aus dem Fenster, dabei entblößt sie ihren nackten Hals. Ich habe sie noch nie so entspannt gesehen. Ihr Haar umspielt den Kopf wie die Rauchschwaden aus ihrer Zigarette. Sie ist der leuchtende Mittelpunkt des Raumes.

Ich gehe zu ihr, bis ich nur noch Zentimeter von ihrem Hals entfernt bin. Sie rutscht zur Seite, um mir Platz zu machen, Luft strömt durch das offene Fester hinein. Von diesem Aussichtspunkt entdecke ich die Vergnügungssüchtigen, die Intellektuellen und Romantiker*innen um uns herum.

E. V. trägt denselben Lippenstift wie ich und ich ahme ihre Haltung nach, strecke kurz den Kopf aus dem Fenster, um die Nacht einzuatmen. Unsere Hälse und Dekolletés verschmelzen. Ich habe ihre Brüste noch nie zuvor gesehen. Sie sind beeindruckend groß. Ich flüstere ihr zu: »Wer zum Teufel sind diese Leute?«

»Die beiden, die du nach deiner Ankunft angestarrt hast, sind beide in Beziehungen. Er ist einer der wichtigsten Geschäftsführer bei Wonderland und sie eine hochkarätige Influencerin ...«

Ich erkenne sie. Ich denke daran, wie schön, passiv und perfekt sie online ist; ich hätte nie gedacht, dass sie sich rittlings auf den Schoß eines Mannes setzen würde und seine Zigarre zwischen den Fingern hält.

»Wenn die beiden hierherkommen, tauchen sie in ihre eigene Welt ab – abgeschirmt von der Öffentlichkeit.«

»Ist er etwa verheiratet?!«

»Nein, aber sie sind beide in queeren Beziehungen.«

Ich blicke wieder zu den beiden – Blut steigt mir ins Gesicht. Sie tanzen nun langsam und ich sehe, dass er ihr etwas ins Ohr flüstert und sie daraufhin beseelt aussieht. Eine kleine, ganz in Schwarz gekleidete Frau, die an der Seite saß, erhebt sich und geht zu den beiden. Sie streichelt der Frau über die Wange, um ihre Aufmerksamkeit zu erregen. Sie sprechen miteinander und dann beugt sich die andere Frau zu ihr und küsst sie. Das muss ihre Frau sein.

Der Mann mit der weißen Weste und den Matrosentattoos streichelt der Frau weiter über den Rücken. Ich folge seinem Blick und sehe, dass er dem Mann zuzwinkert, der am anderen Ende des Raumes Klavier spielt. Ich komme mir wie in einer Polyamourösen-Höhle vor.

»Die Menschen in diesem Raum sind die Gründer, Entwickler und Eigentümer des gesamten Wonderland-Universums«, spricht E. V. weiter und blickt wieder durchs Zimmer. »Das ist der Backstagebereich für Menschen, die ständig ›onstage‹ sein müssen. Für Menschen wie uns. Sie haben alle dasselbe durchgemacht wie du jetzt. Das hier ... ist mein Leben außerhalb der Öffentlichkeit ...« Stolz blickt sie sich im Raum um.

»Aber Vorsicht, du *kannst* allen vertrauen ... bloß ... wenn du gehen willst ... sag mir bitte kurz Bescheid oder schreib mir, ich habe einen Wagen für dich bereitgestellt, damit du sicher nach Hause kommst. Okay, Eartha?« Sie zieht ihre Brille mit dem dicken Rahmen aus und schaut mich direkt an. »Weil hier jeder etwas hat, das der andere will.«

Ich höre ihr zu, bin allerdings damit beschäftigt, mir die Onstage-Leben aller Leute hier vorzustellen – wer sie sind, wenn sie nicht hier sind, wie viele Menschen ihnen Bericht erstatten, welche Leben sie beeinflussen. Schemenhaft erkenne ich ein Mädchen, das die Platten durchschaut. Ich glaube, es handelt sich um die Fashion-Influencerin, die Rose gut findet. Oder doch nicht? Sie sieht so anders aus. Normalerweise trägt sie Kleider, große Ohrringe und auffälliges Augen-Make-up. Heute Abend trägt sie eine schwarze Weste ohne Shirt drunter und eine Hose, bei der der Schritt rausgeschnitten ist.

Der Kellner kommt zu uns und hält eine Champagnerflasche in der Hand.

»Drink, Madame?«

»Ja, gerne!«, sagen E. V. und ich wie aus einem Munde.

Wir lachen gleichzeitig und blicken uns wissend an. Es fühlt sich so an, als würden wir uns schon ewig kennen. Als würde es in diesem Moment keine E. V. ohne Eartha geben. Sie schaut mich bewundernd an und erwidert meine Gefühle. Als würde ich in meine Zukunft blicken und sie in ihre Vergangenheit.

Der Kellner serviert zwei bis oben hin gefüllte Champagnergläser. Ich danke ihm und versuche, es so zu halten wie E. V., die den Stiel ganz unten anfasst, aber es kippt mir um und die Hälfte rinnt mir über den Arm.

E. V. lacht mich an und hebt das Glas. »Auf deine Wiederauferstehung ...« Sie blinzelt mir zu und die Welt gehört uns wieder. Ihr Blick ist nicht mehr auf mich gerichtet, sie schaut in die Ferne. »Und darauf, dass du das nächste helle leuchtende Wesen auf Wonderland wirst!«

Wir stoßen an und ich blicke über den Rand, während ich einen Schluck trinke; ich versuche zu erkennen, wer ihre Aufmerksamkeit erregt hat. Ein großer Mann mit Dreitagebart und markantem Kinn reicht einem Kellner sein Sakko. Er steht so gerade, als wäre er eine Marionette mit straff nach oben gezogenen Fäden. Sein Hemd ist einen Knopf zu weit aufgeknöpft. Er kommt auf uns zu.

Er sieht so aus, als hätte er das letzte Jahr auf einer Tropeninsel verbracht, er betrachtet mich mit koketter Neugier.

»Ich heiße Eartha«, sage ich und stelle mich vor. Wir blicken uns bereits fest in die Augen. Ich sehe einen ungebräunten Streifen an seinem Ringfinger. »Single.« Langsam ballt er die rechte Hand zu einer Faust.

»Ich habe viel von dir gehört.« Er grinst schief, dann geht er, um mit den anderen Gäst*innen zu sprechen. Als er sich umdreht, steigt mir der würzige Duft seines Parfums in die Nase.

»*Wer zum Teufel ist das denn?* Er läuft hier rum, als würde ihm das alles gehören«, sage ich und will umgehend Informationen von E. V.

»Nun, das stimmt auch«, antwortet sie spitz und ihre Stimme klingt hart. »Das ist sein Haus. Dylan ist einer der Gründer von Wonderland. Der mächtigste Mann in diesem Raum. In jedem Raum – egal, ob real oder virtuell.«

Ich beobachte ihn, während sie mir weitere Informationen ins Ohr flüstert: Man sollte ihn respektieren, ihm aber aus dem Weg gehen. Er schüttelt die Hände der anderen anwesenden Männer, dann gibt er einer Frau einen Handkuss, während sie ihn vom Schoß ihres Anzug tragenden Partners aus anstarrt, der ihn ebenfalls bewundernd anschaut. Er bewegt sich mit einer absolut selbstverständlichen Macht, die sich wie ganz tief in ihm verankert anfühlt. Seine Präsenz zwingt alle, den eigenen Selbstwert zu hinterfragen. Der Raum dreht sich um ihn.

Ich schaue wieder zu E. V. »Er kann deine Followerzahlen explodieren lassen, damit du von mehr Menschen gesehen wirst. Er hat hinter den Kulissen Fäden zu unseren Gunsten gezogen. Er hat sich sehr gefreut, dass ich nun mit dir arbeite …«

Dylan steht am Kamin und dreht mitten in der Unterhaltung den Kopf zu mir. Unsere Blicke treffen sich wieder. Ich bin den Kontakt mit attraktiven, älteren, mächtigen Männern nicht gewöhnt und dieser hier hat fast schon gefährlich viel Charisma.

E. V. sieht, dass ich ihn anschaue, und spricht weiter: »Eartha, hör mir gut zu, bitte mach *keine* …«

ANMERKUNG DER REGIE

Eartha durchquert die Menge aus Egos, Womanizern und zugekoksten Partygänger*innen und verlässt das Zimmer mit Dylan. Die beiden gehen lachend mit einigen Personen in einen anderen Raum nach oben. Alle Anwesenden verlassen nacheinander dieses Zimmer, bis nur noch Dylan und Eartha übrig sind. Mit der Hand auf dem Türknauf streckt Dylan den Kopf aus der Tür und sieht, dass E. V. vom Treppenabsatz zu ihm hochschaut. Er zieht die Tür zu. E. V. zuckt zusammen, als sie hört, wie die Tür zum Schlafzimmer abgeschlossen wird. Sie schüttelt den Kopf und geht wieder auf die Party.

ENDE

Kapitel 22

VORÜBERGEHEND TOT

Wonderland-Follower*innen: 414 219

Es ist hell draußen. Ich gehe zu meiner Wohnung zurück, meinen rechten Schuh halte ich in der Hand. Den anderen habe ich auf dem Weg verloren. Ich erhasche einen Blick auf mein Spiegelbild im Schaufenster eines Billigladens. Ich sehe aus wie eine lebende Tote. Mein Gehirn will nicht zu meinem Körper gehören. Die empörten Blicke von Eltern, die ihre Kinder zur Schule bringen, und die Bemerkungen von Baustellenarbeitern perlen an mir ab. Mit gesenktem Kopf gehe ich weiter, in den Klamotten von gestern Abend. Ich bin fast da, ich muss nur durch die Tür gehen.

Sprachnachricht von Eartha an E. V. (1 Sekunde)

08:36

»E. V. ...«

08:37

Sorry. Noch mal von vorne. Ich muss die ganze Zeit heulen. Sorry. Ich will dir echt erklären, was gestern Abend passiert ist. Ich weiß nicht, was ich machen soll. Ich hab es verschissen, oder? Kannst du mich bitte mal anrufen?

Verpasster Anruf von Eartha an E. V.

08:39

Verpasster Anruf von Eartha an E. V.

08:41

Textnachricht von E. V. an Eartha

09:01

Hi, Darling. Lass uns später telefonieren. Versuch ein wenig zu schlafen, ich habe heute viel zu tun. Hättest du doch auf mich gehört.

Sprachnachricht von Eartha an E. V. (32 Sekunden)

09:02

Ich erinnere mich nicht mehr an besonders viel ... aber du bist sauer auf mich, oder? Ich weiß, ich war betrunken. Du klingst so, als wärst du böse auf mich. Ich würde dir so gern meine Seite der Geschichte erzählen ... Ich will dich nicht drängen oder so. Aber ... Es ist mir so peinlich. Ich bin so unfassbar dumm.

Textnachricht von E. V. an Eartha

09:05

Beruhige dich und sprich mit niemandem drüber, bis wir uns unterhalten haben. Es könnte deine Karriere zerstören, wenn du dabei erwischt wirst, wie du ... Wir reden später. Schlaf ein wenig und ruh dich aus. Ich rufe dich heute Nachmittag um fünf an.

Da wird mir klar, dass mich niemand retten wird.

*

Wonderland-Nachrichten (+99)

Ohne darüber zu reden, weiß ich gar nicht, ob es überhaupt real ist. Oder ob es jemals passiert ist. Mein Körper fühlt sich fremd an und ich erkenne meine Hände und mein Spiegelbild nicht wieder. Es ist, als wäre ich eine von ihrer Wurzel abgetrennte Blume. Ich weiß nicht, wie ich ohne die Erde, von der ich gepflückt wurde, existieren soll. Mein Job besteht ausschließlich darin, über jede Erfahrung zu sprechen, die ich gemacht habe. Mit allen. Und jetzt muss ich ruhig sein.

Wonderland-Nachrichten (Posteingang fast voll, begrenzter Platz verfügbar)

Ich habe den Müll seit Tagen nicht rausgebracht; ich verschmelze mit dem warmen Verwesungsgestank. Ich habe mich daran gewöhnt, er tröstet mich sogar, er ist mein Spiegel. Ich habe meine Blumen nicht gegossen und bin neidisch darauf, dass sie einfach erschlaffen und sämtliche Lebendigkeit verlieren, um ihre Energie zu konservieren. Ich will auch langsam kollabieren und das letzte bisschen Lebensenergie erhalten, das mir noch bleibt.

Wonderland-Nachrichten (Posteingang voll: Nachrichten löschen, um Speicherplatz zu schaffen)

Schlafen ist für mich eine Art schöner, vorübergehender Tod. Mein Bett steht in der Zimmermitte und ruft mich an wie eine Sirene, die Decke lockt mich, mich stundenlang in sie einzuwickeln, und die Kissen befehlen mir, meinen schmerzenden Kopf auf ihnen auszuruhen.

Kapitel 23

ICH BIN ENTTÄUSCHT VON DIR

Wöchentliche Follower*innen-Schwankungen: -90 728
Wonderland-Follower*innen: 323 491

Eine Woche später.

Mein Finger schwebt über der Wonderland-App auf meinem Telefon und ich atme tief ein. Dann drücke ich drauf.

Tausende User*innen-Namen prasseln auf mich ein.

Jede Minute kommt eine neue Nachricht hinzu.

@*DontTrustHotPeople* Woher ist die Tasche auf deinem letzten Bild?

@*Martha_Clie* Kann ich mit dir ausgehen?

@*DivineMadelline* Ich wollte nur sagen, dass du mein Leben verändert hast, dankeschön.

@*RiotingTw1nk* Für wen hältst du dich eigentlich – du willst das »Gesicht« für queere Frauen sein?

@*Rachel_2800* Bitte teil meine SPENDENSAMMLUNG, um meine Miete zu zahlen. Du kannst dich nicht als Verbündete bezeichnen, wenn du andere Leute nicht unterstützt. Du solltest spenden.

@*ChristiansAgainstLezzers* Gott würde dich HASSEN, wenn er noch leben würde.

@*DaddyLongLegs* Mordlustiger Abschaum

@*Atomic_Smitten* Dein Schweigen ist Gewalt. Warum ignorierst du, was auf Hawaii passiert?

@*Jessica2023* Wollte dir nur kurz danke sagen. Ohne dich hätte ich mich selbst nicht akzeptiert.

@*LikeAVirgooo* Madonna folgt dir nicht mehr lmaooo
@*MyPussyTastesOfLavender* Skincare-Routine bitteeeee
@*HilaryMildred* Warum bist du denn so genervt von Männern? Weil: Mir sind die voll egal, LOL! Bin ich lesbisch?
@*LindaMcFartney* Ich bin enttäuscht von dir. Ich dachte, du wüsstest es besser und würdest keinen Post von @*feminism_foreveryone* teilen. Vor einer Stunde hat sich herausgestellt, dass der Besitzer ein Sexualstraftäter ist.
@*Brittany-95* SKINCARE!!!!
@*Paris* Welche Pflaster nimmst du für die Doc Martens, also damit du die tragen kannst? Kannst du die verlinken?
@*TakeThisTakeThat* Gary Barlow würde dich echt lieben das weiß ich einfach.
@*CosmicDancer* EARTHA, ICH HATTE GERADE MEIN COMING-OUT BEI MEINER MUM! DANKE DIR!
@*DreamGirl3000* Hey, wir haben ein paar gemeinsame Freunde! Dein*e Freund*in Rose hat mir mal einen Kaffee gebracht. Lass mal treffen.
@*SlipperySonia* Ich brauche deine Hilfe. Dieser Mann ghostet mich, nachdem wir eine grandiose Nacht miteinander verbracht haben und ich weiß nicht, was ich machen soll.
@*Empath_Spirit* Hi 🙂 wollte nur kurz fragen, warum du mit Rose abhängst – jede*r weiß, was für ein*e Womanizer*in they ist. Nicht sonderlich feministisch, oder?
@*CandyDarling* Du bist der einzige Mensch, der mir helfen kann, Eartha. Manchmal will ich meinen Freund einfach umbringen. Was soll ich machen?
@*IsobelRose* Hi, wollte nur ein bisschen Liebe dalassen. Ich sehe, dass das Internet grausam zu dir ist. Leider sind einige Leute einfach verbittert. Mach weiter so.
@*PearlescentPolyamory* Betrügerin. Ich habe gesehen, dass du einen Mann küsst. Du repräsentierst weder mich noch

andere queere Frauen.

@*PinkIsTheHottestColour* ... deine Pflanzen verrecken.

Ich lese die Nachrichten, versuche, alles zu absorbieren, was an Emotionen und Meinungen auf mich abgefeuert wird.

Ich wusste gar nicht, dass Madonna mir überhaupt gefolgt ist.

*

Langsam dämmert mir, dass keine*r mehr Herr*in über mein Leben ist: Mir gehört es nicht mehr und auch nicht denjenigen, die mir folgen, egal wie nah sie sich mir durch Wonderland auch fühlen mögen. Stattdessen wird jede meiner Entscheidungen durch Manipulationen meines Bildschirms beeinflusst – und durch die tiefen Taschen der Mächtigen. Tausende Menschen kennen mich – und trotzdem habe ich mich noch nie so einsam gefühlt. Sie sind mir alle fremd. Und ich bin ihnen fremd. Diese Art Sichtbarkeit sorgt dafür, dass man sich unsichtbar fühlt. Ich bin kein Mensch mehr. Ich bin jetzt eine Marke. Eine Message. Ein Slogan. Ich repräsentiere etwas, etwas, das andere als Maßstab dafür verwenden, wie gut es für sie läuft. Ein Attribut. Es ist so ein seltsames Gefühl, wenn du dich *selbst* gar nicht als solches wahrnimmst. Ich glaube den Leuten, die mich als Betrügerin beschimpfen. *Weil, klar, die bin ich auch.* Wie kann jemand dem Titel »die Stimme einer Generation« gerecht werden? Leute, die als so etwas bezeichnet werden, sind zum Scheitern verurteilt.

Alles, was ich mir jemals gewünscht habe, ist wahr geworden – die Leute wissen, wer ich bin, sie zahlen mir Geld, damit ich ihre Produkte bewerbe, ich werde von Luxusseifenunternehmen zum Abendessen eingeladen – in Restaurants, die ich mir allein niemals hätte leisten können, und muss dafür nur die Marke verlinken, ich habe £ 7500 auf dem Konto, ich habe mich zum ersten

Mal begehrt, bewundert und sichtbar gefühlt. Mehr als 350 000 Leute folgen mir und – auch wenn mir dabei ein bisschen Kotze hochkommt – sie nennen sich »Earthalings« – und ich will das alles nicht. Ich habe mich noch nie weniger mit der Welt verbunden gefühlt.

Ich will nur Phaedra. Ich habe nichts mehr von ihr gehört und ich denke langsam, dass sie mich ghostet, nachdem sie im Internet diese ganzen Sachen über mich gelesen hat. Während ich hier fertig rumsitze und mich frage, wo ihre Wärme hin ist. Alles erinnert mich an sie. Ich will darüber jammern, wie traurig mich das macht, aber ich muss einfach immer wieder die Playlist hören, die sie mir geschickt hat, und dann fühlt es sich fast schon an, als würde ich in meinen Schmerzen schwelgen. Ich weiß zu viel über sie, ich kann einfach nicht akzeptieren, dass ich nie wieder mit so einer wundervollen Person intim sein werde. Ich war mir so sicher, eine Frau zu sein, die »weiß, was sie will«, dass ich nie darüber nachgedacht habe, das Objekt meiner Begierde könnte mich womöglich nicht wollen.

Und dennoch hängt mein Wonderland-Profil am seidenen Faden, nachdem ich fast wegen des Vorfalls mit der Lederjacke gesperrt wurde. Ich muss so tun, als würde ich den Gezeitenwechsel nicht bemerken. Ich muss nach wie vor versuchen, jeden Tag mit Tausenden Leuten zu interagieren, die eher enttäuscht und wütend scheinen als engagiert. Ich habe keine Ahnung, wie ich ihnen noch gegenübertreten soll. *Mögen sie mich überhaupt noch?*

Eine Frau hat mir heute geschrieben, um mir von ihrer Enttäuschung zu berichten, dass ich nicht ihre Spendensammlung für den Hurricane geteilt habe. Weil der Hurricane »Frauen überproportional stärker benachteiligt«, meinte sie, ich könnte mich nicht als Feministin bezeichnen, wenn ich dafür nicht meine Seite zur Verfügung stelle.

Nach dem Aufwachen bezeichnet mich eine Frau als »grausam«, weil ich noch nicht auf die Schwierigkeiten, als behinderte Person Sex zu haben, aufmerksam gemacht habe, als wäre ich – eine Person ohne Behinderung – die richtige Ansprechpartnerin für so etwas. Und selbst wenn ich die Arbeit einer anderen Person teilen würde – würde das ausreichen? Oder würde ich dann dafür kritisiert, den Falschen eine Bühne zu bieten?

Ich habe in den letzten drei Tagen gezieltes Mobbing durch Fremde erfahren, die mich verantwortlich machen für den Schaden, »der der asexuellen Community zugefügt wird«, weil ich einmal vergessen habe, das »A« bei »LGBTQIA+« hinzuzufügen. Sie meinten, ich müsste meine gesamten Einnahmen an Organisationen spenden, die für asexuelle Menschen sensibilisieren.

Ein Mädchen hat einen Kommentar unter ein Selfie geschrieben: »Mobbing ist wieder en vogue.« Sie hat dafür 121 471 Likes und 1470 Kommentare bekommen. Ich habe 20 131 Follower*innen verloren und in meinem DMs stand, ich verdiene den Tod. Anscheinend das Einzige, das ich verdiene.

Ich werde wie eine Politikerin dafür verantwortlich gemacht, über traumatische Ereignisse auf der ganzen Welt zu berichten und irgendwie jede Erfahrung zu thematisieren, die *irgendeine*r irgendwann* einmal gemacht haben mag. Und ich bin allein, die ganze Zeit über, und mein Handy ist der Protagonist meines Lebens.

Obwohl mir auch Hunderte den Rücken stärken, nehme ich ihre Nachrichten nicht richtig wahr. Es ist, als hätte mein Gehirn nur eine Mission, nämlich Informationen zu finden, die meine morschen Glaubenssätze bestätigen, die mit Dad angefangen haben und von Matt zementiert wurden: Ich soll nicht glauben, ich könnte schöne Dinge erleben, ich verdiene es, am Boden zu liegen.

Ping

Ich zucke zusammen.

Sprachnachricht von Rose an Eartha (8 Sekunden)

14:05

Baaaaabe, lange nicht mehr gehört! Ich vermisse dich! Habe heute früh den Artikel gesehen ... TOLL! Wie läuft alles?

EARTHA: DIE STIMME EINER GENERATION

*Eartha, 25, hat durch ein virales »Cuming-out«-Video auf sich aufmerksam gemacht, das inzwischen elf Millionen Mal angeschaut wurde. Seit der Veröffentlichung dieses Videos kämpft sie gegen Misogynie, die nach wie vor auf Wonderland zu finden ist – trotz des Management-Wechsels durch die Senior Investment Group Spartan X Ende letzten Jahres, die viele positive Impulse gebracht hat. Eartha ist die Frau, die Wonderland zu einem sicheren Ort für andere Frauen macht, die einen Frühjahrsputz veranstaltet und in diesem Rahmen extreme Standpunkte aus Winkeln und Ecken von Wonderland entfernt. Seit der Übernahme durch Spartan X wurden auf Wonderland jedoch mehr und mehr extreme Meinungen geteilt und das hat zu einem User*innen-Zuwachs von über 200 Millionen geführt. Gemäß aktuellen Statistiken, die das Unternehmen veröffentlicht hat, hat sich in den letzten drei Monaten über die Hälfte der Weltbevölkerung zumindest einmal am Tag eingeloggt. Auf Wonderland, wo die User*innen ursprünglich ihre Meinung kundtun sollten, wurden jeden Tag seit der Übernahme durch Spartan X immer mehr Menschen gesperrt, weil neue und restriktive Richtlinien durchgesetzt wurden. Eartha versucht, auf der Plattform »den Raum zurückzuerobern, in dem Frauen ihre Standpunkte und Geschichten teilen können«, und meint, sie stehe nicht für die strengen Richtlinien, die Frauen, ihren Standpunkten und Körpern auf Wonderland auferlegt werden.*

Ping

Sprachnachricht von Rose an Eartha (10 Sekunden)

14:07

Habe gerade über eine sexy queere Ausgehnacht an meinem Geburtstag nachgedacht und du MUSST mit. Ich wohne seit heute Abend alleine, deswegen würde ich dich heute oder morgen gern auf ein Bier treffen. Es gibt so viel zu erzählen. Wir können Hetenfernsehen schauen und die Leute anschreien. Ich habe Mona auch eingeladen, sie damit gelockt, dass sie Limetten bekommt 😉

Das *Ping* einer Benachrichtigung versetzt mich in eine verräterische Ekstase: Ich habe die Wonderland-Benachrichtigungen in den letzten paar Tagen stumm gestellt, aber jeder Ton, den mein Handy von sich gibt, fühlt sich wie ein Alarm an. Vielleicht liegt es an den Ereignissen bei der Wonderland-Party. Die Partynacht ist noch etwas, das ich zu ignorieren versuche – wie die Trennung von Matt, wie das Coming-out, wie Phaedra zu sagen, wie ich mich wirklich fühle.

Textnachricht von Mona an Eartha

14:14

BAAAABE ich muss dir so viel erzählen. Habe wieder mit Stephie gevögelt, der Frau aus dem Slinky's. Mit wem auch sonst? (Diese Hände??!)

14:15

Rose meinte, sie hätte dir wegen ihrem Geburtstag geschrieben, bist du dabei? Vermisse dich. Kommst du irgendwann mal im Laden vorbei? Ich schenk dir auch eine Probe.

14:15

Ach so: Glückwunsch zu diesem Artikel! STIMME EINER GENERATIONNNNN?? COME ONNNNN!!!!

Wie ist es so weit gekommen, dass sich Nachrichten von meinen besten Freund*innen wie Verpflichtungen anfühlen – im Gegensatz zu den digitalen Engeln in meinem Handy, die mir das Leben versüßen sollen? Ich antworte nicht und logge mich bei Wonderland ein.

Wonderland-Post

Ein Bild von einem Artikel mit einer Bildunterschrift:

Heute werden noch mehr verabscheuenswürdige Männer fertiggemacht! Behaltet diese Seite im Auge.

Ein Kommentar erscheint in weniger als einer Sekunde.

@FrenchieStoppard Fände es besser, du würdest einfach offline gehen.

Ich bekomme Panik und lösche den Post.

Der Adrenalinstoß infolge der heftigen Reaktionen, die ich bei den Leuten auslöse, ist nicht stark genug, um mich aufrecht zu halten. Ich tippe eine allgemeine, vage Bildunterschrift, die auf mein Doppelleben anspielt, ohne es explizit zu erwähnen. Ich habe E. V. versprochen, darüber Stillschweigen zu bewahren. Allerdings frage ich mich, ob es *zu* auffällig wirkt, wenn ich es selbst ins Internet stelle. Rose könnte mir schreiben und fragen: »Was soll das?« Oder E. V. könnte mich bitten, den Post zu löschen, und dann wäre mir mein erbärmlicher Versuch der Kontaktaufnahme ebenso peinlich wie der berechtigte Vorwurf, nach Aufmerksamkeit zu gieren. Oder noch schlimmer: Phaedra wird es sehen und fände mich noch abstoßender. Ich höre den Mob in meinem Kopf schon, der mir sagt, ich würde »das Opfer spielen«. Ich gebe den Hashtag #MentalHealth bei Wonderland ein und filtere die Suche, damit die neusten Posts zuerst angezeigt werden. Ich lande auf einem Post von einem Mindfulness-Account, der erst vor einer Stunde hochgeladen wurde: So wirkt es glaubwürdiger, dass ich gerade zufällig darüber »gestolpert« bin. Weniger strategisch und dadurch authentischer.

@mindfulness_in_mayhem Du weißt nie, was jemand gerade durchmacht. Be Kind. Always.

Ich zucke ganz wortwörtlich zusammen, weil ich dieses Zitat in Kursivschrift vor einem geblümten Hintergrund poste, aber ich weiß nicht, was ich sonst machen soll. Mein Kopf wird beim Gedanken daran ganz rot, so einen cheesy Post hochzuladen.

Ich drücke auf »Hochladen« und stelle ihn in meine Wonderland-Arena. So wird er nach 24 Stunden gelöscht. Vielleicht werden ihn die Leute lesen und sehen, dass etwas passiert ist, das die echte Eartha verändert hat. Vielleicht kann ich meinen Follower*innen nur auf diese Weise zu verstehen geben, dass irgendetwas los ist. Ich starre vom Bett aus auf den Bildschirm und sehe, wie die Schlange beim Laden ihren Schwanz jagt.

Platsch.

Ein brauner Wassertropfen landet auf meinem Bauch und läuft an der Hüfte runter. Ich bekomme Gänsehaut und die Haare auf meinen Armen und Beinen stellen sich auf. Ich schaue zur Decke und entdecke eine neue undichte Stelle. Ich sehe mich kurz im Spiegel, oben ohne, mit Handy in der Hand und totem Blick. Ich erzähle Frauen, dass Selfcare wichtig ist, aber ich habe mich nicht mal um Besichtigungstermine für eine neue Wohnung gekümmert. Ein Teil von mir klammert sich immer noch an die Bequemlichkeit des alten, bemitleidenswerten, erbärmlichen Lebens, das ich mit Matt geführt habe. Die Realität des Alleinlebens ist entsetzlich. Dabei musst du dich deinen größten Ängsten und schlimmsten Erinnerungen stellen; du musst der Versuchung widerstehen, dich bei den Menschen zu melden, die dich verletzt haben, weil du dir insgeheim doch wünschst, dass sie dich lieben. Du musst morgens dein Bett machen, auch wenn du dir wünschst, dass es dich verschlingt. Du musst nach dem Essen Zahnseide benutzen. Du musst dich bei deiner Mum melden, die dich liebt. Du musst das schmutzige Geschirr direkt nach dem Essen abwaschen, damit immer etwas Sauberes da ist, und du dürftest dich auf keinen Fall mit der tropfenden Decke abfinden. Du musst dich endlich mit dem Missbrauch auseinandersetzen, den du erlitten hast. Du dürftest definitiv *nicht* mehr davor weglaufen, indem du im Internet Dinge postest und um dich herum für Chaos sorgst, um dich abzulenken. Du musst zur Ruhe kommen und akzeptieren, dass du heilen musst.

Es geht aber nicht um dich, sondern um mich, um Eartha. Ich gehe Dingen aus dem Weg. Genau das mache ich. Bei mir haben sich über Jahre Ärger und Verletzungen gegenüber Menschen und Situationen angestaut und ich habe nicht einmal versucht, das Problem anzugehen.

Dein Post wurde erfolgreich hochgeladen.

Ich sitze und warte, lade den Feed neu, um zu sehen, ob ihn schon jemand kommentiert hat. Stattdessen sehe ich ein Bild von Phaedra, der die Sonne ins Gesicht scheint, hochgeladen vor vierzehn Sekunden. Ich bin wahrscheinlich die Erste, die es sieht. *Bedeutet das etwas?* Ich scrolle durch ihr Profil, quäle mich mit noch mehr Bildern von ihrem Gesicht. Ich erinnere mich daran, wie gut sie trotz ihres Katers ausgesehen hat, an diesem ersten Tag, als wir uns auf der Straße getroffen haben. Wie sie aussah, als sie auf mir draufsaß, an dem ersten Morgen, nachdem wir Sex hatten. Wie warm sich ihr Körper angefühlt hatte, als wir mit ineinander verschränkten Fingern aufgewacht sind. Ihre Katzenaugen, die ich mal hypnotisierend fand, blicken mich nun hasserfüllt und voller Verachtung an. Als wäre sie angewidert vom wuchernden Unkraut, das mich mehr und mehr bedeckt und um mich herum wächst, je länger ich in der Wohnung bleibe.

Vielleicht trinkt Phaedra das Internet-Kool-Aid selbst, oder vielleicht ist sie zutiefst verletzt, weil ich mit jemand anderem geschlafen habe. Aber sie hat auch andere Leute gedatet, da bin ich mir sicher. Ich mache mir Sorgen, dass dieses ganze Chaos um mich herum sie verwirrt hat oder schlimmer noch, dass sie das alles glaubt. Monatelang haben mir Leute gesagt, dass sie alles tun würden, um mich zu treffen, und trotzdem saß ich da und beobachtete im Messenger, ob dort bei Phaedra nicht nur »online«, sondern auch »schreibt ...« steht. Ich swipe durch unseren Chat, finde die letzte Sprachnachricht, die sie mir geschickt hat, und spiele sie erneut ab, nur um mir zu beweisen, dass ich mir das alles nicht eingebildet habe.

Archiv-Sprachnachricht von Phaedra an Eartha (13 Sekunden)

17:48

Gestern Abend war's so witzig. Ich glaub, ich hab noch nie so viel beim Sex gelacht. Menschen sind FURCHTBAR, warum haben wir so etwas wie lustigen Sex ÜBERHAUPT verdient? Ich denke immer noch an dich ...

schnüffel Ich glaube, ich kann dich auch immer noch riechen, Baby.

Ich spiele die Nachricht immer wieder ab, mein Herz flattert, als ich kurz diesen Moment wieder durchlebe.

Ich klicke auf die Leute, denen sie folgt, um zu sehen, ob neue Personen dabei sind. Oder ob sie Matt folgt – vielleicht haben sie sich gegen mich verschworen. Ich gebe Matts Namen ein, um mein Gedankenkarussell endlich zu stoppen. Nichts. Erleichtert atme ich aus. Sie folgt Rose, das ist interessant. *Ich frage mich, was das bedeutet.* Plötzlich schießt mir ein toxischer Gedanke durch den Kopf. Meine Daumen müssen unbedingt nach etwas suchen ...

Hat Phaedra aufgehört, auf Social Media mit mir zu interagieren, weil ...

Sie mir entfolgt ist?

Nein, so etwas machen die Leute nicht.

Leute, die man aus dem echten Leben kennt, entfolgen einem nicht, ohne etwas zu sagen.

Das ist grausam!

Aber ich sollte mal nachschauen ...

Ich tippe den Buchstaben »E« in die Liste der Leute, denen sie folgt, um nachzuschauen.

Mein Herz schlägt schnell.

Eine Liste mit hundert Namen taucht auf ...

Ich gebe den Buchstaben »A« ein.

Der Kreis auf dem Bildschirm zeigt »Laden« an.

Keine Ergebnisse gefunden.

Kapitel 24

STIMME EINER GENERATION

Wonderland-Follower*innen: 313 096

Mir fällt es verdammt schwer, vernünftig zu essen, mir die Haare zu waschen und zu duschen. Aber ich weiß, dass es nur besser wird, wenn ich mich der Situation stelle. Wenn ich aus dieser Wohnung rauswill, muss ich online bleiben; ich muss mich diesem Waschmaschinen-Schleudergang hingeben, bis er irgendwann langsamer wird, die Maschine piept, um zu zeigen, dass es vorbei ist, darauf warten, bis der Schwindel abklingt. Ich muss aus meinem Kopf löschen, was auf der Wonderland-Party passiert ist: *Es* darf nicht mehr existieren, wenn *ich* weiter existieren muss. Endlich habe ich auf eine der vielen Nachrichten von Rose geantwortet, in der they sich mit mir treffen will, einfach Datum und Uhrzeit nennt und meine zahlreichen Ausflüchte einfach ignoriert:

Hab schon wieder meine Tage!

Bin in einem Meeting!

Zu viel Arbeit!

Busy,

busy,

busy!

Aber als ich zum Café gehe, macht sich ein niederschmetterndes Gefühl in meiner Brust breit. Ich bin davon überzeugt, dass Rose mich entweder hasst oder mich gemeinsam mit der Meute Social-Media-Trolls aufgegeben hat. Ich habe sie seit der Wonderland-Party noch nicht wiedergesehen. Ich bin nervös, habe

Angst, dass they mich fragt, was los ist, und ich explodiere. Vielleicht erzähle ich Rose von Phaedra. Oder frage, warum Phaedra them folgt. Es fühlt sich so an, als hätte sich zwischen unseren früher einmal synchronisierten Leben eine Kluft aufgetan. Ich weiß nicht, wie ich sie überbrücken kann. Ich halte den Kopf gesenkt, fokussiere mich darauf, einen Fuß vor den anderen zu setzen und jeglichen Blickkontakt zu anderen Leuten zu vermeiden. Es ist das erste Mal, dass ich seit der Party die Wohnung verlasse, und mein Körper ist übersensibel, reagiert auf die kleinste Bewegung von Passant*innen, als würde ein einziger negativer Gedanke oder eine Änderung der Windrichtung ausreichen, um mich umzuwerfen.

Ich blicke auf mein Telefon und sehe eine E-Mail von E. V.

Von: E. V. (E.V.@talentenhancement.com)

An: Eartha (eartha_17@gmail.com)

Betreff: Wie geht's …

Hallo Darling,

entschuldige meine Schweigsamkeit in den letzten Tagen. Ich habe alles geregelt, was in meiner Macht lag, wie ich dir nach der Party versprochen habe. Aber du musst wissen, dass du uns in eine unmögliche und unglaublich prekäre Situation manövriert hast. Das alles sollte erst einmal unser Geheimnis bleiben. Wenn du etwas davon erzählst, fürchte ich, dass es alles zerstört, was wir uns aufgebaut haben, diese Leute sind Big Player, Darling …

Ich schicke dir ein paar Sachen per Post, ein paar Selfcare-Goodies, Badebomben, eine Flasche Prosecco und Seiden-Pyjamas von einem Unternehmen, das mit dir zusammenarbeiten will – du bekommst das alles geschenkt und wenn du die Sachen markierst, werden wir auch dafür bezahlt. Ich weiß sonst nicht, was ich dir schreiben soll … ein Teil von mir ist frustriert, weil du nicht auf mich gehört hast und einfach das getan hast, was du wolltest. Aber vielleicht ist das nicht fair.

Sag Bescheid, wenn du etwas brauchst, ich bin da. Jetzt müssen wir erst einmal so tun, als wäre nichts passiert, damit wir alle weitermachen können, uns insgeheim davon erholen und deinen Ruf wahren können. Um dich zu beschützen.

Ich stecke bis zum Hals in der Schadensbegrenzung mit Wonderland. Pass gut auf dich auf. Ich komme bald mal vorbei und schaue nach dir ...

E. V.

»Mein Baby!«, ruft Rose mir von der Cafétür zu, die they mit einem Fuß offen hält. Ich stecke mein Telefon in die Tasche und renne instinktiv auf they zu und umarme they. Ich lande mit der Nase in Roses Haar und atme so tief ein, wie ich kann. They riecht nach zu Hause und fühlt sich auch so an, ich fühle mich geerdet.

»Woah, alles o.k. mit dir?!«, fragt Rose und hat die Arme immer noch um mich gelegt.

»Ja, ich hab dich nur vermisst.«

Their Ringe liegen heiß auf meiner Haut und their Hände hinterlassen Abdrücke auf meiner Schulter. Rose ist mein*e Freund*in. Die Person, die am beständigsten und konsequentesten Teil meines Lebens ist.

»Ich sehe, dass du wieder auf Wonderland postest! Ich bin so froh, dass dieser ganze Scheiß mit diesen selbstgerechten Arschlöchern (Plural) vorbei ist. Dieses Mädel Jaz wird nie wieder ins Slinky's gelassen und ich habe allen gesagt, sie sollen die Finger von ihr lassen. Ich habe auch diesen Zeitungsartikel gelesen: ›Die Stimme einer Generation‹. Fucking Hell, Babe ... Du bist bestimmt rehabilitiert, oder? Alle lieben dich wieder. Unsere Eartha, das Aushängeschild unserer Generation!«

»Oh Rose, hör auf.« Ich werde rot und stoße gegen their Ellbogen.

»Ach, komm schon, was haben sie da geschrieben: ›Die Frau, die Wonderland zu einem sicheren Ort für andere Frauen macht‹?«

Nun, da haben wir wohl äußerst konträre Ansichten.

»Ja, ja, ja, ja ... alles läuft so gut, ich werde für Kooperationen mit kleinen Unternehmen bezahlt und mein Vertrag mit FIRE läuft bald aus, deswegen bekomme ich den zweiten Teil meines Honorars in den nächsten Tagen.«

»Ooooo, was hast du dir denn schon alles gekauft?!«, fragt they und stupst mich an der Schulter an. They geht von der Tür weg und zieht einen Stuhl an einem Tisch am Fenster für mich hervor. Als ich mich hinsetze, höre ich, wie die Cafétür hinter mir ins Schloss fällt. Ich drehe mich um und verziehe dabei das Gesicht. »Hast du Verstopfungen?«

»Oh, nein, ich glaube zumindest nicht.« Ich schüttele den Kopf und versuche, mich an Roses Frage zu erinnern.

Ah ja, genau.

»Also eigentlich habe ich noch gar nicht so viel ausgegeben. Ich bekomme Klamotten inzwischen geschenkt. E. V. hat mir so viel PR-Zeugs geschickt, das liegt alles auf einem riesigen Haufen in meiner Zimmerecke. Ich sollte mich wohl nach einer neuen Bude umsehen. Meine alte Wohnung ist mit zu vielen Erinnerungen verbunden. Es ist so, als würde ich in einer alten Haut leben ...«

Ich verziehe das Gesicht.

»Ja, Shit, echt, verstehe ich, Baby. Wenn der Job mit FIRE vorbei ist, heißt das dann, dass du wieder Typen vögeln darfst?!«

Bei dem Gedanken habe ich einen dicken Kloß im Hals.

»Du kennst mich doch, bei einem ordentlichen SCHWANZ kann ich schlecht Nein sagen.« Ich recke die Faust in die Luft, um meinen Sarkasmus zu unterstreichen. Rose blickt mich mit zusammengekniffenen Augen an. »Warum schaust du mich so an?«, frage ich abwehrend.

»Wie denn?«

»Als wäre ich so eine nervige Betrunkene, die du im Raucher*innenbereich einfach nicht loswirst.« Ich mache their Gesichtsausdruck nach und tue so, als wäre ich angewidert.

»Du wirkst ein bisschen ... nun, sagen wir mal ... angespannt heute.«

»Das ist zu viel für dich, oder?«, lenke ich ab.

»Irgendetwas an dir ist anders. Und damit meine ich nicht diese ganze Scheiße im Internet, das ist doch vorbei, oder?« Ich nicke, um they zu beruhigen. »Du warst nicht die ganze Nacht auf Wonderland und hast nach dir selbst gesucht, oder?« They legt mir die Hand aufs Handgelenk, um mich zu beruhigen, und ich zucke zusammen. »Jesus, Eartha, bist du high?«

Ich ziehe mir die Ärmel runter, um mein Handgelenk zu verstecken. Ich ziehe mir den Ärmel über die Hand und balle sie zur Faust. »Ich bin einfach total müde und habe kaum geschlafen ...«

Die Kaffeemühle mahlt im Hintergrund. Ich winde mich auf meinem Platz und stoße mit dem Knie an den Tisch. Ich blicke hoch zu Rose und werde verwirrt angestarrt. Ich versuche, darüber zu lachen, und mache eine wegwerfende Handbewegung. »Schlafentzug ...«

»Babe, hast du gestern Abend Drogen genommen?«

»Nein«, antworte ich fest.

Aber wenn ich so drüber nachdenke ... vielleicht ist es besser, wenn Rose denkt, ich würde gerade runterkommen. Dann bohrt they vielleicht nicht weiter nach.

»Also nur ... eine winzige Line Koks«, sagte ich und zeige mit Daumen und Zeigefinger die Dicke dieser Line an.

»So dick«, fragt Rose und hebt their Finger. Ich glaube, they macht sich über mich lustig und they grinst bestätigend. »Ach, komm schon. Das stimmt doch nicht. Du nimmst keine Drogen, du lügst mich an! Was ist denn los? Hat es was mit Phaedra zu tun?«

»Ich war letzte Woche mit E. V. auf einer Party und da waren nur superwichtige Leute von Wonderland und ich glaube, seitdem bin ich richtig down.«

Ich bin eine furchtbar schlechte Lügnerin. Ich kann nicht über ausgedachte Abstürze reden.

»Seit letzter Woche? Ich bin anschließend eigentlich nie so lange mies drauf; das hört sich bei dir ja richtig schlimm an!« They tätschelt meinen Rücken und es schüttelt mich, aber ich tue so, als würde es mich jucken, und they nimmt die Hand weg. »Was ist denn bei der Party passiert? Wurdest du flachgelegt?«, fragt Rose neugierig.

»Nee, das war komisch da. Die haben mir an der Tür das Handy abgenommen, weil es dermaßen exklusiv war, man durfte weder Bilder machen noch erzählen, was dort passiert ist.«

Rose nickt und schürzt die Lippen, um den Mund zu halten.

»Es war gut, einfach mal loszulassen, ohne Beobachtung und ohne dass im Nachhinein Scheiße über mich erzählt wird. Du weißt, dass ich in letzter Zeit so viel durchgemacht habe, da ist Entspannung schwer. So eine Party fühlt sich wie wechselseitige Abschreckungspolitik an. Niemand kann irgendwas über irgendwen erzählen.«

»Wenn du mich fragst, hört sich das einfach zwielichtig as fuck an und außerdem ... glaube ich nicht, dass sich jede*r für dich interessiert oder versucht, dich fertigzumachen – das bildest *du* dir ein, ohne Witz!«

»Ja, nun, *dich* hat keine*r nach deiner Meinung gefragt, oder?«, fauche ich. »Ich bin nicht hierhergekommen, um mich von dir anpissen zu lassen. Ich habe viel Stress mit ... allem, was gerade los ist, und ich ... Ich weiß nicht, wie ich damit umgehen soll, deswegen ...«

»Vielleicht kann ich dir ja helfen?«, sagt Rose und streckt eine Hand über den Tisch, um mich zu trösten.

»Wo warst du denn, als ich dich in der letzten Zeit gebraucht habe? Ich habe in Posts um Hilfe gebeten und du hast dich nicht bei mir gemeldet!«, rufe ich.

»Was hast du gepostet, Eartha? Wovon redest du? Du hast Posts über EARTHA DIE STIMME EINER GENERATION gemacht. Wann hast du mich oder irgendwen sonst um Hilfe gebeten? Sag schon, wobei brauchst du Hilfe? Du hast jetzt mehr als dreihunderttausend Follower*innen, aus deinem Arsch kommen Artikel darüber, wie sehr du geliebt wirst ... Das ist doch genau das, was du immer schon wolltest!«, ruft they frustriert.

»Stimmt schon, *Rose,* aber vielleicht ist genau das mein Problem. Ich dachte, du würdest mich besser kennen. Vielleicht habe ich wegen dieser dreihunderttausend permanent auf mich gerichteten Augenpaare keinerlei Privatsphäre mehr und ich will nicht, dass die Leute mein Leben bis ins kleinste Detail kennen, und ich fühle mich so, als würde ich mir selbst langsam, Stück für Stück, entgleiten. Ich verwandele mich in eine ganz andere Person und jetzt ist es zu spät, sich zurückzuziehen, weil ...«

Ich schließe die Augen und höre auf zu reden, um das eingesperrte Tier zum Schweigen zu bringen, das in mir wütet. *Nicht,* Eartha.

Nicht weinen.

»Ich muss los, ich bin immer noch verdammt müde und weißt du was? Ich ertrage diese übergriffigen Fragen gerade nicht«, sage ich ruhiger.

»Übergriffige Fragen? Wie wäre es denn, wenn du mir mal EINE Frage zu meinem Leben stellst, hm? Ich glaube, du bist ein bisschen verwirrt, Baby. Auch andere Menschen haben Probleme; du bist nicht die Einzige, die auf Wonderland angefeindet wird.« Rose zeigt auf die Menschen im Café, sie hängen an ihren

Handys, als würden sie ihre Bildschirme innig umarmen. Ich weiß nicht, was ich antworten soll.

»Du fragst mich nicht – und ich meine wirklich *mit keinem Wort* –, wie es mir geht. So was wie ›Rose, wie war dein Tag?‹. Du hast mich nicht gefragt, ob ich jemanden date, und würdest gar nicht wissen, wenn ich verliebt wäre!«

Rose verliebt. Ich verdrehe die Augen.

»Oh, verdreh nicht die Augen. In letzter Zeit ging es nur darum, wie ich in dein Leben passe. Ich hätte dich auch gebraucht, Eartha. Auch ich habe auf Wonderland Missbrauch erfahren. Du hast mir nicht einmal auf die Nachricht wegen meines Geburtstags geantwortet.«

Shit.

»Der im Übrigen nächste Woche ist …«

»Das weiß ich natürlich.«

Fuck.

»Du hast gar nicht gefragt, wie es ist, allein zu wohnen, seitdem Billy ausgezogen ist oder …«

WAS?

»Billy ist ausgezogen?! Was zum …«

»Du liest noch nicht mal meine Nachrichten?« They seufzt, senkt den Blick und ich kann they nicht anschauen. Ich ertrage es nicht, dass die Person, die ich mehr als alles andere auf der Welt liebe, von mir verletzt und im Stich gelassen wird.

»Es tut mir leid.« Ich lasse die Schultern hängen. Ich stütze mein Gesicht in die Hände, um mich von meiner Performance auszuruhen, damit ich die Gesichtsmuskeln entspannen kann. Als ich hierherkam, war ich sauer auf *Rose*. Aber *ich* war die shitty Freundin. Ich will alles wissen, was Rose bewegt, das war schon immer so. Ich will jedes Detail und jeden Moment aus their Leben kennen. Wie konnte ich das nur vergessen? Vergessen, dass nächste Woche their verdammter Geburtstag ist …

»Rose, es tut mir leid. Bitte erzähl mir alles über Billy, wie machst du es jetzt mit der Miete? Brauchst du Hilfe?«

»Also ...«

Ding.

Die Klingel über der Tür ertönt und ich höre, wie jemand ins Café kommt. Ich höre, wie Schuhe an mir vorbeischlurfen und hinter mir in der Schlange stehen bleiben. Ich rieche ein Parfum, von dem mir schlecht wird und das meine Handgelenke kribbeln lässt.

»Wonach riecht es hier?«, frage ich und hebe den Kopf wieder hoch.

»Wie, wonach riecht es hier? Nach Kaffee vielleicht?«, fragt Rose und schaut mich an, als wäre ich eine Außerirdische.

»Nein, eher ...« Ich drehe mich um und entdecke einen Mann in der Schlange. Ich sehe sein Gesicht. Erleichterung macht sich breit.

»Ich muss zur Toilette«, sage ich und entschuldige mich.

»Willst du, dass ich mitkomme?«, fragt Rose und sieht besorgt aus.

»Ich muss pissen, Rose. Dabei brauche ich niemanden zum Händchenhalten.«

Ich spüre their Blick, der sich mir beim Weggehen in den Rücken brennt. Ich gehe in die erste Kabine und ziehe hinter mir die Tür zu, aber ich schaffe es nicht, sie abzuschließen. Ich klemme meine Tasche zwischen Tür und Rahmen. Ich lege die Hände rechts und links neben das kleine Waschbecken und betrachte mich in dem angeschlagenen Spiegel – mein Gesicht wird von einer Neonröhre beleuchtet, die jede Pore und Falte zum Vorschein bringt. Das Cologne hat mir den Magen umgedreht und ich will es wieder aus der Nase bekommen. Meine Lippen fangen an zu beben und ich lege mir rasch die Hand über den Mund. *Nicht weinen, stupid Bitch.* Ich starre mich an. Versuche, meine Tränenkanäle mit Muskelkraft zuzudrücken.

Nicht weinen.

Nicht weinen.

Ich verziehe das Gesicht und egal, wie stark ich auch dagegen ankämpfe, ich komme gegen diesen Gefühlssturm nicht an. Ich stecke mir meine Ärmelenden in den Mund, um meine Schluchzer zu ersticken. Ich glaube, ich heule, aber es könnten auch Polizeisirenen von draußen sein. Oder vielleicht ist es auch eine Sirene in meinem Kopf. Ich atme flach und schnell. Ich verschlucke mich an meinem Speichel, als ich versuche, meinen Körper runterzufahren, meine Atmung, den Herzschlag und mein Gehirn aus dem Beschleunigungsmodus herauszumanövrieren. Ich vermisse meine Mum. Ich erinnere mich an unsere Telefonate nach meiner Trennung mit Matt und wie sie mich beruhigt hat.

Einatmen.

Ausatmen.

Ich spritze mir kaltes Wasser ins Gesicht und warte einige Minuten, um mich abzukühlen. Meine Hände zittern. Ich reiße einige Blätter Toilettenpapier ab und falte sie zusammen, um mir die dunklen Flecken unter den Augen wegzuwischen. Ich schaue wieder in den Spiegel und beurteile meinen Anblick. Kurz tut mir diese Frau leid. Aber dann erinnere ich mich dran, dass ich zu so vielen Leuten so scheiße war. *Es tut mir weh, dir wehzutun.* Das hat Matt immer gesagt – ehrlich gemeint hat er es natürlich nicht. Ich kann einfach nicht fassen, dass ich nun so etwas von mir gebe. Ich drehe den Kopf zur Tür und dann schnell wieder zum Spiegel, als wäre ich mir selbst gerade erst vorgestellt worden, um zu überprüfen, ob andere Leute erkennen können, dass ich geweint habe. Ich glaube, man sieht es mir nicht an. Ich öffne die Tür und trete mit einem strahlenden Lächeln hinaus.

»So, ich mach mich dann mal auf den Heimweg!«, erkläre ich und stütze die Hände fest auf die Tischplatte. »Ich habe einfach so viel zu tun. Wir reden ein andermal weiter!«

Aus den Augenwinkeln sehe ich, wie Roses Lächeln erstarrt, während ich runterschaue und an meiner Tasche herumfummele. Ich vermeide es, them anzuschauen. Wenn ich sehe, wie traurig ich them gemacht habe, werde ich weinen. Deswegen rede ich, übertöne die Stille und tue so, als würde ich in meiner Tasche nach Lippenbalsam suchen.

»Was ist los? Du kannst mir nicht ewig aus dem Weg gehen«, sagt Rose, schaut zu mir auf und sucht in meinem Blick nach einem winzigen Hinweis, dass wir uns noch mögen. Ich sehe, wie sich their Hand zu meinem Handgelenk bewegt, um mich zu beschwichtigen. Schnell ziehe ich sie weg und klammere mich an den Henkel meiner Tasche auf meiner Schulter.

»Ich muss echt allein sein, glaube ich, es sind einfach die ganze Zeit über zu viele Augen auf mich gerichtet ...«

Hektisch schaue ich mich im Café um. In der Ecke steht eine Frau, die mich seit meiner Ankunft mit Argusaugen beobachtet. Sobald ich aufschaue, blickt sie auf ihren Laptop. Hat sie wirklich geguckt? Ich werfe Rose einen Kuss zu und gehe zur Tür. Ich will mich dafür entschuldigen, dass ich eine schlechte Freundin bin. Dass ich eine besonders schlechte Freundin bin, weil ich gerade jetzt weggehe und Rose damit recht gebe. Ich sage lautlos *Liebe dich,* in einem lieblosen Versuch, den Karren aus der Ferne aus dem Dreck zu ziehen.

They verdreht die Augen und ich tue so, als würde ich es nicht sehen. Ich tue so, als würde das alles nicht passieren. Ich gehe raus und ziehe mein Handy aus der Hosentasche, ich will endlich etwas Vertrautes in der Hand halten.

Etwas Tröstliches.

Etwas Betäubendes.

Egal, ob es sich gut anfühlt oder nicht.

Ich logge mich bei Wonderland ein und lese mich durch Bekundungen von Bewunderung, Obsession und Hass, lasse das alles durch meinen Körper fließen, verdränge, was passiert ist. Es ist mein Fluchtfahrzeug aus dem schlechten Leben, es ermöglicht mir, mich außerhalb des unangenehmen menschlichen Körpers zu bewegen, dem ich entwachsen bin. Die Namen und Orte und Kommentare gehen querbeet. Mit einem imaginären Strohhalm nehme ich auf, was die Leute über mich sagen.

Ping

Textnachricht von Mum an Eartha

15:13

Liebes, ich weiß, dass wir gerade nicht miteinander reden und sauer aufeinander sind, aber ich habe den Artikel heute in meinem Wonderland-Feed gesehen. Ich erzähle allen, wie stolz ich auf dich bin ... ♥

Ich würde ihr so gerne alles erzählen. Aber ich habe nicht genug Energie dafür. Ich kann ihr nicht erzählen, was passiert ist.

Textnachricht von Eartha an Mum

15:15

Hey, Mum, es ist gerade so viel los! MIR GEHT ES GROSSARTIG! Danke für deine lieben Worte zum Artikel. Wie geht es dir?

Kapitel 25

SCHMUTZIGE SLIPS

Auf Wonderland verbrachte Zeit: 15 Stunden pro Tag
Wonderland-Follower*innen: 300 706

Eartha lädt eine Bildunterschrift auf Wonderland hoch:
Immer, wenn das herrliche Gefühl von Sonnenstrahlen in meine Poren dringt, ist mein Gehirn voller Selbstzweifel und Angst: Wie wird mein Körper diesen Sommer im Bikini aussehen?
Wenn ich mit einer neuen Person Sex habe, denke ich an mein Arschloch. *Wann habe ich es zum letzten Mal rasiert?* Ich denke an meine Zehen. *Sollte ich eine Pediküre buchen, damit ich mich mit meinen Füßen richtig wohlfühle?* Ich denke an den Zustand meines Bettes. *Befindet sich dieser Periodenfleck immer noch auf meinem Matratzenbezug?* Ich denke an den Gestank in meiner Wohnung. *Ich muss den Müll häufiger rausbringen!*
Meine Unsicherheiten halten mich davon ab, Freude zu empfinden. Deswegen ist es für mich irgendwie einfacher, allein zu leben und allein zu sein. *Dann muss ich nicht den Keller inspizieren.*
#WhatsInYourBasement

Am nächsten Morgen.

Erschrocken wache ich auf. Mein Vibrator dreht Runden auf meinem Bett. Ich schalte ihn aus und sehe, dass ich keinen Slip trage. Ich setze mich auf und blicke mich um, habe Angst, jemand könnte mich in dieser schrecklich peinlichen Lage gesehen haben. Ich muss gestern Abend mittendrin eingeschlafen sein. Ich dachte, ich versuche es noch mal, und habe mich angefasst – ohne Erfolg. Meine Augen gewöhnen sich an das grelle Tageslicht und schließlich hieve ich mich aus dem Bett, werfe das Sexspielzeug auf den Schreibtisch, aber es plumpst auf den Boden. Noch nicht ganz wach logge ich mich bei Wonderland ein, um mir die Antworten auf meinen Post anzuschauen.

Wonderland-Benachrichtigungen:

@*GurlInWonderland* Macht sich sonst noch jemand Sorgen, was hier gerade los ist …

@*AaronSamuelsIsGay* Das Mädel muss mal unter die Dusche, lol. Trieft vor Fett!

@*FatQueen* Geeeeenau, Eartha. Nicht alle fühlen sich so in ihrem Körper. Viele von uns sind dicker als du, also solltest du dich vielleicht mal mit deinem Thin Privilege auseinandersetzen, Baby. Du hast schon einen Bikini-Body.

@*JessicasTwoCents* Welchen Rasierer benutzt du! Und wer macht deine Pediküre!

@*BigGirlsCry* Uuuuuuf, verstehe mega. Fühle mich jetzt echt viel besser. Danke, dass du zeigst, dass Feminist*innen auch nicht alles auf die Reihe kriegen …

@*FemaleDemon* Willst du damit wieder alle ablenken und keine Verantwortung für deine Machenschaften übernehmen? Willst du unser Mitleid?

Eine Welle der Scham überrollt mich. Ich schaue mir den Schaden an: 300 706 Follower*innen. Ich habe über Nacht 10 000 Follower*innen verloren.

Ich fühle mich, als müsste ich die Demütigungen wegwaschen, die meine Follower*innen über mir ausgießen. Ich gehe ins Badezimmer und stelle die Dusche an. Während das Wasser warm wird, mache ich mein Bett, damit ich mich nicht wieder hineinlege. Das Gewicht der Scham drückt mich zu Boden. Ich ergebe mich und lege mich auf die Erde. Ich schaue zur Dusche und entdecke einen schmutzigen Slip neben meinem Ohr. Ich setze mich auf und will nach ihm greifen, aber unter meinem Schreibtisch liegt noch einer – voller Periodenflecken. Mehrere schmutzige Unterhosen liegen auf meinem Schlafzimmerboden. In den letzten Wochen habe ich sie einfach liegen lassen und nun sammele ich sie alle ein. Ich schaue, ob Ausflussflecken zu sehen sind, und falls nicht, rieche ich am Slip, um zu entscheiden, ob er gewaschen werden muss. Eine Schatzsuche nach ungewollten Souvenirs aus einer Zeit, in der ich zu fertig war, für mich selbst zu sorgen. Ich finde einen Slip, den ich vor einer Woche während eines Masturbationsversuchs, der mit Tränen endete, auf den Boden geworfen habe. Ich sammele alle auf und werfe sie in die Waschmaschine, ohne sie anzustellen.

Auf der Waschmaschine stapelt sich schmutziges Geschirr, auf dem der Dreck schon eingetrocknet ist, und auf der Fensterbank stehen Pflanzen, zu denen ich von allen den freundlichen Hinweis bekomme, dass sie eingehen, und ich sehe, dass ich kaum noch durch die Fensterscheiben gucken kann, weil sie so schmutzig sind – von außen wie von innen.

Ich verspüre das Verlangen, den Post von gestern Abend zu löschen. Ihn einfach spurlos zu tilgen und mich von der Last zu befreien, eine »öffentliche Antwort« geben zu müssen. Mir wird nun klar, warum so wenige Frauen ihre Meinung sagen oder sich positionieren. Es ist sicherer und bequemer, einfach den Mund zu halten. Ich habe Rose noch nicht mal eine Nachricht geschrieben, seitdem ich them im Café getroffen habe. Geschweige denn mich bei Mona gemeldet. Oder Mum angerufen. Das alles müsste ich machen, aber der Erwartungsdruck lähmt mich. Ich weiß nicht, wie ich das endlose Scrollen hinter mir lassen kann, das zu meinem Leben geworden ist.

Ich nehme an meinem eigenen Leben in letzter Zeit nicht

mehr aktiv teil. Meistens verstecke ich mich im Schatten und schaue zu, bin stille, abwartende Zuschauerin auf Wonderland. Ich bin eine Voyeurin der anderen Menschen, die auf Wonderland einen schwarzen Haken haben, starre die Profile von Frauen an, die so aussehen, als würden sie sich nicht selbst einreden, sie wären glücklich. Ihr Lächeln wirkt aufrichtiger, ganzheitlicher und – vermutlich – auch ehrlicher. Aber war der Urlaub von Sam und ihrem*r Partner*in wirklich »wunderschön und besonders« oder haben sie sich zwischen den perfekt inszenierten Bildern nur gestritten? Hat Priya in Wahrheit hundert Versuche für das perfekte Bild von ihrem Arsch benötigt, hat sich in Hunderte verschiedene Posen geschmissen und verschiedene Winkel ausprobiert, bevor sie *das* Bild mit den meisten Likes gemacht hat, die ich je bei einem Hintern-Selfie gesehen habe? Schummeln alle anderen auch ein bisschen? Oder verzerrt mein eigener Hang, die Wahrheit zu kuratieren, meinen Blick auf andere, zutiefst glückliche und erfüllte Beziehungen und Belfies? Vielleicht projiziere ich auf beides meinen Selbsthass.

Ich befinde mich ganz tief unten in dieser Vergleichsspirale und muss mich einfach vor den Spiegel stellen, muss meinen Körper auseinandernehmen, Dinge finden, die mir an mir missfallen und die mir früher nicht aufgefallen sind. *Eine Frau muss sich permanent selbst optimieren!* Meine Ausgabe von *Der Mythos Schönheit* starrt mich vom Bücherregal aus an, deswegen drehe ich das Buch um, während ich mich nach Makeln abchecke, die ich beseitigen muss. Denn wenn ich diese Probleme gelöst habe, wird es mir bestimmt besser gehen. Plötzlich halte ich mir einen Handspiegel von allen Seiten vors Gesicht, um zu schauen, wie ich von der Seite aussehe. Hatte ich immer schon ein Doppelkinn, wenn ich den Kopf so neige? *Das war doch gestern noch nicht da.*

KLOPF-KLOPF-KLOPF

Mir fällt der Handspiegel auf den Boden; auf dem großen

Spiegel ist eine vertrocknete alte Kartoffel zu sehen, auf der mein Gesicht als Kopf prangt. Ich ziehe den Bademantel an und tippele zur Tür. Seit Wochen habe ich nur noch Post- und Lieferbot*innen gesehen. Ich kann es mir leisten, nur noch Essen zu bestellen, weil meine Rechnungen bezahlt wurden. Aber das Geld hat meine Isolation nur verstärkt. Ich muss noch nicht einmal mehr raus, um Lebensmittel einzukaufen. Und Kontakt zu anderen Menschen? Genau dafür habe ich ja Wonderland. Somit gibt es gar keinen Grund, die Wohnung zu verlassen.

Aber ich habe mir nichts zu essen bestellt.

Und ich erwarte auch keine Pakete.

Ich öffne die Tür mit der vorgelegten Kette und schaue durch den Spalt.

»Eartha! Lass mich bitte rein. Unten hat mir ein Mann die Tür aufgemacht.«

Es ist E. V. Ich drehe mich um und betrachte den Zustand meiner Wohnung. Alles wirkt leblos und grau, die Vorhänge sind zugezogen. Schimmel breitet sich auf einem halben Laib Brot aus, das auf seiner Plastikfolie liegt. Ich drehe mich wieder zu ihr.

»Jetzt passt es gerade nicht so gut.« Die Worte holpern aus meinem Mund. *Habe ich verlernt, mit einem echten Menschen zu sprechen?*

»Mir ist es egal ... wie es bei dir aussieht. Ich muss einfach nur mit dir reden. Du hast die letzten drei Einladungen abgelehnt, die ich dir für Treffen geschickt habe, bei denen ich die nächsten Schritte für Deals mit Unternehmen besprechen wollte. Ich habe hier einen Vertrag für den nächsten Job mit SkinMeal, dem du zugestimmt hast.«

»Mit wem?«

»Dieses Skincare-Unternehmen mit essbaren Produkten, Darling.«

Ich seufze und schließe die Tür. Schnell ziehe ich die Jalousien hoch und lege einen Teller über das ganze Geschirr, damit es weniger ekelig aussieht. Ich entferne die Kette und lasse E. V. widerstrebend rein. Sie tut so, als würde sie die Unordnung nicht bemerken, und steigt höflich über die zusammengelegten Kartons, die ich noch in den Müll bringen muss.

»Ich weiß, dass es dir gerade nicht gut geht, dir ist immer noch peinlich, was auf der Party passiert ist. Aber wir haben es geschafft, das alles in den Griff zu bekommen.« Sie hält inne. Dann fährt sie fort: »Allerdings verdienen wir gerade kein Geld, weil du nicht deinen normalen Content postest ...«

Klar. Weil ich das Produkt bin. Und das Produkt verrottet, zusammen mit den Lebensmitteln in ihrem Kühlschrank und ihren Pflanzen ...

»Langsam werden die Angebote immer schlechter, die für dich reinkommen. Deine Reichweite ist stark gesunken, weil du mit deinem Publikum nicht interagierst. Ohne deine Styling-Videos will keine Modemarke mit dir zusammenarbeiten. Ohne den Content über Dates und wie es mit deinem queeren Dating läuft, haben wir keine Chance auf eine Vertragsverlängerung mit FIRE. Du musst wieder raus in die Öffentlichkeit und dich mit Männern streiten ... Weißt du, Darling ... Bad Boys vorführen, so wie du es früher immer gemacht hast. Dein Post gestern Abend war ein bisschen trist, gelinde gesagt. Du hast dreizehntausend Follower verloren.«

ANMERKUNG DER REGIE

Eartha fängt an zu schreien, ihr Gesicht ist so nah an der Kamera, dass man ihre Mandeln sieht.
Sie rennt in ihrer Wohnung herum und zerstört alles, was sie in die Finger bekommt, während E. V. einfach reglos dasitzt.
Erst werden die Pflanzen umgedreht und kaputt geschlagen.
Dann zerstört sie ihren Schreibtisch, reißt die Collagen von den Wänden und schmeißt den Kühlschrankinhalt durch die Küche. Eine Fensterscheibe zersplittert und Eartha

reißt die Bettdecke in Stücke. Federn explodieren vor dem Kameramonitor.

ENDE

Ausdruckslos starre ich auf den Spülberg.

»Ich habe einen Vorschlag für dich.« E. V. zieht mit spitzen Fingern den Stuhl unter meinem Tisch hervor und setzt sich drauf, als hätte sie Angst, dieser Lifestyle, den sie mal als »authentisch« bezeichnet hat, könnte auf sie abfärben.

»Also ... Ich habe ja deine Dating-App übernommen und dir *diese* Aufgabe abgenommen, die dir zu viel war, ich könnte doch auch wieder auf Wonderland für dich posten, oder? Dann würde es so aussehen, als wärst du ...«

»Wie damals, als ich fast gesperrt wurde? Als ich die Posts geschrieben habe und du sie dann für mich gepostet hast?«

»Ja, aber dieses Mal werde ich die Posts für dich schreiben, weil ich weiß, was diese Leute von dir hören wollen, während du«, sie schaut sich in der Wohnung um und spricht weiter, »dein Leben wieder auf die Reihe bekommst. Du bist zu einer der vielversprechendsten Stimmen Wonderlands aufgestiegen; ich kann diesen Aspekt deines Lebens einfach weiter aufbauen!«

»Aber ich bin mehr als eine Stimme.«

»Ich *weiß*. Aber Wonderland mag nichts Unvollendetes, dort mag man binäre Dinge. Polarisierende Dinge. Katze oder Hund. Gesundes Essen oder Junkfood, politisch rechts oder links, hetero oder homo. Verstehst du? Homosexuelle wollen nichts von deinen Hetero-Dates wissen und umgekehrt. Und laut Vertrag darfst du das eigentlich sowieso nicht. Warum sollte ich nicht deine Social-Media-Aktivitäten übernehmen, nur vorübergehend? Ich weiß, was die Welt von dir sehen möchte! Ich habe die entsprechenden Tabellen und Daten. Ich kann die Posts für dich schreiben und sie dir zur Freigabe zuschicken. Das ist etwas, das wir delegieren können, während du wieder auf die Beine kommst. Du musst dich ausruhen und entspannen und darüber nachdenken, was passiert ist ... Ich will nur das Beste für dich. Das Beste für dich ist das Beste für uns. Wir können zusammen kein Geld verdienen, wenn du depressiv bist, nicht wahr? Und ich will, dass du aus dieser Wohnung rauskommst ...«

Depressiv.

Bin ich depressiv?

»So sieht es doch aus, oder? Du bist depressiv und ich mache mir Sorgen um dich. Ich will nicht, dass dich diese Erfahrung bricht. Ich will, dass du nicht an dieser brutalen Welt zerbrichst. Du bist mein helles, leuchtendes Wesen. Lass dir doch von mir helfen.«

Da bin ich bis jetzt nicht drauf gekommen.

»Ich glaube, ich habe einfach eine Krise, nachdem ich angefeindet wurde, und dann noch die Situation, in die ich mich manövriert habe ... Ich habe einfach das Gefühl, die Eartha, die mir vertraut war und in die ich mich langsam verwandelt habe, wurde aus mir rausgeschüttelt. Ich bin verletzt. Und verwirrt. Ich warte noch darauf herauszufinden, wer ich bin. Andere Leute sagen mir, ich sei so und so, und ich weiß nicht mehr, was ich glauben soll.« Ich flüstere, aber ich will schreien.

»Es ist nichts *Schlimmes* passiert, Darling.«

»Ich glaube, es ist etwas *wirklich Schlimmes* passiert, E. V.«

»Na ja, du wurdest fast gesperrt.«

»Ich meine aber nicht das Gesperrtwerden. Ich meine ...« Ich starre auf den Boden.

Ich will gar nicht darüber reden.

»Diese jungen Frauen schauen zu mir auf und ich habe das Gefühl, ich lüge sie an, wenn ich nicht ich selbst sein kann. Du willst, dass ich Styling-Content mache, aber ich habe seit Tagen kein vernünftiges Outfit mehr angezogen, es ist mir unangenehm, mir überhaupt etwas anzuziehen. Ich starre in meinen Kleiderschrank und fange einfach an zu weinen. Es macht mich einfach komplett fertig. Wie ist es überhaupt möglich, dass ich Leuten dabei helfen konnte, ihr wahres Selbst zu finden und ihnen ›den Weg zu weisen‹.«

»Du lügst sie nicht an, du inspirierst sie. Du bist ein Vorbild für sie, führst ihnen vor Augen, wer sie sein könnten.«

»Aber dieses Ziel ist unerreichbar. Niemand, nicht einmal ich ka...«

»EARTHA. Bitte. Gib mir jetzt dein Passwort. Ich möchte dir diese Last abnehmen. Ich will nicht, dass die Welt dich vergisst. Was machst du dann? Erinnerst du dich dran, was ich dir über Quinnley erzählt habe? GESPERRT!« Sie fährt sich mit der Hand über den Hals, als würde sie exekutiert. »Das ist nur eine vorübergehende Lösung, bis du wieder etwas zu dir gekommen bist.«

Ich schaue wieder zu Boden.

»Komm schon, Darling, was machst du denn, wenn dich alle verlassen? Schick mir jetzt dein Passwort. Ich weiß, dass du es geändert hast, nachdem du es mir gegeben hast.«

Ich seufze und reibe mir die Augen, aber sie lässt nicht locker.

»Schick es mir jetzt per E-Mail. Ich versuche, dir zu helfen. Ich bin die Einzige, die das tut – bitte glaube mir. Wir müssen das posten, was die Leute *wollen*, bis sie dazu bereit sind zu hören, was du *eigentlich* sagen willst. Wir müssen den Schlüssel im Zündschloss umdrehen, damit der Eartha-Motor wieder zum Laufen gebracht wird.«

»Dann hätte ich vermutlich Zeit, mich um die langweiligen Sachen zu kümmern, kann vielleicht zur Therapie gehen und meine familiären Angelegenheiten klären ...«

»Sicher. Sicher. Schick mir dein Passwort. Schau mal, ich weiß doch, was für dich am besten ist.«

Ich schicke uns beiden das Passwort für meinen Wonderland-

Account, während wir am Tisch sitzen und ihr Telefon dauernd piept.

»Tu mir den Gefallen und schau dir mal ein paar von den Wohnungen an, die ich dir geschickt habe, Darling. Du kannst es dir nun leisten, hier auszuziehen. Ich glaube, es wird langsam Zeit, meinst du nicht?« Sie runzelt die Stirn, erhebt sich von meinem Tisch und eilt zur Tür.

»Was willst du denn posten?«

»Ich zeige dir alles, Darling, keine Sorge ...« Sie öffnet die Tür und steht auf dem schummrigen Treppenabsatz. Ich frage sie, ob sie mich noch mal drücken kann. Wenn diese Woche genauso wird wie die vorherige, könnte es die letzte Umarmung sein, die ich diese Woche bekomme.

»Wir hören uns später, okay? Konzentriere dich darauf, dir eine andere Wohnung zu suchen, in Ordnung? Das hier geht einfach nicht mehr. Die Bude passt nicht zu Wonderlands neuem Stern am Himmel.«

Vielleicht wird jetzt alles gut. Vielleicht ist das die Lösung, die mich aus diesem Tief rausführt: jemand anders eine Zeit lang für mich »performen« lassen. In der Zwischenzeit kann ich endlich entdecken, wer ich außerhalb von Wonderland bin. Vielleicht wird das jetzt alles viel einfacher. Ich höre die Dusche immer noch im Hintergrund rauschen. Ich stehe abrupt von meiner Bettkante auf und stelle sie aus.

Ping

Wonderland-Benachrichtigung:

*@Becky53_* hat deinen neuen Post kommentiert

Ich logge mich ein und sehe, dass E. V. schon etwas gepostet hat:

Ich werde hier in der Arena etwas veröffentlichen, ich will, dass ihr dabei seid, wenn ich etwas Demütigendes mit euch teile! Wir sehen uns in 10 Minuten

Mein Magen krampft sich zusammen und meine Arme fühlen sich schlapp an. Ich sitze auf dem Badezimmerboden und warte – zehn Minuten fühlen sich an wie zehn Jahre, wenn ich auf einen Text warte, den ich angeblich verfasst habe. Ich fühle mich völlig von mir selbst abgekapselt. Als würde ich mich selbst dabei beobachten, beobachtet zu werden. Ich lade die Seite neu, immer und immer wieder.

Hi EARTHALINGS,

AAAAACHTUNG, EMOTIONALER CONTENT: Ich weiß, dass ich euch, meine tollen Follower*innen, im Stich gelassen habe: Als ihr mich am dringendsten gebraucht hättet, bin ich verstummt. Ich bin ein WORK-IN-PROGRESS. Und ich habe es vergeigt. Ich habe euch im Stich gelassen und vor allem habe ich auch mich selbst im Stich gelassen. An alle Menschen, die dafür gestimmt haben, mich auf Wonderland zu sperren: DANKE SCHÖN! Ich musste für mein Tun zur Rechenschaft gezogen werden. Ihr hattet recht. Ich weiß, wie viel Energie und Zeit ihr jeden Tag investiert, damit WONDERLAND für uns alle zu einem besseren Ort wird. Richtig von falsch zu unterscheiden, weil ihr genauso wie ich davon träumt, dass WONDERLAND eines Tages das Multi-Universum sein könnte, wofür es ursprünglich erschaffen wurde, und dass wir SCHLECHTES BENEHMEN UNTERBINDEN und ACCOUNTS STILLLEGEN müssen, die scheinheilig sind. Ich habe mit dem Vegan-Vorfall an mir selbst Verrat begangen und das hat dazu geführt, dass ich euch hier im Stich gelassen habe. DAS WAR FALSCH. ES TUT MIR LEID. Persönliche Dinge sollten niemals unsere Arbeit hier beeinflussen. Was ich getan habe, tut mir leid. Es tut mir leid, dass ich meine Arbeit nicht erledigt habe. Es tut mir leid, Earthalings! Werdet ihr mir das jemals VERZEIHEN? Das alles war so überwältigend. Ihr seid mein Antrieb, mein Treibstoff! Gemeinsam müssen wir mehr Zeit online als offline verbringen, damit Wonderland ein sicherer Ort für uns alle wird. Ich will ein Mensch sein, der auf Wonderland gehört. Der immer noch lernt und hofft, dass ihr mich auf meinem Weg begleitet und mit mir lernt #MoreTimeOnline

Ich will E. V. gerade anrufen und sie fragen, was sie sich denn dabei gedacht hat, als …

@*BeastieBabex* Wir sind so froh, dass du das Richtige getan hast.

Der erste nette Kommentar seit einer Woche.

@*TransBarbie* Wusste ich doch, dass du dich irgendwann entschuldigen würdest. Love you.

@*Luv_Girlsss* Du bist ein Vorbild für ECHTES Verantwortungsbewusstsein, Eartha.

@*Rose69s* Babe, alles okay mit dir?

Ich scrolle durch die restlichen Kommentare.

@*FuckTillYouDrop* Du hast dich bei dieser Entschuldigung auf deine Gefühle konzentriert, »so überwältigend« – pffft, dir ist es in Wahrheit total egal, aber zumindest ist es ein Anfang.

Ich sehe noch einen Kommentar.

@*Yazmilledra* Bin so froh, dass du wieder da bist, wir haben dich vermisst.

Und schon wendet sich das Blatt. Wie ist es denn möglich, dass diese Menschen so schnell ihre Meinung über mich geändert haben? Ich lade die Seite erneut.

Ein neuer Post erscheint in meinem Feed, von mir gepostet:

#WERBUNG Ich bin KOMPLETT ANGETAAAAAN von der Dating-App FIRE, JAAAAAAA! Ich reiße einfach eine Frau nach der anderen auf. Echt jetzt. Total aufregend. AAAAAAAABER wahrscheinlich sollte ich damit aufhören, weil es SÜÜÜÜÜÜCHTIG macht, sich einfach immer die Rosinen rauszupicken … Ladet euch FIRE runter, vielleicht habt ihr ja sogar ein Match mit mir 😉 #Pride

Kapitel 26

#MORETIMEONLINE

Wonderland-Follower*innen: 696 038

Die ganze Nacht lang beobachte ich, wie meine Follower*innenzahlen in die Höhe schnellen. Seit dem Coming-out-Video ist nichts so sehr durch die Decke gegangen wie der #MoreTimeOnline-Post und es hört einfach nicht auf. Die Leute teilen meinen Post und dann nehmen sie ihren Hot Take dazu auf, als wären sie Newsreader.

Aber es sind nicht einmal meine Worte.

Ich stehe im Zentrum einer öffentlichen Debatte, die sich hochschraubt und sowohl online als auch offline immer lauter wird, die Leute werfen mir vor, »zu sehr online« zu sein, aber ich werde überschwemmt mit Nachrichten von Wonderlander*innen, die tiefer in Wonderland versunken sind als alle anderen. Sie bezeichnen sich als »Deep Wonderlander*innen« und sie glauben jetzt, dass auch ich ihren Lebensstil besser finde als das Leben in der »Realität«.

Ich logge mich ein und sehe, wie eine neue Version von mir die Version überholt, die ich erschaffen habe, ich bin wieder im Gespräch. Um 22 Uhr, wenn die meisten Leute auf Wonderland unterwegs sind, sehe ich, dass *Eartha* wieder etwas gepostet hat:

> WAAAAARUM NUR HAT DER TAG NUR 24 STUNDEN? Warum nicht 25? Oder besser noch 40? Hat das ein MANN entschieden? Warum muss ich weiterhin in diesem Gefängnis verharren, diesem Skinsuit der UNTERDRÜCKUNG? #MoreTimeOnline

Und wieder geht es innerhalb von Sekunden in den Kommentaren hoch her und Eartha polarisiert, feuert die Debatte an, stellt denen, die pro #MoreTimeOnline sind, eine Gruppe gegenüber, die als Reaktion ihren eigenen Hashtag erstellt haben: #MoreTimeOffline. Darunter sind Lehrer*innen, die denken, ich sei extrem online, und finden, ich würde die Grenzen zerstören, die für die psychische Gesundheit ihrer Schüler*innen nötig sind, weil ich so viel Einfluss auf junge Frauen habe. Ich bekomme Nachrichten von Wissenschaftler*innen, die eine Computertomografie von meinem Hirn machen wollen, um zu untersuchen, ob sich meine neurologischen Strukturen wegen der vielen Zeit online verändert haben.

Währenddessen sitze ich leblos zu Hause und es ist so, als würde E. V. das Drehbuch zu meinem Leben schreiben und bei der Verfilmung auch Regie führen.

Textnachricht von Rose an Eartha

16:09

Hey Love, was hat es mit all dem auf sich, was du auf Social Media von dir gibst, von wegen man soll mehr online sein? Alles okay mit dir? 🙁

16:11

Sag mal, ob du es auf meinen Geburtstag schaffst, wir gehen ins Slinky's! DU FEHLST UNS ALLEN. Auch, wenn du lieber online bist 😢

17:12

Ist mir egal, dass du gerade kacke bist. Ich will doch nur wissen, ob alles okay ist mit dir? Du kannst den ganzen Abend lang an meiner nach Zigarettenrauch stinkenden Jacke riechen, wenn du willst!

Wenn ich ehrlich bin, habe ich Angst, ins Slinky's zu gehen. Ich tippe eine Antwort an Rose – *Dort hassen mich doch eh alle, oder?* Ich starre auf die Wörter und lösche sie wieder, weil ich weiß, dass they mir vorwirft, ich würde schon wieder nur um mich selbst kreisen. Ich lese mir ein paar Posts durch, die E. V. erstellt hat, und klicke auf »Bearbeiten«. Ich lösche hier und da ein paar Anführungszeichen, damit es mehr nach »mir« klingt. Ich lösche diese krass übertreibende Sprache.

Brrr

Brrr

E. V. ruft an.

»Hallo?«

»Darling, was machst du gerade?«

»Nichts.«

»Du bearbeitest deine Posts. Ich sehe, dass du es jetzt gerade machst.«

»Wie kannst du das sehen?« Ich drehe mich um und blicke mir über die Schulter. »Ich verändere die Posts, damit sie mehr nach mir klingen.«

»Ich wusste, dass du darin herumpfuschen würdest und dich damit stresst. Wir brauchen diese Posts, Eartha. Es geht genauso auf, wie ich es prophezeit habe.«

Ich schweige.

»*Genau*. Du bist so berechenbar. Weißt du, ich wusste, dass das passieren wird. Ich will, dass du Wonderland links liegen lässt und dich um dich selbst kümmerst – da haben wir beide etwas von.«

»Rose hat mir eine Nachricht geschrieben und gefragt, ob alles in Ordnung ist. Ich glaub, they spürt, dass etwas im Busch ist, deswegen wollte ich die Posts bearbeiten, damit ich etwas nuancierter und weniger extrem klinge. Ich will den Leuten nicht vorschreiben, dass sie mehr online sein sollen, ich glaube, dass es einen Ausgleich geben muss und ...«

»Natürlich sagt *they* das. Aber hast du das Engagement gesehen, Darling?«

»E ...« Ich schlucke, will mich durchsetzen. »Ich glaube, wir sollten einige Posts entfernen. Oder zumindest den Ton ändern; sie klingen nicht mehr so, als hätte ich sie verfasst. Rose hat mich schon darauf angesprochen, also werden es andere Leute auch bald bemerken. Meine ›Earthalings‹ haben einen Hang zur ... Obsession! Und apropos: können wir meine Community bitte anders nennen? Ich finde das bisschen peinlich. Ich glaube, sie werden sich bald darauf stürzen, dass ich nicht selbst schreibe. Wir haben auch noch nicht über die Entschuldigung gesprochen. Ich wusste nicht, dass wir uns entschuldigen, und ich bin auch noch nicht auf dem Laufenden über eine erneute Zusammenarbeit mit Unternehmen, wie zum Beispiel die mit FIRE und dieser Caption über das Dating mit Frauen.«

»Bevor du dich weiter beschwerst: Mach dir bewusst, dass genau das passieren musste; schau in deine Nachrichten, und zwar sofort.«

Eine E-Mail mit dem Betreff: »Neuster Engagement-Report« landet in meinem Posteingang. Ich öffne sie auf meinem Laptop und sehe Grafiken, alle in ähnlichen Farben wie die, die sie mir in ihrer Wohnung gezeigt hatte, zusammen mit der Aufschlüsselung meiner Wonderland-Statistik der letzten Woche.

Engagement-Report Eartha:

Zeitraum: 1 Woche

Likeabilty: 110 % Steigerung (im Vergleich zur Vorwoche)

Engagement: 25 % auf normale Posts, Höhepunkt der Reaktionen bei 50 % bei kürzlich erstelltem Post

Neue Follower*innen: 395 332

»Eartha, wir müssen ein Fotoshooting arrangieren und ein paar Bilder von dir machen. Du hast bald keinen Content mehr, die alten Bilder von dir werden ein bisschen langweilig. Wir müssen dich in ein paar neuen Outfits fotografieren und in Cafés gehen oder Bilder von dir mit Freund*innen posten, damit es authentischer wirkt. Vielleicht kannst du ja zu Hause auch ein paar Selfies machen und mir schicken?«

Ich wusste genau, worauf ich mich einlasse, oder?

Vielleicht sollte ich ein bisschen mehr wie die Online-Eartha sein? Ich denke an unser erstes Meeting zurück, als E. V. meinte: »Wir machen einen Star aus dir. Wir machen aus *dir* die Protagonistin deiner Geschichte.« Ich hatte nur Dollarzeichen in den Augen und habe nicht darüber nachgedacht, dass ich damit meine Integrität aufgebe. Ich habe an die Wonderland-Version von Eartha geglaubt, die jeder lieben wird, und daran, dass ich damit anderen Menschen dabei helfe, »ihre Wahrheit« zu erkennen. Ich habe erst die Anerkennung und dann die Verdammung ernst genommen.

Welche Version von mir bin ich?

Ich habe das Gefühl zu fallen.

»Okay, egal, aber kann ich bitte einfach das Passwort für meinen FIRE-Account zurückhaben? Ich will wieder mit dem Daten anfangen, IRL.«

»Sag mir, wen du daten willst, und ich werde jemanden für dich suchen.«

»Ich möchte aber selbst suchen.«

»Du weißt, wie das beim letzten Mal geendet ist ...«

Ich werde vor Schreck ganz steif, als vor meinem inneren Auge ein Bild von Jaz, ach nee, Veronica erscheint, die sich die Hose hochzieht und meine Wohnung verlässt.

»Was ist mit dem Mädel? Dem mit den pinken Haaren? Kannst du die nicht einfach anrufen?«

»Sie ist irgendwie einfach ... verschwunden. Um ehrlich zu sein, wollte ich sie mir aus dem Kopf schlagen – mithilfe einer anderen Person.«

»Ich schaue mir einige passende Kandidatinnen an und schicke sie dir. Und du schickst mir in der Zwischenzeit ein paar Selfies, denk dran! Und auch noch ein paar Bilder von deiner Wohnung, nur ein paar Schnappschüsse von Gegenständen. Es soll nicht zu persönlich sein. Wir müssen die Leute bei der Stange halten! Aber die gute Nachricht ist doch, dass die Leute wieder verrückt nach dir sind, so wie am Anfang. Wenn ich deinen Ruf wiederhergestellt habe, können wir noch einmal über alles nachdenken.«

Vielleicht hat sie recht, aber ich will einfach das Gefühl haben, über irgendwas noch die Kontrolle zu haben, egal worüber. Ich will meine Dating-App zurück, dann erst kann ich mich wieder gegen andere Menschen behaupten. Aber dann trällert sie: »Ich ruf dich später noch mal an, Darling, ciao!«

Und die Leitung ist tot.

Ich lege mich ins Bett und betrachte die Bücher, die ich mir vor einigen Monaten gekauft hatte und lesen wollte. Ich nehme eins zur Hand, wische den Staub vom Cover und blättere bis zum Eselsohr. Ich kann mich gar nicht mehr dran erinnern, dass ich bis Kapitel sechs gelesen habe. Dieses Kapitel trägt den Titel: »Mein Körper, meine Regeln«. Ich lese einen halben Satz: »Wenn jemand an deinem Körper herumkritisiert, als wäre es dasselbe wie …«

Ping

Wonderland-Benachrichtigung:

@*Shirley-Peyton* hat deinen Post kommentiert

Ich blicke auf den Link im Post – einem neuen –, den ich hochgeladen habe:

Also, das Einzige, was mich in einer Krise rettet, ist die Sexy Saugemuschel. Mit Perlglanz, bezaubernd und betörend. Du kannst sie über einen Link auf meiner Seite bestellen und den Code »MASTURB30« benutzen. Du musst nicht depressiv sein UND eine niedrige Libido haben!

Kapitel 27

TAINTED LOVE

Wonderland-Follower*innen: 1 098 223

Heute fühle ich mich etwas klarer, weil mein Telefon die ganze Nacht über ausgeschaltet war. Ich habe es erschöpft ausgestellt, nachdem ich »meinen« letzten Post gelesen habe:

> *Wenn ich auch nur an einen Mann denke, zuckt meine Pussy zurück wie eine VENUSFLIEGENFALLE.*

Das Einschalten des Handys fühlt sich so an, als würde ich zu einem gewalttätigen Partner zurückkehren, nachdem ich mich eine Nacht lang aus dem Haus geschlichen habe, um Spaß mit Freund*innen zu haben – und weiß, dass ich dafür büßen werde.

Ich will drum rum schleichen.

Ich will die Augen davor verschließen.

Ich will nicht wissen, was E. V. in meinem Namen gepostet hat.

Als ich mich einlogge, habe ich das Gefühl, eine Leine an meinem eigenen Halsband zu befestigen.

Was habe ich dieses Mal falsch gemacht?

Wofür werde ich geshamt werden?

Oder in den Himmel gelobt?

Ich habe aufgehört, in meiner eigenen Wohnung laut zu reden. Ich erinnere mich nicht daran, wann ich entschieden habe, dass es nicht sicher ist, aber das ist schon einige Tage her. Ich habe die Vermutung, dass meine Bude verwanzt ist oder dass jemand den Unterhaltungen lauscht, die ich mit mir selbst im Spiegel führe.

Ich hänge mein Telefon ans Ladekabel auf dem Nachttisch, das Display leuchtet auf und ich gehe in die Küche, um mir eine Tasse grünen Tee zu machen, genieße die kurze Verschnaufpause, bevor die Bildschirminhalte wieder auf mich einprasseln. Langsam fülle ich Wasser in den gelben Wasserkocher, stelle ihn auf den Heizsockel und schalte ihn ein. Ich klopfe mit dem Finger auf den Küchentresen und beobachte durch die Glasleiste an der Seite, wie das Wasser zu sprudeln beginnt.

Was wird passieren, wenn mein Handy angeht? Hat mir E. V. eine wütende Nachricht geschickt? Der Wasserkocher ruckelt nun von links nach rechts und spuckt Flüssigkeit aus der Tülle. Ich drücke den Deckel fest nach unten.

Ich sollte meinen Namen bei Google eingeben, um mir den neusten Klatsch und Tratsch durchzulesen. Ich nehme einen Beutel grünen Tee aus der Packung und werfe ihn in die Tasse.

Du bist einfach zu nichts in der Lage. Ich hebe den Wasserkocher hoch und schaue mal, *wie* langsam ich einschenken kann.

Du kannst dir einfach nicht vertrauen, Eartha. Ich beobachte, wie das Wasser in meiner Tasse steigt und steigt.

Ich kann deine Karriere zerstören.

Ping!

Es ist zum Leben erwacht.

Ich zucke zusammen und verschütte kochendes Wasser auf die Untertasse. Folgsam eile ich zu meinem Handy – wie eine Mutter, die sich um ihr weinendes Baby kümmert. Schuldgefühle sind wieder on und ich befinde mich wieder im Überkompensationsmodus. Ich stelle den Tee neben mein Telefon.

Ping

Es geht wieder los. Ich nehme das Handy. Meine Hände zittern. Ich entsperre es. Ich sehe eine Nachricht von Mona, die fragt, ob ich zu Roses Geburtstag komme.

Und etliche Nachrichten von Rose.

Textnachricht von Rose an Eartha

21:34

So, du hast mir keine andere Wahl gelassen. Ich hole dich ab.

4 verpasste Anrufe von Rose

22:02

Du hättest mich wenigstens mal reinlassen können!

22:11

Du bist die ganze Zeit online auf Wonderland, auch wenn ich vor deiner Tür stehe und mit dir sprechen will. Ernsthaft, Eartha?

Scheiße. Ich habe Roses Nachrichten verschlafen? *Und die Klingel nicht gehört?*

Aber nichts von E. V.

Und nichts von Phaedra, deren Name irgendwie aus meinen Nachrichten verschwunden ist.

Die Stille auf Wonderland ist noch beängstigender. Sie sagt mir, dass jederzeit etwas passieren kann. Der unvermeidbare Untergang. Ich kann die nicht beantworteten Fragen nach meinem nächsten Absturz nicht mehr ertragen. Stattdessen trösten mich die schlechten Nachrichten; sie reißen mich aus dem Wartemodus. Ich öffne ein Browser-Tab auf meinem Telefon und suche mich selbst mit Hashtag. Ich finde eine neue Story – *EARTHA – DIE »HELDIN« EINER GENERATION – SPRICHT ÜBER IHR »DOPPELLEBEN«*. Ein Link eingebettet in einem Blog-Artikel zu einem Wonderland-Post neben einem Bild von mir, das ich E. V. diese Woche geschickt habe.

Eartha hat vor 10 Stunden auf Wonderland gepostet:

Ich muss euch etwas sagen und ich will ganz ehrlich über das reden, was ich angerichtet habe. In letzter Zeit habe ich Dinge erlebt, über die ich nur sehr schwer sprechen kann, und ich will wissen, ob mich jemand versteht ...

Ich höre gleich wieder auf zu lesen und sperre mein Telefon.

Das vertraute Angstgefühl ist wieder in meiner Brust und wandert in meinen Magen. Mein Körper fühlt sich an, als würde er gleich zusammenbrechen. Ich kann mich kaum bewegen.

WAS ICH ANGERICHTET HABE? Ich entsperre den Bildschirm und blicke wieder aufs Handy.

> ... Fühlen sich andere auch manchmal verbrannt oder geht es nur MIR so? Die Eartha, die ihr so toll findet, verändert sich – ich habe ein Doppelleben geführt, will das aber nicht mehr. Ich kann weder mir selbst noch anderen Menschen trauen. Wer sind wir wirklich füreinander? Wir sind uns FREMD. Fremd und gefährlich, Baby ... Ich will euch nicht leidtun. Ich will sichergehen, dass ich so viel wie möglich online bin und euch hautnah mitnehme. Menschen, die ich liebe, haben sich von mir abgewendet, weil ich hier auf Wonderland das mache, was ich eben mache. MEINE LEIDENSCHAFT verursacht ERDBEBEN. Das erträgt nicht jede*r. Und ich verliere auch einige von euch und es schmerzt mich tief im Herzen, doch dann frage ich mich – seid ihr mit ebenso viel Herzblut dabei wie ich? Mein echtes Ich kommt zurück ... behaltet mein Wonderland im Auge.

Ein Doppelleben? Genau das wollte ich den Leuten seit dieser Party sagen. Wird E. V. mir meinen Account zurückgeben? Kann ich endlich darüber sprechen, was passiert ist?

Ich muss mit E. V. sprechen. Das Telefon klingelt und klingelt. Sie geht nicht dran.

»Hallóooo, Darling ...«

»Oh, E! Ich habe gesehen, dass ...«

»Sie sind auf meiner Mailbox gelandet! WIE SCHÖN! Bitte sprechen Sie nach dem Ton, tschü-hüs.«

Ich lege auf und schicke ihr eine Sprachnachricht.

> *Sprachnachricht von Eartha an E. V. (34 Sekunden)*
>
> 07:43
>
> Hey, E! Ich hab schon länger nichts mehr von dir gehört ...

Wäre schön gewesen, wenn du mir vorher von dem Post erzählt hättest, den du gestern Abend hochgeladen hast. Ich mache mir wirklich Sorgen. Was denkst du: Wie werden die Leute ihn aufnehmen? Stimmt es, dass die »echte« Eartha zurückkommt – wie du gesagt hast? Glaubst du wirklich, dass ich bereit bin? Meinst du, wir können uns endlich mal unterhalten? Ich mache mir Sorgen, weil wir so viele extreme Standpunkte von uns geben, und ich will wieder ins Gleichgewicht kommen.

Ich sperre mein Telefon und setze mich, warte und klackere mit den Fingernägeln auf den Nachttisch. Sie sind jetzt lang genug, um so ein Geräusch zu machen, sie sind gewachsen, seitdem ich zum letzten Mal eine damit penetriert habe. Ich schnalze mit der Zunge. Ich bemerke, wie ich mal wieder in die Rolle der coolen Frau rutsche, die ich schon so oft gespielt habe, während ich auf eine Nachricht von Matt gewartet habe – und dabei mir selbst und dem imaginären Publikum vorgemacht habe, dass ich eben *nicht* beunruhigt auf die Antwort eines Mannes warte. Ich bin eine coole Frau! Ich kann total locker auf eine Nachricht warten, bevor ich noch einmal anrufe! Ich unterdrücke die Angst und verdränge sie in die hinterste Ecke meines Gehirns. Aber meine Hände brauchen unbedingt etwas zu tun. Wenn auch nur, um zu verhindern, dass ich mich blutig kratze. Ich nehme mir meinen Tee vom Nachttisch und lege die Finger um den Griff.

Ping

Eine E-Mail erscheint auf meinem Telefon und ich schütte mir den heißen Tee über den Oberschenkel. Es schmerzt und kribbelt.

Ich bemerke, dass mich dieses Gefühl erfolgreich ablenkt. Der Terror in meinem Kopf lässt nach, weil sich mein Gehirn auf eine sichtbare Verletzung konzentrieren kann. Ich sitze da und beobachte, wie sich mein nasser Oberschenkel verfärbt.

Ich öffne die E-Mail auf meinem Telefon: Sie ist von E. V.

Von: E. V. (E.V.@talentenhacement.com)

An: Eartha (eartha_17@gmail.com)

Betreff: Aktuelle Rechnung

Hi Eartha,

bezüglich deiner Sprachnachricht und deiner Sorgen leitet dir meine Assistentin die Diagramme mit den genauen Ergebnissen meiner Arbeit für dich im Laufe der letzten Woche weiter. Du hast über 300 000 neue Follower.

Deine Likeability-Quote hat sich von 60/40 mit hauptsächlich Hass-Kommentaren zu nun 10/90 entwickelt, mit größtenteils positiven Kommentaren.

Du hast 20 neue User mit schwarzem Haken als Follower, wichtige Menschen respektieren dich langsam wieder, nicht nur die Sykophanten, die keinen blassen Schimmer haben, wer sie sind. Dank meiner Arbeit baust du dir ein respektables Publikum auf, das dir weitere Möglichkeiten auftun wird.

Deswegen: Nein, ich werde dich nicht wieder selbst posten lassen. Ich vermute, du wirst mir zustimmen, dass dein Account bei mir in den besseren Händen ist – in Anbetracht der Ergebnisse. Bitte halte dich so gut es geht von Wonderland fern. Denk einfach eine Zeit lang nicht darüber nach ...

Schau dir die Rechnung für unser Brand-Endorsement an – ich habe Paula in cc gesetzt, die sie anhängen wird.

E. V.

Von: Paula (assistant@talentenhancement.com)

An: Eartha (eartha_17@gmail.com)

Betreff: FWD: Neuste Statistiken Eartha

Hi Eartha,

schön, dass wir uns per E-Mail kennenlernen! E. V. hat mir schon so viel über dich erzählt. Ich hoffe, wir treffen uns bald mal IRL.

E. V. hat mich gebeten, dir einige neue Berichte über dein Engagement seit der Übernahme des Accounts zu schicken, deswegen leite ich dir einfach die Konversation unten weiter. Melde dich, wenn du Fragen hast oder Hilfe bei der Interpretation brauchst, aber ich glaube, es ist alles relativ selbsterklärend 🙂

Paula

Siehe weitergeleitete Nachricht:

Von: E. V. (E.V.@wonderland.com)

An: Team (BoardOfSocials@wonderland.com)

Betreff: Neuste Statistiken Eartha

Im Anhang die letzten Statistiken zum Engagement, das Hashtag #MoreTimeOnline ist viral gegangen, das hast du sicherlich verfolgt. Vielleicht hast du auch gesehen, dass die Zeit gestiegen ist, die die Leute online verbringen ... Würde gerne mehr über Earthas Effekt wissen. Kannst du mir entsprechende Diagramme senden?

Gut Ding braucht Weile, einen Plan und eine Strategie. Ich konnte das Rad herumreißen, seitdem ich für sie poste, aber wir brauchen auch Raum zum Wachsen.

Ich warte auf deine Antwort, ob du mit allem zufrieden bist. Dann starten wir in die nächste Phase. Alles ist am richtigen Ort.

(Angehängte Tabelle)

(Angehängte Tabelle)

Nächste Phase? Ich dachte, es gebe nur E. V. und mich? Vielleicht spricht sie mit ihrer Assistentin?

Ich drücke auf »Antworten« und schreibe meine Antwort an Paula. Ich bleibe professionell.

Von: Eartha (eartha_17@gmail.com)

An: Paula (assistant@talentenhancement.com)

Betreff: Re: Fwd: Neuste Statistiken Eartha

Hi Paula,

freue mich auch, dass wir uns mailen.

Vielen Dank für diese Mails, ich informiere E. V. darüber, dass ich sie bekommen habe.

Bis bald,

Eartha

Die E-Mail wird verschickt.

Ich öffne meine Kontakte, weil ich direkt E. V. anrufen will. »Sorry, ich habe in der Mail, die Paula mir weitergeleitet hat, am Ende gesehen ...«, rede ich los, damit sie mich nicht unterbrechen kann.

»Was meinst du mit weitergeleitet? Hat sie dir nicht einfach nur die Diagramme geschickt?!«

»Nein, sie hat eine Mail weitergeleitet, die du an jemanden verschickt hattest und bei der die Diagramme angehängt waren. Ich habe nur eine kurze Frage ... Worum handelt es sich bei der *nächsten Phase??* Mir war nicht bewusst, dass wir ...«

Tuuuuuuuuuuuut.

Ich blicke auf mein Handy.

Der Anruf wurde beendet.

Ich rufe sie noch einmal an und lande direkt auf der Mailbox. Vielleicht ist ihr Handy ausgegangen?

Ich öffne unseren Chat und tippe eine Nachricht. Innerhalb weniger Sekunden erhalte ich eine neue Mail von Paula.

Von: Paula (assistant@talentenhancement.com)

An: Eartha (eartha_17@gmail.com)

Betreff: FWD: Neuste Statistiken Eartha

Hi Eartha,

entschuldige, bitte ignoriere meine letzte E-Mail – die habe ich dir versehentlich geschickt.

Im Anhang findest du die relevanten Diagramme.

(Diagramm angehängt)

(Diagramm angehängt)

Grüße,

Paula

Mein Oberschenkel pulsiert inzwischen. Er ist leuchtend rot vor Schmerz. Ich öffne Wonderland auf meinem Telefon, um mir die Kommentare zum letzten Post durchzulesen, in dem E. V. von meinem Doppelleben berichtet hat. Ich habe eine Pop-up-Nachricht in einem grünen Kästchen – so etwas habe ich noch nie gesehen. Darin steht: »Bitte Passwort erneut eingeben.« Wahrscheinlich wurde ich ausgeloggt, als ich gestern Abend mein Telefon ausgeschaltet habe. Ich gebe meine Login-Daten ein.

Passwort: *********

FALSCHES PASSWORT

Ich gebe es noch einmal ein, vielleicht habe ich die Feststelltaste vergessen.

FALSCHES PASSWORT, 2 FALSCHE EINGABEN.

NOCH EIN VERSUCH ÜBRIG.

Ich tippe das Passwort noch einmal ein, dieses Mal gebe ich sorgfältig jedes Zeichen ein, tippe mit dem Zeigefinger langsam auf die jeweilige Taste, um sicherzugehen, dass ich mich nicht vertippe.

FALSCHES PASSWORT. SIE WURDEN FÜR 30 MINUTEN GESPERRT.

Was ist hier los? Ich habe das Passwort korrekt eingegeben. Außer mir hatte nur E. V. mein Passwort. Ich will sie anrufen, aber das Handy fällt mir auf den Boden. Ich hebe es auf und wähle.

Brr-brr …

Weiterleitung zur Mailbox.

Ich rufe noch einmal an.

Brr-brr …

Wieder Mailbox.

Ich rufe immer wieder an, irgendwann werde ich direkt zur Mailbox weitergeleitet, es klingelt gar nicht mehr.

Textnachricht von Eartha an E. V.

19:34

Hey, E! Ich kann mich nicht bei meinem Wonderland-Account einloggen, hast du mein Passwort geändert?

Textnachricht von Eartha an E. V.

20:37

Ich mache mir langsam echt Sorgen, ist was passiert? Habe ich etwas falsch gemacht?

Textnachricht von Eartha an E. V.

21:53

Schlimm, dass ich dir so oft schreibe, es tut mir so leid, ich bin nur total neben der Spur. Ich weiß nicht, was ich machen soll.

Inzwischen sind einige Stunden vergangen und ich habe immer noch nichts von ihr gehört. Ich tigere in meiner Wohnung hin und her. Ich habe mir mein Passwort notiert, ich weiß nur nicht mehr, wo. Hier irgendwo muss es sein. Vielleicht bin ich immer noch müde, habe ich genug geschlafen? Vielleicht habe ich mein Passwort vergessen. Vielleicht habe ich es falsch eingegeben? Ich habe jedes Buch umgedreht, überall druntergeschaut und meine Schubladen durchwühlt. Ich hebe mein Bett an. *Was steht bloß in den Kommentaren unter dem Post?* Ich schaue in den Taschen meines Blazers nach. *Und wenn die Leute gerade über mich reden und ich mich nicht verteidigen kann?* Ich drehe meine Hose auf links. Ich öffne jeden Schrank. *Werde ich verrückt oder hat E. V. mein Passwort geändert?* Ich schaue in der Waschmaschine nach. Wie besessen scrolle ich mich durch die Notizen auf meinem Handy. *Das würde sie mir doch nicht antun, werde ich gerade verrückt?* Immer noch nichts. Ich schreibe ihr noch mal.

Textnachricht von Eartha an E. V.

22:09

Ich mache mir Sorgen, E. Bitte sag mir, was los ist. Bitte melde dich bei mir. Ich hänge total in der Luft. Was ist denn los?

22:20

Vielleicht habe ich mein Passwort vergessen. Ich suche weiter meine Wohnung ab, kann es aber nirgends finden. Kannst du mir bitte helfen? ICH WERD WAHNSINNIG. ICH REISS MIR GLEICH SELBST DIE HAARE RAUS! Lol, LACHENDES EMOJI

22:23

Sorry, ich wollte nicht so sauer werden. Kannst du mich bitte, sobald es geht, zurückrufen?

22:24

Hast du das Passwort geändert? Ich habe es mit dem versucht, das ich dir per Mail geschickt habe.

22:26

Wenn es daran liegt, dass ich diese E-Mail gesehen habe, kann ich sie einfach löschen, wenn du willst! Es ist echt nicht so wichtig! Ich habe es sowieso nicht verstanden!

Sprachnachricht von Eartha an E. V. (27 Sekunden)

22:32

Ah, du bist wahrscheinlich mit den anderen Wonderlander*innen auf einer Party! Wär schön gewesen, wenn du mich auch eingeladen hättest. Ich weiß, dass es beim letzten Mal nicht so gut gelaufen ist, aber ich fühle mich schon viel besser und bin so dankbar für deine Unterstützung und die Arbeit, die du in mich steckst, ich fühle mich nur manchmal so, als wäre ich innerlich tot. Aber gerade geht's mir gut, ich weiß, dass ich wieder arbeiten kann! Ich will weiterhin mit dir Geld verdienen und würde dir gern beweisen, dass ich dieser Arbeit gewachsen bin. Kannst du mich nicht so wie neulich von einem Fahrer abholen lassen? Ich wäre in zwanzig Minuten abholbereit. Du weißt ja, dass ich mich total schnell fertig machen kann! Ich verspreche dir, dass ich nicht trinken und mich nicht schlecht benehmen werde. Ich ... Ich glaube ... Ich vermisse dich einfach. Und ich will, dass du das auch tust.

Sie schaltet ihr Telefon nie aus. Nie. Es ist etwas passiert. Ich bekomme Panik. Schweiß tropft mir den Rücken runter. Ich breche auf meinem Bett zusammen, starre auf den bräunlichen Fleck, wo mein Dach undicht ist. Ich will schreien. Ich schnappe mir das Kissen neben mir und klammere mich daran fest, als ich nebenan Musik höre.

»Dun-dun«

Oh nein!

Nicht jetzt.

»Sometimes I feel, I've got to DUN-DUN run away, I've got to DUN-DUN ...«

Der Bass wummert von nebenan in mein Schlafzimmer. Ich springe vom Bett auf. Ich renne zum Fenster und schiebe es hoch, lehne mich mit nacktem Oberkörper raus und brülle meinen Nachbarn meinen jahrelang aufgestauten Hass entgegen.

»MAAAAACH DIE SCHEISSSSS MUUUUUUUUSIII-IIIIK LEISEEEEEEEER!«, schreie ich.

In irgendeinem Garten bellt ein Hund, als wollte er antworten. Ich widerstehe dem Drang zurückzubellen. Kurz darauf geht die Musik aus und ich höre, wie sich quietschend ein Fenster öffnet. Mein Nachbar streckt den Kopf raus und ist schockiert, als er sieht, dass ich die keifende Nachbarin bin.

»Eartha?! Warst du das?! Du hättest auch einfach nett fragen können.«

»JA! DAS WAR ICH!«, rufe ich.

Der Hund bellt wieder. Das war's.

»GRRR!«, knurre ich zurück.

»HAHAHAHAHA, JOE, SCHAU MAL, EARTHA IST VERRÜCKT GEWORDEN!« Beide lachen über mich.

»ICH BIN NICHT VERRÜCKT, VERDAMMT NOCH MAL!«, rufe ich, dann schließe ich geräuschvoll das Fenster und suhle mich wieder in meinem Elend, wie ein schreckenerregender Kobold, der sich wieder unter die Brücke zurückzieht, nachdem er seine unverblümte, bittere und hässliche Wahrheit der Welt entgegengeschrien hat.

Ich nehme mein Handy vom Ladegerät und setzt mich mit dem Rücken zur Wand unter das Fenster, ziehe die Beine fest an die Brust. Ich atme tief ein.

Ring-ring

Oh Gott. Das ist E. V. Endlich. Ich bin erleichtert.

»E. V., ich wurde aus meinem Wonderland-Account ausgeloggt und komme nicht mehr rein …« Ich fange an zu weinen. »Ich habe es ganz oft versucht, ich habe das Gefühl, ich werde verrückt. Ich habe in meiner Wohnung alles auf den Kopf gestellt und gerade den scheiß Hund draußen angeknurrt, ich brauche dich gerade wirklich.«

»Darling, was erzählst du da für verrücktes Zeug? Da schalte ich mal kurz das Handy aus, weil ich an einem Event teilnehme – zu dem ich dich im Übrigen *sehr wohl* eingeladen habe, und als ich es wieder einschalte, lese ich diese ganzen grässlichen Anschuldigungen von dir.«

»Es tut mir leid, ich kann mich nicht in meinen Ac…«

»Eartha, warum sollte ich so etwas denn machen?«

»Ich dachte, du hättest es vielleicht geän…«

»Bist du sicher, dass du das Passwort richtig eingegeben hast? Du hörst dich betrunken oder wie im Wahn an.«

»Ja, ganz sicher, ich habe es genau so eingegeben, wie es sein muss. Ich habe sogar auf den Knopf gedrückt, der einen das Passwort bei der Eingabe sehen lässt«, sage ich langsam und deutlich, als würde ich versuchen, mich selbst davon zu überzeugen.

»Eartha, versuch es noch einmal.«

Ich erinnere mich daran, dass ich nach einer halben Stunde noch einen Versuch habe – und die halbe Stunde ist schon lange vorbei. »Ich stelle dich auf Lautsprecher; die Zeit sollte jetzt abgelaufen sein. Ich wurde rausgeschmissen.«

»Los dann, gib es ein.«

Ich stelle sie auf Lautsprecher, gebe zitternd die Buchstaben meines Passwortes in das Kästchen ein und lese sie laut vor, während ich *»StevieNicksKissMyTits!«* schreibe.

»Großes S, kleines T, kleines E, kleines V ... Ausrufezeichen.«

»Eartha«, unterbricht sie mich, als ich gerade auf Enter drücken will.

»Was denn?«, frage ich.

Sie seufzt. »Ohne Ausrufezeichen.«

»Wa...«

»Das Passwort hat kein Ausrufezeichen.«

»Wirklich nicht?«

»Nein, du hast dein Passwort falsch in Erinnerung.«

»Okay, ich versuch's mal ohne.« Ich lösche das Ausrufezeichen, mein Finger schwebt über Enter, aber ich habe zu viel Angst, um draufzudrücken.

»Hast du es so eingegeben?«

»Ja, es lädt gerade«, lüge ich.

Weil es sich hier entscheidet. Es ist alles entscheidend.

Bin ich verrückt?

Ich atme tief ein. Ich drücke auf Enter.

Wie kann ich denn mein eigenes Passwort vergessen haben?

Der Kreis lädt auf meinem Bildschirm. Konfiguriert, entscheidet über mein Schicksal.

Fuck. Es hat geklappt.

Ich nehme mir eine Sekunde, schlucke und halte meine Tränen zurück. »Ich Dummerchen!« Die Worte gehen mir so instinktiv über die Lippen – ich weiß aber nicht, warum. Sie scheinen aus meinem tiefsten Inneren zu kommen.

»Ich habe mir das Passwort falsch gemerkt.« Meine Stimme zittert. Stille. »E. V., bist du noch da?« Meine Hände zittern. »Ich, ich weiß gar nicht, was ich sagen soll.«

»Eartha …«, seufzt sie. »Ich mache mir langsam ernsthaft Sorgen. Was ist los mit dir?«

»Ich … Ich weiß es nicht.«

»Nach diesem Theater heute Abend können wir dir auf Social Media nicht mehr vertrauen. Du stehst kurz vor einem Nervenzusammenbruch. Ich glaube, es wäre nur zu deinem Besten, wenn ich den Account ganz offiziell für dich sperre, zumindest fürs Erste. Es ist wirklich nur zu deinem Besten, dann kannst du dich weiterhin ausruhen. Du hörst dich wirklich furchtbar an … Darling, ich übernehme ab jetzt, in Ordnung?«

»Ähm, ich glaube, das passt schon«, sage ich, wische mir mit der Gardine meine Tränen vom Gesicht und versuche mit aller Kraft fröhlich zu klingen.

»Nein, Darling. Ich entscheide das jetzt für dich. Du musst diese Auszeit ernst nehmen. Du meintest, du hättest einen Hund angebellt?! Und dir Haare rausgerissen?!«

Ich blicke mich im Zimmer um und sehe das Chaos, das ich angerichtet habe. Kissen liegen auf dem Boden. Alle Schubladen sind aufgerissen. Überall Klamotten. Ich blicke an mir hinab und sehe meine zitternden Hände. Und das große scharlachrote Schandmal auf meinem Oberschenkel. *Bin ich verrückt?*

Kapitel 28

ALS HÄTTEST DU ZWEI SEITEN

Wonderland-Follower*innen: 1 349 998

Ich weiß nicht, was ich Rose alles erzählen, wo ich anfangen und wo ich aufhören soll, oder ob ich them überhaupt erzählen *kann*, was in meinem Kopf und meinem Leben vor sich geht. Wie kann man über etwas reden, wenn man gar nicht weiß, was man genau sagen will? Oder ob es überhaupt wahr ist?

Draußen ist es warm und ich trage eine Hose. Ich will nicht, dass Rose das rote Mal auf meinem Oberschenkel sieht. Ich verlasse nach längerer Zeit zum ersten Mal wieder meine Wohnung. Ich laufe auf dem Bürgersteig herum und fühle mich völlig schutzlos, als hätte ich keine Haut und mein klebriges und verletzliches Fleisch würde der Welt entgegentreten. Ich habe meinen ganzen Körper verhüllt. Dunkle Sonnenbrille und ein langärmliges Top. Ich will mir nicht anmerken lassen, dass meine frühere Existenz derzeit im Internet-Äther umherwabert, als hätte man meine Seele auf einem Cloud-Speicher hochgeladen.

Rose weiß nur, was ich online gepostet habe. Der heutige Post hat sogar die extremeren Wonderlander*innen gegeneinander aufgehetzt. Der bislang schlimmste Post, finde ich:

> In letzter Zeit habe ich das Gefühl, ich könnte niemandem mehr vertrauen. Berühmt sein macht einen fertig. Das Leben als Influencerin ist HART.

Welche Version von mir selbst soll ich Rose zeigen?

Hi, Rose, mir geht's total gut, danke der Nachfrage! Wie du vielleicht auf Wonderland gesehen hast, geht mein Account durch die Decke! Ich *habe 1300000 Follower*innen und meine Likeability ist bei 93 %, deswegen, klar, bin ich ziemlich glücklich!*

Oder

Hey Rose, lange nicht gesehen! Letzte Woche hätte ich fast oben ohne den Nachbarshund angekläfft.

Oder

Ich hab eine witzige Story, die du einfach lieben wirst: Ich hatte mein Passwort vergessen und dann die Bude auf den Kopf gestellt. Danach sah es so aus wie in meinem Gehirn in letzter Zeit.

Oder

Oh, habe ich dir erzählt, dass mein Account nun von E. V. geführt wird und ich keine Ahnung habe, wem oder wohin ich gehöre?

Oder

Habe ich schon erzählt: Ich glaube, ich bin entzweit? Ich fühle mich so, als würde die Person, die online das Wort ergreift, irgendwoher meine geheimsten, dunkelsten Gedanken erfahren, die ich in meiner Wohnung habe, die ich übrigens schon seit Wochen nicht mehr verlassen habe?

Oder

Irgendwer stellt das alles online, aber das Witzige ist: Ich schreibe es nicht, Rose … WIE weird ist das bitte? Glaubst du, dass ich die Posts zwar schreibe, es aber nicht bemerke? Mache ich das im Schlaf oder einfach in einem anderen Bewusstseinszustand?

*

»Rooooose!«, sage ich und ringe mir ein Lächeln ab, versuche them davon zu überzeugen, dass irgendwo hinter den leblosen Augen des Roboters noch die beste Freundin steckt.

»Du siehst …« They reißt die Augen auf und sucht nach Worten.

»Verrückt aus? Meine Lippen sind trocken, meine Haare wirr, findest du, dass ich wie eine Verrückte aussehe?«

»Das wollte ich nicht sagen. Du siehst einfach … anders aus …«

Ich lache, als wir in den Pub gehen.

»Warum redest du so über dich?« They legt einen Arm um mich, während wir zu einem Tisch an der Seite gehen. Hier waren wir schon oft. Der Pub ist komplett grün gefliest, ein modernisierter traditioneller Pub, in dem früher Sport im Fernsehen gezeigt und wo gesalzene Erdnüsse verkauft wurden – heute bezahlt man hier £ 14 für ein Pint und es gibt fancy Chips mit Prosecco- und Schinken- oder Cheddar- und Pulled-Pork-Geschmack.

»Na ja, aber so bin ich halt, oder? Eine Verrückte, die letzte Woche deinen Besuch verschlafen hat?«

»Natürlich nicht, ich …« They seufzt frustriert. »Ich habe das Gefühl, dass jede Antwort darauf ein Fettnäpfchen ist … deswegen lehne ich die Beantwortung dieser Frage höflich ab.«

Ich verdrehe die Augen. Heute vertreibt selbst Roses charmante Stimme meine nebelige Müdigkeit nicht. Eine hochgewachsene Gestalt schlurft in den Pub und ich blicke hinter Rose, um zu sehen, wer das ist. *Er* ist es nicht. Dieser Mann hier ist Ende sechzig und sieht aus wie ein alter Säufer. Rose spürt meine Panik.

»Sorry, komm, ich hole uns ein Pint!«, sage ich und stehe auf. They schaut mich an und lacht.

»Gibst du mir einen zum Geburtstag aus?«

»Wieso einen ausgeben?«

»Deswegen sind wir doch hier, oder? Du schaffst es doch bestimmt später nicht ins Slinky's?«

»Ähm, natürlich ist das Pint nicht dein Geburtstagsgeschenk! Mein Geschenk, das zu Hause liegt, ist viel zu groß, das konnte ich nicht mit in den Pub nehmen.«

Scheiße. Verarscht Rose mich? Wie konnte ich nur their Geburtstag vergessen? Das kann doch gar nicht sein. Das ist mir noch nie passiert.

Ich lache über den nicht vorhandenen Witz und tätschele their

Schulter, dann gehe ich direkt zur Bar. Ich schaue auf den Kalender, der an einem Nagel an der Wand hängt: 1. September. Ich habe keine Angst mehr. Ich fühle nichts. Ich habe alles in den Sand gesetzt. Ich bestelle zwei IPAs und kehre mit ihnen zum Tisch zurück.

»Bitte schön, der Drink zu deinem Burtzeltag!«

Gott, so etwas würde ich niemals sagen. Niemals. Das weiß Rose doch.

They grinst mich wissend an, hebt das Pint zum Mund und kostet. Ich sehe, wie enttäuscht they ist, und die Tatsache, dass they es vor mir verbergen will, macht es noch schlimmer. »Mmmmm! Bei welcher Hipster-Familie können wir uns bedanken, dass sie hierhergezogen und alles so teuer gemacht hat? Ich fand das Bier irgendwie leckerer, als es noch billig war, weißt du«, erklärt they fröhlich, blickt sich im Pub um und schaut dann wieder zu mir. Ich bemerke, dass ich nicht reagiert habe, deswegen zwinge ich mich zu einem Lächeln.

»Wie geht es dir, Love?« They runzelt die Stirn und lehnt sich nach vorn, mitten in die unausgesprochene Anspannung zwischen zwei Freund*innen, zwei besten Freund*innen, zwischen denen so viel Ungesagtes steht: *Diese Freund*innenschaft ist nicht mehr so wie früher.*

»Bei mir ist alles super!«

»Nein, Eartha, sag mal ehrlich.«

»Sag mal ehrlich?«

Ich äffe they nach, aber weinerlich, als hätte they von oben herab mit mir gesprochen. Rose nickt stumm und stellt their Pint auf den Bierdeckel aus Kork.

»Weißt du was? Ich *sag* es jetzt einfach.«

They verschränkt die Arme.

Scheiße.

»Du warst in letzter Zeit echt ein Arsch. Seit deinem Coming-out wollte ich dir einfach nur helfen, ich habe dich Leuten vorgestellt, dir neue Locations gezeigt und dich mit auf queere Veranstaltungen genommen; ich war immer da, um dich zu unterstützen, trotz deines ganzen Fame-Getues. Aber du hast mich immer nur weggestoßen und jetzt bist du einfach nur gemein. Ich habe die Hoffnung aufgegeben, dass du dich mal nach mir erkundigst. Deine beiden Leben scheinen dich komplett in Anspruch zu nehmen, es wirkt so, als würdest du die Welt um dich herum gar nicht mehr wahrnehmen. Kein Wunder, dass Phaedra dir nicht geschrieben hat, was hätte sie davon?«

Ich atme tief ein, als ich ihren Namen höre. Rose hat mich gerade zum ersten Mal absichtlich in einem Streit verletzt – ich muss them sehr wehgetan haben.

»Oha. Da hat sich aber ganz schön viel Frust angestaut. Woher weißt du das von Phaedra? Hast du ihr geschrieben, ja?«

»Es stimmt doch. Ich bin es leid!« They hebt die Hände hoch. »Und nein, NATÜRLICH habe ich ihr nicht geschrieben. Du verlierst den Verstand. Manchmal hab ich den Eindruck, dass du zwei Seiten hast. Eine andere Person hat da keinen Platz mehr.«

»Es tut mir leid. Mir tut es wegen allen ... Earthas leid, die ich gerade bin«, entschuldige ich mich, blicke mir auf die Finger, die sich krümmen, und kratze mir die Fingerspitzen. Ich kann mich nicht einmal verteidigen. Die Online-Version meiner selbst promotet revolutionäre glitzernde Sextoys, während die Offline-Version jedes Mal weint, wenn sich etwas ihrer Vagina nähert. Die beiden Versionen meiner selbst streben in entgegengesetzte Richtungen.

Rose zuckt die Schultern. »Ach, auch egal.«

»Geht's schon wieder los ...«, sage ich und hebe die Hände hoch.

»Du wirst gesteuert«, sagt they und richtet den Zeigefinger auf die Tischmitte. »Du würdest alles machen, was sie dir vorschreibt. Merk dir meine Worte! Bald wird sie deinen Wonderland-

Account für dich führen. Du wirst nicht mal mehr eigenen Content machen. Diese Frau ist ein einziger schlechter Vibe ... Sie walzt dein wahres Ich platt.«

Ich ziehe mir den Ärmel übers Handgelenk, blicke mir in den Schoß. Meine Oberlippe zuckt.

»Oh, *Fuck*«, sagt Rose – they hat es bemerkt.

»Was?« Ich kann Rose nicht mal anschauen.

»Du verheimlichst mir etwas.«

»Warum glaubst du das?«

»Deine Oberlippe hat gezuckt. Ich kenne dich verdammt gut. Was ist los?«

Ich lege die Hand auf meine Lippe als Strafe dafür, dass sie mich verraten hat.

»Führt sie schon den Account für dich?«

»Nein.«

»DEINE LIPPE HAT SCHON WIEDER GEZUCKT!«

Rose zeigt auf meine Lippe und ich schnappe mir their Finger. »Rose, *Darling,* hör auf.«

They reißt den Finger aus meiner Umklammerung und lässt sich wieder auf den Stuhl sinken. »Du hörst dich so ...«

»Chaotisch, verwirrt, besessen an ...? Such dir was aus!« Ich lächele sarkastisch.

»Nein, du hörst dich anders an. Nimm die mal ab ...«, sagt they und greift nach meiner Sonnenbrille. Ich schlage their Hand weg von meinem Gesicht.

»ICH BIN'S, DU DOOF. DU KANNST MIR VERTRAUEN! Warum schaust du mich jetzt an, als wäre ich ein Monster?«, platzt es aus Rose heraus.

»Ich weiß nicht, was ich sagen soll, Rose. Ja! Ich bin völlig neben der Spur! Ich weiß weder, was ich machen, noch was ich dir erzählen soll. Ich bin ein bisschen verrückt geworden. Ich treffe schreckliche Entscheidungen. Ich sehe komplett scheiße aus. Es ist schwer für mich, mit meiner eigenen Social-Media-Präsenz Schritt zu halten. Ich weiß nicht mehr, wem ich vertrauen kann. Alles fühlt sich so an, als würde es mir entgleiten. Ich kann es mir nicht mehr selbst machen, ohne zu weinen. Ich muss mich zehnmal am Tag hinlegen ...«

Ich schlucke, als they den Kopf in die Hände stützt. »Das ist meine Sache, Rose, du hast damit nichts zu tun, also mach dir keine Sorgen.«

»*Meine Sache*. Du bist echt krass narzisstisch, oder?«

»Wie bitte?«

»Ich habe heute Geburtstag und ja, ich weiß, dass du es einfach vergessen hast.« Fest presst they die Lippen aufeinander. *Oh, Gott, bitte. Nicht weinen. Nicht weinen. Rose, bitte nicht weinen.* They schließt die Augen, dann erst spricht they weiter.

»Du glaubst, die Welt dreht sich nur um dich. Ich versuche, dir zu helfen, Eartha, und ich versuche, dir klarzumachen, dass dir diese ganze Sache über den Kopf wächst«

»Rose, hör mir zu ...«

»Es stimmt aber. Du bist genau so eine Person geworden, die wir früher ausgelacht hätten. Wir haben über alle Leute gelacht, die ständig an den Handys hängen, komplett abhängig von Wonderland und der eigenen Online-Präsenz sind.« They zeigt auf die Leute an ihren Telefonen.

»Darling, du kannst dir nicht vorstellen, was ich durchmache, weil du keine Social-Media-Präsenz hast ...«

»Weil mir diese ganze Scheiße egal ist – dir war es auch egal. Wenn ich dir helfen soll, musst du mir sagen, was Sache ist ... ›Darling‹.« Rose malt Anführungszeichen in die Luft.

»Das KANN ich nicht!«, rufe ich.

»Du bist komplett durcheinander. Was du da die ganze Zeit mit deinem Handgelenk machst ...« They streckt die Hand zu mir aus und ich zucke zusammen. »Ich weiß nicht, was du mir nicht erzählen kannst – welches Geheimnis du vor mir hast –, aber es macht dich fertig und treibt einen Keil zwischen uns. Du schaffst es nicht allein da raus. Mit wem kannst du sonst darüber reden? Wie geht es Susie?«

»Ich weiß nicht …«

»Wie meinst du das, du weißt es nicht?! Du hast deiner eigenen Mum nicht erzählt, was los ist?«

»Ich und Mum sind immer noch sauer aufeinander.« Ich versuche, Rose die Situation zu erklären, während ich gleichzeitig darüber nachdenke, wann ich das letzte Mal mit Mum gesprochen habe. Ich verstecke meine Handgelenke und vergrabe das Gesicht in den Handflächen. Ich halte dieses Verhör nicht mehr aus.

»Du bist ein hoffnungsloser Fall«, sagt they emotionslos. Diese Worte treffen mich so hart, dass mir kurz die Luft wegbleibt und ich meine Atemzüge zählen muss, bis ich wieder etwas sagen kann. They spricht weiter, während ich mir die Hände vors Gesicht halte.

»Vom ersten Tag an habe ich versucht, dich aus dieser Scheiße wieder rauszuziehen. Seitdem du in diese neue Welt eingetaucht bist, ist alles komplett chaotisch. Was ist denn mit meinem Leben?« They blickt in eine Ecke des Pubs. »Oder was ist mit seinem Leben?« They zeigt auf einen Mann, der seine Bierkrone wie eine Kristallkugel betrachtet, die ihm seine Zukunft vorhersagt.

»Oder ist er egal, weil er ›ein Mann‹ ist und das inzwischen der Marke ›Eartha‹ schadet? Weil Männer generell schreckliche Menschen sind. Incels. Monster. Betrüger. Zweidimensionale Charaktere, die alle von Natur aus böse sind. Du bist eine Person – aber es gibt auch viele andere Menschen auf der Welt, die Probleme im Leben haben, in ihren echten Leben.«

Ich glaube, der Boden stürzt ein – oder bin ich es selbst?

Mir entgleitet alles.

Meine Gedanken.

Mein*e best*e Freund*in.

Meine Mum.

Mein Verständnis dafür, was echt ist und was nicht.

Ich drücke die Füße fester in die Schuhe – nur um zu spüren, ob der Boden noch da ist. Mir ist so schwindelig, dass ich meine Füße nicht mehr spüre. Oder vielleicht doch?

Ich blicke zu Rose auf. Meine Lippe zittert nun und ich versuche wieder, mich zusammenzureißen.

»Spar dir das Geheule.« Rose zuckt die Schultern. Ich suche in their Augen nach einem Anzeichen dafür, dass they mir glaubt. Nach einem kurzen Aufblitzen. Irgendwas. Aber they blickt mich ausdruckslos an, wie ein*e Fremde*r. »Ich erkenne dich überhaupt nicht wieder.«

Meine Hände zittern, als ich nach etwas taste, woran ich mich festhalten kann. Ich blicke auf das Pint vor mir, aber das ist zu schwer. Ich muss etwas finden, von dem ich weiß, es ist echt. Etwas, das mich erdet. Ich kann mein Handy nicht mehr in die Hand nehmen. Ich kann nichts mehr von dem glauben, das es mir weismachen will.

Meine Hände zittern immer noch. Ich lege sie mir auf den Kopf, um meine Haare zu berühren. *Ich bin immer noch real.* Ich reiße mir ein Haar aus. Und schaue es mir an. *Ich spüre es. Es ist echt.*

Welcher Tag ist heute? Sonntag? Ich schaffe es, mein Handydisplay anzutippen. *Sonntag.*

Rose schiebt den Stuhl nach hinten und steht auf.

»ROSE!«, rufe ich, während they in riesigen Schlucken das Pint runterstürzt. They will gehen. »Darf ich dir noch eine Frage stellen?«, sage ich. They dreht sich um, aber nur halb, weicht meinem Blick aus. »Du hast dich mit E. V. getroffen? Hab ich recht?«

Rose hat sich mit E. V. getroffen, ich bin mir sicher. Sie haben sich im Café getroffen. Vor einem Monat.

»Was zum ...? Was erzählst du da? Machst du gerade Psychospielchen mit mir?«

»Nein, ich ... ich muss nur wissen, was real ist.«

»Eartha.«

»Sag es mir. Bitte. Du hast dich mit ihr getroffen, nicht wahr?«

They schüttelt fest und nachdrücklich den Kopf. Ich stehe auf und werfe mich auf den Tisch. »SAG MIR DOCH BITTE NUR, OB DU DICH IRGENDWANN MAL MIT E. V. GETROFFEN HAST.«

Der ganze Pub ist verstummt. Rose dreht sich um und betrachtet mich eingehend. Dann steckt they die Hände in die Taschen. »Ich habe mich eben geirrt«, stöhnt they.

Verwirrt schüttele ich den Kopf. »Was mein...«

»Du bist ja tatsächlich verrückt.«

Kapitel 29

AUS MEINER HAUT RAUSKRIECHEN

Wonderland-Follower*innen: 1 417 035

Mein abgekauter Fingernagel schwebt über dem Bild von Phaedra und ihren Freund*innen. Wenn ich ihr auch entfolge, dann ist es endgültig vorbei. Ich schaue mich in meiner Wohnung um, in dem dunklen, schmutzigen Loch, das mal so lebendig war.

Liebe.

Sex.

Unterhaltungen.

Sonnenaufgänge.

Lachen.

Tanzen.

Möglichkeiten.

Was ist aus dieser Eartha geworden? Die mit pulsierender Klit im Taxi zu einem heißen Date fährt? Damals bin ich so begeistert aufgewacht und wollte mein neues Leben genießen, war dankbar, hier zu sein, einfach den Boden unter meinen Füßen zu spüren. Die Eartha, die dachte, dass es das Gleiche wäre, ein Morgenmuffel zu sein und das ganze Leben zu hassen.

Und jetzt kann ich es nicht mehr ertragen, wach zu sein.

Ich schaue auf die zugezogenen Vorhänge in meinem Schlafzimmer, die das Sonnenlicht von mir fernhalten, durchtränkt mit meinen Tränen, weil ich manchmal kein Klopapier mehr hatte. Ich ziehe sie zurück, damit ich mir die Fensterbank anschauen kann, auf der ich mal gemeinsam mit Phaedra gesessen habe – sie ist völlig eingestaubt. Ganz leicht sind noch zwei fettige Abdrücke zu erkennen, wo sich unsere verschwitzten Fußsohlen berührt haben, das Relikt einer guten Zeit. Ab und zu hängt ein pinkes Haar in meiner Bürste, auf meinem Teppich oder anderswo. Jedes Mal muss ich mich wieder dem Trennungsexorzismus stellen. Warum sollte man sich überhaupt jemals verlieben – man fühlt sich doch so mies, wenn einem die andere Person weggenommen wird. Ihre Präsenz hängt in jedem Winkel der eigenen Wohnung, ist in die Seele eingebrannt und die Melodie jedes gefühlvollen Songs? Die Trauer quillt aus Orten, die ich nicht für möglich gehalten hätte. Ich trauere so sehr, dass ich nicht weiß, wo ich anfangen oder was ich zuerst betrauern soll. Sie überkommt mich in der Dusche, bei gewissen Gerüchen, in den Ecken meines Handydisplays, auf der Haut zwischen meinen Zehen.

Mein Leben fühlt sich wie ein Geisterhaus an. Ich werde von Erinnerungen an die Frau gequält, zu der ich mich gerade entwickelt habe. Das Einzige, das noch lebt, gut gedeiht und wuchert, sind die Bakterienkulturen in meiner Spüle und der Schimmel in der Küchenecke. Ich kann mir einen Umzug leisten. Ich schaffe es nur physisch nicht, mich dazu aufzuraffen.

Die Wonderland-Eartha wird zunehmend erratisch. Die Posts spiegeln erschreckend genau meinen psychischen Zustand wider – schreibe ich sie vielleicht doch selbst? Ich schiebe mir die Ärmel über die Handgelenke und versuche, das Zittern zu unterbinden. Ich fühle mich ganz stark von meinem Körper abgespalten, der zu so einem unerträglichen Ort geworden ist. Ich erwache und sehe Kratzspuren auf meinen Armen, weil ich im Schlaf aus meiner eigenen Haut kriechen wollte. Ich habe mir schon eine Liste mit Entschuldigungen zurechtgelegt, sollte jemand fragen: Es war die Nachbarskatze oder ich bin beim Radfahren in einen Strauch gefallen. Dann wird mir klar, dass das keine*n interessiert.

Ich wünschte, ich könnte Wonderland für fünf Minuten verlassen und dabei einige Leute mitnehmen: Jaz, Phaedra, die Menschen, die mich schikanieren, die Person, die ein Video von mir gemacht hat, und alle Leute, die behaupten, ich müsse sterben. Ich würde ihnen in meiner Einzimmerwohnung einen Kaffee machen und sie fragen, was mit ihnen nicht stimmt. Warum sie sich auf mich eingeschossen haben. Warum sie mich ignorieren. Ich will ihre Hände halten, damit sie meine Wärme spüren, und sie so daran erinnern, dass ich ein menschliches Wesen bin. Ich will sie mit in die reale Welt ziehen, wo echte Menschen leben und niemand sich anbrüllt, ignoriert, entfolgt oder an unerreichbaren moralischen Standards gemessen wird. Ich wünschte, ich könnte aus meiner eigenen Haut kriechen und ohne die Eartha leben, deren Gefangene ich nun bin. Ich wische den Staub mit der Hand weg, entferne die Fußabdrücke und ziehe den Vorhang wieder zu.

Hat sich die ganze Welt verschworen, um mir das anzutun? Lebe ich in einer Art Simulation, die dazu dient, mein Leben verwirrend zu gestalten? Also, das hört sich *wirklich* verrückt an … und narzisstisch. Das könnte ich niemals laut aussprechen. Ich klinge wie eine Verschwörungstheoretikerin.

Ich frage mich, was die Leute gerade im Internet über mich sagen.

Ich sollte meinen Namen googeln.

Meine Hände sind schneller als meine Gedanken und noch ehe ich die komplette Tragweite begreife, habe ich mich schon gegoogelt. Es ist inzwischen wie ein Reflex, wie atmen oder blinzeln. Ich ordne die Suchergebnisse, damit mir die neusten Nachrichten angezeigt werden. Nichts Neues. Ich habe aber auch erst vor einer Stunde zum letzten Mal geschaut.

Ich lösche meinen Namen aus der Suchleiste und gebe etwas anderes bei Google ein.

»Bin ich verrückt?«

Nein … zu ungenau.

»Woran merke ich, dass ich verrückt werde?«

Ich drücke auf Enter.

Zahlreiche Artikel erscheinen.

Ich klicke auf den ersten Link mit dem Titel: »Die ersten Anzeichen dafür, dass du verrückt wirst.«

- Veränderung des Sexualtriebs (Verlust von Libido, riskantes Verhalten)
- Häufiges Weinen
- Extrem feindliche Stimmung oder Gewaltimpulse
- Suizidale Gedanken
- Isolation von nahestehenden Menschen
- Extreme Stimmungsschwankungen
- Unfähigkeit, Wirkliches von Unwirklichem zu trennen
- Rückzug von Freunden und Aktivitäten, die früher Freude gemacht haben

Auch ich erreiche mal die volle Punktzahl, und zwar bei einem Test mit Kriterien für das Abgleiten in den Wahnsinn. Ich blicke über meinem Laptop-Bildschirm in den Spiegel und starre mich an.

»Das ist meine rechte Hand«, sage ich laut und hebe meine rechte Hand hoch. »Das ist meine linke Hand«, sage ich laut und hebe meine linke Hand. Gut, dass das klappt. Bevor ich mich umdrehe, sehe ich E. V. im Spiegel und nicht Eartha.

Ich kann es mir nicht anders erklären, da muss eine höhere Macht dahinterstecken. Globale Erderwärmung? Misogynie? Astrologie? Was ist schuld an meiner Lage? Was um alles in der Welt passiert hier gerade? Ich bin dabei, mich in meine Online-Persona zu verwandeln. Wie kann es denn sein, dass ich mein Wonderland-Passwort vergessen habe? In welche Richtung fließt der Verkehr? Ich kann mir nicht sicher sein. Ich schaue mich im Spiegel an. *Bin ich dazu in der Lage, diese schrecklichen Dinge im Internet zu schreiben? Bin ich in letzter Zeit immer online, gehe ich je-*

mals aus dem Internet raus? Was wirkt auf mich realer: Wonderland oder meine Wohnung?

Wonderland.

Vielleicht kann man mir so viel Macht nicht anvertrauen, ich werde sie früher oder später missbrauchen. Es scheint so, als würden mich alle Freund*innen verlassen, sich von mir abkehren, in meiner Anwesenheit unruhig werden. Roses Worte klingen mir noch im Ohr. *Es ist, als hättest du zwei Seiten.* Ich kratze mir wieder die Arme. *Du glaubst, die Welt dreht sich nur um dich.* Ich will meinen Körper verlassen. *Ich erkenne dich überhaupt nicht wieder.* Ich kratze fester. Beim Anschauen meiner Fotos wird mir klar, dass ich nur Bilder von mir selbst habe – ich beim Selfie-Machen, Videos von mir, Fotos von mir mit Selbstauslöser, mein Leben, meine Lippen, meine Zusammenbrüche, mein Dating-Leben. Wer ist mehr ich? Die Person, die ich aufgenommen und mit Bildunterschriften versehen habe, immer und immer wieder, oder die Person, die die Bilder macht und die Kommentare schreibt?

Rasch öffne ich meine Mails. Ich muss meine Theorie überprüfen. Ich muss etwas Handfestes finden. Ein Stück Realität, von der ich weiß, dass es meine ist. Etwas, von dem ich weiß, dass es real ist. Ich muss überprüfen, woran ich mich erinnern kann und was definitiv passiert ist und was definitiv nicht. Ich gebe »E. V.« in der Suchleiste ein und suche nach unserem ersten E-Mail-Verkehr vor einigen Monaten.

E. V. hat sich definitiv als Erste bei mir gemeldet. Sie hat mir gesagt, sie würde aus mir einen Star machen. Dann haben wir uns für den nächsten Tag im Firestone verabredet. Ich nehme mein Handy und suche »Firestone« in meinen Textnachrichten. Mir wird eine Nachricht von Rose und eine von Mum angezeigt.

Textnachricht von Rose an Eartha

11.06.2030 14:04

Viel Glück heute im Firestone. Ich bin stolz auf dich.

Textnachricht von Mum an Eartha

12.06.2030 10:17

Liebes, wie war es im Firestone? Ich will wissen, ob ich dort die Handseife stibitzen kann 😜

Ich habe eine Nachricht, in der Rose mir viel Glück wünscht. Ich lese sie noch einmal. *Ich bin stolz auf dich.* Mir ist zum Heulen zumute.

Zumindest sind diese Nachrichten ein Beweis dafür, dass ich mich mit E. V. getroffen habe. Dass sie real ist. Aber es fehlt auch etwas ...

Ich klicke auf meinen Spam-Ordner und scrolle durch. Nichts als Newsletter von Onlineshops, bei denen ich mich für zehn Prozent Rabatt bei der ersten Bestellung beim Newsletter angemeldet habe, Rabatte für Lieferservices, Anwält*innen, die mir beim Verfassen meines Testaments behilflich sein wollen, Updates von Podcasts, von denen ich noch nie etwas gehört habe.

Von E. V. finde ich nichts.

Gar nichts.

Hat sie ihre E-Mails von meinem Laptop gelöscht? Ist das überhaupt möglich?

Mir fällt etwas ein, das ich schon früher mal nachschauen wollte: Wer war Velma Quinnley? E. V. hat einmal von ihr als frühere Kundin gesprochen und ich wollte sie mir mal anschauen, aber aus Angst oder wegen meiner kurzen Aufmerksamkeitsspanne habe ich es nicht getan. Ich öffne einen neuen Tab und gebe ihren Namen ein.

Eine Liste mit Artikeln erscheint:

GESPERRT! Wie Velma Quinnley sich in den Untiefen des Internets verloren hat

Quinnley: Wonderlands Liebling in die Geschlossene eingewiesen

Velma Quinnley: Der Stern, der zu hell leuchtete

Was uns Frauen wie Velma über die Kultur des Sperrens verraten

Ich will mir ihr Wonderland anschauen und sehe, dass sie gesperrt wurde. Die Seite gibt es noch, sie gleicht einem Friedhof der Person, die sie mal war. Alles ist mit einem gräulichen Filter unterlegt – wie bei sämtlichen Gesperrten auf Wonderland. Als hätte man ihrer Seite ein Leichenhemd angezogen. Ich frage mich, was ihr passiert ist oder wer ihr das angetan hat. Ich frage mich, was sie zu Wonderland gebracht hat. Ab wann ging es für sie bergab? Auf allen Bildern macht sie PR für Festivals und posiert mit DJs auf der Bühne oder trägt Street-Style-Outfits. Es gibt eine kleine Lücke, wo sie nichts gepostet hat. Einige Wochen lang, ungefähr vor einem Jahr. Sie hatte sich die Haare abgeschnitten und von oben ein Selfie aus einem seltsamen Winkel aufgenommen, mit der Bildunterschrift »Neues ICH, bin wieder daaaaaaa! #Dolus«.

Dolus? Das kommt mir bekannt vor. Habe ich das in einer E-Mail gelesen?

Ich gehe wieder in meinen Posteingang und gebe es in der Suchleiste ein. *Nichts.* Ich klicke auf meinen Spam-Ordner, den ich bestimmt seit fünf Monaten nicht mehr gecheckt habe. Ich scrolle mich durch die Mails, um zu sehen, ob mir etwas ins Auge sticht. Ich entdecke tatsächlich einen normalen Namen in den ganzen Mails, bei dem es sich nicht um ein Unternehmen handelt.

Von: Maria Ziltsche (Mziltsche@brownpr.com)

An: Eartha (eartha_17@gmail.com)

Betreff: EXKLUSIV – PRESSE-EVENT nur für geladene Gäste – für Eartha, diesen Donnerstag

Hallo Eartha,

ich habe dir die Nachricht schon einmal an die E-Mail-Adresse auf deiner Wonderland-Page geschickt, aber keine

Antwort darauf erhalten, deswegen wollte ich mein Glück mal mit dieser Adresse probieren. Ich habe sie auf deiner alten Website gefunden!

Ich heiße Maria Ziltsche, bin Eigentümerin der Browns PR GmbH – wir haben an der PR deiner FIRE-Kampagne mitgearbeitet! Ich kontaktiere dich im Namen von Good Vybrations, das ist ein brandneues Unternehmen für Sexspielzeug für Personen mit Vulva – völlig revolutionär. Sie bringen den ersten pulsierenden Dildo namens »Woman Propeller« raus, der sich an Oberflächen festsaugen kann. Sie würden dich gern zum Launch des Woman Propeller diesen Donnerstag um 19 Uhr im Milton House einladen. Bitte antworte auf diese Mail, wenn du kommen möchtest. Ich bin sehr gespannt, woran du gerade arbeitest. Ich würde dich gern kennenlernen und dir persönlich danken: Dank dir habe ich den Mut zusammengenommen, um meinen Ex zu verlassen. Er war ein Dreckskerl.

Grüße,

Maria Ziltsche

Einen Penis zum An-die-Wand-Kleben, der pulsiert, *und* man muss den Geruch nicht ertragen? Den Geschmack? Die erschreckende Aussicht auf emotionale Abhängigkeit, die bei echten Männern zum Paket dazugehört? Das hört sich unglaublich an. Wann hat sie mir diese E-Mail geschickt? Vor zwei Tagen? Scheiße, diesen Donnerstag ... das ist heute Abend. Soll ich hingehen?

Instinktiv nehme ich mein Handy und will E. V. schreiben und fragen. Aber ich halte mich davon ab. Muss ich sie wirklich um Erlaubnis bitten? Sie hat mir diese Mail nicht weitergeleitet, obwohl sie sie definitiv gesehen hat. Ich habe das Gefühl, dass sie Nein sagt, wenn ich sie frage. Aber diese Maria will mit mir über eine zukünftige Zusammenarbeit mit dem Unternehmen sprechen, vielleicht kann ich E. V. beweisen, dass ich doch noch zur Geschäftsfrau tauge. Vielleicht ist das meine Gelegenheit, mich wieder mit E. V. zu vertragen. Vielleicht gibt sie mir sogar meinen Account zurück. Ich will, dass sie wieder gerne mit mir zusammenarbeitet. Will sie an die Eartha erinnern, die sie kennengelernt hat, mit Feuer im Bauch. Die Eartha, die Hunderte Kerzen mit ihrer Flamme anzünden würde.

Ich schließe den Laptop und betrachte mich selbst im Spiegel. *Darf sich diese Frau eine kleine Party und ein Gratis-Sextoy gönnen, bevor sie sich irgendwo einweisen lässt, wo sich um ihre ausgeprägte narzisstische Persönlichkeitsstörung gekümmert wird?*

Ich blicke mich im Zimmer um. Ich suche nach einem Zeichen, das mir sagt, was ich machen soll. Ich stehe vom Bett auf und gehe zu meiner Tür, um mich durch die Tasche zu wühlen, die an der Klinke hängt. Ich greife tief hinein. Kassenzettel, Haarbänder, Tampons ... mein Portemonnaie. Ich ziehe es raus und schaue rein. Ich finde einen Penny und nehme ihn in die Hand.

Welche Seite der Münze entscheidet, zu wem ich heute Abend werde? Meine Mum hat immer gesagt, man merkt beim Münzewerfen, wie man wirklich zu etwas steht, ob man danach enttäuscht oder erleichtert ist.

Kopf, ich gehe, Zahl, ich bleibe zu Hause. Ich werfe den Penny hoch und fange ihn auf.

Zahl.

Kapitel 30

DIE ZUKUNFT IST ~~FEMINISTISCH~~ PHALLISCH

Wonderland-Follower*innen: 1 496 880

Mir wird von einem Kellner in einer roten ledernen Cowboyhose ein Glas eiskalter Champagner gereicht, als ich bei der Party ankomme. Kellner*innen sämtlicher Gender laufen durch den Raum. Einige Kellnerinnen sind oben ohne, andere tragen aufeinander abgestimmte Leder-BHs. Ich weiß nicht, wo ich hinschauen soll. Ich frage mich, wie man sich hier wohlfühlen soll. Ich gehe in die Mitte des blutrot dekorierten Zimmers und mir wird ein Cupcake mit essbaren Metallkugeln und der Aufschrift »SEX« in Zuckergussschrift angeboten. Außerdem wird mir ein Tablett voller dildoförmiger Glitzergläser mit einer milchigen Flüssigkeit hingehalten. Wenn das die Zukunft des Feminismus ist, ist sie auffallend phallisch. Der Anblick einer Frau an der Bar beruhigt mich – sie stürzt ihren Dildo-Drink runter, dreht das Glas um, schüttelt es trocken und schiebt es in ihren Beutel. Sie entdeckt, dass ich sie beobachtet habe, verzieht das Gesicht und lacht über sich.

Ich entdecke eine Frau mit einem pinkfarbenen Schlüsselband, einem schwarzen Kostüm und einem Clipboard, die auf mich zuläuft. Sie reißt die Augen auf, sagt beim Ausatmen einen ganzen Satz: »EARTHA-oh-mein-Gott-hätte-gar-nicht-damit-gerechnet-dass-du-es-schaffst-gefällt-dir-die-Vagina?«

Ich brauche eine Sekunde, um das alles zu verstehen, und antworte langsam: »Du bist bestimmt Maria und ja, ich liebe Vaginas, aber welche genau meinst du?«

»DIESE VAGINA!!«, sagt sie und zeigt auf den ganzen Raum. Sie redet weiter, ohne Luft zu holen. »Oh, ich finde es so absolut total GENIAL, dass du die Mail bekommen ... ächz.« Sie schnappt nach Luft und ich erstarre aus Angst, sie könnte kollabieren. Sind alle in der Branche so? Bei näherer Betrachtung sieht sie aber wirklich erfreut aus und – bei noch näherer Betrachtung – auch ein wenig high.

Rose hat recht: Ich werde langsam zu einer hassenswerten Person.

»Also, das Step-and-Repeat-Board ist da drüben ...«, sagt sie und zeigt auf eine kurze Schlange vor einer Wand voller Logos von »Good Vybrations«.

»Das ... Step-und-Was?«

Sie schaut mich so an, als hätte ich ihr erzählt, dass die Ratten wieder in meinem Vorratsschrank waren, dann blickt sie auf ihr Clipboard. »Dort machen wir Bilder für Social Media, das Foto wird dann auf Getty Images hochgeladen, damit wir es bei unserer Presseerklärung für den Launch des Woman Propeller verwenden können«, sagt sie und wedelt mit der Hand, als würde sie von einer Mücke umkreist.

Sie verzieht das Gesicht – wie unangenehm für sie, etwas so Abstoßendes laut aussprechen zu müssen, weil diese Influencer*innen keine Ahnung haben – *Wir schenken dir irgendwelches Zeug, damit wir dein Bild nutzen dürfen.*

»Ich war noch nie allein ... auf einem Event.«

»Das wusste ich nicht – wie seltsam.« Sie reißt die Augen noch weiter auf, weil das alles so komisch ist. »Okay, Schätzchen, wir gehen mal gemeinsam zur Fotowand und danach genießt du einfach die Party!« Mir wird klar, dass sie das mit der Trennung von ihrem Freund nur geschrieben hat, weil sie mich zu dem Event locken wollte. Sie hat wahrscheinlich gar keinen Freund.

»So, ich sage dem Fotografen deinen Namen, er wartet auf

dich, geh einfach an der Schlange vorbei ...« Sie bringt mich zu der Fotowand, ich kann die sich wiederholenden Logos auf der Wand nun viel besser sehen: Good Vybrations X FIRE.

»Oh, ich wusste gar nicht, dass FIRE mit einem Sexspielzeug-Unternehmen zusammenarbeitet!«, rufe ich begeisterter, als ich wirklich bin.

»Doch, sie sind der Sponsor des Events! Einige Leute von der Kampagne, bei der du mitgemacht hast, werden heute Abend hier sein, ich muss dich ihnen später vorstellen ...« Sie hebt das rote Seil vor dem winzigen roten Teppich hoch, auf dem überall Glitzerkonfetti in Penisform verstreut liegt. Aus der Schlange starren mich die Influencer*innen bitterböse an, weil ich nicht anstehen musste. Ich habe Angst, dass sie mich mit ihren Selfie-Händen erwürgen wollen.

»Die Leute stehen alle Schlange ... Ich stell mich einfach hinten an! Ich muss nicht vorgehen.«

»Nein, Eartha, das *brauchst* du nicht, deine Likeability liegt fast bei hundert Prozent ...« Sie macht sich über mich lustig, mit ihren weißen Porzellan-Veneers, als sollte ich einfach »wissen«, dass ich Vorrang vor den anderen Gäst*innen habe. Als wäre Hierarchie ganz selbstverständlich. Es ist aber gar nichts selbstverständlich daran, sich einfach wie das Merchandise zu verhalten, das sie verkaufen will. Ich zögere, dann trete ich vor – als würde ich durch mein Vordrängeln der Meinung dieser schrecklichen Frau zustimmen, dass ich besser bin und eine Vorzugsbehandlung verdient habe.

»Das ist David, er weiß, wer du bist.« Sie zeigt auf den Mann, der vor dem Board kniet, eine Kamera in den Händen hält und dienstbeflissen zu uns aufschaut. Auf seinem Namensschild steht »Rick«. »Dann laden wir die gleich bei Getty hoch und du kannst sie heute Abend auf Wonderland posten, also am besten so schnell es geht ...«

Ich winke dem Mann schüchtern. Ich weiß immer noch nicht, was es mit diesem Getty-Zeug auf sich hat. Aber es scheint anderen Leuten äußerst wichtig zu sein. Deswegen glaube ich, dass es wichtig ist. So läuft es bei diesem Influencer*innen-Zeug: diffuse Erfolgsmaßstäbe erreichen, die von den eigenen Peers anerkannt werden – auch wenn einem persönlich die ganze Sache wenig bedeutet. Maria tritt einen Schritt zurück, hat das Clipboard unter den Arm geklemmt, das Telefon gezückt, um den Moment zu filmen, wenn ich mich vor den Namen ihres Unternehmens stelle. In Gedanken legt sie sich schon die Wonderland-Caption zurecht. Ich will gerade »Eartha von Wonderland, das Gesicht zu den ganzen Schwänzen« vorschlagen, als mir klar wird, dass ich nicht gesehen werden darf. E. V. weiß nicht, dass ich hier bin.

»Maria, wird mein Name in der Bildunterschrift erwähnt?«

»Aber selbstverständlich!« Sie lacht komplett unecht. Der Subtext ist dieses Mal ganz eindeutig: *Genau darum geht es doch!*

Ich bin mir zu 99,99 Prozent sicher, dass E. V. einen Google-Alert zu meinem Namen eingerichtet hat. Wenn ich bei diesem Event fotografiert werde, wird sie wissen, dass ich sie hintergangen habe.

»Dann kann ich leider keine Bilder von mir machen lassen.« Ich trete zur Seite und entschuldige mich bei Rick, dass ich ihn aufgehalten habe. Eine erschütterte Maria folgt mir. »Wonderland hat die Exklusivrechte für mein Gesicht ...« Das könnte sogar stimmen.

»Tatsächlich, ist das eine neue Klausel?« Sie schaut mich so an, als hätte ich ihr gerade auf den Schuh gekackt.

»Aber ich schreibe eine Review zum Woman Propeller, nachdem ich ihn einige Male ...«

»OH, FANTASTISCH!« Sie lässt ihre Veneers aufblitzen. Subtext: *Gott sei Dank! Ich habe die irre Feministin nicht völlig umsonst zu meinem Event eingeladen!*

»Meine Follower*innen werden es lieben, es passt hervorragend zu mir!« Ich strahle zurück. Subtext: *Ich habe nicht einmal Zugriff auf die Leute, aus denen ich mir eine digitale Community aufgebaut habe.*

»Gut, du kannst dir am Ende des Abends dein Goodie-Bag am Ausgang abholen. Die Performance beginnt gleich!«

»Die was?«

Die Deckenlichter im Raum werden runtergedimmt, die Kellner*innen gehen geschlossen zur Bar und stellen sich davor. Ein rotes Neonlicht erleuchtet und enthüllt einen Stripper*innen-Pole auf einem quadratischen Sockel gut einen Meter über dem Boden. In dem blutroten Dämmerlicht war es mir nicht aufgefallen, aber es gibt einen Laufsteg im Raum. Gesäumt von pinken Samtsofas und Chaiselongues. Alle beeilen sich und wollen einen Platz im Vaginatunnel ergattern. Die Gäst*innen sehen so aus, als hätten sie schon den ganzen Abend auf die Performance gewartet. Ich stürze noch ein Glas inzwischen zimmerwarmen Champagner runter und setze mich vor den Stripper*innen-Pole. Die Lichter werden gelöscht und an ihre Stelle treten leuchtende Handy-Bildschirme, die das Geschehen aufnehmen wollen. Ich hätte mein Telefon auch rausgenommen, wenn ich nicht undercover hier wäre – ich werde gezwungen, im Moment zu leben. Ich höre, wie die anderen um Ruhe bitten, dann donnert ein schrecklich eingängiges Gitarren-Riff aus Lautsprechern im ganzen Raum. Es ist so laut, mir ist, als wäre ich Teil des Songs. Ich kenne das Lied, kann es aber nicht einordnen. Eine Gestalt taucht im roten Licht auf. Die ganzen Handys richten sich nun auf die Silhouette einer Frau mit langem dunklem Haar und Stripper Heels, die den Laufsteg entlanggeht und langsam und einstudiert die Hüften bewegt. »Day of the Lords«. Holy Shit, wird die Frau zu Joy Division an der Stange tanzen? Kurz bevor die Gitarre einsetzt, rennt sie zum Ende des Laufstegs, springt an die Stange und dreht sich mit dem ganzen Körper im Kreis. Ihr Haar peitscht durch die Luft und ihr Körper gleitet geschmeidig die Stange hinab. Ich höre das Klicken von Handys, weil einige Leute die Performance jetzt filmen. Mein Körper entflammt und Hitze steigt mir ins Gesicht. Alles und jede*r um sie herum verschwindet. Ich sehe nur noch sie, wie sie unter dem roten Licht über der Stange leuchtet. Ich denke nicht mehr darüber nach, wie mein Gesicht aussieht, was ich mit den Händen oder dem ganzen Körper anstellen soll – zum ersten Mal seit Wochen. Ich existiere einfach nicht mehr. Diese Frau ist Kunst. Sie hält den Pole mit den Händen zwischen den Beinen fest, die sie V-förmig gespreizt hat, während sie sich langsam hinabgleiten lässt. Mit jedem Peitschenhieb ihrer Haare durch die Luft werde ich daran erinnert, dass ich zutiefst bi bin. Losgelöst von Wonderland, losgelöst von Algorithmen, losgelöst von E. V.s Einfluss und den ganzen Aufgaben, die sie mir aufgetragen hat. Losgelöst von allen Leuten dieser Branche, die sich dank meiner Sexualität in einem besseren Licht darstellen wollen.

Das Lied verklingt und das Licht wird gedimmt, während sich ihr Körper dreht, bis sie am Boden ankommt und das Zimmer wieder stockdunkel ist. Die Deckenlichter gehen wieder an und im Raum herrscht Stille. Die Frau ist weg. War da eine Falltür? Hat es sie überhaupt gegeben oder haben sich meine tiefsten Sehnsüchte auf der Bühne manifestiert? Der Raum bricht in Applaus aus und die Leute richten ihre Telefone auf sich selbst, damit sie am Ende ihrer Videos ein verblüfftes Gesicht machen können. Ich schaue mich mit offenem Mund um – wo ist sie hin? Wie kann so jemand wie sie existieren? Wer ist sie? Das war die hypnotischste Performance, die ich je gesehen habe. Ich sitze unbeweglich auf meinem Platz, kann mich nicht rühren, mein Slip ist tropfnass.

Die melodische Partymusik setzt wieder ein und ich schaue zu, wie alle aufstehen, weiter netzwerken und posten. Wie können die einfach mit ihrem Leben weitermachen? War das nicht das Übersinnlichste, das sie jemals erlebt haben? Ich habe seit Wochen kein solches Verlangen mehr gespürt. Als würde ein Teil der Seele, die auf Wonderland über meinem Körper schwebt, wieder in mich zurückkehren. Mir werden die Schönheit des Begehrens und all die Erfahrungen, die ich noch machen werde, vor Augen geführt, und ich verspüre den Wunsch, umgehend mit einer anderen Person darüber zu sprechen. Ich gehe langsam zur Bar und hoffe halb, dass ich der Tänzerin begegne, damit ich ihr erzählen kann, dass ich mich ihretwegen so lebendig gefühlt habe. Ich sehe die Dildo-Glas-Diebin und gehe zu ihr.

»War das nicht komplett unglaublich?«, rufe ich, damit sie mich hört.

»Ja! Oder?!«

Ich stürze den Rest meines Champagners runter. »Ich glaube, mir hat die Performance gezeigt: Ich will trotz allem weiterleben«, schreie ich und donnere das Glas auf den Tresen. Sie sieht mich so an, als hätte ich ihr gerade schlechte Neuigkeiten zu ihrem Haustier mitgeteilt.

Oh, vergessen. Oversharing mit Fremden kommt offline nicht so gut ...

Mitleidsvoll schaut sie auf mich runter, ihr Blick landet auf meinen Unterarmen. Sie hat die Kratzer bemerkt. Sie lächelt mich unangenehm berührt an und tritt langsam einen Schritt zurück.

»Ich habe eine Katze, das war die Katze!«, rufe ich. Aber es ist zu spät. Sie hat sich verzogen. Ich zucke die Schultern und schaue zum Kellner neben mir mit einem Tablett voller Champagnergläser in der Hand.

»Darf ich noch eins haben?«, frage ich und strecke die Hand aus.

»Hast du noch nie vom Konzept ›offene Bar‹ gehört?«, fragt

er lachend. Ich erwidere das Lachen. Ich schnappe mir noch ein Glas und trinke. *Moment, war exzessiver Alkoholkonsum nicht ein Punkt auf der Verrücktheits-Checkliste?*

Ich versuche, die Stimme in meinem Kopf zum Schweigen zu bringen. Ich führe das Glas zum Mund und spüre, wie mir jemand auf die Schulter klopft. Ich drehe mich um und sehe eine Frau: Low Bun, bauchfreie schwarze Weste, weiß nicht, ob sie vom Selbstbräuner gebräunt oder frisch aus dem Urlaub wieder da ist.

»Eartha! Wow, es ist so schön, dich persönlich kennenzulernen. Maria hat mir erzählt, dass du hier bist.« Sie spricht mit mir wie mit einer Freundin – warum?

»Kennen wir uns?« Ich lächele und stelle mein leeres Glas auf die Bar. Ich reiße die Augen auf. *Mon Dieu, auch schon leer?*

»OH! Entschuldigung, wir haben uns noch nie getroffen. Ich bin Emma, ich arbeite bei FIRE. Ich habe dich für deine Kampagne bei uns vorgeschlagen. Und wir sponsern das Event heute Abend ...« Sie zeigt auf die FIRE-Logos im Raum.

»Oh, Emma!«, sage ich, als hätte E. V. mir von ihr erzählt und ich hätte einfach diese zentrale, für meinen unaufhaltsamen Aufstieg mitverantwortliche Figur vergessen. Ich will jetzt dafür sorgen, dass sie sich wichtig fühlt. »Vielen Dank. Das war einer meiner ersten wichtigen Aufträge, weißt du ... Ich mache das alles noch nicht so lange«, sage ich und nehme mir schon wieder ein Glas. Mein Unterarm wird entblößt, als ich nach dem Champagner greife, und ich sehe ihren Blick, als sie den Mund öffnet.

»KATZEN!«, sage ich und forme die Finger zu Krallen.

War das strange oder macht man das so? Ich wechsele das Thema: »Wie war denn dein Abend bisher?«

»Oh, grandios, danke der Nachfrage! Ich habe vor dem Wochenende ein paar Deals mit einigen neuen aufstrebenden Wonderland-Newcomer*innen abgeschlossen. Wir lieben es einfach, mit neuen Talenten zusammenzuarbeiten. Mit Menschen, die achtsam sind, Menschen, die modern, farbenfroh, fantastisch und divers sind …« Sie redet über queere Menschen, als wären wir kleine Sammelfiguren. Sie schrappt haarscharf an einer Beleidigung vorbei.

Ich stürze meinen Drink runter. »Emma, darf ich dich etwas fragen?«

»Sicher, was denn?« Sie richtet sich auf.

»Müssen bei euch alle bisexuellen Talente Verträge unterschreiben, die ihnen untersagen, Männer zu daten? Das fühlt sich ein wenig rückständig an, oder? Und ich hatte deswegen Schwierigkeiten, weil ich diesen Typen geküsst habe, und …«

Oh Gott, ich bin so betrunken. Sei ruhig. Warum laberst du immer noch?

E. V. würde dir den Hals umdrehen, wenn sie wüsste, was du gerade machst … *EARTHA, DARLING, du bist betrunken und ein wenig übergeschnappt. HÖR AUF, DARLING!*

Aber ich höre nicht auf: »Ich habe total gern mit euch zusammengearbeitet, aber ich habe mich auch wirklich bevormundet gefühlt. Fast schon erstickt.« Ich lege mir die Hände um den Hals und strecke die Zunge raus, als würde ich keine Luft mehr bekommen.

»Nein, diese Klausel gab es nur bei dir. Der Boss hat sehr hart darum gekämpft!« Sie nickt, dann nimmt sie einen Schluck Champagner.

»Was soll das heißen? Ich war die Einzige, in deren Vertrag diese Klausel stand … nur bei mir?«, frage ich in Kampflaune.

Mit dem Mund voller Champagner nickt sie.

»WIE bitte?!« Ich lache. »Hat dein Boss die extra für mich eingefügt? Habe ich mit seiner Frau gefickt oder was?« Ich verdrehe die Augen und lehne mich auf die Bar. Sie hat schon wieder den Mund voller Champagner und wedelt mir vor dem Gesicht herum, um mir klarzumachen, dass ich sie falsch verstanden habe. Sie schluckt.

»Nein! Eartha …« Sie lacht mich aus. »*Dein* Boss wollte die Klausel unbedingt.«

»Mein Boss?«

»Die haben da echt drauf beharrt und wir haben es umsetzen können, um mit dir zusammenzuarbeiten. So etwas haben wir noch nie gemacht, so ein …«, sie schnipst mit den Fingern und versucht, auf das richtige Wort zu kommen, »so ein Verbot, Männer zu daten. Aber sie haben darauf bestanden, dass es Bestandteil deines Vertrages ist, weil Wonderland fand, dass es so viel besser zu dem … eher diversen Portfolio passt. Wir fanden es seltsam, aber wir finden dich grandios und …« *Sie*? Wen meint sie damit?

Sie wird von etwas abgelenkt und blickt zur Seite. Ich werfe den Kopf in den Nacken und lache laut.

»Was ist … denn so lustig?«, fragt sie und blickt mich verunsichert an, als wäre mir aufgefallen, dass sie etwas zwischen den Zähnen hat.

»Das ist nur … oh mein Gott. Das ist … abgefuckt. Ich dachte, FIRE hätte die Klausel in dem Vertrag hinzugefügt … Sorry, aber kannst du das bitte wiederholen?« Ich lache.

»Was wiederholen?«

»Was du gerade gesagt hast … Ich muss wissen, dass es wirklich stimmt. In letzter Zeit hatte ich das Gefühl, ich werde verrückt, und ich muss einfach sichergehen, dass du genau das auch echt gesagt hast und ich es mir nicht nur einbilde. Es könnte das fehlende Puzzlestück zu allem sein, was mich verwirrt …« Ich nehme mein Telefon aus der Tasche, öffne Voice Notes und halte es ihr vor den Mund.

Sie sieht mich voller Mitleid an und schiebt mein Handy weg. »Schau mal, Eartha …«, sagt sie herablassend. Meine Begeisterung ist wie weggeblasen.

»Was denn? Warum schauen mich alle Leute so an?«

»Ich weiß, dass du gerade eine schwere Zeit durchmachst.«

»Ach ja … weißt du das?«

»Ja, du sprichst über diese Dinge auf Wonderland, oder etwa nicht?«

»Tue ich das?«, frage ich neugierig und beuge mich näher zu ihr.

Ich weiß nicht, was ich lieber will: in eine Million winzige Stücke zerfallen und nicht mehr existieren, oder mich selbst googeln, um mich über meine Online-Persona auf den neusten Stand zu bringen.

»Eartha, hattest du eine Lobotomie oder was?« Sie macht sich über mich lustig. »Oh, sorry, das war nicht sehr sensibel von mir, was? Ich weiß, dass es dir gerade schlecht geht mit deiner Depression und der …«, sie sucht nach dem harmlosesten Ausdruck, »psychischen Erkrankung, im Moment …«

»Ich … habe nur den Eindruck, du bist darüber so gut informiert …«, stottere ich.

»Dein GANZER Wonderland-Account ist voll davon, oder? Du bist NONSTOP online. Außerdem habe ich auch deine ganzen Partner*innen im Blick … Deswegen, ja, ich glaube, ich bin ganz gut informiert. Also nur, weil du es sowieso geteilt hast.«

»Ja, ja, das ganze Zeug, das ich poste. Aber worum geht es da genau?« Ich neige den Kopf und suche in ihrem Gesicht nach Antworten. Ich war den ganzen Tag noch nicht auf Wonderland. Sie schürzt die Lippen und schaut mich noch mal mitleidig an.

»Oh, ich wünsche dir gute Besserung. Es wird besser werden. Das verspreche ich dir. Diese Branche ist ein Haifischbecken. Viele Leute bleiben auf der Strecke – der Fame, die Aufmerksamkeit, das ist zu viel für sie. Von der Schnelllebigkeit ganz zu schweigen. Velma, das arme Mädel, hat Wonderland beschuldigt, sie zu kontrollieren, und dann … Das war wirklich unangenehm für uns alle, die damit zu tun hatten.« Sie schaut mich an. »Aber natürlich ist es mit dir etwas völlig anderes! Ich denke, ihr ist einfach alles zu Kopf gestiegen, der ganze Fame … Für manche Leute wird ein Traum wahr, aber für andere ist es die Hölle. Wolltest du das schon immer? Also berühmt sein?«

Ich antworte nicht auf ihre Frage, weil ich sie nicht beantworten *kann*. Ich habe nie darüber nachgedacht, berühmt zu werden. Ich habe nie davon geträumt. Es war E. V.s Traum. Ich wollte nur etwas Geld verdienen, endlich aus dieser schrecklichen Wohnung ausziehen und eine angesehene Künstlerin werden. Ich will mehr über Velma wissen: »Wie hieß sie noch gleich?«

»Du meinst Velma Quinnley, Darling? Sie wurde auf Wonderland gesperrt, ihr Profil ist jetzt grau unterlegt. Vielleicht hast du ihr Porträt im Firestone gesehen, es hängt dort über der Bar, wo alle großen ›Wonderland Women‹ ausgestellt werden.« Sie zeigt auf die Wand neben uns. »Vielleicht … hängst du auch bald da oben.« Sie nickt, aber ich weiß, dass sie es nicht ehrlich meint. Mit meinen hohen Schuhen bin ich größer als sie, trotzdem schaut sie auf mich herab. Ich erinnere mich an die Frauenporträts, die alle auf die ganzen dynamischen Businessmänner blickten.

»Oh Gott, ja, diese Velma hört sich auch bisschen seltsam an!«, antworte ich, wie so ein cooles Girl auf einer Business-Party.

»Sie musste nur mal eine Auszeit nehmen, um sich davon zu erholen. Sie war immer online … sie hat quasi im Internet gelebt.« Sie schaut weg, als wäre diese ganze Unterhaltung ins Toxische gekippt. Sie strahlt mich wieder an, aber Panik spiegelt sich in ihrem Blick, als hätte sie zu viel ausgeplaudert, oder vielleicht weiß sie auch einfach gar nicht mehr, was sie noch zu mir sagen soll. Ich sitze es aus, während ich in meinem Kopf die ganzen neuen Informationen zusammenstückele. Und plötzlich wirkt sie erleichtert, als sie etwas hinter mir bemerkt – als hätte sie endlich ihren Slip auf dem Boden entdeckt und könnte nun von einem schlimmen One-Night-Stand abhauen. Was sie wohl gleich Seltsames sagen wird?

»Oh, schau mal, wer ist das denn?«

Sie blickt mich an und dann schaut sie wieder hinter sich.

Ich rieche ihn, ehe ich ihn sehe. Meine Sinne schrecken vor diesem Geruch zurück, der mich verfolgt hat. Ich schaue auch in diese Richtung.

E. V. kommt rein, Arm in Arm mit ...

Ihm.

Und zum ersten Mal seit langer Zeit befindet sich mein Herz nicht in meinem Telefon, sondern in meinem Hals.

Kapitel 31

SELTSAME JUNGE FRAU

Wonderland-Follower*innen 2 500 004
Likeability: 98 %

Erschreckend, wie menschlich er plötzlich wirkt. Er hat Poren. Zähne. Schnürsenkel. Meine Augen zoomen mit Laserfokus auf die dichten Haare, die seine Unterarme wie Dornen bedecken. Ich erkenne ihn nun als Menschen und nicht als diffuses Schamgefühl, das ich nicht mehr loswerde.

Meine Füße bewegen sich auf *sie beide* zu.

»DU WARST ES!«, schreie ich ihn an.

Die Musik verstummt. Alle drehen sich um. Mein Ausruf ist eine lallende, unfertige Erkenntnis. Wir blicken uns in die Augen. Er redet, aber die Worte kommen nicht raus – oder vielleicht kann ich sie nur nicht hören. Mein Mund zuckt manisch. Mein Kopf bewegt sich hin und her, während ich *die beiden* anstarre. Vor mir verschwimmt alles; ich schaue alle an, die mich anblicken. Ich betrachte mich von außen. Nur unscharfe Lichter und Handys, die auf mich gerichtet sind, deren Blitze mich durchbohren, Kellnerinnen oben ohne, die mit offenem Mund gaffen.

»Mit wem sprichst du da?«, sagt eine Stimme – es ist E. V.

Mein Körper wird nach hinten katapultiert, als hätte ich einen Schlag abbekommen. Es ist passiert. Ist es wirklich passiert? *Er* hat es gemacht. Er hat mich bei der Party in dem Zimmer eingeschlossen.

Er steht nun einige Meter von mir entfernt, aber ich spüre

seinen festen Griff um meine Handgelenke und das Gewicht seines Körpers auf meinem und ich will wegrennen.

Instinktiv will ich mir die Arme kratzen, aber ich unterdrücke das Gefühl, weil ich mich daran erinnere, dass mich alle Leute hier aufnehmen. Ich bin viraler Content, wieder mal ein unbeabsichtigtes Spektakel, eine zerstörte Frau, hochgeladen, damit andere Leute sie live miterleben können.

Wenn sie doch nur die Wahrheit kennen würden. Würden sie mir dann glauben?

Ich höre, wie die Leute hinter ihren Telefonen kichern. Ich spüre, wie mir von ihren Handys das Leben ausgesaugt wird, und das ihre Popularity in die Höhe treibt, während sie meinen Meltdown teilen. Ich höre die *Pings,* während die Kommentarwelle bei ihnen hineinschwappt.

Ich schaue ihm ins Gesicht.

Ich spüre, wie etwas von meinen Fußsohlen in meinem Körper aufsteigt. Etwas Pulsierendes und Heißes frisst sich in meine Kniegelenke, steigt hoch bis zu meinem Magen und verbrennt meine Organe mit seiner Säure; es ist ein Gift, eine Wut, von der ich nicht wusste, dass ich sie in mir trage. Sie fließt mir in die Brust, legt sich um meine Lungen. Dann steigt sie noch weiter auf, und ich erkenne die eine durchdringende Wahrheit.

Diese ganze Zeit, der Partyabend, E. V., die mich davon überzeugt, den Mund zu halten, mein geändertes Passwort, diese extremen Posts bei Wonderland, dass ich immer mehr und mehr in die Verrücktheit getrieben werde, und das alles nur ... um *ihn* zu schützen.

Sie wollte nie mein Geheimnis wahren, sondern seins.

Sie wollte nie meine Karriere retten, sondern seine.

Ich bin zwar sehr betrunken, aber ich erkenne trotzdem, dass er spöttisch die Mundwinkel verzieht, Überstunden macht, um eine andere Version der Realität wiederzugeben. Eine, in der ich die Verrückte bin und er nicht das Raubtier. Die Wahrheit scheint ihm nicht einmal Angst zu machen. Auch nicht, dass er auffliegen könnte. Er ist nahezu gespenstisch gelassen wegen seiner Macht.

»Kann jemand bitte diese seltsame junge Frau hier rausbegleiten?«, befiehlt seine Stimme.

»DU HAST MICH *RUINIERT!*«, schreie ich ihn an und dann drehe ich mich um und schreie auch alle Kameras an, die mich verfolgen. »IHR HABT MICH ALLE RUINIERT!«

Die Blitze sind alle auf mich gerichtet. Ich befinde mich im Epizentrum eines öffentlichen Shaming-Rituals. Ich bin die Gejagte. Mir wird klar, dass Wonderland nur eine moderne Version eines Hexenprozesses ist, mit seinem geifernden Online-Mob. Ich stehe vor den Augen und Telefonen der Leute und bin das nächste digitale Opfer.

Ich spüre, wie E. V.s Fingerspitzen mir im Nacken auf und ab fahren und versuchen, mich zu beruhigen.

Ich hasse sie.

Ich liebe sie.

Ich bin sie.

»Du hast ...«, stottere ich, »*du hast* mir das angetan, du arbeitest für *ihn?*«

Ein Security-Mann will mich am Arm packen, aber ich weiche ihm nach hinten aus. Er schnappt sich meinen Arm und ich reiße ihn nach oben, um mich zu befreien. Um mich herum schnappen die Leute nach Luft. Ich drehe mich um, ducke mich und werfe mich gegen die Personaltür neben dem Vagina-Tunnel. Ich renne in eine Küche, in der eine Frau über einem silbernen Servierwagen lehnt und mit einer Spritztülle »SEX« auf weitere Cupcakes schreibt. Ein Tablett mit kandierten Kirschen wartet darauf, dass ein Kellner es abholt; darauf liegen Karten mit der Aufschrift »Vernasch deine #GoodVybrations-Kirsche«. Ich renne durch, finde den Notausgang und reiße die Tür auf. Ich stehe nun in einer Gasse voller Müllbeutel. Ich strecke den Kopf so nah wie möglich zu den Mülltonnen, dann kotze ich die Sex-Cupcakes und den Champagner wieder aus. Ich würge und würge. Eliminiere alles aus meinem System: Dylans Cologne, E. V.s Lügen, diese schlimmen weißen VENEERS, die teure Handseife, einfach alles. Als ich mich wieder aufrichte, kommt die Erinnerung an mein Ritual mit Mum auf der Terrasse wieder hoch: Mum, die mit mir rausgeht, mich von dem Chaos mit Dad wegführt.

Ich höre ein Lachen und blicke mich danach um. Zwei Frauen, die mir durch die Küche gefolgt sind, filmen mich mit ihren Telefonen. Eine von ihnen dreht sich um und stellt ihre Handykamera auf Selfie-Modus um. »Hier Wonderland, deine ›Stimme einer Generation‹, die in den Müll kotzt, in den sie gehört.«

Ich schirme mich von den Kameras ab und muss mein Gesicht deswegen noch mal zu den Mülleimern drehen. Ich entdecke silberne Kügelchen in meinem mondänen, glitzernden Kotzefladen. Mein ganzer Körper zittert, aber ich weiß instinktiv, dass ich raus aus dieser Gasse, mich in Sicherheit bringen muss.

Bevor sie wissen, was ich weiß.

Aber wo bin ich jetzt noch in Sicherheit? Meine Wohnung gehört mir gefühlt nicht mehr. Ich kann nicht zu Rose gehen und they da womöglich mit reinziehen. Ich glaube, ich rufe Mum an. Ich brauche sie, ich schaffe das nicht alleine. Mein Handy steckt in meiner Hosentasche, ich will es schnell rausziehen. Es entgleitet mir und fällt mit dem Display nach unten auf den Asphalt. Ein Klirren verrät mir, dass der Bildschirm zersplittert ist.

Ich hebe es hoch und drehe es um. Kurz spiegele ich mich in dem zerbrochenen Display, zerschnitten in Tausende Einzelteile. Ich sehe aus wie E. V. Und dann wird mir klar, dass ich zu E. V. werde, in einigen Jahren werde ich E. V. sein, werde die Überreste anderer Frauen aufsammeln, für immer mehr Macht in einer Welt, die für keine von uns konstruiert ist. Sosehr ich auch die Weisheit begehre, die ihr Alter mit sich bringt, so sehr hat sie auch die Schönheit begehrt, die Teil meiner Jugend ist. Wir haben uns diese Dinge gegenseitig entzogen. Wir sind zwei Seiten derselben Münzen, fühlen uns der anderen unterlegen, weil sie etwas hat, das wir nicht haben. Uns beiden wurde das Gefühl vermittelt, wir wären in verschiedenen Bereichen unfertig – deswegen leben wir in einem permanenten Zustand der Optimierung und Angst und misstrauen uns gegenseitig. Weiß sie das? Dass sie auch zwanghaft etwas hinterherhetzt, das sie nie erreichen wird?

Ich werfe mein Handy auf den Boden, trete mit dem Absatz drauf und renne.

Ich renne einfach.

Ich bin zwar außer Atem und meine Lungen sind überfordert und ich habe Seitenstechen, aber ich renne so lange, bis ich mich nicht mehr auskenne. Ich weiß nicht, wie lange ich gerannt bin. Ich muss nur weit genug weg von allen Leuten und Dingen, die in den letzten Monaten in mein Leben eingedrungen sind. Ich laufe durch Straßen, die ich noch nie gesehen habe, und renne an Menschen vorbei, die ich nicht kenne. Ich sehe Leute, die gemeinsam auf Bänken sitzen und Dosenbier trinken, und Personen, die sich in der Dunkelheit befummeln. Kurz denke ich, ich würde einen Geist sehen, aber das war nur mein Spiegelbild.

Ich renne an einem Weg am Kanal entlang und an Leuten vorbei, die im Kerzenschein draußen essen, mit denjenigen, die sie für die Liebe ihres Lebens halten. Je weiter ich renne, desto mehr werde ich wieder eins. Zum ersten Mal in meinem Leben weine ich in der Öffentlichkeit, ohne mich zu fragen, ob ich dabei hübsch aussehe. Hässliche, dröhnende Schluchzer dringen aus meinem Mund, wenn meine Füße auf dem Boden aufschlagen und mich tiefer und tiefer in die Nacht führen.

Alles ist wieder da. Der ganze unterdrückte Schmerz. Ich

durchlebe alle Gefühle, vor denen mein Körper mich beschützen wollte: die Partynacht. Der Schock, die Schmerzen, wie sich seine aggressiven Berührungen angefühlt haben. Ich brauche etwas, um es zu übertönen.

Mein tränenverschleierter Blick fällt auf einen Laden an der Ecke, vor dem Neonreklame für E-Zigaretten und Handys leuchtet. Ich drehe mich um, um sicherzugehen, dass mir niemand folgt. Ich bin weit gelaufen. Ich fühle mich sicherer. Ich werde langsamer und beruhige mich, als ich den unbelebten Shop betrete. Ein roter Kater begrüßt mich und reibt den flauschigen Kopf an meinem Knöchel. Ich gehe durch Regale voller bunter, tropischer Säfte, Weingummis und verschiedenster Ladekabel. Zwischen Pressfleisch, das in der Plastikverpackung schwitzt, und Fertig-Samosas eingepfercht steht eine kalte Flasche Prosecco, ich ziehe sie am Hals aus dem Kühlschrank: Es ist die letzte, hinter ihr sehe ich die verspiegelte Rückseite des Kühlschranks. Ich sehe, in welchem Zustand ich bin, und entscheide: Dieses Mal werde ich mir nicht die Mühe machen, das verschmierte Make-up wegzuwischen. Es ist Zeit, dass Eartha von außen genauso aussieht wie von innen. Gebrochen, unvollkommen. Eine Frau, die endlich ihren Schmerz zulässt, ihre Wut, ihre Verletzung und ihren Zorn. Ein Körper, der lebendig ist. Ich gehe mit der Flasche zur Kasse. Ich frage nach einer Schachtel Zigaretten. Ich weiß nicht, wie ich bezahle.

Ich gehe an Häusern vorbei und blicke in die Fenster: Ich sehe ein Pärchen vor dem Fernseher, die Arme liebevoll umeinandergelegt, ein anderes Paar streitet sich und zeigt mit den Fingern aufeinander, einige Frauen sitzen auf dem Bürgersteig, die Köpfe gesenkt und die Handys in den Händen, während sie auf die Taxis warten, die sie nach Hause bringen sollen. Ich steige über eine halb volle, weggeschmissene Burger-Verpackung und denke: *Me too.*

Ich gehe, bis ich an einem Park ankomme, die Bäume überragen mich, formen schmucke Säulen zu beiden Seiten des Weges, verharren reglos in der Stille der Nacht. Ich öffne das quietschende Eisentor und gehe auf den asphaltierten Weg, setze mich auf die erstbeste Bank und öffne den Prosecco.

Ich denke an die Partynacht. Gierig trinke ich den Prosecco und denke an die Porträts der Frauen im Firestone und in seinem Haus – Gesichter von Frauen mit leblosem Blick, eingesperrt hinter ihren Rahmen, erstarrt von der Interaktion mit der Welt, während sie alles von oben betrachten. Ich denke, wie sehr sie doch Selfies und Bildern von Frauen ähneln, die in ihren Handybildschirmen gefangen sind. Für diese Männer sind wir alle Trophäen, Dinge, die sie bestellen und objektivieren. Wo sind diese Frauen jetzt? Sind ihre Seelen so wie meine ans Metaversum gekettet, während jemand anderes den Account für sie führt? Verfaulen sie in ihren Schlafzimmern, verwesen neben ihren Pflanzen?

Es gibt hier noch etwas anderes, etwas, das ich nicht wahrhaben wollte. Im Grunde stimmt es, was mir viele Internet-Avatare und Wonderland-User*innen gesagt haben: Ich bin privilegiert. Obwohl mein Dad mich und Mum in meiner Kindheit und Jugend total mies behandelt hat. Obwohl ich eine Frau bin und Männer mit meinem Körper und meinen Emotionen gespielt haben, als wäre ich eine Puppe. Und ja, es gibt zwar viel, das mich runterziehen soll, aber noch viel mehr, das mich aufsteigen lässt.

Als mein Gedankenkarussell langsamer wird, kommen noch mehr Gefühle an die Oberfläche. Ich stürze noch einen Schluck Prosecco runter, ich will die ganze Flasche trinken, um mich selbst auszulöschen. In diesem Körper zu sein und die Dinge zu fühlen, die ihm widerfahren sind – davor bin ich geflohen und jetzt holt mich alles ein. Ich habe das Herz meines*r besten Freund*in gebrochen, die Beziehung zu meiner Mum ist komplett durcheinander und Phaedra ... fucking Phaedra ist alles scheißegal.

Aber am schlimmsten ist, dass ich weiß: Er hat mir Gewalt angetan.

Und endlich spüre ich es.

Ohne jegliche Gefühlsregung wird mir klar, dass Dylan E. V.s Ex-Mann ist, derjenige, der sie gebrochen hat, von dem sie sich nicht lösen konnte. *Er ist es.* Wie lange hatte ich das schon vermutet? Oder ist es eine neue Erkenntnis? Der Mann, der alles genommen hat, weil er alles hatte, inklusive ihrer persönlichen Einnahmequelle. Wie vielen Frauen haben E. V. und er das angetan? Sie aufgebaut, um sie dann zu zerstören? Frauen, die sie produziert haben, damit sie sich der Kultur entgegenstellen, die die beiden erschaffen haben und die die Wonderland-Abhängigkeit der User*innen schüren.

Ich war ihr queeres Aufräumkommando; eine Frau, die Männer so sehr hasst, dass sie sie nicht einmal daten würde, wenn es ihr vertraglich vorgeschrieben wäre, die Frau, die den perfekten progressiven Shitstorm für ihren Algorithmus erschaffen hat – bis er zu viel wollte. Bis er die Grenze verwischte und nicht nur das Image, sondern auch den Körper einer Frau benutzte. Dylan war seine Macht zu Kopf gestiegen und E. V. war *sein* Aufräumkommando. Sie haben mich fertiggemacht, anstatt das Gift zu bekämpfen, das sie an der Wurzel gären und wachsen ließen. Ich war nur eine weitere Velma in einer langen Tradition von Frauen, die für den Social-Media-Profit ge- und missbraucht wurden.

Weiß sie, dass er mich angegriffen hat? In meinem Gehirn bekomme ich diese beiden Versionen von ihr als die ein und dieselbe Person nicht zusammen. Die Frau, die zu mir wie die Mutter war, die ich nie hatte, und gleichzeitig die Frau, die versucht hat, sexuelle Gewalt zu vertuschen, indem sie meinen Ruf zerstört hat. Die Frau, die meine Offenheit über meine Bisexualität so toll fand, und die Frau, die eine Klausel in meinen Vertrag einfügte, damit ich keine Männer mehr date. Die Frau, die mich so ansah wie das Kind, das sie nie hatte, und die Frau, die mich nicht beschützte, als ich sie gebraucht hätte. *Sie hätte mich beschützen müssen.*

Ich weiß nicht mehr, wie spät es ist, aber es wird langsam hell und ich höre, wie die Vögel in den Bäumen zu zwitschern beginnen. Die Luft ist kühl, ich bibbere nicht, habe aber Gänsehaut auf meiner nackten Haut. Tautropfen liegen auf dem grasbedeckten Hügel vor mir. Tränen stehen mir in den Augen. Der Himmel verfärbt sich pink, die Sonne geht auf, sie wird über Olympia strahlen und uns alle aufwecken. Aber wir werden heute früh nicht zuerst in den Himmel blicken und auch nicht zur Person neben uns im Bett, sondern auf unsere Handybildschirme.

Und in diesem Moment fühle ich mich wunderbar bedeutungslos.

ANMERKUNG DER REGIE

Kamera A: Aufnahme von Eartha im Profil, sie sitzt auf der Parkbank und die Sonne steigt vor ihr auf; ein sanfter pfirsichfarbener Schimmer liegt auf ihrem Gesicht. Ihre Beine sind gespreizt, während sie in den Sonnenaufgang schaut; sie trägt Mieder, Schlaghose und Schuhe mit hohen Absätzen. Ihr Make-up ist verschmiert und Schweiß steht ihr auf der Stirn.

Kamera A schwenkt zur Vorderansicht von Eartha. Eine verschleierte Velma Quinnley setzt sich neben sie und blickt direkt in die Kamera. Dann kommen langsam erst wenige und dann Hunderte Frauen aus der Dunkelheit ins Bild. Frauen, die auf Wonderland gesperrt wurden, die von Männern wie Dylan verletzt worden sind. Sie stehen da und halten mit Eartha Ausschau.

Erste gesperrte Frau: Irgendwo auf der Welt hat eine Person einer anderen befohlen, sich umzubringen, von einem anonymen Account aus, und die Person, die die Nachricht bekommen hat, wird es zumindest in Betracht ziehen.

Zweite gesperrte Frau: Irgendwo auf der Welt hat eine Person gerade der Person, die sie datet, eine Nachricht geschickt und die Person, die sie empfangen hat, wird davon angeturnt.

Dritte gesperrte Frau: Irgendwo auf der Welt hat gerade irgendjemand einer Frau gesagt, sie müsse abnehmen, und diese wird sich deswegen heute Abend den Finger in den Hals stecken.

Vierte gesperrte Frau: Irgendwo auf der Welt hat eine Person gerade einer anderen eine Nachricht voller Hoffnung geschickt und diese wird deswegen noch einen weiteren Tag überleben.

SCHWARZBLENDE

ENDE

Wonderland-Follower*innen: 1 981 912, nimmt jede Millisekunde um einige Hundert ab

Likeability: 0 %

Kapitel 32

ALLES, WAS ICH WAR, GEHÖRT JETZT EUCH

Video-Transkript von Earthas viralem Video:

Hi, Wonderland.

Eartha hier, von einem Fake-Account.

Die »echte« Eartha.

Ich will euch mitteilen, dass ich nicht verrückt bin. Dass ich keine Lügnerin bin. Sondern dass ich von den Mächtigen missbraucht wurde. Und dass ich Wonderland dem Erdboden gleichmachen will.

Wie ich das anstellen will?, fragt ihr euch bestimmt. Mit dem letzten bisschen Macht, das mir noch bleibt: der Wahrheit.

Das Internet hat kein Gesicht, man kann es weder berühren noch einen Gesichtsausdruck deuten. Wenn ihr von eurem Handybildschirm wegschaut, existiert es nicht mehr, es sitzt nicht neben euch oder macht sich etwas zu breit. Dennoch beeinflusst es weiterhin jeden Aspekt eures Lebens und dringt in euch ein. Selbst, wenn ihr nicht online geht, werden die Auswirkungen der Online-Welt auf die »reale Welt« von Tag zu Tag größer. Kriege, Affären, Ideologien werden auf unsichtbaren Frequenzen über den Äther verbreitet, angeschaut und miterlebt.

Das ermöglicht uns unmittelbaren und intimeren Zugang zu allen Leuten; zu denen, denen wir uns nahe fühlen wollen, und zu denen, die in Bereichen jenseits unserer eigenen Existenz leben. Das Internet vermittelt uns das Gefühl, wir würden diese Menschen verstehen, ihre Leben und ihre Mindsets. Wir beschäftigen uns auf einer sehr persönlichen Ebene miteinander.

Ihr glaubt, ihr kennt mich, nicht wahr? Aber das stimmt nicht – genauso wenig, wie ich euch kenne.

Jahrelang hat mir eine innere Stimme permanent eingeredet, ich wäre »zu Höherem berufen«, und irgendwann hat es sich wie eine Drohung angefühlt. Als ich E. V., meine Social-Media-Managerin und Wegweiserin auf Wonderland, kennengelernt habe, nachdem ich viral gegangen bin, hat es sich so angefühlt, als hätte diese innere Stimme eine menschliche Form angenommen. Sie meinte, sie würde mich zu Wonderlands hellem, strahlendem Wesen machen. Auf eine Frau wie sie habe ich mein ganzes Leben lang gewartet. Eine Person, die mir dabei helfen könnte, meine Bestimmung zu finden. Ich habe mich wie eine Auserwählte gefühlt. Sie hat mir alles versprochen, was ich wollte. Ich habe einen Vertrag mit ihr unterschrieben, damit sie mich zu einer Version von mir formt, in die man sich verlieben würde.

Die »Eartha«, die *ihr* kennt, wurde an jenem Tag erschaffen.

Meine Rolle wurde für euren öffentlichen Konsum maßgeschneidert. Ich bin eure fleischgewordene optimierte Stichwortsuche. Alles, was mich ausgemacht hat oder was früher zu mir gehört hatte, wurde dazu benutzt, mich als Produkt eurer Begierde zu vermarkten. Ihr habt mich besessen, weil ich euer Spiegelbild war. Jede Interaktion mit irgendwem im Internet – jeder Kauf, jeder Suchbegriff, jeder Hashtag, den ihr heimlich, still und leise auf euren Handys eingegeben habt – hat dazu beigetragen, mich zu erschaffen und weiter aufzubauen. Ich wurde als euer Abbild erschaffen, deswegen habt ihr euch in mich verliebt.

Ich wollte wirklich, dass ihr mich alle mögt. Ich habe euch alle als Freund*innen betrachtet. Als Rettungsanker. Ihr habt mir etwas gegeben, das ich noch nie zuvor gespürt habe: ein Gefühl der Zugehörigkeit, eine Gemeinschaft. Im echten Leben wurde ich oft unterdrückt, aber ihr alle habt dafür gesorgt, dass ich endlich Gehör finde, und ich habe daraufhin alles getan, damit ihr mich weiter beachtet … *Ihr habt mich zwar benutzt,* wenn ihr mir gesagt habt, was ich tun und wer ich sein soll, was ich essen und mit wem ich vögeln soll, *aber ich habe euch auch benutzt.* Ich glaube, ich habe viele eurer Nervensysteme mit meinem ständigen Posten und meinen permanenten Rufen nach »Gerechtigkeit« ganz schön strapaziert. Ich wurde dazu angestachelt, euch gegeneinander aufzuhetzen, damit ihr alle vor lauter Wut mein Wonderland nicht aus den Augen gelassen habt.

Ich bin jeden Tag aufgewacht, um etwas über *euch* herauszufinden: wie viele von euch mir neu folgen, bei mir kommentiert und etwas geliked haben. Es hat mir bei meiner Verwandlung zu einem besseren Prototypen geholfen. E. V. und ich haben aus meiner Seite einen lebendigen Algorithmus erschaffen. Ich habe die Person nicht wiedererkannt, weil ich in ein Programm verwandelt wurde, zu einer datengewinnenden Quelle für die Bedürfnisbefriedigung aller Leute.

Aber diese psychische Abspaltung wurde immer gravierender und ich konnte nicht mehr heil bleiben. Ich konnte nicht ertragen, wie sehr ihr davon abhängig wart, dass ich *alles* für *jede*n* sein – und dabei immer noch Eartha bleiben musste. Ich war zu menschlich. Ich habe menschliche Fehler gemacht. Ich habe die falschen Leute geküsst, ich war eine Tiermörderin, hatte Sex mit einer Frau, die fluchtartig meine Wohnung verlassen hat, um Bilder aus meinem Leben hochzuladen, während ihre Bettseite neben mir immer noch warm war. Ich habe es nicht geschafft, meine Gefühle außen vor zu lassen. Es war zu viel Fleisch an mir und Blut in mir, deswegen konntet ihr mich gar nicht lange mögen. Weil ich euch an *euch selbst* erinnert habe.

Alles, was von mir übrig blieb, war eine leise, flehende Stimme: Sagt, dass ihr mich liebt, dass ich eure Scheißleben verändert habe! Macht mich ruhig gleich in aller Öffentlichkeit fertig, ist mir egal! Make-up-Routine, aber klar doch! Sagt mir, dass ich die

Beste bin! Sagt mir, dass ich nicht genug mache! Roomtour, ich versuch's! Ihr findet mich zu performativ? Ich ändere mich! Soll ich queerer sein? Ich versuch's! Ich soll sterben? Ich halte mich im Hintergrund! Liebt mich! Hasst mich! Beachtet mich! Seid ich!

An einem Tag war ich die Stimme einer Generation und am nächsten war ich die Stimme eines Generationsproblems. Ich war nie ein binärer Algorithmus und bin immer noch keiner. Ich bin etwas, das in einem Zwischenraum existiert.

Auf Einladung meiner Managerin bin ich zu einer Wonderland-Party gegangen, um die Männer kennenzulernen, die hinter der Plattform stecken. Etwas ist an jenem Abend passiert, das alles verändert hat. Ich habe einen Gründer von Wonderland getroffen, D.B. Firestone. Ihr kennt ihn bestimmt vom Cover des TIME-Magazins. Es gibt sogar eine Netflix-Doku über dieses Genie. Es gibt viele Dokus über solche Typen. Ihm gehört mehr globales Vermögen, als die gesamte Wirtschaftsleistung von Olympia ausmacht. Er hat die Dating-App FIRE gekauft. Ihm gehören eine Hotelkette sowie mehrere Restaurants, darunter auch das Firestone. Es ist einfacher aufzuzählen, was ihm *nicht* gehört oder woran er keinen Mehrheitsanteil besitzt. Dylan *ist* quasi die Branche. Er hat so viele Bereiche eures Lebens in der Hand und ihr kennt ihn nicht einmal. Er hat viel Vermögen und viel Macht. Es ist schwer zu sagen, bis wo seine Macht reicht. Die Videos mit dem Titel »EARTHA BECUMS CRAZY« von mir, die ihr euch auf Wonderland angeschaut und geteilt habt, wo ich einen unsichtbaren Mann anschreie? Nun, dieser unsichtbare Mann ist D.B. Firestone. Ich schreie ihn an, weil er mich bei der Wonderland-Party angegriffen hat. Ich habe versucht, aus dem Zimmer zu fliehen, aber er hat mich dort eingesperrt. Ich höre schon die ersten aufgebrachten Kommentare, die fragen, warum ich das Zimmer überhaupt betreten habe. Ich höre schon die »Selbstschuld«-Rufe von Leuten, die auf meinem Wonderland-Profil nachschauen, was ich an diesem Abend getragen habe. Aber dieser Mann wusste, welche Macht er über mich hat, und er wusste es besser als ich.

Ich erinnere mich nicht mehr daran, wie ich an dem Abend nach Hause gekommen bin. Mir wurde gesagt, ich sollte nicht darüber reden. Wer hätte mir schon geglaubt? Ihr mochtet mich an dem Punkt schon gar nicht mehr, hättet mich fast sperren lassen. E. V. befahl mir, den Mund zu halten, sie hat andere Leute eingestellt, die meinten, ich solle den Ball flach halten, und ich hatte Angst, was mir dieser Mann antun würde, wenn ich mit der Geschichte an die Öffentlichkeit gehen würde. Sie wollte mich noch stärker kontrollieren. Euch alle und sie – sonst hatte ich niemanden mehr. Ihr und sie habt mich immer weiter von meinen Freund*innen, meiner Mum ... und mir selbst weggetrieben. Deswegen habe ich mich in meiner Wohnung und auf Wonderland verkrochen. Mein Körper tat weh, ich wollte aus meiner Haut hinauskriechen und habe häufig ganze Tage geschlafen. Ich wollte nicht hier sein.

Wusstet ihr, dass man Gewaltopfer in einigen Kulturen als »wandelnde Leichen« bezeichnet? Diese beschämende Bezeichnung hat dazu geführt, dass sich einige Frauen mit Benzin übergießen und anzünden, weil sie mit diesem Körper nicht weiterleben wollen. Ich habe mich in meinem echten Körper und auch in meiner Online-Identität monatelang nicht mehr wohlgefühlt.

E. V. hat mir angeboten, meinen Wonderland-Account zu übernehmen. Und das hat sie auch getan. Bei dem »Ich«, das ihr in den letzten Monaten online verfolgt habt, war E. V. für Drehbuch und Regie verantwortlich und ihr alle habt mich noch viel mehr geliebt als zuvor. Sie hat mich in eine extreme Wonderland-Voicebox verwandelt, eine unglaubwürdige Frau am Rande des Nervenzusammenbruchs, und ihr alle seid ihr zu Hunderttausenden gefolgt, weil ihr das Ganze hautnah miterleben wolltet. Sie hat meine Figur getötet, damit der Machtmissbrauch durch einen Mann nicht ans Licht kam. Sie war ihm verfallen und hat mich für ihn zerstört.

Meine Likeability ist bei 0 % und mein Ruf wird weiter von einem Team zerstört, das sicherstellt, dass ihr einzig und allein ihre Version der Wahrheit zu Gesicht bekommt. Das Klebeband wurde mir schon vor viel zu langer Zeit über den Mund geklebt und ich fühle mich dafür verantwortlich, dass diese Leute nie wieder eine andere Frau verletzen werden. Ich weiß, es ist sehr wahrscheinlich, dass es da draußen andere Mädels so wie mich gibt, die von ihm und der Welt verletzt wurden, die er erschaffen hat. Wenn ich wirklich die beste, optimierteste Version meiner selbst sein will, muss ich offenlegen, was dort wirklich vor sich geht und wovon ihr alle kontrolliert werdet, was er getan hat und weiterhin tun wird.

Es ist nämlich so: Auch wenn sich unsere Wonderland-Arenas wie unsere Bereiche anfühlen – sie sind es nicht. Sie wurden von mächtigen Männern erschaffen und werden von ihnen gesteuert. Frauen werden als Marionetten benutzt, die auf Wonderland mehr Engagement generieren sollen, egal, ob uns das in den Himmel oder die Hölle katapultiert. Wir hocken passiv in unseren Bildschirmen, so wie wir jahrhundertelang in gerahmten Bildern verharrt haben. Diese Männer entscheiden, wann wir hochgelobt oder dem Erdboden gleichgemacht werden. Wir wollen trotzdem unseren Anteil an der digitalen Beute, unser modernes Schlachtopfer und unsere Hexenjagd – und sie erschaffen einen Raum dafür.

Ich wurde als verrückt dargestellt. Wie auch Millionen anderer Frauen. Aber wir behandeln uns auch gegenseitig so. Wir beschimpfen uns, wir weihen uns nicht gegenseitig in wichtige Dinge ein, wir enthalten uns gegenseitig Netzwerke vor, weil wir glauben, dass alles so knapp bemessen sei – als würden wir um einen Klappstuhl an irgendeinem dämlichen Tisch mit diesen dämlichen Typen betteln. Wonderland ist nur ein Abbild dieser Geschichte, die sich vor unseren eigenen Augen abspielt und als etwas Empowerndes getarnt ist. Die Plattform ist koordinierte Misogynie im schillernden Gewand, verwendet uns als Sprachrohr, damit wir alle denken, wir würden dadurch Bestätigung erfahren.

Ich habe selbst solche Kampagnen gegen Leute initiiert – wegen Sachen, die sie nicht einmal getan haben, wegen Sachen, die ich als »beleidigend« wahrgenommen habe. Ich habe es auch getan und ich glaube, dass ich verdiene, was mir passiert ist. Ich habe nur Avatare gesehen, keine menschlichen Wesen. Ich habe nicht die Personen gesehen, denen ich das antue ... Mir ist außerdem klar geworden, dass viele Dinge, die ihr über mich gesagt habt, stimmten. Nicht nur, dass mein Blick auf die Welt begrenzt ist, sondern dass ich privilegiert bin und von den Ereignissen in meinen Leben viel zu abgelenkt war, um zugeben zu können, dass beides wahr sein kann. Ich kann sozial privilegiert sein und trotzdem leiden. Ich bin nicht die Stimme einer Generation und habe das auch nie geglaubt, aber so wurde ich gesehen und ich habe es selbst nicht infrage gestellt. Mein Privileg – Zugang zu Bildung – hat die Leute dazu ermuntert, mich als diese Stimme zu feiern, obwohl ich noch ganz neu auf Wonderland war. Ich wurde viel schneller als andere in die erlesenen Wonderland-Kreise aufgenommen. Und auch das habe ich nie hinterfragt. Jetzt befinde ich mich auf der anderen Seite, erfahre Bitterkeit und Selbstgerechtigkeit und muss gezwungenermaßen die Hässlichkeit des ganzen Systems am eigenen Leib erfahren. Ich werde jetzt laut, weil es mir möglich ist. Und ich mache es mit der Wut aller Frauen, deren Geschichten nicht korrekt erzählt wurden. Das hier ist für sie.

Ich hasse euch nicht. *Ich bin eine von euch.* Ich erkenne mich in jedem*r Einzelnen von euch. Es gibt eine unsichtbare Welt innerhalb derer, die wir alle sehen, eine Wellenlänge, auf der man die quälenden Schreie von Frauen hören kann, denen eine Geistersequenz zugewiesen wurde. Wie eine geheime Nummer im Radio, die niemand kennt, und dann ist man selbst eine von ihnen. Ich habe all diesen Frauen zugehört und leite ihre Schreie weiter. Ich biete euch mein digitales Fleisch an, um die Wahrheit ans Licht zu bringen.

ANMERKUNG DER REGIE

Eartha steigt über die Kabel, geht zur Kamera und zur Crew, stellt das Mikrofon aus und fragt: »Ist es im Kasten?«

Der Post geht viral unter dem User*innen-Namen:

E. V. in Wonderland

#Girlcrush

ENDE

Wonderland existierte von 2018 bis 2030

DANKSAGUNG

Ich danke meiner Literaturagentin und Freundin Abigail Bergstrom – sie war als Erste überzeugt davon, dass ich ein Buch schreiben könnte, und hat mir beigestanden, als ich es wirklich gebraucht habe. Keins meiner Bücher würde es ohne deinen Glauben an mich geben, deine Tough Love und dein Beharren darauf, dass ich der Welt etwas zu sagen habe.

Ich danke meiner nahezu absurd talentierten Lektorin Romilly Morgan, die so klug ist, dass ich Angst bekomme – ich weiß nicht, wie dieses Buch ohne deine Unterstützung und Beratung geworden wäre. Ich habe noch nie mit einer Frau zusammengearbeitet, die derart wild entschlossen ist, das Beste aus ihren Autor*innen herauszuholen. Ich habe als Autorin viel von der Zusammenarbeit mit dir gelernt und dafür bin ich dir auf ewig dankbar.

Ich danke meinen Eltern, weil sie mich so krass unterstützen, obwohl sie gar nicht so genau verstehen, was ich mache. Ich danke meiner Mum, dass sie mir zugehört hat, wenn ich ihr via FaceTime jede noch so kleine Änderung der Handlung erzählt habe, und meinem Dad danke ich für seine weisen Ratschläge und seine nervig zutreffende Analogie dafür, dass ich einfach auf mein Schreiben vertrauen soll, wenn ich vor lauter Stress nicht mehr weiß, wo oben und unten ist. Ihr beiden führt mir immer wieder vor Augen, dass ich zu Höherem berufen bin und dass mein Potenzial grenzenlos ist.

Ich danke meinen Manager*innen Justin und Kim, weil sie für mich viel mehr sind als bloß ein Management-Team. Ihnen ist es am wichtigsten, dass ich glücklich bin, und dabei stellen sie sicher, dass ich die richtigen Entscheidungen in Bezug auf meine Karriere treffe. Euer Glaube an mich hat mich all die Jahre hinweg getragen und ich bin euch beiden so dankbar.

Meiner Assistentin Courtney danke ich für jede einzelne Überlegung, die mir das Schreiben dieses Buches erleichtert hat. Es hat mich noch nie so gefreut, jemanden in meinem Leben und meinem Team willkommen heißen zu dürfen.

Ich danke dem Marketingteam bei Octopus dafür, dass hinter den Kulissen alles reibungslos ablief, ich danke ihnen für die wöchentlichen Zoom-Meetings und dafür, dass sie mit einer zusammenarbeiten, die Eigenwerbung furchtbar findet. Auch vielen Dank an Mel und Jaz bei Octopus dafür, dass sie die geniale Idee meiner Lektorin für die Covergestaltung aufgenommen haben, die ihr im Bus gekommen ist. Und an Pauline für das Lektorieren am Wochenende.

Bei meinen Freund*innen bedanke ich mich dafür, dass sie meine Vision für den Roman verstanden haben und mich auch an den Abenden kurz vor meinen Deadlines mit ins aufregende Nachtleben gelockt haben.

Und schließlich allen Leser*innen von *Frauen schulden dir gar nichts* für die Unterstützung und Ermutigung. Ich bin bis in alle Ewigkeit dankbar dafür, dass ihr mir zuhört, und ich verspreche euch, dass ich diese Verantwortung nie auf die leichte Schulter nehmen werde.

Der Verlag Kiepenheuer & Witsch hat sich zu einer nachhaltigen Buchproduktion verpflichtet. Gemeinsam mit unseren Partnern und Lieferanten setzen wir uns für eine klimaneutrale Buchproduktion ein, die den Erwerb von Klimazertifikaten zur Kompensation des CO_2-Ausstoßes einschließt. Weitere Informationen finden Sie unter www.klimaneutralerverlag.de

FSC www.fsc.org MIX Papier | Fördert gute Waldnutzung FSC® C014496

1. Auflage 2023

Titel der Originalausgabe Girlcrush

Aus dem Englischen von Pauline Kurbasik

Covergestaltung Barbara Thoben, Köln, nach dem Original von Mel Four für Octopus Publishing Group
Covermotiv © Shutterstock

Gesetzt aus der Bely und der Museo Sans
Satz Buch-Werkstatt GmbH, Bad Aibling
Druck und Bindung GGP Media GmbH, Pößneck

ISBN 978-3-462-00463-2